등려군 鄧麗君

달빛이 내 마음을 대신하죠

장제 지음
강초아 옮김

글항아리

| 일러두기 |

– '鄧麗君'을 본문에서는 국립국어원 외래어표기법에 따라 '덩리쥔'으로, 표지에서는 독자들의 친숙함을 고
 려하여 한자음 그대로 '등려군'으로 표기했다.

– 본문 내 [ ]는 옮긴이 주다.

– 곡명은 〈 〉, 그 외 작품명은 「 」로 표기했다.

나만 홀로 그녀가 여전히

1994년 내가 결혼하던 날, 사실 덩리쥔에게 부케를 주고 싶었다. 그녀보다 더 적합한 사람은 없었다. 나는 결혼식의 축복을 그녀 손에 넘겨주고자 했지만, 그때 그녀가 어디에 있는지조차 몰랐다.

결혼 후 얼마 지나지 않아서 친구들과 홍콩의 그랜드하이엇 호텔에서 차를 마시는데 덩리쥔이 전화를 걸어왔다.

"지금 어디야? 부케를 너한테 주고 싶었는데······."

나는 쉴 새 없이 떠들었고, 그녀는 전화 저편에서 가만가만 웃을 뿐이었다.

"나 치앙마이에 있어. 루비 장신구 세트를 선물할게."

그게 나와 그녀의 마지막 대화였다.

1980년, 그녀는 로스앤젤레스에, 나는 샌프란시스코에 있었다. 그녀가 직접 차를 몰고 나를 만나러 왔다. 우리는 유니언 스퀘어에서 백화점을 돌아다녔다. 사실 뭔가 특별히 사고 싶은 것은 아니었다. 막 백화점을 나가려는데, 그녀가 잠깐 기다리라고 하더니 뛰어가서 향수 한 병을 사와 나에게 선물했다. 그런 다음 우리는 차를 한잔 마셨고, 그녀는 저녁도 먹지 않고 차를 몰아 돌아갔다. 그게 우리가 처음 약속을 하고 만난 날이었다. 서로 익숙하지 않은 사이여서 무슨 말을 해야 좋을지도 잘 몰랐다. 하지만 그녀는 나와 친구로 사귀기 위해 성의를 다했고, 나는 그 사실에 크게 감동했다.

아주 친했다고 할 수는 없다. 그녀는 신비로운 여자였다. 자신이 방해받고 싶지 않다고 느낄 때면 누구도 그녀에게 연락할 수 없었다. 우리는 서로를 좋아했다. 내가 그녀를 얼마나 좋아했냐면, 남자 친구가 마음이 바뀌어 다른 사람에게 가겠다고 할 때 그 사람이 덩리쥔이라면 전혀 상관하지 않을 정도로 좋아했다.

그녀를 만난 횟수는 많지 않다.

1990년, 파리로 여행을 갔다. 당시 그녀가 파리에 머무르고 있었는데, 그때가 바로 우리가 비교적 자주 그리고 오래 만났던 시기다. 파리에서는 인기나 유명세라는 부담을 내려놓고 자유롭게 진짜 성격을 드러낼 수 있었다. 나는 그녀를 샹젤리제 거리로 불러내 함께 노천카페에서 커피를 마셨다. 오가는 행인들을 바라보며 파리의 낭만적인 정취를 느꼈다. 그녀는 나를 최고급 레스토랑인 라투르다르장으로 데려가서 그곳의 유명한 오리 요리를 사줬다.

그날 밤, 그녀와 나는 아름답게 꾸미고 놀러 나갔다. 우리 둘 다 낮에 산 새 옷을 꺼내 입었다. 나는 빛을 반사하는 검은색 아르마니 민소매 원피스를 입고 샤넬 진주 목걸이를 했다. 덩리쥔은 무릎까지 오는 미니 드레스를 입었다. 역시 검은색이었지만 스타일이나 옷감 등의 차이는 확실했다. 치마 아랫부분은 레이스로 장식되어 있었고 허리에도 검은색 리본이 묶여 있었다. 그 드레스는 검은색 시폰으로 된 상반신에 같은 색으로 도트 무늬가 수놓여 있어서 보일 듯 말 듯했다. 그녀는 자신감 넘치게도 안에 속

옷 상의를 입지 않았다. 그 바람에 그날 저녁 덩리쥔의 가슴 부분을 정면으로 바라보질 못했다.

우리가 레스토랑에 들어서자마자, 아직 자리에 앉기도 전에 뒤쪽에서 접시와 나이프, 포크 등이 와르르 쏟아지는 소리가 들렸다. 나는 종업원이 실수 때문에 속상하겠다고 생각했다. 그때 덩리쥔은 웃음을 참지 않고 나를 보며 말했다.

"저거 봐, 저 남자 종업원이 우리를 보더니 눈이 부셔서 접시를 떨어뜨렸어!"

몇 번인가 레스토랑에서 식사할 때마다 피아니스트가 연주를 하면 덩리쥔은 꼭 샴페인 한 잔을 직접 가져다주면서 칭찬의 말을 건넸다. 그녀는 자신에게 서비스하는 모든 사람에게 항상 예의 바르게 대했고 너그러웠다. 지갑에 항상 100프랑, 200프랑짜리 지폐를 잔뜩 갖고 다니면서 수시로 팁을 줬다. 팁으로 주기에는 매우 큰돈이라면서 내가 50프랑짜리로 바꿔주겠다고 했지만, 덩리쥔은 받지 않았다.

또 한번은 차에서 그녀가 카세트테이프 하나를 꺼내(그때는 CD가 없던 시절이다) 노래를 들려줬다. 새롭게 녹음한 히트곡 세 곡이었다. 당시 덩리쥔은 영국에서 성악을 배우고 있었다. 그녀는 아주 진지한 태도로 어떻게 혀와 성대를 사용해서 노래해야 목소리가 더 부드럽고 매끄러워지는지를 설명했다. 음악적인 재능이 전혀 없는 나는 그 설명을 알아듣지도 못했고, 새로 녹음한 노래가 전과 어떻게 다른지도 구분하지 못했다. 하지만 완벽을 추구하는 그녀의 정신세계에는 깊이 감탄했다.

어느 날, 파리에 있는 그녀의 집에서 점심을 먹었다. 차를 빌딩의 지하 주차장에 댄 뒤 내렸는데, 그곳은 아무 것도 없이 텅 비어 있었다. 복도를 빙글빙글 돌아서 걸어가는 길도 역시나 쓸쓸하고 썰렁했다. 엘리베이터를 타고 그녀가 사는 파리의 고급 아파트로 들어섰다. 문을 열고 들어가니 넓은 거실 중앙에 둥근 나무 탁자가 보였다. 바닥에는 무늬가 아름다운 대리석이 깔렸고 천장에는 크리스털 샹들리에가 매달려 있었다.

그날 먹은 점심 식사는 담백한 볶음 쌀국수[미편米粉, 얇게 편을 뜬 다음 약간 넓게 썰어 내는 쌀국수]였다. 그녀의 집에는 집안일을 도와주는 중국인 여성 한 명뿐이었다. 나는 파리에 이런 아파트를 갖는 게 꿈이었다. 덩리쥔의 파리 아파트는 내가 상상하던 꿈속의 아파트보다도 더 완벽했다. 하지만 그곳에서 느낀 것은 외로움이었다.

그 시절, 우리가 무슨 이야기를 나눴는지는 잘 기억나지 않는다. 단지 기억하는 것은 파리에서 즐겁고 유쾌하게 지냈다는 사실이다. 행복했던 파리 여행을 끝내고, 우리는 함께 홍콩으로 돌아왔다. 비행기에서 내가 물었다. 혼자서 외지생활을 하면 외롭지 않느냐고. 그녀는 이렇게 대답했다. 어느 점쟁이가 말하길, 그녀는 운명적으로 타향살이를 하게 되어 있으며 그러는 게 그녀에게도 좋다고 했다는 것이다.

비행기가 천천히 홍콩에 착륙했다. 우리도 긴장하기 시작했다. 덩리쥔은 따로따로 비행기에서 내리자고 제안했고, 나는 그녀더러 먼저 가라고 했다. 이튿날, 모든 홍콩 언론에서 머리기사로 덩리쥔이 홍콩에 돌아왔다는 소식을 대서특필했다.

2013년이 되기 하루 전날 밤, 나는 남아프리카공화국에서 휴가를 보내고 있었다. 잠이 오지 않아 창문을 열고 별이 가득한 하늘을 바라봤다. 엷은 안개로 한 겹 덮인 주황색 달이 나를 비췄다. 시적인 정취 속에서 나는 그녀를 떠올렸다. 입에서 나도 모르게 〈달빛이 내 마음을 대신해요月亮代表我的心〉가 흘러나왔다.

그녀는 돌연히 떠났고 나는 낙담과 허전함 속에 남겨졌다. 아무리 생각해도 우리 우정이 이렇게 끝나버렸다는 게 믿기지 않았다.

최근 그녀가 꿈속으로 자주 찾아온다. 꿈속의 그녀는 현실의 그녀가 그랬듯 수수께끼와도 같은 여자다. 기묘하게도 꿈속에서는 세상 사람이 전부 그녀가 천국에 갔다고 생각하고 나만 홀로 그녀가 이 속세에 여전히 존재한다고 여긴다.

2013년 1월 7일

배우 린칭샤林青霞(임청하)

더 이상의 루머는 없다

1995년 5월 8일, 여동생이 타이 치앙마이에서 별세했다. 당시 전 세계 모든 중국어 매체에서 앞다퉈 이 일을 보도했다. 애도와 회고도 있었지만 사인에 대한 억측으로 뒤덮인 가십성 기사도 많았다. 그때 우리 가족은 슬픔에 빠져 있었고, 그애가 남긴 일을 정리하는 데만도 정신이 없었다. 황색 언론의 보도에 해명하고 그것을 정정할 시간도 마음의 여유도 없었다. 그때 근거 없는 루머가 횡행하는 모습을 보며 나는 언젠가 여동생의 삶에 대한 완벽한 전기를 책으로 펴내겠다는 결심을 했다. 여동생의 삶을 충실하게 설명해주고 여동생의 노래를 사랑하고 아꼈던 수많은 사람에게 제대로 된 결론을 내려줄 책이 필요하다고 생각했다. 평소 어떤 설명도 해명도 하지 않았던 여동생을 대신해서 그애를 위해 설명할 필요도 느꼈다.

시간이 흐른 뒤에도 여동생에 대한 보도는 그치지 않았고, 그사이에 그애에 대한 책이 여럿 출판되었다. 그러나 대부분 떠도는 소문을 베껴 쓴 것이거나 억측을 진실이라 믿고 쓴 것뿐이었다. 심지어 악의적인 중상으로 고인의 명예를 실추시키는 내용도 있었다. 그런 일이 우리 가족을 여러 차례 마음 아프게 했고, 제대로 된 책을 출간하겠다는 내 생각은 점점 더 확고해졌다. 사실 타이완의 여러 출판사와 여동생에 대한 책을 출간하는 일로 논의한 바 있었지만, 만족스러운 집필자를 찾지 못해 번번이 무산되고 말았다. 나중에 군대에서 기자로 일하던 장제姜捷를 알게 되었는데, 마침 그녀가 퇴역하고 글쓰기에 집중할 시간이 생기면서 여동생의 전기 출간도 급물살을 탔다.

덩리쥔문교기금회鄧麗君文敎基金會에서는 장제가 사실에 충실한 집필 작업을 할 수 있도록 인터뷰 명단을 추려서 제공하고 덩리쥔이 생전에 살았거나 일했던 홍콩, 일본, 타이, 싱가포르, 말레이시아, 프랑스, 미국 등을 방문할 수 있도록 도움을 아끼지 않았다. 장제가 인터뷰하려는 사람은 처음의 명단에서 점점 늘어나 200명을 넘어섰다. 장제는 수고로움을 마다하지 않고 이 책을 위해 노력해주었다.

2000년에는 나도 군에서 퇴역했다. 그 후 중국을 방문할 기회가 있었는데, 개혁 개방으로 경제가 발전하고 사회가 복잡해지면서 생활도 크게 풍족해진 것을 알 수 있었다. 중국 여러 지역을 다니면서 많은 사람을 만나며 중국에서도 덩리쥔을 무척 사랑한다는 사실을 알고 참으로 놀라웠다. 언론 보도를 통해 여동생의 노래를 무척 좋아한다는 것을 알고는 있었지만, 내 눈과 귀로 직접 보고 들으니 얼마나 감동적이었는지 모른다. 덩리쥔은 한 번도 중국 땅을 밟아보지 못한 데다 세상을 떠난 지 오랜 시간이 흘렀다. 그런데도 지금까지 마음 깊이 아끼고 사랑해준다는 데서 내 마음은 감동으로 떨렸다.

중국에서 덩리쥔에 대한 사랑을 느꼈던 몇 가지 일화를 소개하고 싶다.

2008년 『난팡도시보南方都市報』가 개혁 개방 30주년을 기념하며 30명의 '풍운아'를 선정했는데 덩리쥔이 그중 한 명이었다. 선정된 인물 중 유일하게 (중국 출신이 아닌) 해외 인사이자 연예계 종사자였다.

2009년은 중화인민공화국 건국 60주년이었다. 관영 뉴스 사이트 차이나닷컴(중국망中國網)에서 '신중국 영향력 있는 문화 인물'을 선정하는 인터넷 투표를 진행했다. 덩리쥔이 851만여 표를 받아 1위를 차지했다.

중국 문화부 공무원 중 한 사람이 타이완의 사무관에게 이렇게 말한 적이 있다고 한다. "2009년 한 해 동안 덩리쥔의 이름을 걸고 열린 콘서트는 100회가 넘는다."

중국 전역의 20여 개 지역에서 덩리쥔 팬클럽이 운영되고 있다. 2012년 9월 상하이에서 팬클럽의 연내 회의를 열었을 때 치치하얼, 자무쓰, 네이멍구, 신장 등 먼 곳에서도 모두 참석해줘 무척 감동했다.

여기 언급한 일화만 보더라도 중국이 덩리쥔의 연예 인생에서 무척 중요한 지역이라는 것을 알 수 있다. 여동생은 한 번도 중국 땅을 밟아보지 못한 것이 평생의 아쉬움이었다. 그런데 이 책에서까지 중국에 대한 부분이 누락된다면 정말 안타까운 일이 아닐까? 그래서 나는 장제에게 베이징, 상하이, 청두 등을 방문해 중국에서의 덩리쥔의 인기가 어떤지 살펴보고 책의 내용을 더욱 풍부하게 해달라고 부탁했다.

이 책은 원래 10년 전에 이미 원고가 완성됐다. 하지만 이런저런 문제 때문에 오랫동안 미뤄졌고 이제서야 출간할 수 있게 되었다. 감사 인사를 해야 할 사람이 정말 많다. 여러 지역을 돌아다니면서 인터뷰를 하고, 수많은 자료를 읽고 정리하며, 녹취 자료를 풀어 쓴 많은 정보를 총괄하여 한 권의 책으로 만든 장제에게 진심으로 감사드린다. 또한 린성펀林聖芬 이사장이 열정적으로 협조해주신 데 대해서도 감사 인사를 전한다. 타이완의 스바오時報출판사와 리차이훙李采洪 총편집장 이하 출판사 직원들께도 감사드린다. 무엇보다도 감사드리고 싶은 분들은 바로 200여 명의 인터뷰 대상자다. 그분들의 진솔한 서술과 아낌없이 제공해준 귀중한 자료로 이 책이 더욱 완벽해졌다.

올해는 덩리쥔이 태어난 지 60주년이 되는 해다. 이 책을 하늘에 있는 여동생에게 생일 선물로 바치고자 한다.

　노벨평화상 수상자인 테레사 수녀는 "마음에는 큰 사랑을 품고 작은 일을 실천하라"고 말했다. 마찬가지로 우리의 테레사(덩리쥔의 세례명)가 평생 실천해온 사랑이 이 책 곳곳에 담겨 있다. 덩리쥔의 사랑을 이어가기 위해, 덩리쥔문교기금회는 이 책의 출판 수익을 전액 '산궈시사회적약자복지기금회單國璽弱勢族群社福基金會[산궈시는 타이완이 배출한 가톨릭 추기경이다]에 기부할 예정이다. 기부금은 타이완의 가난하고 병든 고아, 노인, 장애인 등 사회적 약자를 돕는 데 사용될 것이다. 이 책이 덩리쥔의 아름다운 노랫소리를 계속해서 울려 퍼지게 하는 한편, 선행과 애정 어린 마음도 더욱 널리 퍼질 수 있도록 돕길 바란다. 이것이 우리가 그애에게 줄 수 있는 가장 훌륭한 생일 선물일 것이다.

2013년 1월 1일
덩리쥔문교기금회 이사장
덩창푸鄧長富

我張開一雙翅膀
背馱著一個希望
飛過那陌生的城池
去到我嚮往的地方
在曠野中我嗅到芬芳
從泥土裡我攝取營養
為了吐絲蠶兒要吃桑葉
為了播種花兒要開放
我走過叢林山岡
也走過白雪茫茫
看到了山川的風貌
也聽到大地在成長

한 쌍의 날개를 활짝 펼치고
희망을 등에 업고서
저 낯선 도시 위를 날아
내가 갈망하는 곳에 도착했어요
광막한 들판의 향기를 맡고
흙에서 영양을 얻었어요
실을 잣기 위해 누에는 뽕잎을 먹어야 하고
씨를 뿌리기 위해 꽃은 활짝 피어야 해요
나는 숲과 산을 지나
눈 쌓인 들판도 지나
산천의 모습을 보았어요
대지가 자라는 소리도 들었어요

1980년 덩리쥔鄧麗君은 영화 「고향 사람原鄕人」의 동명 주제곡을 히트시켰다. 중국 현대사의 보기 드문 역사적 이유로 같은 말과 글을 쓰는 동포들이 바다를 사이에 두고 갈라져 살게 됐다. 베고니아 잎 저쪽은 중화 문명 5000년 역사에서 한 번도 겪어본 적 없는 정권의 담금질을 겪었고, 고구마 이쪽은 끊을 수 없는 뿌리, 버릴 수 없는 향수, 잊을 수 없는 그리움, 돌아갈 수 없는 고향에 얽매여 있다.[중국은 베고니아 잎 모양으로, 타이완은 고구마 모양으로 생겼다고 한다.] 중국은 1949년 타이완에 도착한 국민당 유민의 고향이다. 다른 성省에서 왔다는 의미로 외성인外省人이라고 불린다. 그후 태어난 외성인 2세대, 3세대, 4세대는 타이완에서 태어나고 자랐다. 타이완은 이들의 고향이다. 〈고향 사람〉이라는 노래는 부드럽게 바다 양쪽의 사랑과 아픔을 건드린다. 단순하면서도 복잡하고, 시련을 겪으면서도 희망을 잃지 않는 마음을 노래한다.

부모는 의지할 곳을 잃고 떠돌아다니던 비극을 자녀에게 들려주며 고향을 잊지 말라고 당부한다. 그리고 고향의 아들딸이 충분한 보살핌 속에서 성장하기를 기원한다. 그게 덩리쥔이 〈고향 사람〉을 부를 때마다 눈물을 흘렸던 이유다. 덩리쥔의 어머니는 이런 이야기를 들려줬다.

"왜 어렸을 때부터 중국 저쪽 일에 관심이 많았는지는 모르겠어요. 왜 중국을 잃어버렸는지, 타이완으로 오게 됐는지 늘 묻곤 했죠. 원래 그랬어요! 꼭 돌아가서 그곳을 보고 싶어했지요. 콘서트를 열어 큰돈을 벌기 위해서가 아니에요. 그런 생각은 전혀 없었고, 그저 그곳을 보고 싶어했죠. '돌아가서' 말이지요. 그건 마치 그애가 영원히 이루지 못한 꿈, 여한 같은 거예요……."

덩리쥔의 어머니와 처음 인터뷰하던 날 건넨 질문에 대한 답이었다.

"평생 화려한 삶을 살았던 그녀에게도 뭔가 이루지 못한 꿈이 있을까요?"

처음에 나는 스스로 아주 영리한 질문을 했다고 생각하며 뿌듯해했다. 덩리쥔의 휘황찬란한 연애 이야기를 들을 수 있으리라 여겼다. 왜 평생 결혼하지 않았는지 등 세상이 좋아하는 화제 말이다. 그래서 질문에 대한 대답으로 이토록 원대한 꿈이 나올 거라고는 전혀 예상하지 못했다. 덩리쥔의 어머니는 두 눈에 눈물이 그렁그렁해서는 멍하니 머나먼 곳을 바라보고 있었다. 돌아갈 수 없는 고향을 떠올리는지, 아니면 다시 돌아오지 못할 딸을 떠올리는지는 알 수 없었다. 나는 급히 위로를 건넸다.

"여한이라니요, 덩리쥔의 노래가 중국으로 돌아갔잖아요. 온 중국이 그녀의 노래를 부르는데 무슨 여한이 있겠어요!"

눈물방울이 결국 버티지 못하고 툭 떨어졌다. 그녀가 조용히 반문했다.

"중국 동포가 그애를 이렇게나 좋아하니까 더 안타깝고 여한이 있을 거라 생각하지 않으세요?"

그 말을 듣고 나니 누군가가 가슴을 꽉 움켜쥐는 것처럼 아팠다. 만약 덩리쥔이 중국으로 돌아갈 수 있었다면, 평생 그리워했던 고향 땅을 밟을 수 있었다면, 깊이 사랑했던 고향 사람을 껴안을 수 있었다면, 직접 노래를 들려주고, 손을 잡고서 활달하게 고향 말씨를 쓰면서 "안녕하세요, 고향 여러분!"이라고 인사할 수 있었다면…….

첫 인터뷰가 끝난 뒤, 인터뷰 수첩에 내 결심을 적었던 일이 아직도 기억난다. 연예계 기자가 흔히 하는 일, 연애 이야기를 파헤치고 가십이나 떠들어대는 나쁜 습관을 철저히 버리자. 나는 덩리쥔이라는 사람에 관해 쓰고 싶은 것이지, 다른 사람이 엿보지 못하도록 애써 숨겨둔 가슴 아픈 사랑 이야기를 쓰려는 것이 아니다. 덩리쥔의 마음, 성격, 사랑, 꿈에 관해 쓸 것이다. 그녀의 노랫소리는 고향 땅을 비옥하게 가꾸는 달고 향기로운 빗방울이며, 봄 진흙이 되어 꽃을 보호하는 누에처럼 결국 고향을 바라보면서도 돌아가지 못하는 안타까움을 끈끈하게 묶어낼 실을 토해낸다.

숨어 다니던 시절, 전쟁을 겪고 다시 태어난 고향 사람

이해하기 힘든 덩리쥔의 고향 사랑을 이해하려면 그녀의 어린 시절 이야기, 어머니 자오쑤구이趙素桂에게 들은 이야기를 꺼내야 한다.

1926년 자오쑤구이는 산둥 성 둥핑東平의 평범한 가정에서 태어났다. 아버지는 하얼빈 우체국의 국장이었는데, 당시 일본인은 하얼빈에 들어와서 월급을 두 배로 올려주겠다는 유혹적인 조건을 내걸고 일본인을 위해 일하라고 요구했다. 매국노가 되고 싶지 않았던 그녀의 아버지는 가족을 데리고 도피생활을 시작했다.

자오쑤구이가 열셋이 되던 해 온 가족이 허난 성으로 옮겨갔고, 황푸 군사학교 15기 졸업생인 덩수鄧樞를 알게 된다. 덩수는 허베이 성 다밍大名

덩타이鄧臺 촌 출신이었는데, 벌써 몇 년째 도피생활을 하고 있던 자오쑤구이의 부모님은 국민당 군대의 중위인 덩수의 잘생긴 데다 성실한 면이 마음에 들었다. 전란 중에 어린 딸을 데리고 다니는 것은 무척 위험했다. 결국 부모님은 급하게 자오쑤구이와 덩수의 결혼을 결정지었다. 그때 그녀는 겨우 열네 살이었다.

전장의 불길은 중국의 어린아이를 빠르게 성장시켰다. 덩수는 부대를 따라 정해진 주거지 없이 빈번하게 이동했고, 자오쑤구이는 어쩔 수 없이 당시 장제스의 아내인 쑹메이링이 운영하던 보육원에 머물며 공부를 계속했다. 일본군의 침략이 가까워지면서 매일 대포 소리와 총소리가 들렸다. 공부하다 멈추다를 반복하며 경보기 소리를 겁내는 삶이었다. 경보기가 울리면 학생들은 혼비백산했다. 난세에는 멀리 보는 미래를 계획할 수 없었다. 하지만 무거운 책임을 승낙한 의리와 책임감으로 덩수는 자오쑤구이가 열여섯이 되던 해에 그녀와 결혼했다. 두 사람은 가진 것이 없었기 때문에 결혼이란 일종의 상부상조였다. 결혼한 지 얼마 되지 않아 덩수는 부대를 따라 이동했고 자오쑤구이는 어수선한 전란 와중에 첫아이를 낳았다.

금세 도시가 함락되고 제때 피란하지 못한 여자들은 거의 모두 일본 병사들에게 유린당했다. 나이가 적든 많든 따지지 않는 일본군의 만행을 직접 눈으로 본 중국 여성들은 자신을 보호하기 위해 애썼다. 자오쑤구이는 시골 마을에 몸을 숨겼다. 매일 냄비 아래 묻은 그을음을 얼굴에 발라 못난 할머니로 변장했고, 낮에는 토굴이나 방공호에 숨어서 한 발짝도 밖으로 나가지 않았다.

영양이 부족하니 젖도 잘 돌지 않았다. 자오쑤구이는 밀을 수건으로 감싸 닦은 다음 맷돌로 갈아서 오트밀처럼 만들어 아들에게 먹였다. 태어난 지 얼마 되지 않은 아기는 제대로 영양을 섭취하지 못해 앙상하게 말라 사람의 모습이 아니었다. 한번은 경보를 듣고 아기를 데리고 방공호에 가니 사람들이 아기 울음소리 때문에 일본군에게 들킬까봐 들어오지 못하게 막았다. 자오쑤구이는 방공호에 모인 사람의 안전을 위해 눈물을 머금고 근처 산속에 들어가서 커다란 나무 아래 몸을 숨겼다. 경보가 끝난 뒤에도 한참을 그대로 숨어 있다가 내려왔다. 그런데 그녀를 거절했던 방공호가 폭격을 당해 그 안에 있던 사람이 모두 죽었다는 소식을 들었다. 온몸에서 식은땀이 흘렀다. 운명의 장난처럼 삶과 죽음이 교차한 것이 놀라웠다.

자오쑤구이는 중국 북부에서 서남부로 이동했다. 산을 타고 고개를 넘는 여정을 전부 그녀의 두 다리에 의지해야 했다. 그 과정의 온갖 어려움은 말로 다 형용할 수 없을 지경이었다. 무릎과 발은 엎드린 채 산을 기어서 넘느라 깨지고 헤졌으며, 퉁퉁 부어올랐다. 심각한 이질과 학질이 번갈아 찾아와 죽음의 문턱에서 겨우 살아난 것만 몇 차례였다. 그사이에 첫아들이 결국 병과 배고픔을 이기지 못하고 목숨을 잃었다.

혼자가 된 그녀는 덩수의 부대가 어디로 갔는지 여기저기 알아봤다. 겨우 덩수를 만나 부부가 다시 껴안았을 때는 마치 한 시대가 다 흘러가버린 것 같았다. 시커멓게 타고 깡마른, 믿을 수 없게 늙어버린 자오쑤구이에게서는 예전의 모습이 남아 있지 않았다. 사실 그때 자오쑤구이는 아직 스무 살도 되지 않았다. 8년간의 중일전쟁은 그녀가 청춘의 빛나는 시절을 한순간도 누리지 못하게 했다. 소녀다운 꿈도 없이 공포와 불안 속에서 살아야 했다.

1945년 일본이 무조건 항복을 외친 뒤 편안한 시절을 2년이나 보냈을까, 국민당과 공산당 사이에 다시 전쟁이 벌어졌다. 덩수는 이번에도 국민당 군대를 따라 전쟁터를 전전했다. 자오쑤구이는 큰아이 창안長安, 둘째 창순長順을 데리고 다시 피란길에 올랐다. 허난에서 난징으로, 장시에서 광둥 산터우로, 가다 서다 반복하며 기차, 트럭, 화물차, 군용차 등 여러 교통편을 끊임없이 바꿔 타면서 피란을 계속하다가 마지막에는 배를 타고 이

전에는 들어본 적도 없는 작은 섬, 타이완에 도착했다.

인산인해를 이룬 피란 인파가 운송선 위에 **빽빽**했다. 얼마나 많은 사람이 이리저리 밀리다 바다에 떨어졌는지, 얼마나 많은 사람이 끌어내려졌는지 모른다. 배에 타지 못한 사람은 절망했고 배에 겨우 올랐어도 몇 날 몇밤을 뱃멀미에 시달리다 바다로 뛰어든 사람도 적잖았다. 더욱이 배 위에서 배고픔과 병에 시달리다 죽은 사람도 있었다. 그건 자오쑤구이가 직접겪은 비극이었다. 그녀는 냉정한 시선으로 주위를 둘러봤다. 사람의 존엄과 가치는 흔적도 없이 사라지고, 인간의 나약함과 저열한 습성이 여기저기서 모습을 드러냈다. 만약 어린 두 아이가 없었다면 그녀가 그토록 군건히 살아남으려는 의지를 불태울 수 없었을 것이다. 어쩌면 그녀도 다른 사람처럼 소리 소문 없이 사라졌을지도 모른다. 아무도 그녀의 죽음을 모르고, 누구도 장례를 치러주지 않았을지 모른다.

배를 타고 이동한 시간은 사실 그렇게 길지 않았다. 하지만 병든 사람에게는 평생토록 잊을 수 없는 기나긴 고통의 시간이었다. 열몇 시간이 지난뒤, 드디어 배가 지룽基隆에 도착해 하선했다. 영양 불량이 심각해 거의 죽게 된 자오쑤구이는 베이터우北投의 군인 가족 병영으로 이송되었다. 물을마시면 물을 토하고 약을 먹으면 약을 토했다. 그해 추석에는 월병도, 가족 화합도 없었다.[중국은 추석에 가족이 한자리에 모여 월병을 먹는다.] 그저막막하고 희망 없는 삶이 앞에 놓여 있을 뿐이었다. 바다 건너 저편에 남은 가족들에 대한 수천수만의 생각이 뒤엉킨 채 참담한 심정으로 명절을보냈다. 그녀를 살게 한 유일한 원동력은 데리고 온 두 아이, 그리고 언젠가는 부부가 다시 만날 수 있으리라는 기대뿐이었다.

🐌 까딱했으면 세상에 없었을지도

베이터우에서 네이후內湖로 옮긴 뒤, 다시 후웨이虎尾로 이동해서야 겨우 덩수와 연락이 닿았다. 가족이 모여 살게 되자 아무리 힘들어도 버틸 수 있었다. 덩수는 여전히 이동 명령이 떨어지면 여기저기 옮겨다녀야 했다. 셋째 창푸長富가 이란宜蘭에서 태어난 후 덩수는 후웨이 다피大坪 향에서 훈련하게 됐다. 얼마 뒤에는 윈린雲林의 룽옌龍巖으로 이동했고, 계속 떠돌아다니던 가족도 잠시 안정을 찾았다.

다피 향 주민사무소의 호적 자료실에서 덩리쥔 가족의 원본 호적을 찾아냈다. 덩리쥔의 가족은 1952년 1월 타오위안桃園 양메이楊梅 진 푸신埔心 리에서 윈린雲林 다피 향 난허南和 촌의 한 골목에 스물네 가구가 이웃하여 사는 난허南和로 6번지로 이사를 왔다. 그 후 다시 바오중褒忠 향 톈양田洋 촌으로 이사했다. 덩리쥔은 다피 향에서 태어났고, 6개월 뒤 바오중 향으로 옮겨간 것이다.

1953년 1월 29일 새벽이었다. 음력으로 12월 15일이어서 집집이 설날 준비로 바쁘고 들떠 있었다. 덩리쥔은 즐겁고 떠들썩한 날짜에 태어났다. 그녀는 온 식구가 가장 환영하는 새로운 가족 구성원이었다. 물질적인 생활은 매우 고생스러웠지만 작은 생명의 탄생에 모두 무한한 기쁨을 느꼈다.

당시 비좁은 시골집에서 칸막이로 방을 둘로 나누어 한쪽은 태어난 아기와 어머니의 침실로 삼고, 다른 쪽은 세 아들이 함께 자는 커다란 나무 판자 침대를 놓았다. 그때의 시골 마을 풍조에는 확실히 이웃 간에 동고동락하고 상부상조한다는 믿음이 있었다. 분만할 때가 다가오자 산파와 집주인 아주머니, 마을 아낙네가 몰려와 일을 도왔다. 추운 겨울날, 석유난로에 불을 붙여 물을 끓이고, 아기가 입을 배내옷과 위생용품을 준비하고 기다린 지 얼마 되지 않아 유난히 맑고 고운 울음소리가 새벽 동이 트는 고요한 시간을 가르며 울려 퍼졌다. 이웃의 흥분과 기쁨에 찬 목소리도 들렸다.

"딸이야, 딸!"

이제 오빠가 된 세 남자아이는 어른들이 바삐 오가는 모습을 멍하니 쳐다보다가 침대로 달려가 새로운 '장난감'을 감상했다. 그들은 이제 막 태어난 여동생을 바라보며 즐거워했다.

덩수도 기쁜 소식을 듣고 숨이 턱까지 차서는 집으로 달려왔다. 연거푸 "딸 좋지! 딸 좋아!"라고 외치면서 희색이 얼굴에 가득 번져 품에 안은 아이를 한참 들여다보았다. 하늘이 밝아지기도 전에 좌우의 이웃집 아주머니가 몰려와 덩씨 집안의 딸을 둘러쌌고, 두 사람은 한쪽에서 목소리를 낮춘 채 두런거렸다. 그중에서도 한 사람은 점심때가 지나서도 집으로 돌아가지 않으려 했다.

당시 타이완의 시골생활은 꽤 가난하고 고되었다. 그래서 자오쑤구이는 덩리쥔을 임신했을 때, 이웃 아주머니에게 세 아들도 키우기 힘든데 또 아이가 태어나면 결혼한 지 오래됐지만 슬하에 자녀가 없는 이웃집에 보내려 한다는 말을 했었다. 자매처럼 지냈던 두 사람은 개인적으로 구두 약속을 했고, 그 아주머니는 자오쑤구이가 갓 낳은 아기를 데려가서 자기가 낳은 아이로 삼아 키울 작정이었다. 게다가 태어난 여자아이가 그렇게나 귀여웠으니 자오쑤구이가 지난번 약속한 대로 아이를 자기 집에 보내주기를 바라며 뭐라고 말해도 집으로 돌아가지 않았다. 하지만, 어떻게 그러겠는가?

열 달을 배 속에서 키운 고생이며, 낳아서 품에 안은 만족감은 아무리 가난하고 힘들어도 이를 악물고 버텨내게 하는 힘이 된다. 게다가 오랫동안 바랐던 딸이 아닌가. 뭐라 해도 남에게 내줄 수가 없었다. 자오쑤구이는 난처한 마음에 그만 울음을 터뜨렸다. 어찌나 심하게 울었던지 아이를 데려가려고 했던 이웃집 아주머니도 당황할 정도였다. 구두로 약속했던 것은 자매처럼 친한 사이에서 나눈 비밀 이야기였고, 자오쑤구이가 아이를 얼마나 아끼는지, 기뻐하는지를 보고서도 계속해서 아기를 데려가겠다고 하기에는 마음이 편치 않았다. 어쩔 수 없이 아주머니는 아이와 바꾸려고 가져온 암탉, 달걀, 국수 등의 선물을 내려놓고 터덜터덜 돌아갔다.

그때를 떠올리던 덩리쥔의 어머니는 자신에게 귀여운 꼬마 천사를 보내 준 하늘에 감사드린다고 말했다. 또한 이웃집 아주머니의 너른 마음과 이해심에도 감사했다. 만약 그때 그 아주머니가 끝까지 고집을 부리며 약속을 지키라고 했다면, 그래서 아기를 데려갔다면, 중국어권 가요계의 역사가 바뀌었을지도 모른다.

인복이 많았던 아이, '리윈'이 '리쥔'으로 바뀐 사연

어머니는 아직도 산후조리 중의 일을 기억하고 있었다. 병영에서 일하던 덩리쥔의 아버지는 매일 집으로 올 수가 없었다. 그래서 겨우 열 살밖에 되지 않은 큰아들이 아기의 기저귀를 빨아야 했다. 매일 저녁 숙제를 마친 뒤 대야에 가득 쌓인 기저귀를 동네 우물가로 가져간다. 얼음처럼 차가운 우물물을 길어 올려 오줌 기저귀를 적신다. 물에 적신 기저귀를 빨래판에 하나하나 올려놓고 눈을 질끈 감고서 북북 비빈다. 그런 다음 기저귀가 깨끗해졌는지는 신경도 쓰지 않고서 그대로 대나무 장대를 세워 만든 빨랫줄에 기저귀를 척척 널어 말린다. 이렇게 빨았으니 기저귀의 똥오줌 자국은 다 지워지지 않았고 결국 갓 태어난 꼬맹이 여동생의 엉덩이에 기저귀 발진이 생기고 말았다. 덩리쥔의 어머니는 어쩔 수 없이 산후조리도 다 마치기 전에 자리를 털고 일어나 큰아들에게 기저귀 빠는 법을 가르쳤다. 그녀는 큰아들이 말을 잘 들어서 두어 번 가르쳐주자 금세 잘해냈다며 기꺼워했다. 그 후로는 아기 엉덩이가 붉어진 적이 없었다.

덩리쥔의 어머니에게 큰 기쁨과 위안이 되었던 것은 딸의 효심이었다. 덩리쥔이 스스로 돈을 벌기 시작한 뒤 처음으로 한 일은 집에 필요한 가전제품을 산 것이었다. 어머니가 산후조리도 다 못 하고 차가운 우물물에 손을 담근 것 때문에 손가락 관절이 쑤시고 아픈 것을 마음 아파했던 덩리쥔은, 당장 세탁기부터 샀다. 덩리쥔은 여러 차례 어머니와 오빠가 자기를 위해서 추운 겨울날 기저귀를 빨아준 노고에 감사한다고 말한 적이 있다.

계집애라는 뜻의 '야터우丫頭'는 덩리쥔이 생후 한 달째까지 불렸던 아명이다. 중국에서는 아명이 보잘것없고 평범할수록 아이가 잘 자란다는 믿음이 있다. 하지만 덩리쥔의 부모는 야터우라는 이름이 귀엽고 예쁜 딸에게 어울리지 않는다고 생각했다. 덩리쥔의 아버지는 부대에서 가장 학식이 깊은 양 씨 성을 가진 장교를 찾아가 딸에게 고운 이름을 지어달라고 부탁했다. 장교는 고심 끝에 리윈麗筠이라는 이름을 지어줬다. 아름다울 려麗는 청아하고 수려하다는 뜻이고 대나무 균筠은 대나무의 푸른 껍질이라는 뜻인데, 통칭 대나무를 의미한다. 이 이름은 고결하고 겸허한 마음을 가지고 차근차근 성장하여 두각을 드러내기를 바라는 마음을 담은 것이었다.

그런데 당시 대부분 사람이 대나무 균筠을 임금 군君처럼 읽었다.[筠은 '윈'과 '쥔' 두 가지 발음을 가진 글자로, 대나무라는 뜻일 때는 '윈'으로 읽어야 하지만 보통 사람은 '쥔'으로 많이 읽었다. '君'의 중국어 발음이 쥔이다.] 그래서 리윈이라는 이름을 리쥔으로 읽는 경우가 많았고 점점 습관이 됐다. 어머니조차 리쥔이라고 불렀으니 모두 입에 익은 대로 불렸던 것이다. 그래서 덩리윈이 가수가 되었을 때 예명을 '덩리쥔鄧麗君'으로 결정한 것은 마치 원래부터 그렇게 정해져 있던 것처럼 자연스러운 일이었다.

덩리쥔이 생후 넉 달이 되었을 때, 덩수는 다시 타이둥 츠상池上 향으로 발령이 났다. 날이 밝기도 전에 온 가족이 덮개 없는 대형 화물차를 타고 종일 흔들거리며 이사했다. 덩리쥔의 어머니는 옛일을 떠올리며 이렇게 말했다. 어쩌면 하늘이 덩리쥔에게 평생 이곳저곳을 떠돌며 살도록 운명을 정해준 게 아닐까?

　시골은 인정이 넘친다. 츠상 향의 순박하고 고요한 생활은 갓 태어난 덩리쥔에게 잘 맞았다. 그녀는 그곳에서 명랑하고 너그러운 기질을 얻었다. 어린 시절의 덩리쥔은 사랑을 듬뿍 받았고 놀라울 정도로 좋은 인연을 맺곤 했다. 강보에 싸여 있던 때부터 인복을 타고난 편이었다. 아기 덩리쥔은 아버지 덩수의 동료들에게도 재롱둥이였다. 큰아버지, 작은아버지를 자처하며 수많은 사람이 일이 있건 없건 덩 씨 집으로 달려오곤 했다. 심지어 어떤 때는 누가 덩리쥔을 안아주느냐를 놓고 경쟁하다 얼굴이 벌게지도록 다투기도 했다. 덩리쥔의 어머니는 그 시절을 이야기하면서 미소 짓는 한편, 타이완으로 건너와 결혼을 하지 못한, 속칭 '라오위짜이老芋崽'[늙은 토란]라고 불리던 사람들을 안타까워했다. 그때는 얼마나 인정이 넘쳤던지! 그녀 세대의 사람 중 결혼한 사람의 집 대문은 언제나 결혼하지 못하고 혼자 사는 '형제'들을 위해 열려 있었고, 형제들 역시 그 집의 아이들을 마치 자기 아이처럼 여기면서 화목하게 지냈다. 낯가림 없는 덩리쥔의 성격도 그런 환경에서 길러졌을 것이다. 큰아버지며 작은아버지, 이모, 숙모 등이 한데 모여 살면서 따뜻한 마음을 배웠다. 덩리쥔은 다른 사람의 마음을 헤아릴 줄 알았고 다정다감하며 응석을 부리지 않았다.

　"정말 천사 같았어요!"

　덩리쥔의 어머니는 눈시울을 붉히며 말했다.

　"그애가 어릴 때, 얼마나 많은 사람이 나에게 이렇게 말했는지 몰라요. 이 아이는 선녀가 세상에 내려와서 은혜를 갚는 거라고. 나는 그애가 천사나 선녀이길 바라지 않았어요. 은혜를 다 갚고 나서 하늘로 돌아간다면 차라리 훌륭하지 않은 게 좋아요."

우리 두 사람은 식은 커피를 앞에 두고 10분 정도 말없이 눈물만 흘렸다. 타이완을 대표하는 소설가 바이셴융白先勇이 『적선기謫仙記』에서 청나라 말기의 시인 쑤만수蘇曼殊의 「우연히偶得」를 인용하여 한 말이 있다. "세상의 꽃들은 매우 급히 지는구나. 봄이 끝나기도 전에 꽃이 다 사라지네. 분명 신선이 잠시 세상에 내려왔다 돌아간 것이니, 아름다운 얼굴을 기억하며 슬퍼할 필요가 없구나." 한 아이의 어머니로서 얼마나 큰 그리움이 있어야, 또 자식이 돌아오기를 바라는 마음이 얼마나 커야 이처럼 자신의 딸이 '지나치게 훌륭하지 않기를' 바라게 되는 것일까!

🌹 젖을 물리지 않다
가난과 고생 속에서 길러진 성격

덩리쥔의 어머니가 자랑스러워하는 것 중 하나가 덩리쥔이 젖을 뗀 일이다. 덩리쥔이 태어나고 1년여가 지난 뒤, 다섯째인 덩창시鄧長喜가 태어났다.

"그때 그애는 아직 젖을 떼지 못한 상태였죠. 나는 다섯째에게 젖을 물려야 하는데 계속 뺏어 먹으려고 하는 거예요. 다행히 그때 내가 젖이 많이 나와서 그애를 먹이고 동생도 먹일 수 있었지만, 그애가 두 살이 되고 이도 다 난 뒤에는 젖을 뗄 수밖에 없었어요."

어머니는 결심을 하고 덩리쥔에게 젖을 물리지 않았다. 큰아버지 중 한 사람에게 부탁해서 아이를 데리고 가오슝高雄으로 놀러 가게 했다. 첫날에는 젖을 달라며 울었지만 둘째 날이 되자 우유와 더우장豆漿[콩국]을 먹었고 셋째 날에는 젖을 완전히 떼는 데 성공했다.

어머니는 이런 작은 일만 봐도 덩리쥔이 얼마나 의지력이 강한지 알 수 있다고 했다. 그 후에도 어머니는 딸과 함께 다니며 가수의 삶을 겪었고, 덩리쥔이 다른 사람보다 훨씬 더 강한 자제력과 의지력을 갖췄음을 느꼈다. 덩리쥔은 다른 사람에게 폐를 끼치지 않고 가능한 한 자신이 모든 걸 감당하려고 했다. 반면 다른 사람에게 뭔가가 필요할 때는 그 사람이 말하지 않아도 먼저 나서서 도와주곤 했다.

츠상 향에서 1년을 살고 핑둥屏東에 있는 좀더 꼴을 갖춘 집으로 이사했다. 그때 어린 덩리쥔은 세 오빠가 밖에 나가 놀 때의 가장 좋은 부적이었다. 여동생을 안고 당당하게 문을 나서기만 하면 늘 아무 문제도 없었다. 집을 나서면 이웃에서 누군가가 "아가, 이리 와서 놀렴" 하고 부르곤 했다. 그러면 덩리쥔을 이웃집에 데려다 놓고는 달려나가서 놀고 싶은 만큼 뛰어놀았고, 해가 질 때쯤 돌아가면 덩리쥔은 대개 평안하게 집에서 기다리고 있었다.

덩리쥔의 어머니는 자신 있게 말했다.

"우리 집 애가 아주 예쁘게 생기지는 않았어요. 하지만 어려서부터 인복이 있었죠. 아주 어릴 때부터 그랬어요. 이웃집에 가면 할아버지 할머니든 아저씨 아주머니든 혹은 그애와 나이가 비슷한 사람까지도 모두 입을 모아 '인복이 있고 예의가 바르다' '말씨가 예쁘고 마음이 착하다'고 했거든요."

정말 그렇다. 속담에 '인복이 곧 먹는 복이다'라는 말도 있듯, 덩리쥔이 빠르게 인기를 얻고 스타가 된 것은 타고난 노래 실력과 후천적인 노력 외에도 바로 인연, 인복이 중요한 요인이었다. 불공평한 대우, 냉담한 반응이나 배척을 받아도 덩리쥔은 웃어넘겼다. 다투지 않는 성격이란 가난한 집 아이들이 쉽게 기르기 힘든 것이지만, 덩리쥔은 원만하고 온화한 성격을 지녔고 그것이 성공 요인 중 하나였다.

그 시절은 가난하고 힘들어도 즐거웠다. 퇴역한 덩리쥔의 아버지는 소규모로 장사를 시작했다. 어머니도 집안일에 재지를 발휘해서 공심채 줄기, 배추절임, 콩나물 등과 고추를 볶아 식탁에 자주 올렸다. 기름기나 물은 좀 적어도 색, 향, 맛이 모두 훌륭해서 다섯 아이는 언제나 접시 바닥이 보일 정도로 음식을 싹싹 먹어치웠다. 덩리쥔이 세상을 떠날 때까지 가장 즐겨 먹었던 음식이 배추절임이나 공심채 같은 가난한 가정의 흔한 요리였다. 사실 단 한 끼도 고추가 들어간 요리를 먹지 않으면 안 될 정도로 매운 요리를 좋아했던 덩리쥔이 어떻게 수정처럼 맑고 깨끗한 목소리를 유지할 수 있었는지 많은 사람이 의아하게 생각했다. 덩리쥔은 그런 질문을 받으면 그저 웃기만 했다.

"아주 맛있어요. 한 그릇을 더 먹어도 될까요?"

펑둥 지역은 바나나와 야자가 유명했다. 덩 씨 집 정원에도 바나나 나무가 있었다. 바나나 나무는 가족에게 없어서는 안 될 중요한 '반찬거리'였다. 바나나가 익으면 어머니가 시장의 과일 장수를 불러 바나나를 가져가게 하고 약간의 돈을 받았기 때문이다. 그런 날이면 밥상에 요리가 추가된다. 홍사오러우紅燒肉 같은 고기 요리를 먹는 소중한 시간이다. 작은 냄비에 담긴 고기에 얼마나 침이 고이던지! 부모님은 차마 먹지 못하고 자식 다섯 명이 게 눈 감추듯 고기를 먹어치웠다. 홍콩에서 덩리쥔이 자주 갔던 식당 톈샹러우天香樓의 사장은 덩리쥔이 가게에 와서 둥포러우東坡肉[홍사오러우와 같거나 비슷한 갈래의 요리]을 자주 시켰다고 회상했다. 덩리쥔은 둥포러우를 먹으면서 일행에게 자신의 어린 시절 이야기를 들려주었다고 한다. 덩리쥔이 좋아한 것은 홍사오러우의 맛이 아니라 어린 시절의 달콤하고 향기로운 추억이었을 것이다.

그때는 가난하고 고생스러웠지만 가족의 마음이 하나이던 시절이다. 그때의 따스한 정을 덩리쥔은 평생 잊지 않았다. 인기를 얻고 아무리 바빠도 명절에는 반드시 집에 가서 가족이 한자리에 모일 수 있도록 했다. 덩리쥔은 가족이 모여서 하나가 되는 즐거운 자리를 그리워했다. 그 시절은 그녀의 기억에서 그렇게 긴 시간이 아니었다. 덩리쥔이 자라서 귀여운 소녀가 되고, 특히 가수로 데뷔한 후에는 다른 형제에게도 각자의 삶이 있었다. 일할 사람은 일을 하고, 공부할 사람은 공부를 계속했다. 그녀도 세계 각국을 돌아다니며 무대에 섰다. 그러니 가족이 모일 시간은 많지 않았고, 홍사오러우에 담긴 가족의 깊은 정이 더 그리웠을 것이다.

덩 씨 집안은 중국 북부 출신이었지만, 덩리쥔은 만터우饅頭[소가 없는 찐빵. 중국 북부는 밀을, 남부는 쌀을 주로 먹는다]를 좋아하지 않았다. 가정 형편이 어려웠는데 아이가 편식하는 것을 어떻게 용납할 수 있었겠는가. 하지만 덩리쥔의 아버지는 딸아이를 편애했다. 밀가루 요리에 솜씨가 있었던 그는 아이를 시켜 자기 집에서 만든 만터우 등 밀가루로 만든 음식을 이웃집의 쌀밥 한 그릇과 바꿔오게 했다. 바꿔온 쌀밥은 덩리쥔의 몫이었다. "한 그릇의 죽과 밥이 나오기까지의 어려움을 생각하라"는 격언처럼 덩리쥔은 어렵게 바꿔온 밥을 소중하게 여겼다. 형제가 그녀를 위해 이웃집을 돌아다니며 '밥을 얻어준 일' 또한 오래도록 잊지 않았다.

쌀밥과 관련된 일화는 30년 후에도 있었다. 1990년 그녀가 진먼金門에 가서 군 위문 공연을 하던 날, 원래는 아침에 떠나기로 했지만 날씨 탓에 비행기 이륙이 지연되었다. 쑹산松山 공항의 관제탑 지휘관은 위문 공연단을 공항에서 대기하도록 했다. 그리고 그녀에게 쑹산에서 주둔하는 공군 장교와 사병, 그리고 그 가족을 위해 소규모 위문 공연을 해달라고 부탁했다. 덩리쥔은 망설임 없이 승낙했다. 작고 소박한 강당에서 갑자기 준비된 콘서트가 열렸다. 그녀는 언제나처럼 최선을 다해 노래를 불렀다. 공군 장교와 사병은 즐거워하면서 그녀와 같은 초특급 스타가 거드름을 피우지

않고 친근하게 대하는 것에 대해 칭찬을 거듭했다.

점심은 장교, 사병과 함께 먹었다. 덩리쥔은 밥 한 그릇을 다 먹고 미안한 표정으로 조그맣게 말했다.

"아주 맛있어요. 한 그릇을 더 먹어도 될까요?"

모두 덩리쥔이 군대 구내식당의 밥을 좋아한다는 데 기뻐했다. 결국 그녀는 그날 밥을 세 그릇이나 먹었다. 젊고 건장한 사병도 그녀의 식욕에는 혀를 내둘렀다. 불가사의할 정도로 잘 먹으면서도 어떻게 가냘픈 몸매를 유지하는지 다들 궁금해했다. 단지 한창 인기가 드높은 대스타가 쭈뼛거리거나 머뭇거리지 않고 호탕하고 대범하게 행동한 것을 보고 모두 그녀의 진솔하고 정다운 면을 더 좋아하게 됐다.

덩리쥔은 어릴 때는 만터우를 좋아하지 않았지만 어른이 된 후에는 어머니가 빚은 '한 입 교자一口餃'에 각별한 애정을 보였다. 덩리쥔이 일본에서 활동할 때, 일본의 폴리도르 음반사에서 일했던 후나키 미노루舟木稔는 덩리쥔의 집에 가서 물만두水餃를 먹은 날을 생생히 기억하고 있었다. 그 맛은 정말 잊기 힘들 정도였다고 한다. 게다가 그날 덩리쥔은 앉은 자리에서 40개의 물만두를 먹어치우는 대기록을 세웠다.

물만두에는 고향에 대한 그리움과 어린 시절의 기억이 담겨 있다. 과거를 그리워하는 덩리쥔에게 물만두를 빚는 일은 가족끼리 진하게 오갔던 정과 추억을 떠올리는 시간이다. 홍콩에서 혼자 살 때, 식사를 차려주던 밍 언니明姊에게도 물만두 빚는 법을 가르쳐주었다고 한다. 물만두를 빚으면서는 어린 시절의 이야기를 들려주곤 했다. 사소한 일까지 하나하나 어찌나 잘 기억을 하고 있는지 놀라웠다. 밍 언니는 부엌에서 함께 채소를 다듬고 밥을 하면서 도란도란 옛이야기를 하던 때를 떠올리면, 다정다감하고 수다 떨기를 좋아하던 '아가씨'의 목소리를 이제 들을 수 없다는 사실이 믿기 힘들다고 했다.

여섯 살에 오른 첫 무대, 무용을 배우다

덩리쥔의 어린 시절로 되돌아가보자. 부모·형제, 친구와 이웃의 사랑 속에서 다른 사람의 마음을 헤아릴 줄 알고, 영리하며 사리분별이 명확한 아이로 자라난 덩리쥔은 크게 혼난 일이 거의 없었다. 당시 권촌眷村[타이완에 건너온 국민당 정부가 군인 가족 등을 위해 건설한 촌락]의 아이는 대부분 엄격한 어른의 가르침 속에서 자랐다. "매 아래 효자 난다"라는 말을 굳게 믿었던 시대였다. 덩리쥔의 아버지 역시 아이를 매우 엄격하게 교육했다. 어머니는 의리가 있고 정의감이 강했던 딸의 행적을 몇 가지 들려줬다. 오빠나 동생이 말을 잘 듣지 않아서 아버지에게 꿇어앉아 있으라는 벌을 받을 때면 덩리쥔은 아무 말 없이 형제 옆으로 가서 꿇어앉았다. 아직 어린 나이였는데도 괴로움을 함께하려는 의리가 있었다. 아버지는 그 모습을 보고는 차마 더 화내지 못하고 금세 체벌을 거둬들이곤 했다.

"그애는 아주 어릴 때부터 다른 사람의 말이나 표정을 보고 어떤 생각을 하는지 알아차리곤 했죠. 어떻게 해야 아버지의 체벌로부터 형제를 구할 수 있는지도요. 얼마나 의리가 있었다고요!"

이 이야기를 하는 어머니 눈빛 속에는 웃음이 가득했다.

그렇다면 노래는 누구에게 배웠을까? 덩리쥔의 어머니는 이 부분에 대해서는 자신에게 약간의 '공로'가 있다고 말했다. 무슨 선견지명이었는지는 몰라도 라디오 하나를 샀던 것이다. 덩리쥔은 두세 살쯤부터 라디오를 들으면서 노래를 따라 불렀다. 발음을 제대로 하지 못하는 아이의 노랫소리가 어찌나 우스웠던지 어머니는 아이가 언젠가 훌륭한 가수, 대스타가 될 거라고는 상상조차 하지 못했다. 다만 덩리쥔이 노래를 들으면 얌전해지니까 돌보기가 쉽다고만 생각했다. 너덧 살이 된 덩리쥔은 어머니와 함께 영화 보러 가는 것을 좋아하게 됐다. 영화가 2시간 정도 상영하는 동안 과자

두 조각만 주면 떠들지도 보채지도 않고 영화가 끝날 때까지 조용했다고 한다. 어린 영화광은 어른이 되어서도 영화를 좋아했다. 그녀는 사망하기 전 치앙마이에서 휴가를 보낼 때도 영화를 많이 빌려 봤다. 치앙마이에서 비디오 가게를 운영하던 사람은 영화에 대한 안목이 있었다고 회상했다. 킬링타임용으로 영화를 빌려가는 사람이 아니었다는 뜻이다. 그녀는 은퇴 후 영화감독이 될 생각을 한 적도 있었다. 그렇게 일찍 세상을 떠나지만 않았더라면 그 꿈을 이뤘을지도 모른다.

집안에 딸아이라고는 하나뿐이었으니 어머니는 덩리쥔을 특히 세심하게 돌봤다. 친구나 이웃집에서 좋은 일이 있을 때면 예쁘게 입혀서 데려갔다. 이따금씩 카메오처럼 불려나가서 노래를 부르기도 했는데, 그때마다 칭찬과 감탄이 쏟아졌다. "덩 씨 집안 딸은 노래를 잘하지" "무대 체질이야" 모두 그렇게 생각했다. 이웃집에 사는 페이裵 아주머니는 특히 덩리쥔이 부르는 〈채빈랑採檳榔〉〈저녁노을晚霞〉 같은 옛 노래를 좋아했다. 페이 아주머니는 덩리쥔을 보기만 하면 집으로 불러서 노래를 시켰다. 덩리쥔도 거절하지 않고 정확한 발음으로 구성지게 옛 노래를 불렀다. 평소 가수를 잘 흉내내 이웃 아주머니를 무척 즐겁게 해주는 존재였다.

노래를 잘하는 것은 재능이기도 했지만 노력의 산물이기도 했다. 마을에서는 언제나 어린 덩리쥔이 멋들어지게 노래하는 모습을 볼 수 있었다. 노래와 무대 매너가 좋았고 인기도 많았다. 특히 그녀가 칭찬받은 부분은 '아주 예의가 바르다'는 점이었다. 나는 루저우蘆洲의 옛집을 찾아가서 어린 덩리쥔의 노래를 들었던 이웃집 아저씨 아주머니를 만나 인터뷰했다. 덩리쥔을 언급하기만 해도 이구동성으로 말했다.

"그애는 매우 철이 든 아이였어요. 말도 예쁘게 했지요. 만나면 꼭 인사를 했고요. '아저씨, 안녕하세요!' '아주머니, 안녕하세요!' 이런 말을 입에 달고 살았죠."

그것은 자연스럽게 드러난 훌륭한 가정교육의 일면이었다. 무슨 의도가 있어서가 아니라 그저 사람의 마음에 드는 행동을 하는 것이다. 이런 어린 아이가 흔하지 않았기 때문에, 이웃도 오랫동안 기억했다. 덩리쥔이 노래를 잘 불렀는지는 이제 기억하지 못하지만, 한 번도 노래 부르기를 거절하지 않았던 것과 그들에게 무척 즐거운 순간을 선사했던 사실만은 모두 기억하고 있었다.

덩리쥔이 처음 정식으로 무대에서 노래를 한 것은 여섯 살 때였다. 전혀 부끄러워하거나 겁내지 않았다. 아주 어린 시절부터 낯선 사람 앞에서 노래를 부르곤 했던 경험이 그녀의 담력을 키웠고, 갑작스런 상황에 빠르게 대처하는 능력을 기르게 했는지도 모른다. 어머니는 그녀가 무척 대담했다고 말한다. 그건 자신감이었다고 볼 수 있을 것이다. 훗날 가수로 활동하면서도 어느 나라든 어떤 경쟁이든 두려워한 적이 없었다. 어떠한 도전도 피하지 않았다. 그녀는 노력으로 언어를 배웠고, 낯선 나라에 가서 그곳의 풍습과 세속을 따라야 할 때도 금세 적응했다.

어머니는 항상 덩리쥔을 곱게 입혔다. 옷이 많은 것은 아니었지만 늘 깨끗하고 단정했다. 가난한 집 아이 같은 느낌이 전혀 없었다. 아마 어린 덩리쥔도 자신이 귀엽고 예쁘다는 것을 알았을 것이다. 그래서인지 어릴 때부터 사진 찍히는 것을 무척 좋아했다. 처음에는 어머니가 그녀를 데리고 이웃에 사는 추初 아주머니가 운영하는 사진관으로 가서 사진을 찍었다. 덩리쥔이 네 살 조금 넘었을 때, 혼자 추 아주머니의 사진관으로 가서 자기 어머니가 사진을 찍으라고 했다면서 사진을 찍은 일이 있었다. 사진관 주인은 흔쾌히 덩리쥔의 사진을 한 장 찍어줬다. 어머니는 저녁 무렵 추 아주머니가 찾아와서 사진 인화가 끝났으니 가져가라고 말했을 때에야 딸아이가 한 맹랑한 일을 알게 됐다.

부모님은 일하느라 늘 바빴기 때문에 그녀를 돌봐줄 시간이 없었다. 덩리쥔이 네 살 때 그 지역에서 하나뿐인 유치원에 다니게 됐다. 유치원에서는 노래와 춤을 가르쳤는데, 선생님은 덩리쥔이 노래와 춤에 재능이 있음을 금방 알 수 있었다. 노래와 춤을 빠르게 익혔고, 아주 잘했다. 집에 와서는 부모님과 이웃 앞에서 춤과 노래를 보여주곤 했다. 어려운 시절이었으므로 무조건 박수, 또 박수를 받았을 뿐이지만, 그것이 바로 자신감 넘치는 삶을 성장시킨 밑거름이었다.

덩리쥔의 어머니는 문득 어떤 결심을 하게 됐다. 가계가 어렵더라도 이를 악물고 노력해서 재능을 키워주겠다고. 어머니는 덩리쥔을 당시 평둥에서 유일한 리차이어李彩娥 무용 학원에 등록시켜 발레를 배우게 했다. 영리한 아이는 금세 두각을 드러냈다. 함께 수업을 듣는 나이 많은 수강생이 한참 어린 발레 신동에게 감탄할 정도였다. 그러나 춤을 가르치는 것은 아무래도 돈이 많은 집안에서나 할 수 있는 일이다. 무용 학원은 가계의 형편이 더 나빠지면서 금방 그만두게 됐다. 그러나 덩리쥔은 이미 어느 정도 무용의 기초를 닦은 뒤였고, 당시 배웠던 춤이 훗날 그녀의 가수활동에도 상당한 영향을 미쳤다.

낭독의 발견

아버지의 출신지를 따라 본적이 허베이河北 성인 덩리쥔은 표준 중국어를 유창하게 구사했다. 유치원 중급반을 다닐 때는 상급반 졸업식에서 고별사를 낭독할 학생으로 선발되기도 했다. 낭독 원고는 선생님이 다 써주었다. 덩리쥔은 어머니가 한 문장씩 읽어주면 따라서 읽었다. 덩리쥔은 두세 번 따라 읽은 뒤 곧장 낭랑하게 고별사를 낭독할 수 있었고, 얼마 지나지 않아 막힘없이 다 외웠다. 졸업식 당일에는 덩리쥔의 키가 작아서 스탠드 마이크를 가장 낮은 데까지 내렸는데도 그녀에게 닿지 않아 의자를 놓고 올라서야 했다. 무대 아래 모인 사람들은 귀여운 꼬마를 보고 즐겁게 웃었다.

덩리쥔이 대담하고 침착하게 한 글자도 틀리지 않고 고별사를 전부 낭독하자 지켜보던 학부형이 열렬한 박수로 화답했다. 덩리쥔의 어머니는 무대 아래서 눈물을 흘렸다.

'그애가 바로 제 딸이랍니다! 우리 집 딸이에요!'

어머니의 머릿속에 다만 이 두 마디 말이 반복해서 떠올랐다고 한다. 당시에는 그 감정이 자부심이라는 것을 몰랐다. 어머니는 안타까움과 함께 한편으로는 이해가 되기도 하는 복합적인 감정을 느꼈다. 어머니는 덩리쥔이 누리는 그 순간의 영예를 누구보다도 잘 이해했다. 덩리쥔이 얼마나 열심히 고별사를 연습했는지 누가 또 알겠는가? 다 외울 때까지 몇 번이나 막힌 부분을 알려주고 고쳐주었다. 집에서 연습하고, 유치원에서도 연습하고, 몇 번이나 반복했다. '열심히 준비한다'와 '준비를 잘한다'는 별개의 문제다. 어머니는 덩리쥔이 자신을 닮아 사람들 앞에 나서는 것을 두려워하지 않았다는 점을 늘 자랑스럽게 여겼다. 물론 덩리쥔도 긴장한 적이 있다. 항상 쉽고 편한 것은 아니었다. 덩리쥔을 잘 아는 사람은 모두 그녀가 수없이 많은 공연, 방송, 음반 녹음, 촬영 등 바쁘게 움직이면서도 준비 없이 무대에 오른 적이 없다고 말한다.

일본에서 덩리쥔의 매니저와 인터뷰했을 때 들은 이야기다.

"어느 해인가 홍백가합전[매년 12월 31일 밤에 NHK에서 방영하는 가요 프로그램으로, 그해의 최고 스타들이 참석한다]이 시작되기 30분 전, 그녀가 화장실에 가서 돌아오지 않았다는 것을 알았죠. 아프거나 응급 상황이 발생했을까봐 걱정됐어요. 여자 화장실로 달려갔죠. 화장실 문밖에서 발성 연습을 하는 소리가 들렸어요. 전 그녀의 노래를 수없이 들었지만, 그 아름다운 목소리가 '아—' 혹은 '이—'라는 단조로운 소리가 쌓여서 만들어진다고 생각해본 적은 없었죠. 다 큰 남자인 제가 여자 화장실 밖에서 멍하니 덩리쥔의 발성 연습을 듣고 있었어요……."

나도 모르게 그에게 질문을 던졌다.

"덩리쥔이 나중에 뭐라고 말했나요?"

그는 미소를 지으며 대답했다.

"걱정을 끼쳐서 미안하다고, 별일 아니라고 했어요. '그저 잠시 뒤에 공연할 때 목소리를 좀더 완벽하게 내려고 그런 거예요.' 그 성실한 태도에 매우 감동했습니다. 아십니까? 그녀는 이미 엄청난 스타였습니다.

나는 일본어를 몰라 이 말을 즉각 이해하지는 못했다. 하지만 그의 표정이나 손짓에서 존경심이 느껴졌고, 감동을 받았다. 나중에 통역자가 한 문장씩 그의 말을 옮겨주었다. 성공의 요인은 수천 수백 가지가 있지만, 마음을 다해 열심히 하는 것이야말로 절대적으로 필요한, 모든 것에 우선시되는 요소다.

단수이 강변에서의 발성 연습
현 웅변대회 1등

1959년 덩리쥔은 초등학교에 입학했다. 아버지가 퇴역한 후 친구와 타이베이臺北에서 장사를 시작했기에 가족 모두 타이베이로 이사했다. 먼저 쑹산松山로에서 장사를 했지만 동업에 실패했다. 그 후 어머니는 공장 일을 해서 가계에 보탰다. 가족은 통화通化가로 이사했다. 생활은 고생스러웠다. 그러나 퇴역한 전우들이 돈을 모아 도와준 덕분에 덩 씨의 다섯 식구는 루저우蘆洲 향에 자리를 잡을 수 있었다.

덩리쥔의 아버지는 날이 밝기도 전에 일어나 밀가루 반죽을 치대고 발효시켰다. 그렇게 둥글둥글한 전병을 여러 개 만들었다. 아버지는 집에서 만든 북방식 전병을 간이 보온상자에 넣은 뒤 자전거를 타고 거리를 돌아다니며 팔았다. 덩리쥔이 초등학교에 들어간 후, 아버지는 특별한 인연으로 그녀가 다니는 루저우 초등학교 안에 있는 매점에서 전병을 팔 수 있게 됐다. 루저우 초등학교의 랴오한취안廖漢權 선생님은 조그만 몸집의 덩리쥔이 아버지를 돕는 모습을 자주 봤다. 그녀는 가정 형편이 어렵다는 것을 부끄러워하지도 않았고 묵묵히 아버지를 도와 다양한 밀가루 음식들을 모두 판 다음 수업에 들어가곤 했다. 선생님은 착하고 철든 어린 소녀에 대해 아주 깊은 인상을 받았다.

랴오 선생님은 덩리쥔이 친구의 잘못을 포용해줬다는 이야기도 했다. 그때는 덩리쥔의 키가 또래에 비해 작은 편은 아니어서 뒤에서 둘째 줄이었다. 한번은 반에서 장난이 심한 남학생이 양 갈래로 땋은 덩리쥔의 머리 한쪽을 몰래 의자 등받이에 묶었다. 수업이 끝난 뒤 덩리쥔이 일어서자 의자도 함께 들렸고 반 전체가 웃음을 터뜨렸다. 덩리쥔은 친구의 놀림에 눈물을 흘릴 정도로 마음이 상했지만 꾹 참았다. 화를 내거나 선생님께 고자질하지도 않았다. 장난을 건 남자아이도 그녀가 그런 반응을 보일 거라고는 생각하지 못했던 것 같다. 도리어 자기가 부끄러워져서 다시는 장난을 치지 못했다.

덩리쥔과 초등학교 동급생이었던 천후이룽陳輝龍은 성적이 좋아서 줄곧 반장이었다. 그는 덩리쥔이 초등학교 때 성적이 아주 뛰어나지는 않았다고 기억했다. 국어는 잘했지만 수학 성적은 자주 매를 맞을 정도로 형편없었다. 그는 덩리쥔의 학력으로 비범한 성공을 이룬 것은 대단한 일이라고 말했다.

"덩리쥔이 보이지 않는 곳에서 들인 노력은 절대 보통 사람들이 상상할 수 있는 수준이 아닐 겁니다. '반드시 노력하겠다'는 생각이 있었다는 걸 보면 자존감이 얼마나 강했는지도 알 수 있지요. 십 대에 벌써 유명세와 물질적인 성공을 다 이뤘지만 허영에 빠지지 않고 내면을 다지기 위해 자신을 갈고닦았어요. 어린 나이에 성공한 사람이 해내기 쉽지 않은 일이죠."

천후이룽이 들려준 일화 중에는 이런 사건도 있다. 학예회가 열렸는데 당시 반에서는 연극을 공연했다. 덩리쥔이 여주인공 역을 맡았고, 방과 후 강당에 모여 연극 연습을 했다. 어느 날 덩리쥔의 아버지가 팔고 남은 전병을 가지고 그녀를 보러 왔다. 덩리쥔은 부끄러워하면서 계속 아버지에게 집에 돌아가라고 재촉했다. 그때 연극 연습을 지도하던 페이쩌밍費則銘 선생님이 덩리쥔을 한쪽으로 불러 작은 목소리로 아버지를 대하는 태도가 잘못되었다고 야단쳤다. 덩리쥔은 곧장 자기 잘못을 뉘우쳤고 눈물을 흘렸다. 아버지를 부끄럽게 여겼던 마음이나 자신이 갖고 있던 차별적인 생각을 깨닫고 흘린 눈물이었다. 가난은 잘못이 아니다. 자식을 위해서가 아니라면 아버지가 고생할 이유가 있을까? 천후이룽은 그 일이 그녀의 일생에 영향을 미쳤을 거라고 했다.

페이쩌밍 선생님은 덩리쥔의 예술적인 재능을 침이 마르도록 칭찬했다. 학예회에서 박해를 받은 집안이 망하는 내용의 비극적인 연극을 공연했는데, 관객들이 눈물을 흘릴 정도로 감동적인 장면이 많았다. 당시 선생님은 온갖 방법을 짜내 어린 배우들이 자연스럽게 울 수 있도록 지도했다. 눈물이 나오지 않을 때는 침을 바르는 등 각양각색의 방법이 동원됐다. 그런데 여주인공인 덩리쥔은 순식간에 연극 상황에 몰입해서 배경음악인 호금胡琴 연주가 시작되자마자 눈물을 뚝뚝 흘렸다.

페이쩌밍 선생님은 덩리쥔의 청력과 이해력이 놀라울 정도로 뛰어나는 데도 감탄했다. 당시에는 합창반 등 노래를 배울 곳이 없었다. 진학률이 매우 중요해서 학교에서도 음악 과목을 제대로 수업하지 않았다. 노래하고 싶어도 배울 곳이 없어서 다들 라디오를 듣거나 축음기를 틀어놓고 노래를 배웠다. 덩리쥔은 배운 적도 없는데 반주가 호금이든 풍금이든 하모니카든 듣기만 하면 잘 맞춰서 불렀다. 어떻게 감정을 잡는지 가르치지 않아도 알아서 노래에 녹아들었다. 타고난 재능이다.

하지만 그저 천재형 가수라고 하는 것은 불공평하다. 보통 사람은 상상할 수 없을 정도의 노력파였다. 덩리쥔은 매일 아침 5시쯤 일어났다. 날도 다 밝기 전이었다. 아버지의 자전거 뒷자리에 타고 단수이淡水 강변으로 가서 목을 풀었다. 매일 강을 바라보면서 발성 연습을 했다. 아버지가 강가에 데려다줄 시간이 없으면 페이쩌밍 선생님이 데려다주곤 했다. 그녀의 목소리가 맑고 깨끗하며 음을 자연스럽게 바꿀 수 있었던 것은 이런 발성 연습의 기본기가 탄탄했기 때문이다. 덩리쥔의 어머니는 그걸 마음 아파했다.

"이제 겨우 열 살이 된 아이인데 얼마나 자고 싶었겠어요? 하지만 그애는 의지가 강했죠. 매일 새벽에 일어나서 노래 연습을 하러 갔거든요. 어떤 때는 바람이 불고 비도 오는데 자전거를 타고 가려니 비옷이 불편했지요. 제가 오늘만 쉬라고 하는데도 '선생님이 뭐든지 꾸준히 해야 한다고 하셨어요, 공부에는 의지력이 중요하다고요!' 하면서 꼭 가야 한다는 거예요. 맞는 말이라서 저도 어쩔 수 없이 가라고 했죠, 뭐."

머리가 하얗게 센 페이쩌밍 선생님은 슬픔에 젖어 말했다.

"착하고 마음 씀씀이가 좋았어요. 초등학교를 졸업하고 오랜 시간이 지났는데도 명절 때면 안부 전화를 걸어왔죠. 건강은 어떤지, 아이들을 가르치는 건 힘들지 않은지 물어봤답니다. 심지어 콘서트를 열 때마다 표를 몇 장씩 우편으로 보내줬어요. '사모님과 오세요' 하면서요. 그애는 초등학교 다닐 때 제 아내가 잘해줬던 것도 기억하더군요. 공연을 보러 가면 늘 눈물이 났죠. 제가 평생 얼마나 많은 초등학생을 가르쳤겠소! 이렇게 스승의 은혜를 기억하고 도리를 다하는 학생은 정말 드뭅니다."

덩치 큰 남자가 눈물 흘리는 모습을 인터뷰 과정에서 여러 차례 봤다. 덩리쥔에게는 늘 생각지도 못했던 감동을 주는 작은 일화가 있었다. 나는 그녀의 삶에서 다른 시간을 공유했던 사람을 통해 퍼즐을 맞추듯이 그녀가 생전 어떤 모습이었는지 차차 알게 됐다.

덩리쥔에 대한 인상적인 일화를 들려준 또 다른 선생님이 있다. 초등학교 5, 6학년 때 담임이었던 리푸양李復揚 선생님이다. 당시 덩리쥔은 반을 대표해서 웅변대회에 참가했다. 웅변 원고는 지도 교사인 리푸양 선생님이 작성해서 그녀에게 외우도록 했다. 리 선생님은 남동생이 대학에 다니는 중이고 웅변대회에 참가한 경험도 있어서 동생을 학교로 불러 덩리쥔에게 어떤 문장을 강조해야 하는지, 무대에 올라가서는 무엇을 주의해야 하는지, 올라갈 때와 내려갈 때는 어떤 태도여야 하는지 등 세세한 부분까지 가르쳤다. 떨지 않고 자연스러워질 때까지 연습했고, 덩리쥔은 기대를 저버리지 않고 학교 웅변대회에서 1등을 차지했다. 이후 루저우 초등학교 대표로 참가한 현 대회에서도 1등을 했다.

루저우 문사공작실文史工作室을 세운 양롄푸楊蓮福는 개인적으로 60~70장에 달하는 덩리쥔의 음반과 사진을 수집했다. 향토 문화 교육에 매진해온 그는 덩리쥔이 루저우 초등학교를 빛낸 인물일 뿐 아니라 루저우 전체의 빛과 같은 사람이라고 여긴다. 루저우에 오래 살지는 않았지만 덩리쥔은 언제나 그곳을 그리워했고 가난하지만 행복했던 자신의 어린 시절을 그리워했다. 가정 형편이 어려운 것을 부끄러워하지 않게 된 후로는 공부도 더 열심히 했다. 루저우 초등학교는 개교 100주년 기념일에 교실 한 칸을 따로 마련해서 학교를 빛낸 선배인 덩리쥔의 상장, 상패, 음반, 포스터와 사진 등을 전시했다. 루저우 초등학교는 덩리쥔의 팬이라면 꼭 방문해야 하는 장소로도 유명해졌다. 덩리쥔은 자신도 모르는 사이에 루저우의 국제적 경쟁력을 높여준 셈이다.

그녀의 또 다른 동급생인 천신이陳信義는 내가 방문했을 때 타이베이의 현縣 의원이었다. 그는 약간 의기양양한 태도로 자신이야말로 덩리쥔의 '진정한' 이웃이라고 했다. 당시 덩리쥔과 천신이가 살던 집은 창고 방에 칸막이벽을 쳐서 세를 줬기 때문에 방음이 좋지 않았다. 덩리쥔의 형제가 야단맞거나 소란을 피우는 소리가 다 들렸다. 당시 하루 중 가장 즐거운 일은 덩리쥔의 노랫소리를 듣는 것이었다. 노래를 부를 때는 보통 집에서 목욕할 때였다. 덩리쥔의 가장 오랜 팬일지도 모르는 이 남자는 유머러스하게, 그러면서도 아련한 슬픔을 담아 말했다.

"덩리쥔의 노랫소리는 대나무 울타리를 넘어서든, 철의 장막을 넘어서든 언제나 참으로 매력이 있었지요!"

🌸 두 고향 이야기
본성인과 외성인 사이에서

초등학교 졸업 후, 덩리쥔은 원하던 공립 중학교에 합격하지 못했다. 오히려 입학하기 어렵다는 사립 진링金陵 여자중학교에 합격했다. 학업 스트레스는 덩리쥔에게 꽤 힘든 일이었다. 그러나 노래에 대한 재능과 흥미는 이때부터 덩리쥔의 인생을 다른 방향으로 이끌고 있었다.

1964년 덩리쥔은 BCC 라디오 방송국이 주관하는 황매희黃梅戱[안후이 성 중부 지방에서 유행했던 지방극] 노래 대회에 참가해서 〈방영대訪英台〉로 우승을 차지했다. 덩리쥔은 일찌감치 스타의 재목을 찾으러 다니는 캐스팅 담당자의 눈에 들었다. 1965년에는 진마장金馬奬 음반사가 주최한 노래 경연 대회에 나가서 〈채홍릉採紅菱〉을 불러 또다시 우승했다. 어린 나이부터 놀라운 매력으로 대단한 무대를 보여준 것이다.

"그때 우리는 아이의 재능을 키워준다는 게 뭔지도 몰랐어요."

어머니는 그 과정이 물이 아래로 흐르듯 자연스러웠다고 말했다.

"아이가 노래를 무척 좋아하니까 흥미를 억누르지는 않았지만 그렇다고 북돋아주지도 않았죠. 나중에 CSBC 라디오 방송국에서 운영하는 노래 훈련반이 있다고 해서 거기 등록해줬어요. 그때 처음으로 정식 노래 공부를 한 거예요. 그때도 그애는 아직 어려서 내가 수업에 데려갔다가 데려와야 했어요. 나중에 훈련반을 1등으로 졸업하고 상도 받았지요. 그러면서 자신감이 많이 생겼어요. 이 아이는 자신이 가고 싶은 길이 뭔지 잘 알고 있다는 것을 깨닫게 됐죠. 어른들이 막으려고 해도 막을 수 없고, 억지로 끌고 가려고 해도 그럴 수 없다는 것도요."

덩리쥔에게 어린 시절이라고 할 만한 때가 없다고 생각하는 사람도 있다. 그녀가 일찍부터 재능을 드러내 유명해졌기 때문이다. 그러나 덩리쥔은 잘못을 뉘우치고 고치는 경험도 했고 공연하거나 웅변대회에 참가해서 상을 받기도 했다. 여행하고 놀던 시절도 있었다. 사실 공부, 공부, 시험, 시험의 반복인 요즘 세대와 비교하면 오히려 다채롭고 즐거웠을 것이다. 단지 장난치며 뛰어놀 시간이 다른 아이보다 조금 짧았다. 덩리쥔의 어릴 적 친구는 그녀의 어머니가 매우 엄했다고 기억한다. 불러내서 놀 때마다 얼마 후 덩리쥔의 어머니가 이제 그만 숙제해야지, 공부해야지 하고 말했다고 한다. 그 친구에게 어릴 때 뭘 하면서 놀았냐고 질문을 건넸더니 돌아온 대답이 놀라웠다.

그 시절은 여전히 2·28사건[1947년 타이완 섬 원주민이 국민당 정부에 반대하여 벌인 시위에서 정부의 폭력 진압으로 3만여 명의 사상자가 발생한 사건. 이후 정부는 계엄을 선포했고 38년 동안 유지됐다]에 대한 기억이 남아 있을 때였다. 중국에서 건너온 외성인이냐 타이완 섬 원주민인 본성인이냐 하는 구분이 완전히 사라지기 전이었다. 한 반에 50명 학생 중 한두 명은 중국에서 건너온 외성인이었다. 철도 들지 않은 어린이들이 무리를 지어서 군인 가족 촌락인 권촌 아이에게 '외성인 돼지 새끼'라며 욕을 하곤 했다는 것이다. 외성인 가정의 아이도 지지 않고 본성인 아이에게 '원숭이 새끼'라고 욕을 해댔다. 덩리쥔과 마찬가지로 권촌에 살았던 후楜 씨 성 친구는 당시 외성인 아이가 본성인 아이에게 욕을 먹었던 일을 기억하고 있었다. 남자아이들은 몸싸움을 벌이곤 했지만 덩리쥔은 폭력을 쓰지 않고 친구와 함께 노래 가사를 바꿔서 상대편 아이를 놀리면서 혼을 내줬다. 가사를 어떻게 바꿨는지는 기억나지 않지만 그녀가 당시 아이들을 이끌 정도로 매력이 있었다는 것과 노래 가사를 바꿀 정도로 영리했다는 점은 아직도 친구에게 깊은 인상으로 남아 있다고 한다.

노래든 욕이든 아이의 우정은 천진난만해서 한참 다툰 뒤에는 금세 잊어버리곤 했다. 덩리쥔은 반에서 친구들과 무척 사이가 좋았다. 야외 운동에 소질이 있어 사방치기, 고무줄놀이, 포크 댄스 등을 다 잘했다. 그녀는 금세 본성인 아이와도 친해졌고 타이완 원주민 언어도 금방 배웠다. 하카어[중국 한족의 한 갈래로 중국 남부 및 타이완에 많이 거주하는 하카客家족 방언]도 몇 마디쯤 할 수 있었다. 초등학교에서 여러 지역 출신이 융화되는 경험으로 민난어閩南語[중국어 방언으로 주로 중국 푸젠 성과 타이완에서 쓰인다] 노래도 정확한 발음으로 부를 수 있었다. 외성인, 본성인의 전쟁은 그녀의 어린 마음에 의혹을 남겼다. 모두들 중국인인데 왜 이렇게 너와 나로 나뉘는 걸까?

이런 의혹에 대한 답은 교과서나 책에서는 얻기 어려웠다. 그러나 선생님이 몇 번이나 차근차근 가르쳐주었고 그런 가르침이 덩리쥔의 마음속에 작은 싹을 틔웠다. '세상 사람은 다 한 형제요, 민족과 국가는 마땅히 단결해야 한다. 분열과 불화를 해결하려면 우선 상대방과 융화되어야 한다. 그래야 민족과 국가의 발전이 있을 수 있다.' 그런데 언어의 차이는 융합의 장애물이다. 그로부터 그녀의 언어적 재능이 빛을 발하기 시작했다. 덩리쥔은 민난어, 하카어, 광둥어 등을 금세 익혔다. 영리한 것도 사실이지만, 그보다는 노력하는 마음이 있기에 가능했을 것이다.

덩리쥔은 늘 강조했다.

"중국인 사이에는 출신지의 구분이 필요 없습니다. 정치제도가 다를 뿐, 한 가족이라고 생각합니다."

그녀는 중국의 동포를 사랑했으며 늘 결연하게 그 마음을 표현했다.

"중국에서 콘서트를 여는 날을 기다려주세요. 그때가 바로 민주와 인권이 다시 중요하게 여겨지는 때입니다."

중국은 본적지로서의 고향이다. 타이완은 태어난 고향이다. 중국으로 돌아가 자유자재로 노래하며 이를 동포에게 들려주는 것, 그것은 덩리쥔의 마음에 오래도록 남아 있던 꿈이지만 결국 이뤄지지는 않았다.

我一見你就笑
你那翩翩采太美妙
和你在一起
我永遠沒煩惱
究竟是爲了什
我一見你就笑
因爲我已愛上你
出乎你的意料

나는 그대만 보면 웃어요
당신의 그 멋진 모습 정말 최고죠
그대와 함께라면
영원히 아무 근심도 없어요!
도대체 무엇 때문에
나는 당신만 보면 웃는 거죠?
왜냐하면 당신을 사랑하게 되었으니까요
당신은 예상하지 못했겠지만!

그런 시절이 있었다. 덩리쥔의 초기 히트곡 〈그대만 보면 웃어요—見你就笑〉의 가사처럼, 가수생활이 즐거움과 기쁨을 가져오고 그녀 자신조차 예상하지 못했을 만큼 수많은 마음속 꿈이 노래를 통해 이뤄졌던 시절 말이다. 덩리쥔은 자신의 어깨에 부모님이 해내지 못했던 물질적 성공이 있다는 것을 알고 있었다. 가족을 도우려 했고 가정의 문제를 해결하려 애썼다. 사실 막 데뷔했을 무렵에는 그다지 순조롭지만은 않았다. 하지만 힘든 일을 겁내지 않는 덩리쥔은 그것도 운명이라고 여겼다.

🌿🐌 "엄마, 코카콜라 한 병만 마셨으면 좋겠어요.
딱 한 병만요."

덩리쥔의 어머니는 당시 코카콜라가 막 타이완에 진출해서 순식간에 신드롬을 일으킬 정도로 인기를 끌었던 것을 기억하고 있었다. 그때는 모든 아이가 코카콜라를 한 병 마셔보고 싶어했다. 갈증보다는 호기심을 충족시키기 위해서였다. 언젠가 덩리쥔이 공연을 마친 뒤 버스를 타고 집으로 오는 길에 갑자기 이렇게 말했다.

"엄마, 코카콜라 한 병만 마셨으면 좋겠어요. 딱 한 병만요."

근검절약이 습관이던 시절이기 때문에 어머니는 곧바로 말했다.

"안 돼. 그건 돈 있는 사람들이나 마시는 사치품이야."

덩리쥔은 더 말하지 않았다. 그녀는 그저 운명이라고 생각했다. 한 병에 7타이완달러나 하는 코카콜라를 마시지 않으면 가족이 더 좋은 음식을 먹을 수 있을 것이었다.

덩리쥔의 어머니는 집에 돌아와서 밤새 잠을 이루지 못했다. 자신이 지나치게 소심하게 굴었다고 생각했다. 덩 씨 집안은 예전보다 형편이 나아졌다. 그건 모두 딸아이가 한 곳에서 노래를 마치면 헐레벌떡 다음 공연 장소로 이동해가며 일한 덕분이었다. 그런데도 딸의 조그만 소원조차 들어주지 않고 단숨에 거절했다. 딸이 토라지거나 조르지도 않았다는 게 더 마음이 아팠다. 이런 아이에게 무엇을 더 말할 게 있을까, 딸아이에게 고마워해야 하는 거지! 이렇게 생각한 어머니는 다음 날 아침 일어나자마자 코카콜라를 사와서 냉장고에 넣어뒀다.

"마시고 싶으면 마셔도 돼!"

덩리쥔은 기뻐서 눈물까지 흘렸다. 당장 오빠와 동생과 나눠 마셨다. 덩리쥔의 욕망이라는 것은 이렇게나 단순하고 간단했다. 얼마나 소박하고 어수룩했는지, 이런 작은 일로도 몇 달 동안이나 행복해했다.

오빠와 동생에 대한 덩리쥔의 애정은 말로 다 설명할 수 없었다. 어렸을 때부터 세 오빠는 그녀를 무척 귀여워하며 돌봐줬다. 노래를 잘하는 여동생이 그들보다 훨씬 더 돈을 잘 벌 수 있다는 것을 알고 있었다. 집안 형편이 특히 어려울 때는 달걀을 먹는 일조차 사치였다. 하지만 매일 아침 여동생이 강가에서 목을 풀고 돌아오면 어머니는 따뜻한 물에 날달걀을 풀어서 먹였다. 목을 부드럽게 하고 보호하기 위해서였다. 그렇게 덩리쥔이 매일 날달걀을 한 잔씩 마시는 특권을 누리는 동안 오빠와 동생은 한 번도 탐내거나 항의한 적이 없었다. 그들은 여동생에게 잘해주는 것이 당연하다고 생각했다. 왜냐하면 가족 중에서 그녀가 가장 고생스러웠기 때문이다.

태풍 글로리아가 타이완을 덮쳤을 때, 루저우에 심각한 홍수가 발생했다. 덩 씨 집안은 그때 중루中路 촌 중루 109번지의 군인 가족 거주지에 살고 있었다. 순식간에 물이 문을 밀고 들이닥쳤다. 온 가족이 조금이나마 높은 다락방으로 기어올라갔다. 아버지는 목숨을 걸고 문을 막아 물이 더 들어오지 못하도록 했다. 어머니는 급히 중요한 집기와 살림을 챙겼고, 세 오빠는 덩리쥔을 보호하는 임무를 맡았다. 아이들은 아무도 울지 않았다. 가족 모두 조용히 서로를 꼭 껴안고서 그 시간을 견디며 위기를 넘겼다. 이 일은 어린 덩리쥔의 영혼에 가족이야말로 가장 소중한 것이라는 인식을 심었다. 가족이 서로 지켜주는 일이야말로 무엇보다도 중요하다. 그 후 덩리쥔은 아무리 먼 이국이나 외지에 나가더라도 매년 설에는 가능한 집에 돌아와 가족과 함께 명절을 쇠려고 했다. 이는 그녀가 사망하기 바로 전해 설에도 마찬가지였다.

물난리가 지나간 뒤, 모두들 루저우 향공소[우리나라 지역주민센터에 해당]가 배급할 구제 식량을 기다리고 있었다. 덩리쥔의 아버지도 향공소에 가서 배급을 도왔다. 형제는 얌전히 집에서 진흙을 퍼내고 망가진 집을 정리한 뒤 쓰레기를 버렸다. 어머니는 그 광경을 보며 마음을 다잡았다. 그

재난으로 덩리쥔은 가족을 위해 더 좋은 집을 사고 싶다는 소원이 생겼다. 덩리쥔은 집을 살 능력이 되자 베이터우 단펑 산丹鳳山 부근에 덩 씨 집안 최초의 집을 구입했고, 온 가족이 루저우를 떠나 이사했다.

그때 어머니는 자신만의 집이 있으니 무척 좋다고 했다. 자신의 집이 있다는 것은 무엇에도 비할 수 없을 만큼 행복한 일이었다. 어머니와 덩리쥔은 공연이 끝나면 아무리 늦어도 반드시 집으로 돌아왔고, 밖에서 자는 일은 거의 없었다.

"외지에서 집으로 돌아올 때면 그애는 몹시 지쳐 보였죠. 이리저리 흔들리는 차 안에서 잠들어버리곤 했어요. 그럴 때마다 나는 마음속으로 '고맙다, 우리 딸!' 하고 말했어요. 하지만 그때는 어른이 어린아이에게 고맙다고 말하는 것이 어색했던 시절이죠. 아무리 많은 감사의 말이 마음에 있더라도 말이에요. 나는 그애 엄마지만 한 번도 제대로 고맙다는 인사를 한 적이 없었어요. 그애가 그렇게 떠나고 나서 혼자 집에 있을 때면 눈앞에 보이는 모든 물건에 그애의 그림자가 남아 있는 것 같아요. 내가 사는 집도, 입고 있는 옷도, 덮고 자는 이불도, 집에서 사용하는 컵까지도 다 그애가 사준 거니까요. 이 나라 저 나라에서 가지고 온 것이죠. 왜인지는 모르겠는데, 무척 고맙다고 말해주고 싶어요. 하지만, 이제는 듣지 못하겠죠……."

나는 어머니의 손을 꼭 잡았다. 그러나 어떤 위로의 말도 할 수 없었다. 자식이 효도하려고 해도 부모님이 기다려주지 않는다는 말은 들어봤어도, 어머니가 고마움을 표현하려고 하지만 딸이 기다려주지 않는다는 식의 후회와 회한의 이야기를 들은 적은 없었기 때문이다. 인생은 정말 기다려주지 않는다. 사랑이 있다면 말해야 한다. 고맙다, 사랑한다, 미안하다, 다시 만나자는 말은 모두가 배워야 한다.

집을 산 것은 실용적인 목적 때문이었다.(덩리쥔은 호텔에 묵는 것을 좋아하지 않았다. 그녀는 집이 있다는 느낌을 좋아했다.) 그래서 덩리쥔은 자연스럽게 재산 관리와 운용에도 관심을 갖게 됐다. 주식을 사거나 투자를 하지는 않았지만 충분한 돈이 모이면 곧장 집을 샀다. 지대가 높은 곳에 있는 집을 특히 좋아했다. 나중에 홍콩 스탠리(한자 지역명은 붉은 기둥이라는 뜻의 '赤柱'인데, 용띠인 덩리쥔이 기둥을 타고 위로 올라갈 수 있어서 풍수적으로 좋다고 했다), 싱가포르, 프랑스 파리, 미국 베벌리힐스, 타이베이까지 그녀가 산 집은 늘 높은 곳에 있었다. 어쩌면 어렸을 때 겪은 태풍과 홍수의 영향이 아니었을까.

군부대 위문 공연 가수의 삶이 시작되다

덩리쥔은 여섯 살 때부터 리청칭李成淸 선생님을 따라 군부대 위문 공연을 다녔다. 진링 여중을 다닐 때는 저녁에 이곳저곳 파티 장소에서 공연을 많이 했다. 그때의 출연료는 아홉 살 때 무대에서 노래를 하고 받은 첫 보수인 5타이완달러보다는 많았지만 여전히 보잘것없는 금액이었다. 하지만 그녀는 신경 쓰지 않았다. 자신이 노래하고 공연할 수 있는 무대가 있는 것만도 좋다고 생각했다. 무대는 노래를 연습하고 담력을 키우고 경험을 쌓으며 공연 매너를 익히는 장소였다. 또한 집안 형편에 도움이 될 수 있다면 그걸로 만족했다.

가수의 길을 가라고 하늘이 정해준 것처럼, 타고난 목청은 다듬을수록 매끄럽고 맑아졌다. 그러면서 자신도 모르게 그녀만의 독특한 스타일이 형성됐다. 어느 파티장의 공연에서 그녀의 노래가 귀즈빈國之賓 라이브하우스 사장의 눈에 들었다. 사장은 어머니와 논의한 후 덩리쥔의 의사도 물어봤는데, 이것이 바로 정식 가수로서 그녀의 삶이 시작되는 순간이었다. 얼마 지나지 않아 덩리쥔은 인기를 얻었고 몇몇 공연장에서 앞다퉈 출연 요

청이 들어왔다. 그렇게 그녀는 인기 있는 꼬마 가수로 인정받기 시작했다.

그렇다고 해도 순풍에 돛 단 듯 곧장 스타가 된 것은 아니었다. 활동을 시작하고 처음에는 한동안 공연 요청이 없었다. 당시 타이완 가요계는 성숙하고 교태 어린, 심지어는 이런저런 풍파를 다 겪은 듯한 느낌을 주는 노래가 한창 유행하고 있었다. 겨우 열다섯 살인 덩리쥔은 그런 스타일의 노래에 어울리지 않았다. 게다가 아직은 그녀에게 딱 맞춤인 곡을 누군가 써줄 정도로 인기가 있지도 않았다. 또랑또랑하게 옛날 노래들을 부르는 것 외에도 덩리쥔은 신중하고 성실하게 자신이 추구할 가수로서의 방향을 찾으려 노력했다. 그것은 청순하고 활달하며 밝고 건강한 이미지로 승부하는 것이었다.

아직 열여섯도 되지 않았지만, 덩리쥔은 이미 자신만의 생각이 있었다. 가볍고 발랄하지만 예의 바르고 달콤한 분위기로 대중 앞에 나서는 것이었다. 친근하고 자연스럽게 귀여운 소녀의 이미지는 그녀의 트레이드마크가 됐다. 무대에 오르면, 그녀는 관객을 향해 몇 마디 인사를 하고 가벼운 우스갯소리를 해서 박수를 끌어낸다. 그렇게 해서 노래를 듣고 싶은 좋은 분위기를 조성하는 것이다.

덩리쥔의 얼굴에는 늘 달콤한 미소가 서려 있었고, 아는 얼굴을 만나면 바로 인사를 건넸다. 아주 친한 사이가 아니라 해도 웃으면서 고개를 숙였다. 반면 종일 덩리쥔 옆에 붙어 있어야 하는 어머니는 좀더 엄하고 진지한 태도를 고수했다. 다들 덩리쥔 옆에는 엄격하게 관리하는 매니저가 있으며 그가 친어머니라는 사실을 잘 알았다. 덩리쥔에게 고백하려던 남자들은 어머니가 곁에 있다는 사실을 알고 놀라 달아나기도 했다. 물론 연예계에서 친한 친구도 많았다. 특히 여러 가수가 출연하는 텔레비전 프로그램 '군성회群星會'에서 만난 동료가 그랬다. 당시 이미 스타라고 할 수 있었던 가수 장치張琪, 셰레이謝雷, 우징셴吳靜嫻 등은 덩리쥔을 좋게 평가했다. '군성회' 프로그램에 출연하는 인기 가수 대부분은 자기 노래를 불렀다. 덩리쥔의 대표곡은 다른 사람이 따라 하려고 해도 따라 하기 힘든 〈그대만 보면 웃어요〉였다. 이 노래는 덩리쥔의 가창 스타일에 알맞았고, 얼마 지나지 않아 그녀에게 '옥녀玉女'[옥으로 깎아 만든 듯 깨끗한 이미지의 미인이라는 뜻]라는 별명이 생겼다. 특히 특유의 미끄러지는 듯이 울리는 끝음은 그녀만의 가창 스타일로 다른 가수와 크게 차별되는 점이었다. 당시에는 역동적인 창법이 유행하지 않았는데, 조금이나마 무용의 기초가 있는 그녀는 노래하면서 춤을 추는 연출을 했기 때문에 라이브 공연에서는 더욱 인기가 좋았다. 오래지 않아 덩리쥔은 인기가 많아지면 많아질수록 시간과 자유, 사생활이 적어진다는 것을 깨닫게 된다. 물론 그것은 인기를 얻는 대신 치러야 할 당연한 대가였다.

바쁜 일정 중 잠시 한가할 때면 볼링을 치거나 어머니 혹은 다른 가족과 함께 영화를 봤다(이건 어릴 때부터의 습관이다). 덩리쥔은 남자 배우 중에서는 차오좡喬莊, 여자 배우는 리리화李麗華, 러디樂蒂를 좋아했다. 하지만 여자 스타들이 결혼 후에도 계속 연기하는 것은 좋아하지 않았다. 아직 어린 소녀의 눈에 노래든 연기든 영원히 할 수 있는 직업은 아니었던 모양이다. 어머니에게 이제 막 청춘이 된 십 대 소녀가 가질 법하지 않은 생각을 이야기한 적도 있었다. 자기도 나중에는 목소리가 상해서 혹은 결혼해서 가요계를 떠나게 될 거라고 말이다.

선택하기 힘든 두 가지 학업을 그만둔 후회

저녁 공연이 잦아지자 상대적으로 학업에 소홀해질 수밖에 없었다. 집에 돌아가면 피곤에 지친 상태였지만 다음 날 아침이면 또 일찍 일어나야만 했다. 이런 상황이 길어지면 누구라도 견디기 쉽지 않다. 하물며 이제 열몇 살 된 소녀라면 어떻겠는가? 공부할 시간이 적어지자 덩리쥔의 성적은 점점 떨어졌다. 낮에도 수업에 집중하지 못했다. 학업성적으로 학생의 좋고 나쁨을 평가하던 1960년대에 덩리쥔은 말썽을 부리는 문제아가 아닌데도 자연스럽게 선생님들의 눈 밖에 났다. 담임 선생님은 덩리쥔을 아꼈지만, 가수활동과 학업을 병행하는 것은 고민스러운 일이었다.

학교 선생님들은 그녀의 가수활동을 그다지 이해해주지 않았다. 심지어 이리저리 돌려 말하며 부모님을 비난하기도 했다. 선생님들은 어린 나이에 공부는 뒷전인 채 노래로 돈을 벌게 하는 것은 아이에게 허영심을 불어넣는 일이라고 생각했다. 성장기의 자녀가 공부에 매진하는 게 당연한데, 오히려 덩리쥔을 부추겨 유흥업소를 출입하며 일하게 하는 것은 말이 안 된다면서 말이다.

어머니는 딸의 의사가 중요하다고 여겼다. 덩리쥔은 한동안 깊이 생각해본 뒤 이렇게 말했다.

"꼭 공부를 해야 성공하는 것은 아니잖아요. 지금은 공부를 할 수 없지만 나중에 어떻게든 보충할 수 있을 거예요."

덩리쥔은 스스로 오랫동안 생각해본 뒤에 '휴학하고 노래를 계속한다'는 고통스러운 결정을 내렸다. 수많은 아쉬움과 후회가 있었지만 자신의 선택이 틀리지 않았다고 믿었다. 타이완은 입시주의가 강한 나라이고, 학력이 무엇보다도 중요하다. 덩리쥔과 같은 나이에 '어느 직업이든 뛰어난 인물이 있다'는 사실을 꿰뚫어보고 세속적인 시선을 벗어난 선택을 한 것이 놀랍다.

나중에 언론에서는 덩리쥔이 중학생 때 일을 위해 휴학을 종용받았고 가족의 생계를 책임져야 했다며 가족을 여러 차례 비난했다. 또는 스파르타식 교육의 희생자라면서 덩리쥔의 부모가 돈을 위해 어린 자식의 앞날을 고려하지 않았다고 보도했다. 순전히 근거 없는 억측이다. 비난하는 사람들은 세속적인 시선으로 사회의 생존 법칙을 들이댔지만, 세상에 자신을 드러내고 싶어하는 소녀를 단지 그런 기준으로 재단할 수는 없다.

덩리쥔은 침울하게 학교를 떠나 교복과 책가방이 함께하는 나날과 이별했다. 작별의 시간도 없이 친한 친구 몇 명의 축복과 선생님의 신신당부 속에 진링 여자중학교를 떠나는 뒷모습은 그녀를 별로 좋아하지 않았던 선생님과 학생들의 코끝마저 시큰하게 했다. 그러나 쓸쓸한 기분은 잠시였다. 연이어 공연 일정이 잡혀 있었기 때문이다. 공연으로 바쁘다보니 학교를 떠났다는 슬픔을 길게 곱씹을 시간도 없었다. 덩리쥔은 평소처럼 미소와 자신감으로 무장한 채 그녀의 삶에 있는 음표와 선율을 맞이했다. 1969년 덩리쥔이 열여섯 살 때, 사람들은 그녀의 청순하고 활달한 모습을 몹시 사랑했다. 그녀가 즐거운 모습으로 노래를 부르고 춤을 추면 사람들은 마음속에서 우러나오는 즐거움과 기쁨에 유쾌해했다.

사실 그 후로도 덩리쥔은 공부를 중단한 적이 없다. 독학으로 공부를 계속한 것 외에도, 미국의 대학에 입학했고 런던에서 연수를 받기도 했는데 성적이 좋은 편이었다. 여러 지역의 방언과 외국어에도 능통해 언어적 재능으로 사람들을 놀라게 했다. 덩리쥔과 함께 일본에서 언어를 배웠던 어머니는 민망한 듯 웃으면서 당시 일본어를 배우던 시절의 이야기를 들려줬다.

"우리는 함께 일본에 갔죠. 일본 회사에서 그애에게 일본인 선생님을 붙여주고 일대일 어학 수업을 시켰어요. 그때 나도 똑같이 선생님을 두고 일본어를 배웠고요. 시작할 때는 같은 수준이었는데 사나흘 지난 뒤에 그애가 이웃 사람과 더듬더듬 대화를 나누지 뭐예요! 얼마나 놀랐던지! 그걸 본 뒤로는 나는 오히려 그애에게 의존하는 마음이 생겨서 공부 진도가 더 느려졌죠. 반대로 그애는 점점 더 빨리 배우더니 나중에는 일본 사람들과 만나야 할 때 자기가 직접 그 사람과 대화를 나눌 정도가 됐어요."

"그게 얼마나 지나서예요?"

"그걸 어떻게 다 기억하겠어요? 어쨌든 마치 처음부터 일본어를 할 수 있었던 것처럼 금방 배웠던 건 확실해요. 한번은 이런 일도 있었지요. 그애가 회의를 하고 있을 때였는데, 한 남자가 내게 다가오더니 허리를 숙여서 인사하는 거예요. 그러면서 딸을 아주 잘 가르치셨다며, 그애가 매우 교양 있고 고등교육을 받은 사람이어야 쓸 수 있는 말을 구사한다고 했어요. 전 속으로 그건 내가 가르친 게 아니라 딸아이가 스스로 노력해서 배운 거라고 말했죠. 하지만 그런 설명조차도 일본어로 할 수가 없었어요. 그래서 설명은 그만두고 미소만 지으면서 칭찬을 고스란히 다 들었지요!"

우리는 서로 마주보며 소리 내어 웃었다. 내가 덩리쥔의 어머니를 수십 차례 인터뷰하면서도 몇 번 보지 못했던 즐겁고 유쾌한 웃음이었다.

학력學歷이 짧다고 해서 반드시 학력學力이 낮은 것은 아니다. 또한 지식 수준이 뒤떨어진다는 의미도 아니다. 덩리쥔의 어머니는 그녀가 자신을 아낄 줄 알고 다른 사람을 대할 때도 원만하고 자유로운 태도를 갖췄다는 것에 늘 감사하고 기꺼워했다.

🐌 바쁜 생활
처음 느낀 인기와 자신감의 성장

한 기자가 덩리쥔이 성공할 수 있었던 핵심을 이렇게 관찰한 바 있다.

"섬세하고 예민한 감수성을 가졌으면서도 한편으로는 자신의 잘못을 알고 고치려 노력하는 마음이 있었다. 뿐만 아니라 긍정적인 사고방식과 엄격함도 갖췄다."

만약 그녀의 삶에 명예와 이익을 추구하는 마음이나 화려함을 좇는 허영심이 조금이라도 있었다면 자신에게 그토록 엄격한 기준을 적용하여 완벽함을 요구하는 것과 같은 힘든 길을 선택할 수 없었을 것이다. 또한 그녀의 성취 역시 금세 물거품이 되어 사라졌을 것이다. 그러나 그녀는 작은 라이브홀이나 클럽에서 노래하는 것으로 만족하지 않았다. 모두가 사랑하고 즐겨 듣는 노래를 부르고 싶었다. 자신의 음반이 어린 시절 집에서 몇 번이나 돌려 들었던 그런 음반처럼 되기를 바랐다. 삶에 지치고 별다른 낙이 없는 사람들에게 편안함과 휴식을 주고 마음을 어루만지는 옛 노래, 사람의 마음을 흥분시키고 활력 넘치게 하는 애국적인 노래, 골목골목마다 울리는 유행가처럼 말이다.

1년도 지나지 않아 덩리쥔은 주목받기 시작했다. 라이브하우스나 나이트클럽뿐만 아니라 레스토랑, 고급 호텔 등의 개점 행사에도 앞다퉈 초청받는 상위 몇 명 안에 들었다. 둥난 극장東南戲院 부근의 푸런夫人 레스토랑에서는 그녀를 초청해 테이프커팅을 부탁하기도 했다. 타이중臺中의 위안둥遠東 백화점 개점 때는 테이프커팅 후 새로 문을 열 호화로운 백화점을 한 바퀴 둘러보며 즐거워하기도 했다. 타이완 전역을 돌아다녔던 덩리쥔은 남부 지역인 가오슝에서도 진르위러今日育樂라는 회사의 행사에서 테이프커팅을 하고 어머니와 함께 한바탕 쇼핑을 했다. 그 시절 덩리쥔 모녀는 똑같은 옷을 사서 입고 다녔다. 처음으로 존중받고 사랑받는 인기인의 감각을 느꼈고, 바쁘게 움직이는 생활의 충만감도 느꼈다. 그녀는 매일을 알차게 보내는 것을 좋아했다.

그 후 덩리쥔은 타이베이의 치충톈七重天이나 타이베이臺北 등의 라이브하우스와 계약하여 전속 가수로 활동했고, 중리中壢 환추環球 호텔의 객원 출연 및 타이중 호텔 공연, 가오슝에서는 샹빈팅香檳廳 라이브하우스 공연, 자이嘉義에서는 하오화豪華 라이브하우스의 객원 출연 등으로 이들 공연장이 원래 갖고 있던 흥행 기록을 갈아치웠다. 심지어 비가 억수같이 쏟아지던 태풍이 온 날에도 덩리쥔의 공연은 70퍼센트 이상 객석이 찼다. 그녀는 당시 쇼 무대에서 가장 인기 있는 신인 가수였고 가능성도 매우 컸다.

매니저를 둘 능력이 없었을 때는 어머니가 세심한 매니저 역할을 했다. 덩리쥔이 타이완 전역을 돌며 공연할 때마다 어머니가 따라다녔다. 어느 정도 돈을 벌 수는 있지만 그렇게 곳곳을 돌아다니며 공연하는 것은 고생스럽기도 하다. 유명해지고 또 초청하는 사람이 늘어나자 아는 사람을 통해 부탁받아 차마 거절하지 못하는 일도 생겼다. 어머니는 덩리쥔의 체력이나 정신적인 상태를 잘 알고 있었다. 광고 촬영이나 그 밖의 정신적 소모가 큰 일은 어머니가 악역을 맡아서 거절하곤 했다. 이런 일들에 대처하다보니 원래는 그다지 생각이 많지 않은 어머니도 이래저래 신경을 많이 써야 했다.

"스타 가수의 어머니라는 건 상당히 힘든 일이에요. 전 내내 브레이크를 밟는 심정이었죠. 돈은 중요한 게 아니에요. 마구잡이로 일을 받아들이는 매니저와는 다를 수밖에 없죠. 그애는 돈이 자라는 나무가 아니라 제 목숨이라고요."

막 데뷔했을 때, 덩리쥔도 텔레비전 광고를 찍은 적이 있다. 짧은 광고 한 편을 찍는 데 종일 걸렸고 출연료도 겨우 몇천 타이완달러에 불과했다. 유명 작가인 아이야愛亞가 자신의 남편인 저우야민周亞民이 생전에 감독으로 일할 때 덩리쥔을 캐스팅하여 광고를 한 편 찍었던 이야기를 한 적이 있다. 활발하고 다정다감한 덩리쥔은 광고를 훌륭하게 찍었고 광고의 효과에도 모두 만족했다. 3년 후, 그 광고의 후속편을 찍기 위해 덩리쥔을 캐스팅하려고 하자 덩리쥔의 어머니가 그녀의 출연료를 순식간에 6~7배 올렸다. 결국 저우야민은 눈물을 머금고 포기해야 했다. 가족을 무척 사랑했던 아이야는 그 일을 옳지 않다고 여겼다. 어린 소녀가 돈이 자라는 나무도 아닌데 왜 몸값을 매겨서 물질화해야 하느냐고 생각했다. 당시 신문에 쓴 칼럼에서 은연중에 덩리쥔의 어머니를 풍자하기도 했다. 가족의 경제를 저 조그만 어깨로 감당해야 하다니, 아버지나 오빠는 왜 그 부담을 분담하지 않는가?

이 일에 대해 내가 덩리쥔의 어머니에게 물었을 때, 그녀는 씁쓸하게 대답했다.

"신문에서 나에 대해 뭐라고 하는지 다 알아요. 하지만 변명을 해본 적은 없어요. 3년 사이에 그애의 인기는 놀랄 정도로 빠르게 높아졌어요. 그땐 정말 일정이 빡빡해서 광고 찍을 시간을 낼 수 없었어요. 그래서 출연료를 높게 불러 광고주들이 물러나길 바랐던 거죠. 그때는 정말로 많은 사람에게 인심을 잃을 만한 일을 했지요. 하지만 끊임없이 죄송하다고 사죄하는 수밖에 없었어요. 그애도 휴식 시간이 필요하니까요."

당시 덩리쥔의 큰오빠는 신문사에서 기자로 일하고 있었고, 둘째 오빠는 상선商船을 탔으며 셋째 오빠는 사관학교에서 공부하고 있었다. 가정형편도 많이 나아졌다. 가족은 각자 집을 갖고 있었고 부모님도 검소하게 생활했기 때문에 덩리쥔이 가족을 부양할 필요는 없었다. 공연을 계속한 것은 순수하게 팬들이 덩리쥔을 좋아하고 그녀의 노래를 듣고 공연을 보기를 바랐기 때문이다. 그리고 덩리쥔의 가수생활은 이제 막 걸음마를 뗀 단계였고 한창 인기가 치솟는 중이었으니 연예계 활동을 포기할 이유는 없었다. 여론은 그녀를 가족에게 짓눌려 억지로 돈을 버는 가련한 소녀로 만들어서 가족을 공격했다. 하지만 덩리쥔은 자기 노래를 듣고 싶어하는 청중을 위해 일하고 싶었고, 자신의 커리어를 해외로 뻗어나가게 하고 싶었다. 가족은 덩리쥔의 결정을 지지했을 뿐이다. 어떻게 그런 일을 억지로 시킬 수 있겠는가? 이런 억측이 생긴 원인은 덩리쥔이 자기가 버는 돈을 부모님께 드리고 자신에게 쓰는 돈은 매우 적었기 때문이었다. 하지만 언론에서는 효심을 착취로 몰고 갔다. 그래도 덩리쥔 모녀는 그다지 해명하려 하지 않았다. 덩리쥔은 늘 언론과 사이가 좋았다. 이런 식의 기사를 쓴 기자와 마주쳤을 때도 장난스럽게 말했다.

"이봐요! 전 성인이라고요!"

유머로 서로 민망한 분위기를 벗어나는 것, 덩리쥔이 언론의 루머를 상대하며 익힌 생존의 지혜였다.

하지만 아무리 바쁘고 피곤하더라도 덩리쥔의 어머니는 절대로 군 위문 공연만은 거절하지 않았다. 덩리쥔도 고생스럽게 나라를 지키는 군인들에게 노래를 불러주는 일에는 반드시 참여했다. 덩리쥔은 청궁링成功嶺 방문단을 따라 타이중에서 군 위문 공연을 했다. 〈그대만 보면 웃어요〉〈첨밀밀甜蜜蜜〉〈길가의 꽃을 꺾지 마세요路邊的野花不要採〉 같은 빠르고 경쾌한 곡에 병사들은 홀딱 반했다. 1969년 10월 31일 장제스의 83세 생일 기념 파티에서도 중산당中山堂[타이완 총통부, 한국의 청와대 같은 곳]에 모인 2000여 명의 타이완 교포와 소리 높여 〈타이완 좋은 곳臺灣好〉〈그대만 보면 웃어요〉를 불렀다. 1970년에는 싱가포르 유소프 대통령 부인의 초청을 받아 자선 콘서트 '군성지외群星之夜'에 참여했다. 이 콘서트에서 〈그대만 보면 웃어요〉를 부르며 춤을 췄다. 〈그대만 보면 웃어요〉는 덩리쥔의 대표곡이 되었다.

CTV와의 계약
〈반짝반짝〉 한 곡이 인생의 전환점 되다

1969년 10월 10일 CTV 방송국이 첫 방송을 시작했다. 덩리쥔도 금세 CTV에 소속되어 「매일일성每日一星」이라는 프로그램을 진행하게 되었다. 저녁 황금 시간대에 방송되는 20분짜리 짧은 방송이지만 덩리쥔의 진행 능력을 잘 드러내줬다. 얼마 후에 BCC 라디오 방송국도 덩리쥔에게 싼양三洋 라이브하우스에서 열리는 공연 프로그램 진행을 맡겼다. 그녀의 재빠른 상황 대처 능력은 그때 길러졌다.

당시 CTV는 '천재 여가수'로 불리는 이 소녀를 무척 마음에 들어했다.

얼마 후 CTV가 제작한 첫 드라마 「반짝반짝晶晶」의 주제곡을 덩리쥔이 불렀다. 드라마 제작자는 CTV 프로그램부 책임자인 웡빙룽翁炳榮이었고 기획자는 원쿠이文奎였다. 주제곡은 쭤훙위안左宏元[예명은 구웨古月]이 작곡하고 원쿠이가 가사를 썼다. 이는 당시 새롭게 유행하기 시작한 방식으로, 타이완 전역을 넘어 동남아 지역까지 풍미했다. 이 곡으로 덩리쥔은 음반 판매량에서도 단단한 기반을 다지게 됐다. 또한 경쾌하고 활달한 느낌의 노래뿐만 아니라 애절하게 호소하는 곡도 잘 부른다는 것을 증명해주기도 했다. 이 곡은 많은 사람을 눈물짓게 했고 덩리쥔의 가수 인생에도 새로운 길을 열어주었다. 이후 덩리쥔은 다양한 분위기의 곡을 부를 기회를 갖게 됐다.

덩리쥔의 음반이 잘 팔린 게 〈반짝반짝〉이 처음은 아니었지만, 이 노래는 그녀 가수 인생의 전환점이라고 말할 수 있다. 그녀에게 전문으로 귀속된 노래가 생긴 것이다. 이전에 그녀가 녹음한 것은 오래된 옛날 노래나 황매희 곡이었다. 그 시절에는 이런 옛 노래나 경극 갈래의 곡조를 다시 불러서 녹음하는 것도 나쁘지 않은 판매량을 보였다. 단지 〈반짝반짝〉이 수록된 음반은 일일 드라마의 높은 시청률을 따라 집집마다 울렸던 것이다. 당시 그녀는 위저우宇宙 음반사에 소속된 가수였다. 첫 음반이 출시된 후, 예상치 못한 판매 호조로 위저우 음반사의 책임자는 덩리쥔에 대해 상당한 자신감을 갖고 있었다. 동시에 가창력도 나날이 발전했다. 한 장 또 한 장 출시된 음반은 1년 사이에 어느새 14집에 이르렀다. 이는 음반업계에서도 놀라운 기록이었다. 하지만 중국인은 숫자 4와 13을 불길하다고 여겼으므로 음반 순서에서도 저 숫자는 비워두었다. 그래서 실제로는 12장이었다. 어쨌거나 12장이라고 하더라도, 현재까지도 타이완의 가요계 역사상 최다 기록이다.

덩리쥔은 음반 녹음을 할 때 원칙이 있었다. 노래를 고를 때 가장 유행하는 곡을 고르는 것뿐만 아니라 이 노래가 자신의 목소리로 부르기에 적합한지, 노래를 불렀을 때 감동적인지를 생각했다. 그래서 주로 경쾌하고 발랄하며 유쾌한 곡을 많이 골랐다. 그녀의 노래 스타일에도 잘 맞을 뿐 아니라 듣는 사람도 즐겁게 만들어주는 곡이다. 언어적 재능이 있었던 덩리쥔은 가끔 음반에 한두 곡 정도는 영어 노래나 번안한 외국곡을 수록하곤 했다. 이렇게 해서 다양한 청중의 요구와 흥미에 부합했다. 영어 노래를 녹음한 것은 서양 노래를 거의 부르지 않았던 당시 가수들 사이에서는 이정표를 세운 것이나 마찬가지였다. 누가 그녀를 중학교도 졸업하지 못한 학력의 소지자라고 여기겠는가?

당시는 유럽과 미국의 팝 음악이 막 타이완에 소개되던 때였다. 특히 중·고등학교, 대학교에 다니는 학생은 1960년대의 영어 노래에 푹 빠져 있었고, 누구나 기타를 연주하고 영어 노래를 부를 수 있을 정도로 유행하고 있었다. 덩리쥔이 진링 여중에서 영어를 배운 시간은 겨우 1년 정도였지만 외국어에 대한 깊은 관심은 그녀로 하여금 외국곡을 번안해서 부르게 했고, 영어 노래를 리메이크할 때도 영어 발음과 문법을 이해하려고 애썼다. 그녀의 영어 실력은 그때 처음으로 탄탄한 기초가 잡혔고, 독학의 성과는 교실에서 수업을 듣는 것보다 떨어지지 않았다. 학업을 포기한 것이 덩리쥔에게 있어서 실용적인 과목의 공부를 하는 데는 아무런 영향도 미치지 않았다.

다른 분야로의 도전
어울렸지만 원하던 일이 아니었다

이곳저곳을 다니며 공연하는 것 외에도 자신의 일을 진지하게 생각하는 덩리쥔은 계속해서 가창 훈련을 받았다. 노래 실력을 충전하고 그녀가 찍기로 한 첫 영화 「고마워요 사장님謝謝總經理」의 무대 홍보에도 열심이었다. 노래를 잘하면 연기도 하는 것이 그 시절에는 드물지 않은 일이었다. 하지만 덩리쥔은 그때도 최연소 연기자였다. 그녀의 활발하고 귀여우면서도 예의 바른 태도는 모든 사람에게 좋은 인상을 남겼다. 그녀는 노래도 잘 부르고 공연 체질이라고 할 만큼 천재적인 공연 매너에다 어렸을 때 배운 발레 등 좋은 조건을 다 갖추고 있었다. 덩리쥔은 코미디 영화인 「고마워요 사장님」에서 엑스트라나 조연을 거치지 않고 바로 여주인공을 맡았다.

「고마워요 사장님」은 덩리쥔에게 맞춤옷인 영화였다. 영화 속에서 그녀는 10곡이나 되는 삽입곡을 불렀다. 〈어린아이娃娃〉〈오늘을 노래해歌唱今天〉〈봄바람이 버드나무를 흔드네春風輕拂楊柳〉〈소중한 시절珍重的年華〉〈고마워요 사장님謝謝總經理〉〈내 마음我的心〉〈방랑의 노래浪遊曲〉〈그리움으로 부족할까 걱정입니다相思只怕不能夠〉〈나를 보고 웃는 아이娃娃對我笑〉〈봄 여행春旅遊〉 등이었다. 모두 젊고 활발한 느낌의 곡으로, 그녀의 분위기에 잘 어울렸다. 게다가 그녀가 따스함을 느꼈던 것은 당시 원로 배우였던 진스金石, 위잉란于英蘭, 쑨웨孫越, 류칭柳青, 리웨이李偉, 톄멍추鐵夢秋 등이 그녀를 딸이나 여동생처럼 대해준 점이다. 제작자 린슈슝林秀雄과 감독인 셰쥔이謝君儀도 그녀를 잘 돌봐주었다. 그녀는 첫 영화 작업에서 많은 성과를 거뒀다고 할 수 있다. 또한 업계를 넘어 성장할 수 있는 큰 걸음을 내디뎠다.

이 영화에서 그녀는 여대생 역할을 맡아 노래와 춤을 추며 재능을 맘껏 뽐냈다. 영화 촬영은 열여섯 살 소녀에게 몹시 흥미롭고 새로운 경험이었다. 라이브하우스에서 노래하는 것보다 훨씬 더 생동감 있고 활기가 넘쳤다. 밤샘 촬영과 야외 촬영은 피곤하고 고생스러웠지만 휴식 시간이면 나이가 많건 적건 배우와 스태프들이 둘러앉아 마치 한 식구처럼 웃고 떠들었다. 그녀는 영화 작업이 무척 재미있다고 느꼈고 가족과 함께 지낸 것처럼 따뜻하고 행복한 시간이라고 생각했다. 물론 공연장을 바쁘게 오가는 것을 빠뜨릴 수는 없었다.

한번은 아리 산阿里山에서 일출 장면을 촬영하는데 새벽 4시에 덩리쥔이 일어나지 못해 어르고 달래서 겨우 일어난 적이 있었다. 그때 스태프들은 상황이 재밌어서 어쩔 줄 몰라 했고, 후에도 그 일로 놀림거리가 되었다. 또 여러 사람과 자전거를 타고 경사진 산길을 내려오는 장면을 찍는데, 오랫동안 자전거를 타보지 않은 덩리쥔이 겁을 먹었으면서도 사실을 말하는 게 부끄러워 오기로 자전거를 타고 내려오다가 순간적으로 속도를 통제하지 못해 사고가 날 뻔한 적이 있었다. 깜짝 놀란 덩리쥔은 체면에도 불구하고 비명을 지르며 살려달라고 외쳤다. 다행히 스태프가 급히 덩리쥔의 자전거를 붙잡아 세워서 큰 사고를 막을 수 있었다. 그렇지 않았다면 상상하기 싫은 일이 벌어졌을지도 모른다. 영화 촬영의 경험을 이야기할 때면 덩리쥔은 늘 이 부끄러운 이야기를 꺼내며 자신을 화제 삼아 농담을 하곤 했다.

덩리쥔은 영화 촬영이 없으면 집에서 노래 연습을 했다. 평범한 소녀처럼 간식을 좋아했는데, 맛을 가리지 않고 간식이라면 다 좋아했다. 덩리쥔은 스스로를 유머러스하게 빗대어 말한 적도 있다.

"간식은 인생과 같아요. 다양한 맛을 다 먹어봐야 하는 거예요."

세상일을 많이 겪어보지 않았고 인생의 철학이 무언지 깊이 알지 못하는 소녀가 이런 조숙한 말을 하며 자신의 생각을 표현한 것을 보면 그녀에게는 이미 자신만의 생활철학이 있었음을 알 수 있다. 덩리쥔은 어리숙한 아이가 아니었다.

소녀 시절의 덩리쥔도 스캔들이 난 적이 있었다. 연예계에서는 피할 수 없는 일이다. 「고마워요 사장님」을 찍을 당시 언론은 영화 속 남자 주인공인 양양楊洋과 덩리쥔을 엮어서 보도하곤 했다. 언론은 두 사람이 아주 가까워졌다며 마치 어린 연인처럼 보인다고 떠들었다. 사실 그건 수많은 스태프와 영화를 보러 간 것뿐이었지만 언론에 목격되면서 온갖 과장이 덧

붙여졌다. 하지만 덩리쥔과 달리 주변 사람들의 눈에 양양은 꽤 마음이 있어 보였다. 그는 다른 스태프는 보이지도 않는 듯, 세상에 덩리쥔과 자신만 있는 것처럼 행동했다. 열여섯 살인 덩리쥔은 처음으로 사생활이 없는 것에 대한 스트레스를 느꼈다. 이런 스트레스는 즐겁고 행복하게 영화를 촬영하던 시절 유일하게 그늘진 부분이었다. 이 그림자는 그 후 덩리쥔을 가장 오래 따라다닌 악몽이었고, 그녀의 인생에 커다란 영향을 끼쳤다.

덩리쥔은 45일간에 걸친 홍콩 콘서트를 마치고 두 번째 영화 계약을 맺었다. 치하이七海 영화사가 제작하는 「팬 아가씨歌迷小姐」였다. 이 영화는 왕닝성王寧生이 감독하고 왕텐린王天林이 연기 지도를 맡았으며, 셴화冼華가 삽입곡을 작곡했다. 이 영화 역시 덩리쥔에게 맞춤인 새로운 스타일의 음악 영화로, 함께 연기한 배우로는 장충張沖, 리쿤李昆 등이 있고 특별출연으로 커쥔슝柯俊雄, 타이완과 홍콩 양쪽에서 인기를 얻고 있었던 가수 판슈충潘秀瓊, 페이레이蓓蕾, 전슈이甄秀儀, 자오샤오쥔趙曉君, 양옌楊燕, 칭산青山, 구메이顧媚 등이 출연했다. 총 14곡의 삽입곡을 덩리쥔이 불렀고 바이다이百代 음반사에서 음반을 녹음했다. 나중에는 유선 방송국의 새로운 프로그램 「팬 아가씨」를 진행하면서 한 번에 7주 치 방송 파일을 만들었다. 매주 한 번씩 방송하면서 이 프로그램에서 영화 속 삽입곡을 7곡이나 소개했다. 당시로서는 매우 진보적인 홍보 방식이었다.

덩리쥔은 이제 영화계, 방송계, 가요계 세 분야에 진출한 스타였지만, 떠오르는 스타 같은 태도는 전혀 찾아볼 수 없었다. 그녀에게 노래를 부르는 일은 편안했다. 영화를 찍는 일에서도 익숙하지 않은 것은 밤샘 촬영을 하고 나면 다음 날 제대로 자지 못해 힘이 나지 않는 것뿐이었다. 자기 일에 진지하고 열심인 덩리쥔은 무슨 일을 하든 제대로 해내고 싶어했고 자신에게 충실하고자 했다. 만약 영화를 찍는 일이 노래 부르는 데 영향을 끼친다면 자신의 노래를 들으러 온 청중에게 불공평한 일이라고 생각했다. 이는 그녀가 나중에 공연하는 데만 전념하고 더는 영화를 찍지 않은 주된 이유였다. 노래는 그녀가 가장 좋아하는 일이었다. 영화 촬영은 마음을 분산시키는 일이었다. 덩리쥔은 두 마리 토끼를 잡으려 하다가는 둘 다 놓칠지 모른다고 생각했다. 그녀의 생활철학에서는 무엇을 하려면 최고로 잘해야 했다. '어지간하면 대충 넘어가는' 일은 없었다. 그런 덩리쥔이 시간을 내서 하는 일이라면 무엇보다도 신경 쓰는 일일 것이다. 그건 바로 선행行善이다.

🐌 자선활동에 힘쓰다
세례명에 담긴 의미

1969년 9월 강력한 태풍이 타이완을 덮쳤다. 남부 지역에 심각한 수재가 발생했고 당시 가오슝의 화왕華王 호텔과 다신大新 백화점이 협력하여 백화유白花油 자선 바자회를 주최했다.[백화유는 여러 꽃으로 짜낸 기름인데 홍콩에서는 두통, 근육통, 벌레 물림 등 다양한 용도로 사용되는 가정상비약이다.] 이때 백화유를 만드는 홍콩 기업 허싱백화유약창和興白花油藥廠의 이사장 옌위잉顏玉瑩이 공익활동에 열심이던 덩리쥔을 특별 초청해 화왕 호텔에서 열리는 나흘간의 자선바자회를 진행해달라고 요청했다. 덩리쥔은 적극적으로 행사에 참여했고 자연스레 바자회 행사 중에 노래를 몇 곡 부르게 됐다. 타이베이의 디이第一 백화점, 진르今日 백화점과 타이중의 위안바이遠百 백화점, 타이난의 야저우亞洲 백화점, 가오슝의 다신 백화점 등 대기업의 적극적인 지지와 후원으로 덩리쥔의 자선바자회는 성황을 이뤘고, 총모금액도 25만 타이완달러[약 1000만 원]나 됐다. 옌위잉의 아내인 류쿤주劉崑珠는 이 적잖은 금액의 자선기금을 화교 관련 업무를 담당하는 정부기관 교무위원회僑務委員會의 가오신高信 위원장에게 전달해 수재민을 돕는

데 써달라고 했다. 덩리쥔의 활약도 여론의 찬사를 받았다.

그때의 자선 바자회 경험 이후, 덩리쥔의 마음에 자선활동, 공익활동에 대한 의식이 뿌리내렸다.

『화교일보華僑日報』는 학교를 다니지 못하는 어린이를 위한 자선활동에도 덩리쥔을 초청해 자선 바자회를 도와달라 했고, 그녀는 기꺼이 참여했다. 덩리쥔은 특별히 홍콩까지 건너가서 미소를 지으며 기금 모금을 독려했고, 현장에서 이미 5000홍콩달러를 돌파해 역대 최연소 백화유 자선기금의 여왕으로 선정됐다. 자선 바자회 기부금은 타이베이 경찰 라디오 방송국의 「설중송탄雪中送炭」이라는 프로그램에 보내졌다. 「설중송탄」에서는 도움이 필요한 사람은 방송국으로 와서 신청서를 제출하라고 홍보했다. 대부분이 가난한 학생에게 장학금으로 지급되었다. 덩리쥔도 공부 기회를 놓친 경험이 있어서 이런 지원 사업에 크게 공감했고, 학업을 다 마치지 못한 자신의 아쉬움을 달래주는 듯 여겨졌다. 그 후에도 자선 행사에 나와달라는 요청이면 절대 거절하지 않았을 뿐만 아니라 열성적으로 참여해 놀라운 성과를 거두곤 했다.

1970년 초, 홍콩 센트럴의 웨궁月宮 호텔에서 백화유 자선기금의 여왕 축하연이 열렸다. 이때 홍콩 국제공업출품전소회國際工業出品展銷會[홍콩에서 생산된 공산품을 홍보하고 수출을 독려하기 위한 단체]의 홍보부장 황쿠이黃桂가 붉은색 바탕에 황금색을 두른 비단 망토를 덩리쥔의 어깨에 걸쳐주었고, 『화교일보』의 편집장 허젠장何建章이 '1970년 자선기금의 여왕'이라는 어깨띠를 매주었다. 보량국保良局[홍콩에서 가장 오래된 복지재단]의 주석인 둥량董粱은 진주로 만든 왕관을 씌워주었다. 『화교일보』 대표인 천차이성쏹才生이 '선행은 가장 큰 기쁨'이라고 쓰인 깃발을 수여했다. 백화유 회사의 이사장 옌위잉과 허젠장은 덩리쥔에게 '자선기금 여왕'을 의미하는 깃발을 수여했다. 최연소 여왕은 머리카락을 올리고 어른스러워 보이는 치파오를 입었지만 열일곱 소녀다운 치기를 숨길 수는 없었다. 눈물이 그렁그렁 차

오른 눈동자가 반짝반짝 빛을 발하며 덩리쥔의 열정적이고 따뜻한 마음 씨를 느끼게 했다. 덩리쥔이 이런 왕관이나 어깨띠, 망토를 원한 것은 아니었다. 그녀는 단지 많은 꼬마 친구가 보살핌을 받을 수 있기를 바랐을 뿐이다.

어머니는 덩리쥔이 보통 사람보다 주변에 대한 관심과 사랑이 남다른 편이었다면서 어린 시절 자주 성당에 갔던 일과 관련 있을지 모르겠다고 말했다. 그때 권촌에서는 어느 집이든 가난했다. 마을에 전도를 하러 온 천주교 신부와 수녀는 성당에서 분유나 옥수수 가루, 낡았지만 감촉이 좋은 옷 등 미국에서 건너온 원조 물품을 나눠줬다. 그래서 천주교를 밀가루로 사람의 마음을 사는 '밀가루 종교'라며 비웃는 사람도 있었다. 어린 덩리쥔은 무언가를 받기 위해서 성당에 간 것은 아니었지만, 물건을 받으려고 성당에 간 사람보다 더 많은 것을 얻었다. 덩리쥔은 성가대에서 노래하는 것을 좋아했고, 미사 때 독창을 한 적도 있었다. 어머니는 이렇게 말했다.

"아이에게 어떤 종교를 믿으라고 가르치지는 않았지만, 리쥔은 성당에 가는 걸 좋아했죠. 신부님도 예의 바른 여자애가 오는 걸 좋아하셨고요. 성탄절이면 성당에서 예쁜 카드나 초콜릿을 받아왔는데, 리쥔은 그걸 아낌없이 형제들과 나눠 가졌죠. 신부님이 리쥔에게 사람을 사랑해야 한다, 다른 이를 도와야 한다, 나 자신처럼 타인을 사랑하라고 가르쳤지요. 그 가르침이 마음에 새겨져 있었기 때문에 훗날 다른 사람을 돕는 일을 실천하게 된 것 같아요."

덩리쥔의 세례명은 테레사Teresa다.

테레사는 천주교에서 가장 중요한 이름이다. 다들 알고 있는 테레사 수녀는 노벨 평화상을 받기도 했다. 그녀는 1950년에 '사랑의 선교 수녀회'를 설립하고, 인도에 '임종자를 위한 집' '미혼모를 위한 집' '어린아이를 위한 집' 등을 세웠다. 테레사 수녀는 가난하고 외로운 무의탁 노인, 환자, 장애인, 고아, 죽음을 앞둔 사람 등을 수용하고 보살폈다. 인생의 마지막 순간을 보살핌 속에서 존엄한 죽음을 맞이할 수 있도록 했다. 테레사 수녀는 전 세계 5000여 명의 사랑의 선교 수녀회 수녀에게 영향을 끼쳤고 127개국 700여 곳에 달하는 수용 시설을 건립했다. 테레사 수녀에게 감화를 받아 자원봉사를 하러 온 봉사자만도 100만 명이 넘는다. 프랑스 리지외Lisieux의 성녀 테레사[소화 테레사라고도 한다]는 일생 동안 신을 향한 경애와 마음을 다한 기도로 성녀의 모범으로 불린다. 스페인 아빌라Avila에서 태어난 또 다른 성녀 테레사[예수의 테레사 또는 대大 테레사라고 한다]는 '맨발의 카르멜회'라는 수도회를 설립해서 다른 사람을 위해 기도하고 여러 권의 수도서를 집필해 천주교에서 특히 중요하게 여기는 성인 중 한 사람이다. 이들은 모두 뜨거운 사랑과 연민의 마음을 가졌던 성인이다.

덩리쥔이 보여준 사랑과 관용, 다른 사람을 돕고자 하는 성품은 세례명과 깊은 관련이 있을지도 모른다. 덩리쥔은 '테레사 덩'이라는 영어 이름으로 일본을 비롯한 국제 무대에 진출했고 인기를 얻었으며, 이런 특별한 의미를 가진 '성녀의 이름'에 부끄럽지 않은 선행을 이어갔다. 그리고 덩리쥔이 사망한 뒤에도 팬들에 의해 여전히 자선활동과 선행이 계속되고 있다.

🌸 항상 소녀처럼
그런데 미니스커트는 왜 입었지?

홍콩에서 타이완으로 돌아온 뒤에도 쉴 틈 없이 쇼 출연이 이어졌고, 「고마워요 사장님」 무대 홍보에 참여해야 했다. 특히 가오슝에서 열린 첫 영화상영회 때는 보기 드문 성황을 이뤘다. 이 영화의 세트 촬영이나 야외 촬영이 대부분 가오슝에서 이뤄졌기 때문에 관객들은 더 친밀감을 느겼고, 진두러푸金都樂府라는 공연장은 특히 영화 속 중요한 배경 중 한 곳이었다. 덩리쥔은 가오슝에도 적잖은 팬이 있었기에 이 영화의 첫 상영은 전대미문의 성황이었다. 얼마나 성황을 이뤘던지 「양산백과 축영대梁山伯與祝英台」의 링보凌波[1960년대 홍콩 및 타이완 영화계의 최고 인기 여배우. 1963년 영화인 「양산백과 축영대」는 링보의 출세작으로 당시 신드롬을 일으킬 정도로 인기 영화였다]가 타이완에 와서 노래를 불렀을 때와 비견될 정도였다. 타이완 남부 지역의 팬들은 덩리쥔을 무척 사랑했다. 남부 어느 지방에서 공연을 해도 객석이 늘 가득 찰 정도였다. 평소에는 영업 실적이 그다지 좋은 편이 아니었던 샹빈팅香檳廳에서도 덩리쥔이 출연했다 하면 항상 매진이기 때문에, 사장이 특별히 덩리쥔에게 고마워했다고 한다. 덩리쥔의 호소력은 이처럼 놀라웠다.

연이은 공연의 흥행에도 덩리쥔에겐 세상의 때가 묻지 않았다. 무대 위에서는 특별하고 이색적인 공연을 펼치고, 무대 아래에서는 성숙하고 예의를 지켰다. 치충톈 라이브하우스의 사장은 덩리쥔의 그런 태도를 칭찬하면서, 겸손하고 예의 바른 것은 어머니의 가르침 덕분이라고 치켜세우기도 했다. 그러나 가슴속 이야기를 남에게 잘 털어놓지 않던 어머니는 그제야 한숨을 내쉬며 이렇게 말했다.

"가수로 산다는 것은 밖에서 상상하는 것처럼 그렇게 화려하고 멋지지 않아요. 그애는 자기 혼자 가요계와 영화계의 복잡한 세계와 맞서고 싶어 하지 않았어요. 내 등 뒤에 숨어서 무슨 일이든 우선 '엄마한테 물어볼게요'라고 했죠. 그애는 정말 말을 잘 들었어요. 효성이 깊고 철이 들었죠. 힘들다고 한 적도 없고 가족과 다툰 적도 없어요. 집안일을 도와주던 사람들에게도 늘 잘 대해줬고요. 그게 바로 그애의 성격이에요."

덩리쥔의 옅은 화장은 그녀의 소박한 성품을 잘 드러낸다. 그녀의 옷차림도 소녀다운 매력을 한껏 풍겼다. 그녀는 반짝거리거나 가슴이나 등이 많이 파인 무대 의상을 거의 입지 않았다. 항상 소녀처럼 입었다. 사실 그녀의 동글동글한 어린아이 같은 얼굴은 이브닝드레스 스타일의 무대 의상과 잘 어울리지 않기도 했다. 덩리쥔은 무대 화장에도 자기만의 생각이 있었다. 그저 유행만 좇는 게 아니라 자신에게 어울리는 스타일로 꾸며야 장점을 드러낼 수 있다고 생각했다. 특히 헤어스타일과 화장에 있어서 무대 의상과의 어울림을 중시했다.

덩리쥔은 미니스커트를 즐겨 입었는데, 다른 이유가 아니라 편했기 때문이다. 그래서 추운 겨울에도 덩리쥔이 무대에서 미니스커트를 입고 공연하는 사진을 많이 볼 수 있다. 당시 덩리쥔은 실크 스타킹을 즐겨 신었는데, 다리가 예쁜 장점을 부각해줄 수 있기 때문이었다. 관객들도 미니스커트와 실크 스타킹이 잘 어울리는 덩리쥔이 춤을 추며 노래하는 발랄한 공연을 좋아했다.

예민하고 조숙한 덩리쥔은 이렇게 말한 적이 있다. 미니스커트를 입을 수 있을 때 많이 입어둬야 한다. 나중에 나이를 먹은 뒤에는 입어도 어울리지 않을 테니까. 옷차림은 나이에 맞아야 한다. 평생 미니스커트를 입을 수 있는 것은 아니다. 이 말을 했을 때 덩리쥔은 겨우 열일곱 살이었다. 조숙하면서도 이것저것 생각이 많다는 느낌을 받는다. 하지만 당시에는 누구도 덩리쥔이 그렇게 일찍 우리 곁을 떠날 거라고는 생각지 못했다.

한 인간의 일생에서 열일곱 살은 단 한 번이다. 덩리쥔은 아직 다채롭고 화려했던 열일곱 살과 이별하기도 전에 〈안녕, 열일곱 살再見! 十七歲〉이라는 노래를 히트시켰다. 덩리쥔은 이 노래를 몹시 좋아했다. 그때는 열일곱 살이라는 나이가 덩리쥔을 떠나기 전이었지만, 하늘거리는 긴 드레스를 입고서 사람들 앞에 섰을 때 이미 그 열일곱 살은 다시 돌아올 수 없는 것이었는지도 모른다.

你問我愛你有多深
我愛你有幾分
你去看一看
你去想一想
月亮代表我的心

그대가 물었죠, 당신을 얼마나 깊이 사랑하느냐고
내가 당신을 얼마나 많이 사랑하느냐고
당신이 직접 보세요
당신이 직접 생각하세요
달빛이 내 마음을 대신해요

웡칭시翁清溪가 작곡하고 쑨이孫儀가 작사하여 1973년에 발표된 노래 〈달빛이 내 마음을 대신해요月亮代表我的心〉는 훗날 덩리쥔이 다시 불러서 엄청난 인기를 얻었다. 단순하고 진실한 감정이 담긴 가사와 쉽게 따라 부를 수 있는 곡조로 거의 모든 중국인이 부를 수 있다고 해도 과언이 아니다. 이 곡은 2000년에 전 세계를 대상으로 한 '최고의 중국어 노래' 및 '건국 100년 기념 최고의 노래' 투표에서 1위를 차지했다. 이 순위는 단순히 노래가 듣기 좋고 익숙하며 오래도록 사랑받는다는 의미를 넘어 덩리쥔이 그만큼 중국어권 사람들의 마음속에 큰 자리를 차지하고 있음을 보여준다. 덩리쥔이 세상을 떠나고 오랜 시간이 흘렀다. 그사이 중국어권 가요계에 천후天后[중국어권에서는 슈퍼스타를 천왕 혹은 천후 등의 수식어로 부른다]가 수없이 탄생했다. 각각 홍콩 천후, 중국 천후, 중국 본토의 천후, 민요의 천후 등으로 불리며 음반 판매 기록을 계속 갱신하고 있다. 하지만 신중하게 딱 한 표를 행사해서 자신이 가장 좋아하는 곡을 골라야 할 때는 덩리쥔이 마음을 두드리는 듯한 목소리로 매혹적이고 부드럽게, 또한 호소하 듯 불렀던 이 노래 〈달빛이 내 마음을 대신해요〉를 선택한 것이다.

🐚 1970년 덩리쥔의 해
천상의 목소리로 등극

12년간 200여 명을 인터뷰한 뒤, 덩리쥔이 왜 이토록 심금을 울리는 목 소리로 노래를 부를 수 있었는지 이해하게 됐다. 가장 중요한 이유는 그녀 가 달빛처럼 은은한 내면의 빛을 발하는 사람이었기 때문이다. 덩리쥔은 태양과 밝기를 두고 다투지 않는 달처럼 내재된 매력을 뽐내려 하지 않는 사람이었다. 또한 따스한 사랑을 나눌 줄 알고 어둠 속에서 빛이 필요한 곳을 비춰줄 줄 알았다. 중국 덩리쥔 팬클럽 중 장쑤 성 분회장인 자진이 賈金怡는 이렇게 말했다.

"덩리쥔이 가요계에서 탄탄한 입지를 쌓을 수 있었던 것은 스스로 자기 노래의 장점과 스타일을 잘 알고 있고, 전쟁의 공포가 지나간 뒤 물질적 풍요와 희망이 시작된 시대를 깊이 이해했기 때문입니다. 사람들이 어떤 노래를 필요로 하는지 알았던 거지요. 노래만 한 것이 아니라 사람들 마 음 깊은 곳을 어루만졌던 것입니다."

난징南京 분회장 판민范敏은 장쑤 성 리런麗人 직업훈련학교의 교장인데, 매일 덩리쥔의 노래를 들으며 스트레스를 해소한다고 한다. 항저우 분회장 진팅팅金婷婷은 자신의 명함에 덩리쥔 팬클럽은 진선미와 고결함을 따르기 위해 자발적으로 결성되었으며 덩리쥔의 노래를 중심으로 더 큰 사랑을 실천하고자 한다고 밝히고 있다. 중국 덩리쥔 팬클럽 회장 위자린于佳琳은 이렇게 설명하기도 했다.

"덩리쥔의 노래를 들으면 내면의 스트레스가 사라지고 감정이 순화됩니다. 유연하고 편안한 삶의 태도를 갖게 되는 거지요. 그녀의 노래는 행복을 갈망했던 사람들과 함께했습니다."

열일곱 살부터 스무 살까지 덩리쥔은 몹시 바쁘고 충실한 시기를 보냈다. 연애 같은 것은 신경 쓸 겨를이 없을 정도였다. 가수로서의 삶 외에 다른 자질구레한 일에 한눈팔지 않았고, 날개를 펼치고 창공으로 날아오를 준비에 온 마음을 쏟았다.

당시 어느 신문에서 이런 헤드라인을 쓴 적이 있다.

"1970년은 덩리쥔의 해다."

그리고 어느 석간신문에서는 이렇게 썼다.

"덩리쥔의 노래는 노인들이 들으면 웃음꽃이 피고, 중년이 들으면 고민을 잊게 되며, 젊은이가 들으면 달콤한 기분이 되고, 어린아이가 들으면 춤을 추게 만든다."

덩리쥔의 매력은 남녀노소 구분 없이 모든 사람에게 통했다. 영리했고 자신만의 이상을 품고 있었으며 스스로의 선택에 충실했다. 맨 처음 다른 가수가 녹음한 음반을 들으며 배운 노래는 타고난 재능과 예쁜 목소리를 잘 활용하는 방식이었다. 여기에 특유의 감성과 이해력이 더해져서 부드럽고 매끄러우며 고저, 기복, 리듬감이 좋은 노래를 부를 수 있었다. 덩리쥔의 노래는 가볍고 부드러운 느낌을 주며, 달콤하지만 오래 들어도 질리지 않고 사람의 마음을 위로하는 효과가 있다는 평을 받았다. 당시 덩리쥔의 목소리를 일컬어 '하늘 저편에서 들려오는 목소리'라고도 했다.

하지만 어머니는 사람들의 감탄과 그로 인한 성공이 항상 좋은 것만은 아니라고 말했다. 덩리쥔은 성공하면 할수록, 팬들의 기대감이 크면 클수록 부족한 부분을 걱정하는 스타일이었다. 이렇듯 자신에게 엄격한 기준을 적용하는 것은 큰 스트레스다. 하지만 아무도 도와줄 수 없고, 해결해줄 수 없는 문제이기도 했다. 스스로 이 정도면 좋다고 여기고 만족해야 압박감도 사라지고 편안해질 수 있는데, 덩리쥔은 한 번도 이 정도면 됐다고 생각한 적이 없었다. 사실 덩리쥔은 정식으로 노래를 배운 적이 없는데도 독학으로 익혔다거나 재능을 타고나 처음부터 잘했다는 식의 칭찬을 좋아하지 않았다. 오히려 진심으로 좋은 선생님에게서 노래의 기술과 기교를 배우고 싶어했다.

선즈慎芝와 관화스關華石는 덩리쥔 인생의 중요한 길잡이이자 스승이다.[선즈와 관화스는 부부로, 타이완의 유명 텔레비전 프로그램 제작자이자 가요계 관계자다. 두 사람은 타이완 최초 텔레비전 가창 프로그램인 「군성회」를 제작했는데, 열다섯 살의 덩리쥔은 이 프로그램에 초콜릿 시스터스라는 이름의 듀오로 출연하면서 이름을 알렸다. 작사가이기도 한 선즈는 덩리쥔의 히트곡 〈나는 당신만 생각해요〉의 가사를 쓰기도 했다.] 또한 작곡가 줘훙위안도 덩리쥔을 성공시킨 또 다른 배후의 원동력이었다. 그들은 가장 필요하고 또 적절한 충고를 해줬다. 그들이 보기에 덩리쥔은 겸손하고 가르칠 마음이 드는 훌륭한 학생이었다.

점점 요구받는 노래의 스타일도 다양해지고 전에는 경험한 적 없는 노래도 소화해야 했다. 그러면 덩리쥔은 다시 새로운 선생님을 찾아가 조언을 구했고, 그렇게 노래의 기술을 익혔다. 이게 바로 '선순환'이 아닐까? 성공을 향한 길은 순식간에 위로 올라가는 엘리베이터도, 손쉽게 가는 지름길도 없다. 무엇보다 우연히 손에 넣을 수 있는 것이 아니다. 기회는 늘 준비되어 있는 사람에게만 주어진다.

이런 사례는 대부분 영화의 배경 음악 경쟁에서 나타났다. 일반적으로 1970년에는 '한 가수를 위해 맞춤옷처럼 만든 곡'이라는 개념이 거의 없었다. 그래서 영화나 드라마에서 극중 장면을 위해 작곡한 곡이 완성되면 가수를 몇 명 선정해 불러보게 했다. 같은 곡을 두세 사람이 각자 해석해서 자기만의 창법으로 부르고, 그중 가장 어울리는 가수가 부른 버전을 골라 사용했다.

쭤훙위안은 영화 삽입곡으로 사용된 유행가의 대가였다. 유행가가 영화 주제곡 혹은 삽입곡으로 사용되던 초기의 히트곡은 대개 그의 작품이었다. 덩리쥔이 불러서 인기를 얻은 곡 중에서도 많은 곡이 영화 주제곡이거나 삽입곡이었는데, 맨 처음에 덩리쥔은 후보가 아니었다. 하지만 몇 사람을 바꿔가며 불러봤는데도 쭤훙위안이 바라는 느낌이 잘 나오지 않아서 계속 가수를 찾다가 마지막에 결정된 사람이 바로 덩리쥔이었다. 이렇게 해서 부르게 된 영화 삽입곡은 꽤 많다. 〈강가에서在水一方〉〈천언만어千言萬語〉〈바다의 소리海韻〉〈어떻게 당신을 떠나요我怎能離開你〉〈안녕, 내 사랑再見, 我的愛人〉〈운하雲河〉〈작은 마을 이야기小城故事〉 등이다.

덩리쥔은 쭤훙위안이 자신을 이끌어준 은혜를 잊지 않았다. 당시 연애를 해본 적이 없었던 덩리쥔이 사랑 노래를 잘 소화할 수 있도록 여러 차례 조언해주었고, 충야오瓊瑤[타이완의 유명 로맨스 소설가로, 작품이 대부분 인기 드라마와 영화로 만들어졌다]에게 덩리쥔을 적극 추천하기도 했다. 덩리쥔이 히트시킨 〈채운비彩雲飛〉〈천언만어〉〈어떻게 당신을 떠나요〉 등은 그렇게 해서 덩리쥔이 부르게 되었다. 사실 충야오는 덩리쥔이 무척 어리고 순진하기만 한 데다 성인 여성의 매력이 없다고 생각했다. 쭤훙위안이 덩리쥔을 추천하면서 반드시 인기를 끌 거라고 장담하자 반신반의하면서 노래를 들어봤는데, 수없이 많은 독자를 울렸던 최고의 소설가마저 덩리쥔의 노래를 듣고 자신도 모르게 눈물을 흘렸다. 그 이후로 덩리쥔, 쭤훙위안, 충야오 세 사람은 '최고의 트로이카'가 되었다.

어떻게 스무 살도 채 되지 않은 소녀가 가슴 아픈 사랑 노래를 그토록 잘 부를 수 있게 지도한 걸까? 쭤훙위안은 당연하다는 듯 대답했다.

"누군가에게 사랑을 받고 아껴주는 감각을 떠올려보라고 말했을 뿐이에요. 누군가에 대한 생각을 멈출 수 없는 그런 기분을 느껴보라고 했지요. 오랫동안 마음속에 그려왔던 사람이 나에게 다가오고, 돌봐주고, 지켜주는 장면을 떠올리라고 말입니다. 덩리쥔은 사랑을 동경하는 마음으로 상상력을 발휘했습니다. 그래서 그녀가 부르는 사랑 노래는 깊고 진한 어른스러운 여성의 사랑이 아니라 깨끗하고 진실한 순정적인 사랑으로 표현됐어요. 충야오 소설의 순애보적인 여성상과 덩리쥔의 노래는 매우 잘 어울리지요. 충야오가 그리는 것과 같은 문학적 기질의 사랑 노래를 농염한 화장을 하고 온갖 풍파를 다 겪은 듯한 여성미를 가진 사람이 불렀다면 어떤 느낌일지 정말 상상하기 힘들지 않나요? 반면 순진하게도 달콤한 사랑의 감정을 열망하는 덩리쥔이 그런 노래를 부르면 행복에 대한 기대감이 더 커지지요!"

일본의 평론가 아리타 요시후有田芳生는 『우리 집은 산 너머: 테레사 덩 사후 10년의 진실私の家は山の向こう―テレサ・テン十年目の眞實』에서 덩리쥔이 쒀홍위안에 대해 갖고 있던 존경심에 관해 언급한 바 있다. 덩리쥔은 콘서트 리허설을 할 때 쒀홍위안이 오지 못한다는 소식을 들었다. 이유는 콘서트 티켓이 너무 비싸서였다. 덩리쥔은 곧바로 쒀홍위안에게 티켓을 보내줬다. 담담하게 서술된 그 장면에 나는 무척 감동했다. 살면서 천리마를 알아보는 백락伯樂을 만날 기회가 몇 번이나 있을까? 그리고 얼마나 많은 백락이 자신이 알아본 천리마가 떠나간 뒤 다시는 돌아오지 않는 아픔을 겪었을 것인가?

천재는 99퍼센트의 노력으로 만들어진다고 한다. 덩리쥔이 보이지 않는 곳에서 노력한 것에 대한 적절한 묘사다. 덩리쥔은 녹음실에서 스스로 만족스러운 목소리가 나올 때까지 끝없이 다시 녹음했고, 녹음실 밖에서는 내면을 충실하게 하기 위해 책을 읽고 언어를 공부했다.

또한 영화를 보는 것은 덩리쥔이 어려서부터 좋아하던 취미였다. 홍콩에 머무는 동안, 시간이 조금만 나도 곧장 영화관으로 달려가곤 했다. 당시 타이완은 영상물에 대한 검열이 매우 심각했다. 아주 약간이라도 외설적이거나 폭력적인 부분이 있으면 바로 삭제됐다. 하지만 홍콩에서는 완벽한 상태의 영화를 볼 수 있었으므로 감독의 의도나 촬영 및 영상 편집 스태프의 전문적인 기술, 배우의 연기 등을 더 제대로 감상할 수 있었다. 덩리쥔은 여덟 번째 예술[영화, 특히 무성영화를 가리키는 용어]의 창의적인 표현을 존중해야 한다고 생각했다. 모든 예술가는 자존심이 있고, 그 자존심은 존중받아야 한다.

덩리쥔은 영화의 플롯이나 이야기 속에만 빠져들지 않았다. 감독의 연출 기법, 카메라 앵글, 장면의 분위기나 배우의 몰입 등 다양한 방면에 관심을 가졌다. 유명 성악가 장청타오姜成濤는 덩리쥔에 대해 이렇게 말한 적이 있다.

"덩리쥔의 가창 능력은 오페라 가수와 비슷하며 공연 예술의 정수를 잘 이해하고 있다. 그래서 녹음실에서든 공연장에서든 그녀의 목소리와 표정은 마음과 일치된다. 이러한 일치성은 관객을 공감하게 하고, 나아가 그녀를 받아들이고 또 좋아하게 만든다."

덩리쥔은 섬세한 관찰력을 가졌고, 무언가를 배우고 익히는 데도 늘 집중했다. 겉핥기식으로 배우거나 도중에 포기하는 것을 좋아하지 않았다. 이런 성격은 덩리쥔이 어린 소녀일 때의 습관과도 같았고, 커 갈수록 덩리쥔에게 큰 영향을 미쳤다.

✼ 늘 어머니와 동행
21년간 사용한 전자시계

덩리쥔은 팬레터 읽는 것을 무척 좋아했다. 팬레터에는 덩리쥔을 향한 따뜻한 마음이 가득했고, 그래서 늘 감동적이었다. 어떤 팬레터는 그녀의 부족한 부분을 자각하게 하거나 바쁘게 돌아가는 삶 속에서 끊임없이 충전을 원하게 했다. 이제 막 인기를 얻기 시작한 가요계의 스타에게 이런 자극은 참으로 드문 것이었다.

선즈와 관화스 부부가 제작한 프로그램 「군성회」 이후 덩리쥔은 라이브홀 공연에서 점차 텔레비전 방송으로 활동 영역을 넓혀나가기 시작했다. 여러 해 동안 갈고닦은 풍부한 공연 경험으로, 덩리쥔은 단순히 목소리가 좋은 것만으로는 부족하고 자신만의 무대 연출, 적절한 상황 대처 능력이 중요하다는 것을 잘 알고 있었다. 이 프로그램을 통해 덩리쥔은 다른 가수의 특징과 공연 스타일을 눈여겨보고 함께 출연하는 셰레이, 장치, 우징셴, 왕후이렌王慧蓮 등 당시 인기 가수들에게서 다양한 무대 매너를 배울 수 있었다. 덩리쥔은 그들의 가창력을 칭찬했고 조언을 받으면 예의 바르게 인사했다. 관찰력이 좋아서 다른 사람의 장점을 금세 흡수하고 자신이 활용할 수 있는 방식으로 바꾸는 능력도 뛰어났다.

라이브홀 공연에서 덩리쥔과 여러 차례 무대에 섰던 셰레이는 덩리쥔과 함께한 무대가 무척 즐겁고 편안했다고 기억했다. 보통은 장치와 파트너로 노래를 불렀지만, 가끔 장치가 목이 좋지 않을 때나 개인적인 사정으로 무대에 서지 못하면 셰레이의 매니저는 덩리쥔과 듀엣을 부르도록 배정하곤 했다. 덩리쥔은 장치처럼 높은 음을 낼 수 있는 게 아니라서 셰레이가 덩리쥔에게 맞춰서 음을 낮춰야 했지만 오히려 높은 음을 부르지 않아도 돼서 더 편안하고 즐거웠다고 한다.

장치 역시 덩리쥔의 청순함과 겸손함을 칭찬했다.

"덩리쥔은 거기서 제일 어린 사람이었어요. 착하고 순진한 데다 예의도 발랐지요. 한번은 제가 목소리가 안 나올 정도로 병이 났는데, 그녀가 자기 약을 가지고 와서 나한테 주더군요. 그러면서 어떻게 해야 목을 보호할 수 있는지 방법을 알려줬어요. 흔히 말하는 동종업계 사람의 질투라는 게 전혀 없었어요."

무대에서 돌발 상황이 벌어졌을 때 보여준 대처 능력도 셰레이에게 깊은 인상을 남겼다. 〈바보와 말괄량이傻瓜與野丫頭〉를 부를 때마다 덩리쥔은 재미있는 내레이션으로 관객을 웃게 했다. 〈채홍릉採紅菱〉을 부를 때는 조각배를 타고 노를 젓는 듯한 춤동작을 선보이기도 했다. 듀엣 곡을 부를 때는 그런 무대 매너가 더욱 볼만했다. 가끔 무대 아래로 내려가 관객에게 몇 소절 부르게 하는 경우도 있었다. 가라오케가 많지 않던 때였으므로 관객이 어울려서 노래하는 광경도 흔하지 않았다. 덩리쥔은 공연 현장의 분위기를 이끌면서 관객들이 즐거운 마음으로 집에 돌아가게 만드는 사람이었다. 그런 무대 연출과 매너는 다음 공연에 더욱 큰 기대감을 갖게 하는 효과를 낳았다.

노래하다가 가사를 잊는 경우가 가수에게는 가장 당황스러운 상황일 것이다. 한번은 덩리쥔이 〈즐거운 오늘 밤歡樂今宵〉을 부르다가 가사를 잊은 적이 있었다. 영리한 덩리쥔은 얼른 마이크를 관객 쪽으로 내밀면서 함께 부르자는 손짓을 했다. 무대 위아래가 한마음이 되어 노래를 불렀고 공연의 분위기도 달아올랐다. 누가 가사를 잊었다고 생각이나 했겠는가! 덩리쥔의 어머니는 그날을 아주 재미있는 추억으로 기억하고 있었다. 그 이야기를 하던 어머니는 웃음을 지으면서도 한편으로는 눈물이 그렁그렁했다.

또 한번은 레스토랑에서 공연을 하는데 손님 중 한 사람이 덩리쥔의 노래를 듣고 눈도 깜빡이지 않고 무대를 보느라 식사를 하는 것도 잊었다. 함께 있던 딸이 질투를 해서 자기 아버지에게 화를 낼 정도였다. 필리핀 화교 중 한 사람은 매일 덩리쥔의 공연을 보러 왔는데 어느 날 팁으로 무려 5000달러를 준 적이 있다. 덩리쥔은 무대에서 내려와 그 사람에게 감사의 뜻을 표했는데, 대담하면서도 매우 예의 바른 태도였다. 그러나 관객이 함께 식사를 하자거나 춤을 추자는 등의 요청은 받아들이지 않았다. 덩리쥔은 부끄러운 행동을 하지 않아야 오래 가수 생활을 할 수 있고, 사람들에게 업신여김을 당하지 않는다고 여겼다.

그 밖에도 덩리쥔은 팬의 사랑을 무척 소중하게 생각했다. 팬들은 팁을 주거나 꽃 등을 선물하고 팔찌, 시계, 옥패, 카드를 보냈다. 기념할 가치가 있는 것이면 가격이 비싼지 저렴한지를 따지지 않고 덩리쥔은 보물처럼 소중히 여겼다. 어머니가 아주 평범한 전자시계 이야기를 들려줬다. 덩리쥔이 전지를 몇 번이나 교체하면서 시계를 21년간 사용했다는 것이다. 더 좋은 시계를 살 능력이 충분했지만 덩리쥔에게는 바로 그 전자시계가 의미 있었다. 그녀에게 '정'이란 무엇보다도 소중한 것이었다.

🐌 "1파운드의 용기는 1톤의 행운과 같다"

덩리쥔은 매우 용감한 성격이었다. 여섯 살 때 처음 무대에 올라 공연을 했을 때도 전혀 겁내지 않았다. 덩리쥔은 "1파운드의 용기는 1톤의 행운과 같다"는 말을 굳게 믿었다. 그리고 자신감이 있어야 용기도 생긴다고 여겼다. 반면 "행운이 있으면 기회가 온다" 같은 말은 믿지 않았다. 평소에 노력해서 탄탄한 실력을 갖추고 있어야 용기가 생기고, 용기가 있으면 행운도 만들어낼 수 있다고 생각했다. 자신감과 의지력은 모두 용기를 뒷받침하는 원동력이다.

홍콩에서 덩리쥔은 뭐든지 금세 배웠지만 언어가 통하지 않아 생기는 문제가 많았다. 그래서 온 힘을 다해 광둥어를 배웠다. 조금만 짬이 나면 대담하게 아무나 붙잡고 이것저것 질문을 해대곤 했다. 실력파 가수 우징셴이 이런 이야기를 들려줬다. 타이완에서 10여 명의 가수가 함께 홍콩에 왔는데 다들 언어 때문에 적응이 힘들었다. 그런데 얼마 지나지 않아 덩리쥔은 무대에서 광둥어로 관객에게 인사를 할 정도가 되었고 광둥어 노래도 몇 곡 정도는 부를 수 있게 됐다. 우징셴은 그런 용기에 크게 감탄했다고 한다. 사실 그 시절 덩리쥔의 광둥어는 유창하지도 않고 발음도 이상했기 때문에 의외로 관객들을 웃기는 효과가 있었다. 그런 웃음은 무대 위아래의 거리를 훨씬 더 가깝게 만들었다. 덩리쥔은 빠른 속도로 언어의 장애를 해결할 수 있었다.

덩리쥔의 첫인상은 청아하고 순수하다. 홍콩의 여학생들은 덩리쥔의 노래를 무척 좋아했다. 여학생들의 가방에는 대개 덩리쥔의 음반이 들어 있곤 했다. 감정이 담뿍 밴 목소리가 덩리쥔의 음반이 잘 팔리는 가장 큰 이유였지만, 한편으로는 소화할 수 있는 곡 스타일이 다양하다는 점도 인기 요인으로 작용했다. 덩리쥔은 중국어 노래도, 영어 노래도 부를 수 있었다. 경쾌한 노래도 서정적인 노래도, 한창 유행하는 노래도 오래된 황매희 곡도 다 잘 불렀다. 덩리쥔이 용감하게 다양한 노래를 시도하며 자신의 한계를 넓혔기 때문에 가요계에서 남들보다 앞서갈 수 있었던 것이다.

덩리쥔은 가요계에서 30년을 보냈지만 자신이 몇 번째인지, 공연 순서가 언제인지, 공연 포스터에서 자신의 사진이 큰지 작은지를 시시콜콜 따진 적이 없다. 또한 공연을 하거나 영상 촬영을 하는 데 지각한 적도 없었다. 덩리쥔은 자신의 직업을 중요하게 생각하고 존중하는 사람이었다. 아무리 노래하는 비중이 작아도 일찌감치 공연장에 도착해 무대 뒤에서 조용히 순서를 기다리며 충분한 준비를 했다. 절대로 시간에 쫓기며 공연장에 도착해 헐레벌떡 무대에 오르고 노래만 부르고는 다급히 떠나는 행동은 하지 않았다. 덩리쥔은 관객의 마음을 자신의 마음속에 담으려고 했다. 관객이 돈을 내고 노래를 들으러 왔다면 가수가 마음을 다해 노래하길 바랄 거라고 생각했다. 노래란 단지 돈을 벌기 위한 수단이 아니라 노래를 듣는 사람과 부르는 사람이 감정적인 교류를 나누는 일이며 스스로에 대한 도전이라고 여겼다. 노래란 덩리쥔에게 신성한 직업이자 이루고자 하는 이상향이었던 것이다.

가요계 대선배인 우징셴은 덩리쥔을 이렇게 평가한다.

"유쾌하고 밝은 성격에 행동거지가 부드럽고 온화하며 세심한 사람이었습니다."

우징셴은 당시 덩리쥔에게 전음轉音, 즉 하나의 음을 끝부분에서 조금 다른 음으로 연결하듯 바꾸어 부르는 창법을 오래 사용하면 성대를 상하게 할 수도 있다고 충고했다. 덩리쥔은 무척 기뻐하며 그 충고를 받아들였고, 그때까지 덩리쥔을 대표하던 끝음에 장식음을 붙이는 기교적인 창법을 그 후 다시 쓰지 않았다. 우징셴은 덩리쥔이 오래달리기 훈련으로 체력을 키우고 폐활량을 늘리기 위한 체력 단련을 꾸준히 해서 아주 건강한 이미지였다고 말하며, 그녀가 그렇게 병으로 사망할 거라고는 생각지 못했다고 했다.

당시 타이완은 사륙반절 판형(B7)의 텔레비전 주간지가 인기였는데 여러 신문사의 연예 관련 기자들은 덩리쥔을 뒤쫓아 다니며 인터뷰를 하곤 했다. 한번은 홍콩의 한 신문에서 '10대 가수' 선정과 관련해서 덩리쥔과 우징셴 사이에 불화가 있다는 기사를 내보낸 적이 있었다. 덩리쥔은 냉정하게 말했다.

"내가 어떻게 우징셴 언니와 다투겠어요? 언니에 비하면 난 어린아이에 불과해요. 그런 것도 모르지는 않아요."

덩리쥔은 조리 있게 분석까지 했다.

"선정이라는 것은 다퉈서 되는 일이 아니잖아요. 사람들이 좋아하느냐 아니냐는 가창력과 인품에 달린 문제지요. 꼼수를 부린다고 되는 일도 아니고요. 그렇게 했다간 업신여김을 당할 뿐이에요. 게다가 우징셴 언니는 가창력도 뛰어나고 무대 매너도 훌륭해요. 전 언니를 보고 한참 배워야 해요!"

그 이후로 덩리쥔은 언론이 없는 일을 보도하는 행태에 경계심을 갖게 됐고 인터뷰에 응할 때는 신중을 기하게 됐다.

우징셴에게 그 일에 대해 질문했더니 웃으면서 이렇게 대답했다.

"전혀 그런 일 없었어요! 우리 두 사람이 친자매처럼 지냈던 건 아니지만, 그 기사처럼 다투고 뺏고 모함하는 일 같은 건 덩리쥔에게는 절대 있을 수 없는 일이죠. 그럴 필요가 없으니까요!"

🐌 덩리쥔은 왜 운전을 배웠을까

만 열일곱 살이 된 덩리쥔은 친구와 함께 운전을 배우러 갔다. 운전은 처음으로 그녀 자신이 몹시 필요해서 배운 일이었다. 이동하느라 무척 힘들었기 때문이다. 어머니가 자기를 데리고 여기저기 공연장을 돌아다닐 때 차비를 아끼려고 버스를 갈아타면서 이동했던 고충이 있었다. 바람을 맞고 비에 젖고 사람들 사이에서 부대꼈으며 약속한 시간에 늦을까 마음을 졸였다. 한번은 버스가 급정거하는 바람에 어머니가 차창에 부딪혀 얼굴 절반 정도가 감각이 없을 정도로 마비된 적이 있었다. 덩리쥔은 어머니를 끌어안고 엉엉 울었고, 항상 그 일을 무척 마음 아파했다.

경제적 상황이 나아진 뒤로는 버스 대신 택시를 타고 다녔다. 그때 덩리쥔은 이미 꽤 인기를 얻은 후라 모든 택시 기사가 그녀의 얼굴을 알아봤다. 덩리쥔은 친절하고 붙임성 있게 택시 기사와 이야기를 나누곤 했다. 비록 즐겁게 사람과 사귀는 것을 좋아하는 덩리쥔이었지만 점차 사생활의 중요성을 느끼게 되었고 그만큼 운전은 덩리쥔의 생활에서 반드시 필요한 것이었다. 자신의 사생활도 보호하고 교통편 때문에 겪는 온갖 불편함도 해소할 수 있을 터였다.

덩리쥔은 운전을 아주 잘했고, 사람들에게 운전을 가르치기도 했다. 그녀와 가장 오래 살았던 팬이자 고용인인 밍 언니는 이 이야기를 하면서 몹시 슬퍼했다. 당시 덩리쥔은 밍 언니를 비롯한 홍콩 덩리쥔 팬클럽 사람들과 사이가 좋았다. 덩리쥔이 홍콩에 집을 사게 되자 집안일을 도와줄 사람이 필요해졌고 팬클럽 사람들이 마침 일자리를 찾고 있었던 터라 덩리쥔은 그들을 고용하고 꽤 후한 대우를 해주었다. 밍 언니는 요리사로 일했고 아진阿金은 잡무를 처리해줬다. 덩리쥔은 자신의 팬들을 여러 가지로 돌봐주었다. 그들을 친구이자 가족으로 대했으며 단순히 고용인으로 보지 않았다.

밍 언니는 출근한 첫날을 아직도 기억하고 있었다. 덩리쥔이 직접 차를 몰고 스탠리에 와서 그녀를 데리고 집으로 들어갔다. 당시 밍 언니는 그런 대접에 깜짝 놀랐다. 전혀 닿을 수 없을 것 같아 보였던 대스타가 그녀를 조수석에 태우고 차를 운전하고 있다니! 밍 언니가 그때 받은 감동은 말로 다 표현할 수 없을 정도였다. 홍콩은 아주 좁고 복잡한 곳이지만 덩리쥔은 능수능란하게 차를 몰고 이리저리 골목을 꺾으며 자유자재로 운전했다. 심지어 운전하면서 우스갯소리도 하고 일상적인 화제를 계속 꺼내며 수다를 떨었다. 밍 언니는 그때 덩리쥔의 운전 실력에 매우 감탄했다.

또 다른 인상적인 사건은 사람도 환경도 낯선 프랑스에서의 일이다. 덩리쥔이 크게 앓았는데 의사가 왕진올 수 없는 상황이었다. 당시 덩리쥔은 체온이 42도까지 올라 열이 많이 나는데도 끝까지 자신이 운전해서 병원에 가겠다고 우겼다. 프랑스에서는 택시 잡기가 쉽지 않은 데다 병원 이름이나 위치한 거리 이름을 제대로 모르는 상태로 대략적인 방향과 거리의 모습만 기억했기 때문이다. 덩리쥔은 고열에 시달리면서도 마지막 의지력으로 핸들을 움켜쥐었다. 그날은 하필 폭우가 쏟아져 시야도 좋지 않았다. 덩리쥔은 핸들 위로 고꾸라지다시피 하면서도 무사히 병원에 도착했다. 치료를 받은 뒤, 상황이 안정되자 의사는 2시간만 늦었어도 큰일 났을 거라고 했다. 밍 언니는 조수석에 앉아서 심장이 마구 뛰고 몹시 걱정이 된 나머지 내내 울기만 했다고 한다.

의사는 신장염이라고 진단했다. 병원에 입원해 치료를 받고 있었는데 타이완에서 전화가 왔다. 아버지가 돌아가셨다는 소식이었다. 덩리쥔은 당장 퇴원 수속을 밟겠다고 하며 밍 언니에게는 비행기 표를 구해 타이완으로 돌아갈 준비를 하라고 했다. 하지만 의사가 강경하게 반대했다. 덩리쥔의 면역력이 매우 약해져 있었고 백혈구 수치가 심하게 높은 상태라 비행기를 타고 장시간 비행을 할 수 없다고 했다. 의사는 덩리쥔에게 입원해서 휴식을 취해야 하며 절대로 환자가 멋대로 퇴원하게 허락하지 않겠다고 했다.

이 일 때문에 타이완에서는 여론이 분분했다. 아버지가 돌아가셨는데 상을 치르러 귀국하지 않았다는 것은 엄청난 불효였다. 일본의 어떤 작가는 책에다 제멋대로 짐작한 내용을 쓰기도 했다. 돈을 벌어 가족을 부양하게 하려고 아버지가 억지로 가수활동을 시켰기 때문에 덩리쥔이 아버지를 미워했다는 내용이었다. 병상에서 5일 밤낮을 함께 보낸 밍 언니만 당시의 실상을 알고 있었다. 덩리쥔은 그때 매일 눈물을 흘렸고 정신을 잃은 상태에서도 아버지와 어머니를 불렀다. 그 마음속 고통은 다른 사람이 상상하기 힘든 것이었다. 덩리쥔이 병석에 누워 아버지를 생각하는 마음과 병으로 인한 고통으로 번갈아 괴로워할 때, 언론은 위로와 동정을 보내기는커녕 짐작과 억측만으로 은혜도 모르는 불효녀라는 딱지를 붙였다. 덩리쥔은 무척 상심했다. 그러나 어떤 해명이나 변론도 하지 않았다.

덩리쥔의 아버지는 엄격하게 가정교육을 시켰고, 자신만의 원칙이 있었다. 그 원칙은 덩리쥔이 가수로 성공하고 유명해졌다고 해서 전혀 달라지지 않았다. 아버지는 덩리쥔이 벌어온 돈을 함부로 낭비하거나 돈을 더 벌어오라고 강요한 적이 없을뿐더러, 오히려 딸이 대중에게 알려지는 것에 반대할 만큼 보수적인 생각을 가진 군인이었다. 사실 학업을 그만두고 노래하겠다고 했을 때 아버지는 크게 반대했다. 하지만 결국 어머니까지 나서서 설득을 하자 딸에게 몇 번이나 행동거지를 올바르게 하고 스스로를 아끼며 절대 나쁜 습관에 물들지 않겠다는 다짐을 받고서야 가수활동을 하도록 허락했던 분이다.

나중에 일본에 진출했을 때도 아버지는 극구 반대했다. 딸이 낯선 일본에 건너가 밑바닥부터 다시 시작해야 한다는 것이 무척 힘들 거라고 생각했기 때문이었다. 당시 계약을 위해 타이완으로 건너온 음반사 관계자 후나키 미노루의 통역사였던 사토 요시오佐藤芳男는 이렇게 기억하고 있었다.

"매번 계약할 때마다 가장 어려운 관문은 바로 덩리쥔의 아버지였습니다. 그는 딸이 고생스러울까봐 늘 걱정이었습니다. 게다가 덩리쥔은 굉장히 주관이 뚜렷하고 박력이 있는 사람이었는데 부모가 시킨다고 해서 오랫동안 자기가 원하지 않는 일을 억지로 했을 리도 없습니다."

이런 이야기들은 모두 외부에서 떠들어댔던 뜬소문에 반박하는 내용이다.

덩 씨 종친회의 일원이며 수묵화가이자 덩리쥔 아버지의 친구인 덩쉐평鄧雪峰이 들려준 이야기도 있다. 두 가족은 덩리쥔이 가수로 인기를 얻기 전부터 가깝게 지냈다. 덩쉐평의 아내 린치시林棨熹는 아버지에 대한 덩리쥔의 사랑을 보기 드물게 친밀한 부녀 관계로 기억하고 있었다. 두 가족이 함께 식사를 할 때, 덩리쥔은 세대차이 같은 것 없이 아버지와 웃으며 대화하고 친근하게 굴었다. 아버지에게 요리를 집어드리거나 탕을 떠드리기도 했다. 식사 내내 덩리쥔은 무척 사랑받는 어린 딸다웠다고 한다. 요즘은 아들딸이 자라서 자기주장을 하게 되고부터는 부모님의 친구와 함께 식사하는 경우가 거의 없지 않은가? 덩리쥔은 인기를 얻은 뒤에도 짬을 내어 아버지와 함께 동향의 모임 같은 지루한 자리에 참석하는 등 항상 아버지를 챙겼다. 린치시는 덩리쥔이 해외에 나갔다가 귀국할 때마다 자신의 선물도 잊지 않았다고 말했다.

덩리쥔의 운전 기술이 남달랐다는 것을 증명해준 사람은 린윈林雲 대사다. 그는 영화계에서 '둘째 형님'이라는 별칭으로 불리는 밀교[불교 종파의 하나] 승려다. 린윈 대사는 타이완에 와서 강연할 때마다 대중과 매체의 주목을 받았다. 한번은 린윈 대사가 타이완대에서 하는 강연에 덩리쥔도 참석해 형이상학에 대한 강연을 들었다. 린윈 대사는 이에 큰 감동을 받왔다. 매일 저녁 공연을 하러 다니는 가수이니 강연에 오려면 온갖 어려움이 있었을 것이기 때문이다. 게다가 덩리쥔은 자신의 존재를 드러내려 하지 않고 조용히 강연만 들었다.

강연이 끝난 뒤, 린윈 대사는 여러 언론사 기자에게 둘러싸였다. 하지만 그는 급한 일이 있어서 운전 실력이 아주 뛰어난 택시 기사를 물색해서 얼른 그 자리를 벗어나야 했다. 린윈 대사가 탄 차가 출발하자 그 뒤를 10여 대의 인터뷰 차량들이 뒤쫓았다. 린윈 대사는 뒤따라오는 차들을 따돌려달라고 했고, 얼마 후 택시 기사가 이리저리 꺾으며 운전하자 뒤따라오던 차들이 하나둘 사라졌다. 그런데 잠시 방심한 사이 막다른 골목에서 차 한 대가 여전히 따라오는 것이 보였다. 택시 기사가 믿을 수 없다는 듯 고개를 절레절레 흔들며 여기까지 따라오다니 운전 실력이 정말 대단하다고 했다.

골목에서 빠져나온 뒤에야 따라온 차가 덩리쥔이 운전하는 차였다는 것을 알게 됐다. 덩리쥔은 타이완 본토 사람으로서 마땅히 린윈 대사를 배웅해야 한다고 생각했다. 그런데 그가 탄 택시가 갑자기 빠르게 달리기 시작하더니 골목길을 요리조리 꺾으면서 운전하는 것이 이상해 보였다. 덩리쥔은 혹시라도 린윈 대사가 나쁜 사람에게 붙잡혔거나 뭔가 문제가 생겼을까봐 급히 뒤따라왔다고 했다. 서로 얼굴을 보고 상황을 설명한 뒤 세 사람은 크게 웃음을 터뜨렸다.

낮은 코의 역경
기자 질문에 화낸 사연

덩리쥔은 자연스러운 자신의 모습을 유지하고자 했다. 미용을 위한 성

형수술에 반대했다. 어머니가 말해준 이유는 다음과 같다. 우선 아픈 것을 정말 무서워했다. 어릴 때 주사를 맞는 것만으로도 한나절을 울곤 했다. 그러니 미용을 위해서 수술할 리가 없다. 덩리쥔은 "몸은 부모님이 주신 것이니 훼손해서는 안 된다"라는 말의 의미를 잘 알고 있었다. 자기 외모의 단점까지도 전부 좋아했다. 얼굴에 난 작은 점도 많은 사람이 여러 이유를 대면서 없애라고 했지만 듣지 않았다.

누군가 코가 매우 낮다고 했을 때도 그녀는 오히려 자기 코가 귀엽다고 말했다.

"나 같은 동글동글한 얼굴에 높고 뾰족한 코가 붙어 있으면 얼마나 이상하겠어요?"

이 한마디로 모두들 박장대소했고, 그 후로는 아무도 코를 높이라는 이야기를 하지 않았다.

덩리쥔을 여러 차례 인터뷰한 연예 기자들은 나중에 그녀와 친구가 되었다. 한번은 그녀가 귀국할 때 한 기자가 농담 삼아 물었다.

"덩리쥔 씨, 코가 좀 높아진 것 같은데요?"

덩리쥔은 정색하며 대답했다.

"그럴 리가요! 화장의 효과일 뿐이에요. 그렇게 말씀하시다니 심하네요! 그렇게 물으면 신문이나 잡지에서 어떻게 기사를 쓸지 다 알면서 말이에요."

이 정도 표현이면 상당히 강하게 말한 편이다. 그 기자는 20년이 지난 지금도 그 일을 기억하고 있었다.

데뷔한 후 몇 년간 덩리쥔은 맵시 있는 짧은 머리를 고수했다. 나이가 들어 낭만적인 마음이 생기고 여성적인 매력이 생길 때쯤, 머리카락을 기르기 시작했다. 한 친구가 번거롭게 머리를 기르지 말고 긴 머리 가발을 사서 쓰면 되지 않느냐고 하니 덩리쥔은 이렇게 말했다. 전에 한번 가발을 쓰고 나간 적이 있는데, 친구를 만났더니 "머리카락이 어떻게 그리 빨리 자랐어?"라면서 그녀의 머리카락을 만져봤다. 그 바람에 가발이 벗겨졌고, 덩리쥔은 그 모습이 무척 못나고 부끄러워서 다시는 가발을 쓸 엄두가 나지 않았다. 머리카락을 천천히 기르는 것도 자연스럽고 편안해서 좋다고 했다. 뭐든지 '진짜'인 것을 좋아했다.

덩리쥔의 노래를 언급하면 사람들은 자연스럽게 덩리쥔이 멋지게 소화해낸 사랑 노래들을 떠올린다. 깊고 충실한 감정, 은근하고 아련한 사랑……. 하지만 데뷔 초 덩리쥔은 〈즐거운 오늘 밤〉〈사랑, 하나 둘 셋愛情一二三〉〈1만 배는 더 사랑해愛你一萬倍〉〈당신에게는 말할 수 없어요不敢告訴你〉〈높은 산은 푸르네高山靑〉〈사랑하기 때문에因爲我愛你〉 등 경쾌하고 발랄한 노래를 좋아했다. 그 밖에도 민요나 광둥어 노래, 황매희 곡, 영어 노래, 말레이시아 노래 등을 불렀다. 누군가 그 이유를 물었을 때 그녀는 다음과 같이 유머러스하게 대답했다.

"아직 사랑해본 적이 없어서 그런 게 아닌가 해요. 실연의 고통을 겪어보지 않았으니 슬픔에 휩싸여서 미련을 갖는 사랑 노래를 부를 때 그런 맛이 부족하거든요. 앞으로 연애라도 해본 다음 다시 그 노래를 부르면 다르겠지요!"

가요계의 한 전문가는 덩리쥔의 초기 곡들은 경쾌하고 듣기 좋아서 사람을 편안하게 만드는 반면 심금을 울리고 깊은 감명을 안겨주지는 못한다고 평가한다. 진정한 의미에서 아무리 들어도 물리지 않는 노래의 경지에 이른 것은 그녀가 연애를 하고 세상사의 감정에 대해 알게 된 뒤였다. 상상이 아닌 마음속 깊은 곳에서 우러나오는 진실한 감정은 섬세하고 감미로우며 그윽한 매력이 있다. 중국에서 '가장 부드럽고 상냥한 목소리'라고 불렸던 덩리쥔만의 특별한 가창 스타일 역시 진정한 사랑의 감정을 경험한 뒤에 만들어진 것이다. 그런 경험 뒤에 부르는 노래는 당연히 감정이 다를 수밖에 없다.

한 가지 언급하고 싶은 것은, 타이완 가요계에 지방 민요부터 음악 교과서에 나오는 노래, 세계 명곡까지 다 잘 부르는 덩리쥔 같은 사람은 매우 드물었다는 점이다. 게다가 음반 판매량도 매우 좋았다. 더 놀라운 사실은 1집부터 5집에는 전부 순수하고 깨끗한 노래만 담겨 있고 사랑에 관한 노래가 없었는데도 똑같이 화제가 되고 판매량도 좋았으며 계속해서 '학생들의 연인'이라는 평가를 받았다는 점이다. 덩리쥔은 교과서에 나오는 곡도 잘 팔린다는 선례를 남겼고 어떤 스타일의 노래든지 다 잘 부를 수 있다는 것을 보여주었다. 오늘날까지 덩리쥔의 노래, 인품, 가창 스타일과 행동 등은 여전히 순수하고 간결하며 온화하다는 평가를 받는다. 이러한 것들이 오래도록 그녀를 그리워하는 이유일 것이다.

🐌 "우린 자선 공연을 가는 거잖아요. 비행기는 괜찮을 거예요."

덩리쥔이 타이완 국내에서 최고의 인기를 얻은 뒤 해외로 진출하게 된 것은 자연스러운 수순이었다. 당시 타이완에서 인기 있는 가수는 우선 홍콩, 싱가포르, 말레이시아, 인도네시아, 베트남 등에 진출해서 자신의 인기를 시험해보는 것이 일반적이었다. 덩리쥔은 시장을 개척하는 것보다는 다른 데 더 관심이 있었는데, 그건 바로 자선활동이었다. 자선활동을 위해 덩리쥔을 초청하면 그녀는 반드시 승낙했다. 덩리쥔의 어머니는 딸의 이런 점을 무척 자랑스러워했다.

1969년 말, 덩리쥔은 싱가포르에서 총리의 부인이 주최한 장애아동 자선 파티에서 공연했다. '스타들의 자선 파티'라는 이름의 행사로, 싱가포르 국립극장에서 열렸다. 모든 수입은 농아협회, 소아마비협회, 지적장애 아동협회 등에 기부할 예정이었다. 그날 덩리쥔은 적극적으로 행사에 참여했

고 행사가 진행되는 동안 진심 어린 태도로 자선 참여를 독려했다. 행사에 참가한 관객들 중에는 덩리쥔의 말에 감동받아 눈물을 흘리는 사람도 있었다.

공연 중에 감동적인 장면이 펼쳐지기도 했다. 공연 중반쯤 되었을 때 덩리쥔은 평소 그녀의 스타일대로 무대 아래로 내려가 첫 줄에 앉아 있던 관객과 악수를 했다. 그때 첫 줄에 앉은 사람들은 모두 사고로 장애를 입어서 청력을 잃었거나 한쪽 팔을 절단했거나 걸음을 걷지 못하는 이였다. 한 시각장애인 여자아이가 덩리쥔과 악수하려고 해서 옆 사람이 부축해 앞으로 걸어갔다. 덩리쥔은 아이를 보고 얼른 다가가서 손을 잡았다. 여자아이는 무척 기뻐하면서 덩리쥔의 손을 몇 분 동안이나 붙잡은 채 아쉬워서 차마 놓지 못했다. 그 아이는 덩리쥔과 함께 〈작은 마을 이야기〉를 몇 소절 부르기도 했다. 플래시가 끊임없이 터졌고, 거기 모인 사람들이 다들 그 모습에 마음을 빼앗겼다. 덩리쥔은 자신도 모르게 눈물을 흘렸다.

덩리쥔은 눈물을 닦은 뒤 무대 아래 관객에게 농담을 던지며 분위기를 즐겁게 만들었다. 덩리쥔의 어머니도 무대 위로 불러 올리려고 했다. 덩리쥔의 어머니는 많은 사람 앞에 나서는 것을 두려워했기 때문에 계속 거절했다. 그러나 이 일이 어머니의 마음속 깊이 기억된 것은 공연이 끝날 때쯤 덩리쥔이 관객을 향해 이렇게 말했기 때문이다.

"제가 지금과 같은 작은 성취를 이룬 것은 여러분의 큰 사랑 덕분입니다. 지난 몇 년 동안 저는 다른 사람보다 훨씬 더 행복했다고 생각해요. 여러분이 있기 때문에요. 여러분은 제가 가진 것 중에서 가장 좋고 귀중한 보물입니다."

그녀는 마음을 다해 눈물을 머금은 채 말했다. 그 말이 행사장 전체를 감동시켰다. 관객석의 감정이 고양되어 자선 파티는 매우 좋은 결과를 거뒀다. 덩리쥔이 아주 좋은 일을 한 셈이다.

그녀는 사회 공익활동에 열중했을 뿐 아니라 여러 명의 고아를 수양딸,

수양아들로 받아들이기도 했다. 그녀는 자신의 어린 시절 고충을 생각하며 의탁할 곳 없는 고아들에게 동정심을 가졌다. 특히 지적 능력에 장애가 있는 아이에게 그랬다. 덩리쥔은 지적 장애를 가진 다섯 살짜리 남자아이와 여섯 살짜리 여자아이를 수양아들과 수양딸로 삼았다. 누군가 건강하고 활발한 아이를 선택해 돌봐주면 나중에 그 아이들이 당신의 고마움을 알 수 있으니 더 좋지 않느냐고 물은 적이 있었다. 덩리쥔은 아이들이 자라서 은혜 갚기를 바라는 게 아니라고 진지하게 대답했다. 지적 장애가 있는 아이들은 정상적인 아이보다 더 안됐고 사랑을 받지 못하기 때문에 도우려고 한다는 것이었다.

그때 덩리쥔이 입양한 아이들은 이미 중년의 나이가 되었다. 그들은 현재까지도 덩리쥔에 대해서는 아무것도 알지 못한다. 잘 먹고 잘살며 행복한 시간을 보내지만 그들을 이렇게 키워준 '엄마'가 이 세상에 없다는 것은 모른다. 만약 그들이 그 사실을 안다면 덩리쥔을 위해 눈물을 흘리고 가슴 아파할까?

마음이 따뜻했던 덩리쥔은 번화한 싱가포르, 인도네시아, 말레이시아 등에서도 자선 공연을 했고 전쟁의 여파가 아직 남아 있는 베트남에도 갔다. 1971년 덩리쥔은 화교여성친목회의 요청으로 사이공에 가서 자선 파티에서 노래를 불렀다. 비행 도중 베트남 항공사의 소형 비행기가 난기류를 만나 기체가 심하게 요동쳤다. 덩리쥔의 어머니는 몹시 놀라 다리가 다 후들거렸고, 한 노인은 놀란 나머지 큰 소리로 울음을 터뜨렸다. 덩리쥔은 곧장 그 노인에게 다가가서 등을 두드리며 위로를 했다.

"걱정 마세요, 걱정 마세요! 우리는 지금 자선 파티에 공연을 하러 가는 거예요. 좋은 일을 하러 가는 거니까 이 비행기는 아무 일도 없을 거예요."

비행기가 착륙하자 베트남의 화교여성친목회를 설립한 류리위劉麗玉와 회장 홍판원펑洪潘文鳳, 부회장 리먀오팡李妙芳, 그리고 베트남의 중국어 학교인 리런立人 학교 교장의 부인, 여러 중국어 신문의 기자들이 열렬히 덩리쥔을 환영했다. 덩리쥔은 따스한 인정과 관심을 느꼈다. 전쟁 지역에 직접 와보니 전쟁 때의 긴장감과 기이한 분위기가 어느 정도 이해되었다. 베트남에 특별한 감정을 느꼈고, 그래서 노래를 부를 때도 더 힘을 냈다.

덩리쥔은 적극적으로 자선활동에 참여했다. 대단한 인물의 초청이 아니라 천주교의 카리타스센터에서 여는 자선 공연이나 뤼 씨呂氏 종친회가 모금하는 장학금 등 소규모 자선 행사라도 기꺼이 참여했다. 어떤 자선활동이라도 진지하게 임했으며 보수도 전혀 받지 않고 전부 기부했다. 이런 일들은 언론에 별로 공개되지 않았다. 단지 어머니의 말을 통해 조금 전해졌을 뿐이다. 덩리쥔은 자신의 자선활동이 바깥에 알려지는 것을 원하지 않았다. 그녀는 "남모르게 선행하라"는 격언을 진정으로 실천했으며, 그 횟수가 얼마나 되는지 다 알 수 없을 정도였다.

베트남에서의 자선 파티 이후, 덩리쥔은 타이 북부로 가서 산간 지역을 방랑하는 고군孤軍[동남아시아와 중국 국경 지대에 고립되어 타이완으로 이주하지 못한 국민당 잔류 부대]을 보고 싶다는 생각을 했다. 그리고 타이 북부의 도이 매 살롱[미얀마와 타이 국경 지대에 남았던 국민당 잔당이 마지막까지 타이완 송환을 거부하고 남은 타이의 산간 지역. 현재까지도 국민당 후손인 중국인 혈통이 살고 있으며 차이니즈 빌리지(중국인 마을)를 형성하고 있다]의 여러 촌락에 남아 힘겨운 삶을 이어가는 동포를 만나고 싶다는 생각을 했다. 이런 소원은 1980년에야 실현될 수 있었다.

🌹 타이 북부 후이모 촌에 첫 번째 상수도를 선물하다

1980년대 전후로 타이완에서는 타이 북부에 온정 보내기 운동이 큰 반

향을 불러일으켰다. 예전 국공 내전에서 미얀마 국경 지대로 퇴각한 국민당 부대가 계속해서 타이 북부의 산간 지역에 남았고, 타이 정부는 이런 국민당 부대에 의지해 국경 지역을 방위했다. 타이와 중국 공산당이 몇 차례의 교전을 거듭하면서 30여 년이라는 고통의 세월이 흘렀다. 그 과정에서 국민당 부대는 산간 지대에 띄엄띄엄 수십 개의 촌락을 형성하기에 이르렀다. 국민당 부대의 후손들로 구성된 촌락은 가난하고 불안에 찬 나날을 살아가고 있다. 이들 고군은 자급자족하며 가정을 꾸려 자식들에게 중국어를 가르쳤다. 중국의 난민구제총회에서 보내준 교과서로 중국인 혈통의 아이들에게 언어와 문자를 가르친 것이다.

1980년 덩리쥔은 어느 위문단을 따라 타이 북부를 방문했다. 그녀는 여정 내내 중국인의 후손들을 만났고 이런저런 온갖 사연을 듣고 가슴 아파했다. 위문단은 만탕滿堂 촌 부근의 작은 촌락인 후이모回莫 촌에 도착했다. 그곳에는 기독교 회관이 하나 있었는데, 일행은 산길에 흔들리며 오느라 온몸이 누런 흙먼지로 가득했다. 차에서 내린 뒤, 덩리쥔은 남루한 차림의 노병 몇 사람을 발견했다. 덩리쥔은 곧장 그들에게 다가가 악수를 청하며 인사를 했다. 더 나아가 그들을 포옹하기도 했다.

한 노병은 덩리쥔이 손을 내밀자 깜짝 놀라 뒤로 크게 한 걸음 물러섰다. 덩리쥔은 당황해서 그 자리에 잠시 굳어 서 있었다. 그녀는 포옹하려고 했던 동작이 지나치게 갑작스러웠나 생각했다. 그런데 그 노병은 얼굴을 붉히더니 더듬더듬 이렇게 말했다.

"내, 내가…… 지금 더러운데……"

그 말을 들은 덩리쥔은 두말하지 않고 성큼 다가가서 그를 꼭 끌어안았다.

"아저씨, 고생 많으셨지요? 정말 고생 많으셨어요."

노병은 그녀에게 안긴 채 고향에 두고 온, 다시는 만날 수 없는 딸이 지금쯤 그녀와 같은 나이가 되었을 거라는 생각을 했다. 그 순간 치솟는 슬픔을 견디지 못하고 울음을 터뜨리고 말았다. 덩리쥔은 가볍게 등을 두드려줬다. 한 번도 만난 적 없는 노인과 젊은이가 타향의 광활한 대지에서 끌어안은 모습을 보며 주변 사람들이 다 눈시울을 붉혔다.

타이 북부에 고아원을 설립한 왕王 목사는 그날을 아주 또렷하게 기억하고 있었다. 덩리쥔은 마을을 방문한 스물 남짓한 위문단 중에서 유일하게 그런 행동을 한 사람이었다. 몇 사람과 포옹한 뒤 덩리쥔의 눈은 온통 눈물로 가득했다. 그녀는 목이 메는 것을 억누르며 말했다.

"여기서 할아버지, 아저씨들을 만나니까 제 친아버지를 뵙는 것처럼 느껴지네요."

덩리쥔은 고군이 힘들게 분투해온 세월을 무척 가슴 아파했다. 또한 그들이 중국인이라는 정신적 뿌리를 잊지 않고 문화를 유지하며 살아가는 것에 감탄했다. 덩리쥔이 왕 목사에게 이렇게 물었다.

"가장 절박하게 필요한 게 뭔가요? 부족한 힘이라도 제가 도울 수 있는 일이라면 최대한 돕겠어요."

왕 목사는 대답했다.

"우리 마을에는 물이 없어요. 매일 물통을 들고 산에 올라가서 물을 길어야 합니다. 산길이 험하고 빛도 들지 않아서 무척 힘들답니다."

덩리쥔은 왕 목사에게 반드시 방법을 찾아보겠다고 약속했다. 왕 목사는 그녀가 말만 그렇게 하는 거라고 생각했다. 물길을 정리하고 급수탑을 세우고 산속에서 물을 끌어오는 일이 얼마나 큰 공사인가? 상당한 돈이 필요한 일이었다. 왕 목사는 이미 여러 차례 정부에 이 일을 건의했지만 몇 년째 아무런 성과도 없었다. 그런데 이제 스물 몇 살 된 젊은 여성이 어떻게 그런 큰일을 할 수 있단 말인가? 마을 사람들이 몇 년이나 소원했던 일을 이뤄준다는 게 가능한가? 이튿날, 덩리쥔은 약 16만 타이완달러[600만 원]를 기부했다. 그 돈을 왕 목사에게 주면서 물길을 촌락으로 끌어오는 공사에 쓰라고 했다. 왕 목사는 그 돈을 고군을 이끌던 천마오슈陳茂修 장군이 수표를 전해준 것으로 알고 있었다. 나는 이제 여든넷의 고령인 천 장군을 찾아가 사실을 확인했다. 천 장군은 수표를 왕 목사에게 준 것은 기억하지 못했다. 다만 덩리쥔이 거금을 기부했다는 사실은 기억하고 있었다. 마을 사람에게 들은 이야기에 따르면, 그건 덩리쥔이 손목에 차고 있던 다이아몬드가 박힌 명품 손목시계를 치앙마이에서 자선기금 모금 공연을 할 때 자선 바자로 내놓고 받은 돈이라고 했다. 이 이야기가 좀더 합리적이다. 32년 전의 16만 타이완달러란 얼마나 큰돈인가! 덩리쥔이 해외로 공연을 가면서 그런 큰돈을 휴대했을 거라 보기는 어렵다. 하지만 그녀는 바자회에 손목시계를 내놓고도 전혀 아까워하지 않고, 언론에도 일절 알리지 않았다.

어떤 방식으로 기부를 했든지, 그 돈을 덩리쥔이 내놓은 것은 확실하다. 왕 목사는 돈을 받은 뒤 당장 마을 사람들을 도와 시멘트, 수도관 등 원자재를 사고 물길을 설계해 산 위에서 마을까지 몇 킬로미터 길이의 파이프 공사를 시작했다. 그런 다음 교회의 광장 옆에 높다란 급수탑을 세웠다. 지금도 온 마을의 물을 사시사철 이 급수탑에서 공급하고 있다. 수원은 무척 풍부해서 마을 전체의 농지를 개간하고 작물을 키우는 데 부족함이 없다. 지난 20년간 급수탑의 물은 사계절 내내 청량했고 한순간도 마른 적이 없었다. 나 역시 수도꼭지를 틀어 손바닥에 물을 받아 몇 모금 마셔봤다. 달고 시원한 물이었다. 전혀 오염되지 않은 산속 수원에서 마을의 모든 집에 전해지는 물이었다. 얼마나 감동적인 이야기인가!

수도관이 길게 이어진 길을 따라 시선을 돌리면 산자락에 농작물이 청록색으로 흔들거리고 길가의 과실수에 열매가 주렁주렁 매달린 모습이 보인다. 수도관으로 물을 끌어다 쓰게 되면서 마을은 자급자족의 농업을 할 수 있게 되었다. 고개를 들고 시멘트로 만든 높다란 급수탑을 올려다봤다. 급수탑에는 단순하기 짝이 없는 모습으로 붉은 페인트로 초라하게 '물을 마실 때마다 어디에서 오는지 그 근원을 생각하고 항상 감사하라'라는 글이 쓰여 있다. 그 옆에는 '덩리쥔 씨의 기부로 건립하다' 그리고 '후이모 촌 사람들의 경의를 담아 중화민국 71년 8월 1일'이라는 글씨가 보인다. 급수탑의 겉면은 이미 얼룩덜룩하고 써놓은 글씨도 흐릿해졌다. 하지만 마을 사람들의 깊은 감사의 마음만은 여전히 또렷했다.

왕 목사는 1992년 이곳에 고아원을 세워 200명에 가까운 고아를 수용했다. 그리고 항상 '덩리쥔 이모'가 우리에게 맑은 물을 먹을 수 있도록 해준 일을 들려주며 감사하는 마음을 가져야 한다고 아이들을 가르친다. 그는 슬픔에 가득 차 말했다.

"이 급수탑이 끌어오는 산속 수원지는 후이모 촌 최초의 상수도입니다. 상수도의 첫 번째 물방울로부터 시작된 편리함과 생활의 변화는 말로 다 설명할 수 없습니다. 20년간 우리는 매주 예배를 드리면서 덩리쥔 씨의 평안과 행복을 기원했습니다. 우리가 항상 기도했던 은인이 그토록 일찍 세상을 떠날 줄은 생각도 못했군요."

덩리쥔이 치앙마이에서 병으로 사망했다는 소식이 타이 북부 마을에 전해졌을 때, 마을 전체가 눈물에 잠겼다. 편안하게 물을 마실 수 있도록 해준 은혜를 이제 더는 갚을 길이 없어진 것이다.

급수탑에 설치된 수도꼭지 아래서 일고여덟 살쯤 되는 여자아이 몇 명이 야채를 씻고 있었다. 고아원에서는 아이들에게 식사 준비를 돕고 직접 자신의 옷을 빨거나 침구를 정리하도록 가르친다. 나는 그 여자아이들에게 묻고 싶었다.

"이 물이 어디에서 오는지 알고 있니?"

하지만 곧 그런 질문이 무척 천박하다는 생각이 들었다. 덩리쥔은 거금을 기부하면서도 자신의 선행을 전혀 알리려 하지 않았다. 그녀는 공사 과정을 확인하려고도 하지 않았고 급수탑이 완성된 것을 보러 오지도 않았다. 그저 타이 북부에서 처음 만난 낯선 목사를 굳게 믿고, 그에게 큰돈을 그대로 쥐어버린 것이다. 덩리쥔은 마을 사람들이 고생스럽게 물을 길어 먹던 나날에서 벗어나 편리하게 물을 끌어 쓸 수 있게 될 거라고 믿었다.

20년간 달빛이 한순간도 변함없이 마을을 비춰주는 것처럼, 밝은 달빛 같은 마음을 가진 사람이 마을에 물을 가져다주었다. 그녀는 이미 천국으로 떠났지만, 마을의 물은 끊임없이 흐르고 따스한 사랑도 끊임없이 흐른다. 왕 목사는 간절하게 말했다.

"우리 마을에서 집집마다 물을 편리하게 쓰고 있는 모습을 본다면, 하늘에서 덩리쥔 씨가 미소 짓지 않겠습니까."

나는 고개를 끄덕였다. 눈물이 계속 샘솟았다.

越過高峯
另一峯卻又見
目標遠距
讓理想永遠在前面
路縱崎嶇
亦不
願一生中苦痛快樂也體驗
愉快悲哀在身邊轉呀轉
風中賞雪
霧裡賞花
快樂回旋
毋用計較
快欣賞身邊美麗每一天
還願確信美景良辰在腳邊

높은 봉우리 지나니
또 다른 봉우리가 보이네
목표가 멀어도
이상은 영원히 눈앞에 있지
길이 비록 험해도
갈고닦는 고생스러움은 두렵지 않네
삶이란 아픔도 기쁨도 경험해야 하는 것
즐거움도 슬픔도 내 몸을 맴도네
바람 속의 눈
안개 속의 꽃
기쁨은 돌고 도네
시시콜콜 따지지 말고
아름다운 매일을 느끼자
멋진 풍경 좋은 날이 바로 여기 있다고 믿으며

'길이 비록 험해도 갈고닦는 고생스러움은 두렵지 않네. 삶이란 아픔도 기쁨도 경험해야 하는 것.' 이 가사는 덩리쥔의 삶을 대변해주는 말이라고 할 수 있다. 〈느린 인생의 길漫步人生路〉은 덩리쥔이 홍콩에서 발표한 두 번째 광둥어 음반이다. 가사처럼 그때 덩리쥔은 이미 인생의 여러 봉우리를 넘으며 기쁨도 슬픔도 만남도 헤어짐도 다 겪은 뒤였다. 관대한 마음가짐으로 하루하루를 사랑하고, 아름다운 날이 멀리 있지 않음을 확신했다. 미래에 대한 동경을 가득 안고 홍콩에 뿌리내리고 성장을 시작했다. 홍콩은 중국인의 생활문화를 갖고 있었고 속박당하지 않는 충분한 자유도 있었다. 타이완과도, 일본과도 멀지 않았다. 그래서 덩리쥔은 홍콩을 좋아했고, 심지어 집을 사서 거주하기도 했다. 홍콩에는 친구도, 일도, 팬도, 사랑도 있었다. 덩리쥔은 풍광이 아름다운 관광 명소 스탠리에 집을 세웠다. 산자락에 기대어 드넓은 바다를 바라보는 위치에 있어서 가슴이 탁 트이는 듯했다. 그 집에서 덩리쥔은 행복한 시간을 보냈다.

두 번째 고향
홍콩과의 인연

덩리쥔과 홍콩의 인연은 자선활동으로 시작됐다. 1969년 12월, 덩리쥔은 가난한 학생을 돕는 자선 바자회 활동을 위해 처음으로 동양의 진주라는 홍콩에 발을 디뎠다. 홍콩에서 덩리쥔은 '백화유 자선기금의 여왕'이라는 칭호도 받았다. 그 후 홍콩과 그녀는 떼려야 뗄 수 없는 밀접한 관계가 되었다. 홍콩은 덩리쥔의 두 번째 고향이었다.

1970년 1월 중순 TVB의 차이허핑蔡和平과 계약을 맺었다. 계약에 따라 덩리쥔은 다른 방송국의 프로그램에는 출연할 수 없었다. 저녁마다 여러 공연장에 가서 약속된 공연을 하고 공연이 끝나면 호텔로 돌아가는 생활을 했다. 단순하기 짝이 없는 나날이 한 달 가까이 이어졌다. 덩리쥔은 홍콩에 대해 아주 좋은 인상을 가졌다. 열정적인 팬들도 그녀를 감동시켰고, 홍콩의 번화하고 생기 넘치는 활력도 시야를 넓혀주었다. 타이완을 벗어나 '해외'로의 진출은 도전할 만한 일이었다.

두 번째로 홍콩에 간 것도 역시 자선활동 때문이었다. 홍콩에서 타이완으로 돌아온 지 반년도 안 되어, 그녀는 카이성凱聲 종합예술단을 따라 홍콩에 가서 공연했다. 홍콩의 카이성 엔터테인먼트사가 홍콩 95개 지역복지회의 요청을 받아 복지기금을 모금하기 위해 기획한 행사였다. 행사는 한 달을 꼬박 이어졌고, 덩리쥔도 공익활동을 위해 노래 부르는 일에 즐겁게 참여했다. 그날 밤 덩리쥔은 〈즐거운 오늘 밤〉을 불렀고, 덩리쥔의 선풍적인 인기는 홍콩 매체의 주목을 받았다. 그녀는 여러 지역의 관객에게 환영받고 사랑받는 기분을 만끽했다. 홍콩에서의 열렬한 반응은 덩리쥔이 조그만 타이완 시장에서보다 더 큰 시장의 경쟁을 이겨낼 수 있음을 의미하는 듯했다.

당시의 공익활동 기획 솜씨는 놀라웠다. 카이성 종합예술단은 단장인 허웨이예何偉業를 비롯해 덩리쥔, 우징셴, 팡칭方晴, 천링陳羨, 예진잉葉錦櫻, 천야메이陳亞梅 등 50여 명이 참가했고, 여기에 몇몇 유명한 공연단체가 함께 모금활동을 했다. 가수들은 홍콩에서 공익활동을 하는 기회를 틈타 긴 시간 충분히 홍보하여 홍콩 사람에게 자신을 알리고 해외 시장을 개척할 수 있었다. 게다가 여러 텔레비전 방송국과 라디오 등 언론매체에 출연해 얼굴을 알리고 꿈을 이야기할 수도 있었다.

8월 초, 덩리쥔은 홍콩—구룽 카리타스센터[국제 카리타스회는 전 세계 가톨릭교회의 복지와 재난구호 활동을 담당하고 있다]에서 처음으로 공연을 했다. 광풍과 폭우도 흥행 열풍을 가라앉히지 못했다. 덩리쥔의 공연은 여전히 빈자리가 없었다. 낮에는 TVB의 요청으로 여러 프로그램에 출연했다. 덩리쥔은 노래, 무용극, 황매희, 콩트 등 못하는 것이 없었다. 반년 후, 10월 중순부터 영화 「팬 아가씨」 촬영이 시작됐고 영화 삽입곡을 녹음한 음반을 발표했다. 또한 그 영화를 홍보하기 위해 같은 이름의 프로그램인 「팬 아가씨」를 진행하는 등 덩리쥔과 홍콩의 인연은 갈수록 깊어졌다.

덩리쥔이 세 번째로 홍콩에 간 것도 자선활동 때문이었다. 그녀는 보량국의 보량 제1중학교 건립을 위한 경비 모금 활동에 기꺼이 참여했다. 학업을 마치지 못한 것은 그녀 마음속에 남아 있는 아픔이었기 때문에 공부를 할 수 없는 아이들을 돕는 일에는 늘 앞장섰다. 1971년 2월, 덩리쥔은 다시 TVB과 1년 계약을 맺고 리펑麗風 음반사에서 여러 장의 음반을 녹음했다. 음반은 다 잘 팔렸다.

자선 행사에서의 공연 외에도 막 촬영을 마친 영화 「팬 아가씨」의 홍보를 위해 팬과의 만남, 「팬 아가씨」 시사회, 추이구翠谷 클럽에서 열린 '영화 「팬 아가씨」의 밤' 행사와 노래 경연 대회 등에도 참가했다. 그 외에도 열정적인 중학생의 요청을 받아 밍더明德 중학교에서 노래를 부르고 「팬 아가씨」 초대권을 선물했다. 학교에서 선생님과 학생들이 모여 덩리쥔의 노래를 듣고, 좌담회도 가졌다. 덩리쥔이 일정을 마치고 학교를 나설 때는 교문까지 따라나와 배웅했다.

홍콩에 머무는 동안, 덩리쥔은 다른 사람 모르게 보량국 부근의 고아원에 가서 아이들과 시간을 보내고 몇백 개나 되는 선물을 전달하기도 했다. 덩리쥔은 고아원에서 아이들과 노래를 부르고 게임을 하며 즐거운 시간을 보냈다.

1972년, 덩리쥔은 다시 홍콩 국제공업물품 전소회가 선정한 자선기금 여왕으로 뽑히는 영광을 안았다. 홍콩 사람들은 이미 덩리쥔을 자선활동 홍보대사의 대명사로 여겼다. 여러 유명 언론에서도 스무 살도 채 되지 않은 덩리쥔을 '천사'로 표현했다. 좋은 인연이 깊어지면서 덩리쥔이 홍콩에 가는 일도 잦아졌다. 필리핀, 베트남, 싱가포르, 말레이시아 등으로 콘서트를 하러 갈 때도 거의 대부분 홍콩을 거쳐서 이동했다. 홍콩은 덩리쥔의 연예활동에서 두 번째 근거지였다.

✽ 취객 때문에 처한 위기
"광둥어 알아들을 수 있나?"

귀엽고 영리하다는 것이 덩리쥔에 대한 사람들의 일치된 인상이다. 그녀가 무대에 오를 때마다 우선 허리를 깊이 숙여 관객에게 인사를 하거나 몸을 살짝 틀고 우아하게 만복萬福[두 손을 겹쳐 쥐고 가슴 아래 약간 오른쪽에 대고 살짝 고개를 숙이는 여성 인사법] 인사를 했다. 그런 다음 "친애하는 아저씨, 아주머니, 오라버니, 언니들! 여러분, 다들 안녕하세요!"라고 말을 건넨다. 이렇게 긴 '덩리쥔식 인사법'은 관객들을 지루하게 하는 것이 아니라 오히려 덩리쥔의 진심 어린 태도와 귀여운 모습, 예의 바른 모습을 좋아하게 했고, 관객이 좀더 덩리쥔을 사랑하게 만드는 효과를 냈다.

그러나 덩리쥔이 홍콩에서 순조롭게 인기를 얻은 것만은 아니다. 그녀에게도 나름대로 어려움이 있었다. 덩리쥔의 어머니는 홍콩에서 억울한 일을 당한 적도 많다고 했다. 가끔 힘 있는 사람이 식사에 초대하는 경우도 있었는데, 덩리쥔은 그런 자리에 나가고 싶어하지 않았다. 그럴 때면 어머니가 나서서 거절했는데 "자기가 대단한 사람이라도 되는 줄 아느냐"는 식의 험담도 적잖이 들었다. 하지만 덩리쥔은 그런 말에 전혀 반박하지 않았다. 그녀는 자신이 옛 시대의 '가녀歌女'처럼 방랑하면서 노래를 파는 사람이 아니라고 생각했다. 그러니 다른 사람의 환심을 사려고 애를 쓰거나 다른 속셈을 가진 '대단하신 분'의 비위를 맞출 필요가 없다고 생각했다.

그다음으로는 가수를 존중하지 않는 공연장 측의 행태도 많았다. 그런 공연장이라도 덩리쥔은 가서 노래해야만 했다. 예를 들면 카이탁啟德 유원지 같은 곳이나 몽콕의 선힝新興 빌딩 라이브홀, 출입하는 사람이 다양한 나이트클럽 등이었다. 그런 곳에서는 노래를 듣는 사람들이 먹고 마시며 대화를 나누기 때문에 시끌벅적한 데다 노래에 집중하지 않는다. 덩리쥔은 존중받지 못한다는 느낌을 강하게 받았지만 항상 최선을 다해 노래를 불렀고, 노래와 노래 사이에 대사 같은 내레이션을 끼워 넣어 관객의 주의를 집중시켰다. 이 방법은 대개 성공적이었다.

또 한번 덩리쥔의 어머니가 식은땀을 흘렸던 적이 있었다. 홍콩의 어느 나이트클럽에서 마지막 순서로 공연을 하는데, 잔뜩 취한 관객 몇 명이 말썽을 피웠다. 그들은 덩리쥔과 악단이 준비한 곡이 아니라 자신이 듣고 싶은 곡을 부르라며 막무가내로 노래를 지정했다. 어쩔 수 없이 덩리쥔은 화를 참으며 〈채운비〉〈남해 아가씨南海姑娘〉 등 자신이 잘 부르는 노래를 부른 뒤 인사를 하고 무대를 내려갔다. 그런데 그 취객이 박수를 치고 소리를 지르면서 덩리쥔을 다시 불러냈다. 덩리쥔은 미소를 띤 채 다시 무대로 올라갔다. 취객이 〈제녀화帝女花〉를 불러달라고 소리를 질렀다. 그 노래는 광둥어로 된 곡이라 광둥어를 유창하게 하지 못하는 덩리쥔으로서는 난

처한 요구였다. 하지만 그녀는 우아하게 악단에게 연주를 시작하라고 손짓했다.

악단이 연주를 시작하자 몇몇 사람이 조롱하듯 말했다.

"가사를 외우긴 해?"

"광둥어 알아들을 수 있나?"

덩리쥔이 잠깐 정신이 팔린 사이 노래를 시작해야 할 부분이 지나가버렸다. 악단은 다시 처음으로 돌아가 연주를 해야 했다. 그러나 그 사람들이 몇 번이나 소란을 피우는 바람에 전주만 연달아 네 번을 연주하는 상황이 벌어졌다. 그때까지 덩리쥔은 입도 떼지 못했다. 어머니는 초조해서 죽을 지경이었고, 다른 관객조차 취객의 편을 들며 덩리쥔을 나무랐다. 이때 덩리쥔이 미소를 지으며 우아하게 악단을 향해 잠시 멈추라는 손짓을 보냈다. 그러고는 몸을 돌려서 줄곧 소란을 피우던 취객을 향해 부드럽고도 다정하게 말을 걸었다.

"저기 저분을 무대로 모셔서 이 노래를 함께 부르면 어떨까요?"

이는 거기 모인 모든 관객의 허를 찌르는 행동이었다. 악의적으로 조롱하던 목소리가 순식간에 사라졌다. 잠시 정적이 흐른 후 공연장에 폭풍과도 같은 박수 소리가 울렸다. 악단은 이미 다시 연주를 시작하고 있었다. 덩리쥔은 몸을 돌리고 아무렇지도 않은 듯 그 곡을 다 불렀다. 끝을 모르고 이어지는 기나긴 박수를 받으며, 그녀는 평온한 태도로 무대를 내려갔다. 어머니는 이 일을 꺼낼 때마다 딸의 기지에 감탄을 거듭하곤 했다.

덩리쥔의 놀라운 기지와 상황 대처능력은 위기를 오히려 한발 나아가는 계기로 삼았다. 그러나 이런 일화는 인기 가수로 산다는 것이 얼마나 힘든지를 보여주는 증거이기도 하다. 사람들 앞에서는 영예롭고 멋진 일로 보이지만, 위기에 대처하는 능력이 없으면 대스타라고 해도 무대에서 눈물을 흘리는 일도 부지기수다. 혹은 무대 아래서 다른 사람 몰래 울음을 삼키기도 한다. 덩리쥔은 단순히 음반만 발표하고 여기저기 다니면서 공연을 하거나 얼굴을 파는 활동은 하고 싶지 않다는 생각이 커졌다. 그러나 그 시절에는 가수로 이름을 알리려면 이곳저곳을 돌아다니면서 무대에 서서 '쇼'를 해야 했기에 덩리쥔의 뜻대로는 할 수 없었다.

또 다른 고충은 피로의 누적이었다. 공연에서 마지막 순서, 하이라이트 부분을 주로 맡았기 때문에 덩리쥔의 공연이 끝나면 자정이 가까운 시간이 됐다. 공연을 마쳐도 수많은 팬이 몰려들어 사인을 부탁하거나 사진을 찍자고 요청했다. 사실 그때쯤 되면 덩리쥔은 몹시 피곤한 상태였다. 하지만 힘을 내어 팬들을 상대했다. 미소 짓고 악수를 하고 사인하고 사진을 찍었다. 그렇게 하다보면 기진맥진한 상태가 되어서야 끝났다. 관객의 열렬한 반응은 고마우면서도 두려운 일이었다.

🐌 간호사가 되려고
구직광고 보고 면접 치른 사연

물론 사랑받는 감각에는 누구도 저항할 수 없다. 홍콩에 있을 때 덩리쥔의 삶에서 무척 중요한 일이 일어났다. 첫 번째 팬클럽인 홍콩 청려지우회青麗之友會가 결성된 일이다. 어떻게 보면 보잘것없어 보이지만 이 팬클럽이 미친 영향은 꽤 컸다.

1972년 6월 1일, 청려지우회가 결성된 후 거의 매년 덩리쥔이 홍콩에 오는 시기에 맞춰 고정적으로 모임을 가졌다. 많은 팬이 덩리쥔을 응원하기 시작한 뒤로 스물몇 해 동안 변함이 없다. 그녀가 세상을 떠나도 팬들은 그녀를 떠나지 않았다. 지금 홍콩 팬클럽의 구성원 수는 수백 명에 이른다. 가장 나이가 많은 사람은 일흔이 넘었고, 가장 어린 회원은 겨우 열네 살이다. 평소에는 정기적으로 봉사활동을 하며 덩리쥔이 그랬던 것처럼 사랑을 전파하는 일을 계속하고 있다. 매년 5월 8일이면 덩리쥔 추억 여행을 떠난다. 그들은 단체로 타이완을 방문해 쥔위안筠園[덩리쥔의 묘역]에 가서 덩리쥔 곁에서 시간을 보낸다. 직접 만든 장미 화관을 그녀의 무덤 앞에 놓고 둘러서서 조용히 그녀의 노래를 부른다. 그들은 덩리쥔의 어머니를 방문해 덩씨 형제의 자녀들과 어울려 놀기도 한다. 마치 덩씨 집안의 일원 같다. 팬이 이렇게까지 가까우려면 그 스타를 젊을 때부터 나이들어서까지 좋아할 수 있어야 한다. 그렇지 않고 잠깐 스쳐가는 스타 신드롬일 뿐이라면 이렇게 오래 지속될 수 없다.

당시 홍콩 팬클럽 회장이었던 장옌링張艷玲은 단발에 눈이 커다란 여자로 덩리쥔과 같은 나이였다. 열일곱 살 때부터 덩리쥔의 노래를 사랑했다. 덩리쥔이 처음 홍콩에 와 텔레비전에서 그녀의 독점 인터뷰를 방송했을 때 덩리쥔의 순수함, 선량함에 단번에 빠졌다. 그래서 장옌링은 몇몇 남녀 팬을 모았다. 아마도 50~60명 정도 되었을 것이다. 그러고는 기왕 좋아하는 스타가 같으니 모임을 결성하기로 했고 청려지우회가 성립됐다. '청려'의 청靑은 칭산靑山을 가리킨다. 당시 그는 가장 잘생기고 가장 인기 있던 남자 가수였다. 려麗는 당연히 덩리쥔을 가리킨다. 청려지우회는 사실상 2년 정도 유지되다가 흐지부지 해산됐다.

청려지우회는 사라졌지만 덩리쥔을 좋아하던 사람들은 초심을 잃지 않았다. 특히 덩리쥔이 몇 년째 자선활동에 애쓰는 모습을 지켜보고는 그녀와 평생의 친구가 되기로 결심했다. 이 젊은 친구들은 1976년 3월 30일에 다시 한번 홍콩 덩리쥔 팬클럽을 만들고 매년 정기적으로 덩리쥔과 모임을 가졌다. 그들은 덩리쥔이 언제 홍콩에 와서 공연을 하는지 모든 시간을 알고 있었다. 클럽이나 라이브하우스의 표는 가난한 학생에게 매우 비쌌다. 처음에는 용돈을 조금씩 모아서 15홍콩달러가 되면 그때서야 한 번 공연장에 들어갈 수 있었다. 나중에는 이런저런 관계를 동원해서 무대 뒤쪽으로 슬쩍 들어가서 노래를 들을 수 있게 됐고, 그렇게 아낀 표값으로 다음 덩리쥔 콘서트에 갈 수 있게 되는 것이다.

20여 년간, 그들은 항상 뤄한칭관인羅漢請觀音이라는 식당에서 덩리쥔에게 식사 대접을 했다. 길에서는 여럿이서 덩리쥔 주변을 둘러싸고 '내가 아니면 누가 이 임무를 맡으랴' 하는 듯이 덩리쥔을 보호했다. 함께 영화를 보러 갈 때도 전후좌우에 팬클럽 사람이 앉고 덩리쥔을 가운데 앉혔다. 마치 깨지는 보물처럼 조심스럽게 대했다. 덩리쥔도 팬들을 실망시키지 않았다. 그녀는 늘 친절하고 너그럽고 상냥했으며 오만하게 굴지 않았다. 심지어 그녀들과 함께 있을 때 평범한 소녀로 돌아간 것처럼 즐겁게 어울려 놀았고, 헤어질 때는 다음에 언제 다시 만날지 시간을 정했으며 약속을 어긴 적은 거의 없었다. 그녀는 팬들을 소중하게 생각했다. 홍콩의 팬들 앞에서만은 마음 놓고 편안히 웃고 떠들었다. 한 소녀가 마땅히 가져야 할 평범하고 편안한 공간으로 되돌아갈 수 있었다. 그때는 다른 사람이 자신을 어떻게 생각할지, 어떻게 보일지를 걱정하고 조심할 필요가 없었다.

덩리쥔은 보량국에서 남자아이와 여자아이를 각각 한 명씩 입양했다. 그때도 팬이 덩리쥔과 함께 갔다. 장옌링이 가장 감탄하고 인정했던 부분이 바로 일을 대하는 덩리쥔의 태도였다. 함께 녹음실에 가면, 덩리쥔은 하나의 음표라도 잘못 부르면 바로 다시 녹음했다. 심지어 음을 딱 하나 틀렸는데 모든 일을 중단하고 선생님이 있는 런던으로 날아가서 반복해서 연습하여 검사를 받은 뒤 비행기를 타고 돌아와 다시 녹음한 적도 있다. 이런 무서울 정도의 집념이 그녀가 성공한 주요한 원인 중 하나다.

또 한 명 운 좋은 팬은 바로 밍 언니다. 당시 그녀의 남동생이 홍콩 폴리그램 음반사에서 일하고 있었는데, 덩리쥔이 요리를 할 줄 아는 살림꾼을 찾고 있다는 말에 밍 언니를 소개했던 것이다. 덩리쥔과 밍 언니는 우선 전화로 아주 유쾌하게 대화를 나눴다. 곧이어 만났을 때는 오랜 친구처럼 친밀해졌다. 1989년부터 덩리쥔이 세상을 떠날 때까지 6년 동안 밍 언니는 덩리쥔과 함께 생활했다. 홍콩뿐 아니라 프랑스에서도 하루 세 끼 식사는

ONE WAY
ONLY

CAR PARK
停車場

單
程
路

모두 밍 언니가 책임졌다. 외부에서 녹음할 때도 밍 언니에게 음식을 만들어서 녹음실로 가져와달라고 했다. 덩리쥔은 바깥에서 음식을 사먹는 것을 별로 좋아하지 않았다. 심지어 외국으로 나가는 비행기에도 밍 언니가 만든 도시락을 가지고 탑승해 기내식 대신 먹을 정도였다.

밍 언니는 덩리쥔이 그녀들을 친자매처럼 대했다고 말했다. 평소 다른 일이 없을 때면, 덩리쥔은 집에서 그녀들에게 물만두를 어떻게 만드는지를 알려주었다. 소 만들기부터 만두피 반죽하기까지, 어떻게 모양을 잡고 빚어야 예쁘게 만들 수 있는지 등을 하나하나 시범을 보이면서 설명해주곤 했다. 한번은 다들 함께 프랑스 요리를 먹으러 갔다. 돌아오는 길에 덩리쥔은 밍 언니와 머리를 맞대고 그날 먹은 소스를 어떻게 만들었을까 궁리했다. 그날 이후 여러 번 시행착오를 거친 끝에 두 사람은 결국 비슷한 맛의 소스를 만들어내기도 했다. 그렇게 덩리쥔과 밍 언니는 즐겁게 지냈다.

밍 언니가 부엌에서 야채를 씻고 다듬고 썰 때면, 덩리쥔은 부엌문에 기대서서 밍 언니와 이런저런 잡담을 나눴다. 혹은 덩리쥔이 자신의 어릴 적 이야기를 들려주기도 했다. 어릴 때 집이 몹시 가난해서 신발조차 없었다는 이야기 같은 것을 그때 들었다. 덩리쥔은 맨발로 밖에 나가 놀다가 발에서 피가 났는데도 가족들이 마음 아파할까봐 울지도 못하고 부모님에게 말씀드리지도 못했다. 어떤 때는 공연 중 벌어진 재미있는 일화를 들려주기도 했다. 덩리쥔은 한번 이야기를 시작하면 네 시간이고 다섯 시간이고 이어갈 수도 있었다. 입담도 좋고 유머가 있어서 덩리쥔의 이야기를 들을 때면 웃느라 뱃가죽이 당길 정도였다. 바깥에서 언론들이 떠드는 것처럼 고독하고 우울하며 마음속에 아픔이 가득한, 집에 돌아오면 입을 꽉 다물고 하루 종일 아무 말도 하지 않는 어두운 성격의 여자는 실제의 덩리쥔을 전혀 알지 못하는 사람이 상상해낸 허구에 불과했다.

밍 언니는 전 세계를 뒤져도 덩리쥔만큼 세심하고 선량하며 상냥하고 관대한 사람은 없을 거라고 말한다. 예를 들어, 덩리쥔은 밍 언니를 고용인으로 대한 적이 없었다. 덩리쥔은 밍 언니에게 운전과 언어뿐만 아니라 직접 수영을 가르쳐주기도 했다. 덩리쥔은 밍 언니에게 책을 많이 읽으라고 늘 격려하면서, 밍 언니가 자기 계발을 위해 시간을 할애할 수 있도록 많은 일을 시키지 않았다.

밍 언니가 책을 좋아하게끔 하려고 덩리쥔은 『홍루몽紅樓夢』을 추천했다. 『홍루몽』에서 요리와 음식이 구구절절 서술되어 있는 대목을 펼쳐서 밍 언니더러 읽어보라고 했다. 옛 선조의 요리와 그 요리를 먹는 법에 얼마나 마음을 썼는지 잘 드러나 있는 『홍루몽』의 대목을 읽은 날, 밍 언니는 흥분으로 잠을 이루지 못했다고 한다. 밍 언니의 가장 따뜻한 기억은 두 사람이 텔레비전을 보는 시간이었다. 덩리쥔은 텔레비전 프로그램이 어떤 내용인지 하나하나 중국어로 옮겨서 설명해줬다. 잘 만든 텔레비전 드라마가 있으면 꼭 밍 언니를 불러다 보면서 내용을 설명했다. 그러다 마지막에는 외국어 공부를 열심히 하라고 당부하는 것을 잊지 않았다. 덩리쥔은 질과 양 모든 면에서 밍 언니의 인생을 좀더 나은 방향으로 이끌고자 애썼다.

1992년 이후 덩리쥔은 이미 반쯤 은퇴한 상태였다. 홍콩에서 보내는 하루하루는 일찍 자고 일찍 일어나는 규칙적인 나날의 연속이었다. 일어나자마자 오렌지 주스 한 잔을 마신다. 그러고는 신문을 보고 목욕한 다음 책을 읽거나 음악을 듣는다. 덩리쥔은 이전의 생활이 무척 바빴다고 했다. 곳곳을 돌아다니며 공연하느라 식사하거나 화장실에 갈 시간조차 부족했다. 그렇게 바쁘게 보내는 동안 건강도 나빠졌다. 그래서 덩리쥔이 홍콩에서 보낸 나날은 휴식을 위한 시간이었다. 옛 영화계 스타인 린추이林翠가 천식으로 사망했을 때, 덩리쥔은 집사인 진메이金美에게 이렇게 말했다고 한다.

"린추이는 주변에 돌봐줄 사람이 없어서 죽은 거예요. 천식 발작을 일으켰을 때 제때 적절한 응급 처치를 하지 못했기 때문이죠. 정말 안타까워요."

3개월 뒤, 자신 역시 같은 원인으로 사망하리라고는 전혀 생각지도 못했을 것이다.

또한 덩리쥔은 그녀들에게 무슨 일이든 시킬 때면 꼭 '부탁한다'는 말을 덧붙였다. 덩리쥔의 말투는 무척 상냥했고, 듣기 좋게 말하는 방법도 잘 알고 있었다. "나 좀 도와줄 수 있어요?" "부탁인데 나를 좀 도와주면……" "미안하지만 이것 좀……" 이렇듯 덩리쥔은 명령하는 듯한 말투는 전혀 쓰지 않았다. 밍 언니가 관찰한 바에 따르면, 덩리쥔은 꼭 밍 언니에게만이 아니라 누구에게나 다정하고 온화했다고 한다.

또한 덩리쥔은 사회에 도움이 되는 사람이 되고자 했다. 상처에 붕대를 감는 일을 해줄 간호사를 뽑는다는 신문 광고를 보고 병원에 전화를 걸어 면접을 보려고 한 적도 있었다. 덩리쥔은 진심으로 간호사 일을 하고 싶었다. 그건 그녀의 어린 시절 꿈이기도 했다. 당연하게도, 그 병원은 '감히' 덩리쥔을 간호사로 고용하지 못했다. 덩리쥔은 이 일 때문에 한동안 실망에 빠져 있었다. 그녀로서는 정성을 다해 면접에 임했던 자신을 왜 고용하지 않는지 이해할 수 없었다.

🐌 밍 언니의 음식
일상의 행복한 나날들

보통 사람들은 덩리쥔을 미식가라고 생각하고, 아주 호화롭게 먹을 거라고 믿는다. 하지만 그녀는 음식을 절대 낭비하거나 남기지 않았고 늘 진심으로 칭찬했다.

"밍 언니가 만든 음식은 정말 맛있어!"

밍 언니는 그 칭찬에 하루 종일 기분이 좋았다. 만든 음식을 다 먹지 못하면, 랩으로 싸뒀다가 저녁에 데워서 먹었다. 그리고 그런 일은 덩리쥔이 직접 해서 일하는 사람을 귀찮게 만들지 않았다.

어느 날, 밍 언니가 녹음실에 있는 덩리쥔에게 식사를 가져다주었다. 마침 여러 사람이 회의를 하고 있었다. 덩리쥔은 밍 언니에게 잠깐 옆에 앉아서 기다려달라고 했다. 회의 중인 사람들은 일본 사람, 프랑스 사람 등 국적이 다양했는데, 덩리쥔은 일본인 스태프의 말을 프랑스어로 통역해주고, 프랑스인 스태프의 대답을 다시 일본어로 통역해주었다. 그런 다음 두 외국인이 나눈 말을 다시 광둥어로 옮겨서 밍 언니에게도 들려줬다. 그 순간 밍 언니는 그만 눈물을 흘릴 뻔했다.

밍 언니는 스스로 요리를 해주는 고용인일 뿐이라고 생각했지만, 덩리쥔은 그녀를 가족처럼 여겼다. 밍 언니는 그런 전문적인 회의의 내용을 이해하지도 못할뿐더러 그런 데 낄 자격도 없다. 하지만 덩리쥔은 밍 언니가 그 자리에서 혼자 외떨어져 있는 느낌을 받지 않기를 바랐다. 그래서 귀찮아하지 않고 몇 차례씩 같은 내용을 통역해서 들려줬던 것이다. 덩리쥔이 몇 개 국어를 할 정도로 언어적 능력이 대단했다는 점과 사람들에게 얼마나 잘 대해줬는지 알 수 있는 일화다. 덩리쥔은 세심하고 존중하는 태도로 다른 사람을 대했다. 밍 언니는 덩리쥔을 통해 사람됨에 대해서도 많이 배웠다고 말했다.

밍 언니는 덩리쥔과 함께 보낸 6년 동안 그녀가 큰소리를 내거나 욕설하는 것, 고용주라는 거만한 태도를 취하는 것도 본 적이 없다. 밍 언니와 덩리쥔은 생사를 넘나드는 교분을 나눴다. 덩리쥔이 급성 신장염으로 입원했을 때 밍 언니는 펑펑 울면서 자신의 신장을 이식하게 해달라고 의사에게 빌었다. 의사는 밍 언니의 애원을 받아들이지 않았고, 덩리쥔도 울지 말라고 여러 차례 달랬다. 병은 전문가인 의사에게 맡겨야 한다면서 자신은 꼭 나을 거라고 덩리쥔이 오히려 밍 언니를 위로해야 했다. 신장염으로 입원해 있던 일주일간, 덩리쥔은 열이 올랐다 내렸다를 반복했고 손톱이 전부 시커메졌다. 침대 근처에는 생명을 유지시키는 각종 점적주사용 약병이 잔뜩 늘어섰다. 사실 덩리쥔은 상당히 위험한 상태였다. 밍 언니가 아는 한 덩리쥔이 가장 연약했던 시기다. 아버지를 잃은 고통에다 장례에도 가지 못하는 울화에 덩리쥔은 점차 말수가 적어지고 초췌해졌다. 음식도 넘기지 못하고 잠도 잘 자지 못했다. 유일한 삶의 원동력은 국제전화로 매일 어머니와 통화하는 일이었다.

퇴원 후에도 신장염이 완전히 나은 게 아니라서 간호사가 매일 집에 와서 혈압을 재고 주사를 놔야 했다. 그렇게 20일 정도 계속 치료를 받고, 한 달 넘게 휴식을 취하고서야 겨우 건강을 회복했다. 그 기간 밍 언니는 매일 마음을 졸이느라 아프지도 않은 사람이 몇 킬로그램이나 살이 내렸다. 덩리쥔은 밍 언니에게 농담조로 말했다.

"언니, 더 살이 빠지면 안 돼요! 언니 남편이 나한테 책임지라고 하면 어떡해요?"

덩리쥔이 농담을 할 정도로 회복됐다고 생각한 밍 언니는 그제야 마음을 놓았다.

덩리쥔이 병을 앓는 동안 밍 언니는 덩리쥔을 낫게 해주면 앞으로 쇠고기를 먹지 않겠다고 천지신명에게 매일 기도를 했다. 하지만 밍 언니가 맹세를 철저히 지켰음에도 1995년 천지신명은 덩리쥔을 데려가버렸다. 그날부터 밍 언니는 자신의 생일날 덩리쥔을 추억하면서 보낸다. 밍 언니는 아직도 두 사람이 수영을 하던 스탠리 해변, 함께 걷던 거리, 홍콩이나 파리에서 살았던 집을 보며 울음을 터뜨리곤 한다. 지금까지도 그토록 사랑했던 덩리쥔이 세상에 없다는 사실을 믿기 힘들다고 했다.

덩리쥔은 외국어를 배우려는 노력을 게을리하지 않았다. 홍콩에 온 뒤별 어려움 없이 광둥어를 익혔고, 상하이어도 아주 잘했다. 타이완에서 나고 자란 사람이라는 것을 알아보기 힘들 정도로 유창한 수준이었지만 상하이어는 평소 쓸 일이 없었기 때문에 잘한다는 것이 알려지지 않았을 뿐이다. 열여섯 살 때 처음으로 베트남에서 공연을 했는데, 그때 프랑스어에 매료돼 배우고 싶다는 생각을 했다. 덩리쥔은 프랑스로 건너가서 학교에서 프랑스어를 배우는 것 외에도 집으로 가정교사를 불러 일대일 수업을 받았다. 수업이 끝나면 프랑스어 교재의 녹음테이프를 반복해서 들었다. 아침이나 오후 한나절은 꼬박 언어를 공부하는 데 쏟았다. 덩리쥔처럼 이미 삶에서 많은 것을 이루고 유명해진 사람이라면 낯선 곳에 와서 평범한 유학생처럼 온 힘을 다해 공부할 필요가 없다고 생각하는 사람도 있을 것이다. 그러나 덩리쥔은 무엇이건 배우고 싶다고 생각하면 전심전력으로 노력해 목표를 이뤄냈다. 필요하기 때문에, 활용하기 위해 배운다기보다는 그 언어에 관심이 있고 배우고 싶은 마음이 있어서 노력하는 것이었다. 덩리쥔은 자유자재로 그 언어를 사용할 수 있을 때까지 노력을 멈추지 않았다.

언어적 재능에 관한 또 다른 일화도 있다. 덩리쥔이 1981년 금종장金鐘獎[타이완 방송계의 권위 있는 상] 시상식 사회를 맡았을 때의 일이다. 당시 인기 있던 텔레비전 시트콤인 「스리 컴퍼니」의 잭 트리퍼[배우 존 리터가 연기한 극중 배역]를 타이완에 초청해 시상을 맡겼다. 금종장 주최 측은 유명한 덩수쉰鄧樹勳 교수를 초청해 통역을 부탁했는데, 잭과 덩리쥔이 통역 없이도 자유롭게 웃으며 소통할 수 있는 것을 보고는 덩 교수가 무대로 나가지 않았다. 그러나 잭은 장난기가 많은 사람이어서 외국인 특유의 유머와 애드리브로 계속 농담을 던졌다. 덩리쥔은 그의 농담을 당해내지 못해 순간적으로 반응을 제대로 하지 못했다. 그러자 덩리쥔은 자기를 농담의 소재로 삼았다. 그녀는 주위를 둘러보면서 큰 소리로 말했다.

"덩 교수님은요? 우리 덩 교수님 어디 가셨어요? 지금 필요한 건 덩리쥔이 아니라 덩 교수님이에요!"

덩리쥔의 말에 무대 아래의 관객들이 크게 웃었다.

이 이야기에 담긴 유머를 잘 이해하지 못하는 사람이 있을지 모르겠다.

당시 덩 교수는 타이완에서 가장 유명한 영어 교수법의 전문가였다. 그의 미국식 영어는 유창하고 표준적이라고 알려져 있었다. 그래서 덩리쥔은 자신이 그와 똑같이 덩 씨이지만 유창하게 영어를 하지 못한다는 사실을 스스로 웃음거리로 삼은 것이다.

숫자 8에 대한 미신
파리 8구 8번지 6층

덩리쥔도 작은 미신을 믿었다. 그래서 린윈 대사가 알려준 복을 받고 액을 피하는 방법, 문제를 해결하는 이치를 써서 스탠리 집 여기저기에 붙여두었다. 덩리쥔은 특히 숫자 8을 좋아했다. 밍 언니의 생일은 5월 18일이고, 스탠리 집도 18번지였다. 파리에서 집을 살 때도 덩리쥔이 마음에 들어한 집은 8, 18, 58번지였다. 결국 덩리쥔은 파리 8구 8번지 6층의 집을 샀다. 일부러 번호를 고르지 않은 자동차의 경우에도 덩리쥔이 타던 두 대의 차 중 마즈다는 DK908, 롤스로이스는 CDG3338이었다. 놀라운 것은 덩리쥔이 5월 8일에 사망했다는 점이다. 게다가 특별히 날짜를 정한 것도 아닌데 28일에 발인했고 장지인 진바오 산金寶山의 주소도 시후西湖 촌 시스후西勢湖 18번지였다. 그렇다면 8은 덩리쥔에게 행운의 숫자였을까, 아니면 숙명의 숫자였을까?

덩리쥔의 홍콩 스탠리 집을 관리했던 집사는 장진메이張金美다. 덩리쥔은 늘 그녀를 진메이라고 불렀다. 장진메이와 여동생인 장진추이張金翠는 애초에 덩리쥔의 팬이었다. 두 사람은 1980년 팬클럽에 가입하고 덩리쥔이 참석하는 모임에 나가서 즐거운 하루를 보냈다. 1년 뒤 덩리쥔이 팬클럽 모임에 또 참석했을 때, 놀랍게도 덩리쥔은 진메이와 진추이 자매의 이름을 기억하고 있었다. 두 사람은 자신을 기억해준 사실에 큰 감동을 받았다. 팬클럽 사람들은 덩리쥔과 만나거나 공항으로 마중을 나가는 일을 아주 중요하게 생각했다. 팬들은 덩리쥔을 만나기 위해 머리를 다듬고 화장을 하고 새로 산 옷을 꺼내 입는 등 맞선을 볼 때보다도 더 신경을 썼다. 가끔 비행기가 연착되면 준비한 꽃다발이 시들까봐 화장실을 오가면서 물을 떠서 꽃에 뿌렸다. 다들 그만큼 덩리쥔을 좋아했다.

진메이는 1991년부터 덩리쥔의 신임을 받아 줄곧 스탠리의 옛집을 관리했다. 덩리쥔은 생전에 먹고 싶으면 먹고 하고 싶으면 하는 진메이의 팔자가 좋다고 말한 적이 있다. 반면 자신은 먹고 싶어도 몸매 관리를 위해 못 먹고, 쉬고 싶어도 수많은 사람이 끝없이 식사에 초대하고, 비싸고 좋은 차를 사서 운전기사도 고용했지만 대부분은 진메이가 그 차를 이용하며, 편안한 별장이 있지만 이 나라 저 나라로 돌아다니기 때문에 이 집에서 사는 시간이 진메이보다 훨씬 더 적다고 했다. 당시 덩리쥔은 농담 삼아 말했지만, 그 속에 담긴 쓸쓸함을 다 감추지 못했다.

나는 홍콩 팬클럽을 인터뷰할 때 진메이의 집에 초대받아 간 적이 있다. 그때 그녀가 그저 그런 팬이 아니라는 것을 실감할 수 있었다. 대문이 덩리쥔이 좋아하는 분홍색이었던 것이다. 장엔링의 9인승 미니밴도 분홍색이고, 차 안에서 트는 노래는 항상 덩리쥔의 노래다. 수만 번을 들어도 질리지 않는다고 했다. 휴대전화의 벨소리도 〈첨밀밀〉이다. 진추이의 집에는 탁상시계, 벽에 걸린 포스터, 책장에 꽂힌 잡지, 턴테이블에 놓인 레코드까지 하나도 빠짐없이 덩리쥔이었다. 덩리쥔은 그녀의 생활에 깊숙이 스며들어 있었다. 왜 이렇게 매료되었느냐고 묻자, 이구동성으로 이렇게 대답했다.

"우리는 덩리쥔을 자랑스럽게 생각해요. 그녀의 사람됨과 행동은 우리에게 모범이죠. 덩리쥔이 이 세상에 있건 없건, 그녀는 마음속에 살아 있는 거예요."

우리는 훠궈를 함께 먹었다. 식탁에 둘러앉은 사람들은 덩리쥔을 추억하며 눈시울을 붉히느라 훠궈가 식어가는 것도 아랑곳하지 않았다. 뜨거운 마음이 앞다퉈 나에게 덩리쥔과 나눈 시간에 대해 이런저런 이야기를 들려줬다. 매번 모일 때마다 덩리쥔은 기분 좋게 무반주로 그녀들에게 노래를 불러주기도 했다. 홍콩에 올 때마다 팬들 각자에게 조그만 선물도 준비했다. 덩리쥔은 선물을 아무렇게나 준비한 것이 아니라 팬 한 사람 한 사람의 상황을 고려해 꼭 필요한 것을 골랐다. 몸무게가 많이 나가 고민하는 팬에게는 효과적인 다이어트 비법을 알려주기도 했다. 그러면서도 모임을 가질 때면 사람들이 양껏 먹고 마시도록 요리를 잔뜩 시켜주고, 그날만은 다이어트를 금지한다며 많이 먹으라고 권했다. 다 함께 영화를 본 적도 있는데, 팬클럽 사람이 덩리쥔을 전혀 스타나 가수처럼 보이지 않도록 변장시켜서 데려갔다. 영화관에서도 덩리쥔을 중앙에 앉히고 팬들이 그녀의 전후좌우에 포진했다. 그렇게 해서 덩리쥔이 다른 사람의 눈에 띄지 않고 평범하게 영화를 볼 수 있게 했던 것이다. 이런 옛일을 이야기하면서 모두들 웃고 떠들며 즐거운 시간을 보냈다. 그러나 즐거운 시절을 떠올리면 떠올릴수록 그녀들의 눈은 젖어들었다.

그런 추억에 참여한 적 없는 '이방인'인 나조차도 그녀들과 눈물을 떨구며 가슴 아파했다. 말로 다 할 수 없는 추억들, 그래도 추억이 남아서 다행이라고 말할 수 있는 행복이 거기 있었다. 덩리쥔의 거대한 포스터가 벽에 조용히 걸려 있었다. 포스터 속 덩리쥔은 가만히 미소를 지으며, 마치 그날 우리 모임에 한 자리 차지한 듯했다. 팬들은 매일 덩리쥔의 사진을 향해 그날 하루의 안부 인사를 한다. 팬클럽 사람끼리 모여서 식사를 할 때면, 잊지 않고 한 자리는 덩리쥔의 몫으로 남겨두고 빈 그릇과 젓가락을 놔둔다. 그들의 마음속에서 덩리쥔은 떠나간 적이 없었다.

매년 팬클럽과 모임을 가졌던 것을 보면 덩리쥔에게 팬들이 나이를 불문한 친구 같았음을 잘 알 수 있다. 덩리쥔이 세상을 떠난 후 홍콩의 덩리쿼 팬클럽은 오히려 더 결속되었고, 가수를 좋아하고 노래를 듣는 팬클럽에서 점차 공익 단체처럼 변해갔다. 장옌링을 중심으로 활동하는 이들의 봉사활동은 매우 다채롭다. 덩리쿼의 유지를 잇는다는 목표로 팬들은 매년 두세 차례의 행사를 개최한다. 일본, 싱가포르, 말레이시아, 타이, 베트남 등의 팬들과 함께 타이완 쿼위안에 가서 덩리쿼의 묘를 참배하는 것은 물론, 홍콩에서 덩리쿼의 이름으로 적잖은 자선활동을 펼치고 있다. 처음에는 고아원, 양로원, 지적 장애 아동 보호시설, 어린이 암병원 등을 찾아 온정을 전하는 활동으로 시작했다. 나중에는 점점 활동이 확장되면서 노래경연대회, 자선 파티, 공연 등으로 영역이 넓어지고 규모도 커졌다. 이런 행사의 수익은 전부 덩리쿼의 이름으로 도움이 필요한 사람이나 기금 등에 전달됐다. 덩리쿼은 세상을 떠났지만, 그녀가 실천하던 사랑은 영원히 이어지고 있는 것이다.

2000년에는 덩리쿼 팬클럽이 러푸위안樂富園[홍콩에 있는 쇼핑몰로 건물 외부에 공연이 가능한 광장이 있다]에서 크게 행사를 열었다. TVB 방송국의 드라마 배우들도 행사에 참여해 토크쇼, 경품 추첨, 노래와 춤 공연 등으로 떠들썩한 하루였다. 행사에 초청된 관객은 대부분 독거노인으로, 노천 형태의 작은 광장을 가득 메웠다. 행사를 돕는 자원봉사자들은 다들 젊은 이였는데, 그중 열여섯 살밖에 되지 않은 한 소녀에게 어떻게 덩리쿼의 노래를 좋아하게 되었느냐고 물었다.

"전 덩리쿼 언니가 세상을 떠났다는 텔레비전 뉴스를 보고 언니를 처음 알게 됐어요. 덩리쿼 언니는 노래도 좋고 사람도 좋잖아요! 팬클럽 활동에 참여하는 게 의미 있다고 생각해요. 제가 어른스러워지는 기분도 들고요. 저희 어머니도 제가 덩리쿼 팬클럽에서 활동한다고 하면 훨씬 더 안심이 된대요. 어머니가 저보다 덩리쿼을 더 좋아하시거든요."

덩리쿼의 여러 팬 중에서 팡이치方伊琪는 덩리쿼 모창으로 유명해졌다. 덩리쿼 생전에도 팡이치는 덩리쿼 모창을 하며 공연을 했는데, 한번은 말레이시아 어느 라이브하우스에서 덩리쥔과 함께 노래한 적도 있었다. 당시 팡이치는 아직 어렸고 자신의 모창 실력이 많이 부족하며 여러 면에서 덩리쥔의 노래를 잘 부르지 못한다고 생각했다. 무대를 내려온 뒤 팡이치는 덩리쥔에게 말을 걸었다.

"죄송해요. 제가 당신의 노래를 흉내 내고 있어요."

덩리쥔은 웃으며 대답했다.

"괜찮아요! 노래를 아주 잘하던데요. 우리 같이 노력하자고요!"

덩리쥔은 친절하기 그지없었다. 그날부터 팡이치는 더욱더 덩리쥔을 좋아하고 또 존경하게 됐다. 덩리쥔이 세상을 떠나자 팡이치는 무척 슬퍼하면서 '매일 착한 일 한 가지씩 하는 것으로 덩리쥔을 기념하겠다'는 결심을 했다고 한다. 지금도 덩리쥔을 기념하는 추모 음악회나 공익 활동 등이 열릴 때면 팬클럽에서 팡이치를 초청해 덩리쥔의 노래를 불러달라고 한다. 비록 덩리쥔이 직접 부르는 것처럼 생생하지는 않더라도 팡이치의 노래를 통해 모두들 덩리쥔을 그리워하는 마음을 조금이나마 달래는 것이다.

홍콩에서 거둔 성공
일본 진출의 씨앗이 되다

1973년은 덩리쥔 일생의 중요한 전환점이 된 해다. 그해 초, 덩리쥔은 미국 학교에 편입해 영어를 열심히 배웠다. 매일 오후에 수업을 들으러 가는 편안하고 느긋한 학생의 생활을 누렸다. 그러나 싱가포르의 동계 구호 자선 공연으로 며칠간 바쁘게 보내고, 뒤이어 새해 축하 공연을 하고, 다시 홍콩으로 돌아와 홍콩가극원 클럽에서 공연했다. 공연마다 덩리쥔이 클라이맥스 부분을 담당했고 공연은 늘 매진이었다. 그리고 바로 이때의 몇 차례 공연에서 일본 와타나베渡邊 음악출판에서 홍콩으로 새로운 스타를 발굴하러 왔던 담당자가 덩리쥔의 노래를 듣게 된다. 와타나베 음반사의 캐스팅 담당자는 덩리쥔의 노래를 듣고 그 자리에서 '하늘이 내린 목소리'라며 감탄을 금치 못했고, 반드시 덩리쥔과 계약해 일본에 데뷔시키겠다고 맹세했다.

하지만 일본에서 덩리쥔과 계약하려는 움직임이 차근차근 진행되는 동안 당사자인 덩리쥔은 전혀 알지 못했다. 그해 9월 26일, 덩리쥔은 홍콩 10대 가수상에서 금낙타장金駱駝奬을 받았다. 그리고 10월 10일 국경절[중화민국이 수립된 날] 축하 공연과 백화유의 밤 행사에 참여해 즐겁게 노래를 불렀다. 덩리쥔이 알지 못하는 사이에 운명의 신은 그녀를 위한 새로운 도전을 준비하고 있었다. 이미 인기 절정인 그녀에게 완전히 새로운 환경에서, 아무런 기반도 없는 신인으로 돌아가 새롭게 시작해야 하는 과제가 주어진 것이다. 일본 활동은 덩리쥔의 인생 중 온갖 시련과 역경, 기쁨과 행복을 다 겪는 시절이자 또 다른 상상도 하지 못한 절정의 전성기였다.

덩리쥔은 일본에서 신인 가수로 새로 시작하는 한편, 가끔 짬을 내어 홍콩에 돌아와야 했다. 홍콩에는 참석해야 할 행사가 많았고, 그런 일정을 일본 진출로 인해 전부 멈출 수는 없었다. 예를 들어 '천언만어 글쓰기 대회' 같은 경우에는 온전히 덩리쥔을 위해서 열리는 행사였기 때문에 더 그랬다. 게다가 덩리쥔이 그해 가을 발표한 음반 〈섬나라의 사랑 노래島國情歌 제5집—사랑을 더 아름답게使愛情更美麗〉도 역시나 판매 호조를 보이고 있었다. 1976년에는 홍콩 리 시어터에서 덩리쥔의 개인 콘서트가 열렸다. 이틀 동안 세 번 공연한 이 콘서트는 덩리쥔의 첫 번째 대형 개인 콘서트였다. 티켓은 사흘 만에 동이 났다. 덩리쥔은 역시나 관객을 실망시키지 않았다. 일본에서 20인조 밴드를 데려온 데다 일본 가수 혼고 나오키本鄉直樹도 게스트로 초청했다. 덩리쥔은 일본에서 전문적인 훈련을 받아 더욱 발전한 가창력과 새로 익힌 우아한 플루트 연주도 선보였다. 플루트 연주 후에는 관객의 박수가 길게 이어졌다.

리 시어터의 콘서트 이후, 덩리쥔은 다시 싱가포르와 말레이시아에서 같은 구성의 콘서트를 열었고 큰 화제를 모았다. 그해 10월에는 다시 홍콩으로 돌아와 국경절 경축 의식에 참가했다. 덩리쥔은 국경절 행사에는 절대 빠지지 않았다. 얼마 후 〈당신은 모른 척했지요你裝作不知道〉가 홍콩 라디오 방송국에서 중국어 노래 1위를 차지해 홍콩에서 그녀의 명성이 더욱더 높아졌다. 그 후 덩리쥔의 홍콩 활동은 산발적인 인터뷰에서 점차 한 차례에 1시간이 넘는 특집 방송 위주가 되었다. 홍콩 TVB는 저녁 시간에 덩리쥔 특별 프로그램을 내보냈고, TTV 방송국도 「대형 스크린大螢幕」이라는 프로그램에서 덩리쥔의 미국 생활을 전문적으로 담은 프로그램을 내보냈다. 이어 얼마 뒤에는 「그대는 최전선에君在前哨」「10억 개의 박수 소리十億個掌」 등 특별 프로그램이 제작되었다. 이 두 프로그램은 덩리쥔의 공연을 촬영해 그것을 기반으로 제작된 개인 특집 방송이다. 지금까지도 타이완 연예인 중 개인 특집 프로그램의 제작과 방송 횟수에서 덩리쥔의 기록을 넘어선 사람이 없다.

1977년 리화麗華 극장에서 열린 국경절 경축 파티에는 홍콩-카오룽 영화연극사업 자유총회港九電影戲劇事業自由總會[타이완 정부의 지원을 받는 홍콩 영화계의 정치조직. 홍콩 영화의 타이완 상영권을 심사하는 권한을 갖고 있다]의 주석 둥웨쥐안童月娟을 비롯해 영화계와 가요계의 스타들이 빠짐없이 모였다. 덩리쥔도 참석해 평소처럼 대표곡을 불렀다. 〈천언만어〉와 〈작은 마을 이야기〉를 부른 뒤 앙코르 곡으로 〈타이완, 좋은 곳〉을 불렀다. 덩리쥔은 노래를 하다가 점점 감정이 고조되어 마지막에는 우느라 노래를 제대로 하지 못할 정도가 되었다. 눈물바람으로 노래를 마치자 행사장의 관객들 중 감동하지 않는 사람이 없었다.

홍콩 얀차이 병원이 개최한 자선모금회에도 덩리쥔이 빠질 수 없다. 당시 유명 감독인 리한샹李翰祥이 덩리쥔을 캐스팅해 시대극 영화를 찍고 싶어했다. 쇼 브라더스 영화사의 팡이화方逸華[쇼 브라더스 영화사 대표의 아내로, 현재 쇼 브라더스 영화사 부주석을 맡고 있다]도 적극적으로 이 기획을 지지했다. 그러나 덩리쥔은 오래 고민한 끝에 결국 영화 출연을 포기했다. 음반 작업과 가수활동에 더 집중하기 위해서였다. 그렇게 결심한 뒤로 홍콩보다 일본에서 일하는 시간이 더 길어지기 시작했다. 차차 덩리쥔 글쓰기 대회의 시상식에서야 겨우 수상자에게 상을 전달하는 덩리쥔의 모습을 볼 수 있게 됐다.

그렇지만 아무리 바빠도 자선 행사에는 꼭 참석했다. 1982년 1월 초, 극동 및 남태평양 지역의 장애인 올림픽을 위한 자선 콘서트로 덩리쥔은 홍콩의 퀸엘리자베스 스타디움에서 연속 다섯 차례의 개인 콘서트를 개최했다. 홍콩 폴리그램 음반사는 이 콘서트 실황을 두 장짜리 라이브 음반으로 편집해 출시했고, 또 다시 밀리언셀러 음반으로 선풍적인 인기를 끌었다. 그해 말 동화삼원東華三院[홍콩에서 가장 오래되고 규모가 큰 자선기구로 원래는 병원에서 시작했다]의 모금 행사를 위해 TVB가 개최한 '환락만동화歡樂滿東華[동화삼원의 자선기금 모금 콘서트로 매년 12월 개최되며 TVB에서 방송된다]에 참가했다. 덩리쥔의 공연은 약 1000만 홍콩달러[약 15억 원]의 자선기금을 모금했다.

사실 많은 사람이 잘 모르지만, 1982년은 덩리쥔에게 매우 힘든 해였다. 아버지가 심장병 발작으로 병원에 입원했기 때문이다. 그때 덩리쥔은 타이베이의 디스코 나이트클럽에서 공연이 예정되어 있었다. 공연 날짜를 변경할 수도 없어서 매일 공연을 마친 뒤 피로한 몸을 이끌고 병원에 와서 아버지 곁을 지켰다. 아버지가 건강을 되찾고 퇴원할 때까지 계속 병원에서 밤을 보냈다. 이런 효심을 아는 사람은 얼마 없다. 당시를 회상하던 어머니는 가슴 아파하면서도 조금 원망하듯이 말했다.

"밤마다 와서 병실을 지켰어요. 내가 몇 번이나 말렸는지 몰라요. 집에

가서 좀 쉬라고요. 하지만 말을 듣지 않았지요. 그애가 좀더 자기 자신에게 신경을 쓰고 좀더 이기적으로 굴었다면, 우리를 좀 덜 사랑했다면, 그랬다면…… 내가 이렇게…… 자식을 앞세우는 일은 없었을 거예요!"

1983년은 덩리쥔이 가수로 데뷔한 지 15년째 되던 해였다. 그녀의 15주년 기념 투어 콘서트는 12월 10일부터 동남아시아에서 시작됐다. 29일에는 홍콩으로 돌아와 새해 첫날까지 며칠간 홍콩체육관에서 성대하게 열렸다. 조명, 밴드, 무대, 댄스팀과 코러스팀 등 공연의 모든 부분이 당시 홍콩에서는 새롭지 않은 것이 없었다. 일본에서 취재하러 온 언론 역시 눈을 휘둥그렇게 떴다. 일본에서는 우아하고 얌전하며 처연한 분위기로 엔카를 부르는 테레사 덩만 봤던 그들은 덩리쥔이 그렇게 다양한 분위기의 곡으로 공연을 꾸미는 재능이 있는 줄은 몰랐다. 게다가 일본에서는 신인으로서 묵묵히 노력하던 덩리쥔이 홍콩에서는 이렇게나 관객을 몰입시키고 흥분의 도가니로 밀어 넣는 대스타라는 점도 놀라워했다.

홍콩 사람들이 어느 때보다도 열광적으로 맞이한 새해였다. 당시 수단과 방법을 가리지 않고 홍콩으로 덩리쥔의 공연을 보러 온 중국의 팬들도 있었다. 덩리쥔은 무대에서 여러 나라 말과 지역의 방언을 두루 쓰면서 관객석을 향해 인사를 했다. 그리고 특별히 중국에서 와준 관객에게 격려의 박수를 보내달라고 요청했다. 공연장 안에 파도처럼 박수가 번져나갔다. 이 콘서트는 덩리쥔의 가수 인생에서 또 한 번의 절정기였다.

🌸 덩리쥔과 덩시취안의 협력
광둥어의 한계를 돌파하다

음반 가수라는 한길에 매진하겠다고 마음먹은 이후, 그녀의 음반은 질에서나 양에서나 대단한 성취를 거뒀다. 덩리쥔의 음반은 음악적으로나 상업적으로나 의미 깊은 성과였다. 〈섬나라의 사랑 노래島國情歌〉 시리즈의 제3집부터 폴리그램 음반사의 유명 프로듀서 덩시취안鄧錫泉과 덩리쥔의 협력 관계가 시작됐다. 그 후 오랫동안 긴밀한 협력 관계를 유지한 두 사람은 대여섯 장의 〈섬나라의 사랑 노래〉 음반 시리즈를 연속으로 내놨다. 이어서 대단한 인기를 모았던 광둥어 앨범의 발매도 덩시취안이 프로듀싱했다. 덩시취안은 덩리쥔을 일본에 소개하고 스스로 그녀의 일본 매니저를 자처하기도 했다. 그는 덩리쥔의 홍콩 전성기를 함께한 최고의 파트너이자 무척이나 신뢰했던 좋은 친구였다.

덩리쥔은 폴리그램 음반사 사장 정둥한鄭東漢이 그녀를 높이 평가하고 적극적으로 요청한 끝에 정식으로 폴리그램과 계약했다. 계약 이후로 덩시취안은 줄곧 그녀의 음반 녹음을 감독했다. 덩리쥔 이야기를 꺼내자 가요계에서 오랫동안 산전수전을 다 겪었다는 그도 길게 한숨을 내쉬었다. 그러더니 미소를 띠며 그 시절의 아름다운 추억을 하나하나 이야기하기 시작했다.

"정말 보기 드물게 목소리의 상태가 매우 좋은 가수였습니다. 그녀는 하루에 몇 곡이나 노래를 녹음할 수 있었어요. 몇 번씩 다시 녹음하는 경우가 없었지요. 덩리쥔은 늘 최고의 상태로 준비를 해옵니다. 자신의 컨디션이 최고가 되도록 조절하고, 그럴 때에야 녹음을 시작하지요. 기계의 도움을 받아서 노래를 수정한 적은 한 번도 없어요."

덩시취안은 덩리쥔의 노래에서 풍부하고 자연스러운 감정 표현을 특히 아꼈다. 그는 덩리쥔이 감정을 표출할 때와 갈무리할 때를 알았고 어떤 꾸밈도 없이 물 흐르듯 노래 속에 감정을 녹여냈다고 평가했다. 덩시취안은 당시 덩리쥔을 두고 "건강만 잘 관리한다면 그녀의 미래는 무한한 가능성을 갖고 있다"고 말하기도 했다. 그 자신도 그때 왜 그런 생각이 들었는지, 왜 그런 표현을 썼는지 모르겠다고 했지만, 실제로 천식이라는 건강상의 문제를 이겨내지 못하고 말았다.

1984년 덩리쥔은 광둥어 앨범 〈시련과 함께 가다風霜伴我行〉를 제작했다. 덩시취안이 프로듀싱을 맡았다. 두 사람이 만든 첫 번째 광둥어 앨범이다. 이 앨범은 원래 〈공존은 불가능해勢不兩立〉라는 제목으로 TVB의 드라마 주제곡의 제목이기도 했다. 덩시취안은 〈공존은 불가능해〉라는 제목이 살기등등하다고 여겼다. 대중이 덩리쥔에 대해 갖고 있는 부드럽고 연약한 이미지와는 완전히 달랐기 때문에 그는 문학적 의미가 담뿍 담긴 〈시련과 함께 가다〉로 앨범 제목을 수정했다. 또한 격조 있게 포장하여 우아한 인문적 정취를 드러냈다. 이는 덩리쥔의 기존 이미지와 잘 들어맞았다. 덩시취안은 확실히 덩리쥔을 잘 이해하는 '지음'이라고 할 만했다.

표준 중국어 곡으로 인기를 얻은 덩리쥔이었기에 홍콩에 와서 광둥어 음반을 녹음하는 것을 걱정하는 팬도 많았다. 덩리쥔이 홍콩 현지 사정에 맞추느라 낯선 도전을 하는 것이 큰 모험이라고 생각했던 것이다. 그러나 덩리쥔을 잘 이해하는 덩시취안의 생각은 달랐다. 그는 덩리쥔이 광둥어 음반을 발매하는 것은 하나의 지표로서 의미가 있다고 봤다. 상업적 가치보다 얼마나 다양한 가능성을 가진 가수인지를 보여주는 기념비적인 가치가 더 크다는 것이다. 덩리쥔은 다양한 스타일의 곡을 소화할 수 있는 가수다. 게다가 표준 중국어, 영어, 일어 외에도 여러 언어와 중국어 방언으로 된 곡도 자주 녹음한 바 있다. 인도네시아어로 부른 노래는 인도네시아는 물론 싱가포르, 말레이시아 등에서 높은 판매고를 올렸다. 광둥어 노래 역시 싱가포르에서 발매되어 그곳의 푸젠 성 출신 화교들의 향수를 자극하며 호평받았다. 광둥어를 알아듣고 곧잘 구사하는 덩리쥔이 광둥어 음반을 녹음하지 못할 게 뭐가 있단 말인가! 힘든 것이야 당연하지만, 덩리쥔은 그런 것을 두려워하는 사람도 아니었다. 덩시취안 역시 용감하게 새로운 도전을 하는 덩리쥔의 직업 정신에 감탄했다. 그때 일을 이야기하던 그는 저도 모르게 엄지손가락을 치켜세우기도 했다. 그때 덩리쥔은 표준 중국어 곡이라면 하루에 평균 세 곡은 너끈히 녹음을 마쳤다. 그런데 〈시련과 함께 가다〉를 녹음할 때는 이틀이 걸려도 한 곡을 완성하지 못하기도 했다. 그러나 덩리쥔은 '아니라는 것을 알면서도 넘어가는' 성격이 아니었다. 그만큼 호승심도 강한 사람이었다. 아무리 힘들어도 덩리쥔은 몇 번이고 다시 시도했다. 결국 그녀는 자신만의 광둥어 발음 표기법을 고안해내며 언어의 장벽을 극복했다.

덩시취안이 말해준 덩리쥔의 광둥어 발음법은 한 글자의 발음을 몇 단계로 쪼개어 익히는 것이었다. 예를 들면 덩리쥔은 광둥어의 '北'을 '不'으로, '樂'을 '陸'으로 잘못 발음하곤 했다. 여러 사람의 교정을 거치면서 덩리쥔은 '北'을 '不'와 '唉' 두 글자로 나눈 다음 빠르게 연결해 읽는 방법으로 '北'에 근접한 발음을 할 수 있다는 것을 알아냈다. '樂' 역시 '屋'과 '嶽' 두 글자로 발음을 나눈 뒤 빠르게 이어 읽는 방법으로 정확한 발음에 가깝게 말할 수 있게 됐다. 이런 독특한 방법으로 연습한 결과 덩리쥔은 발음상의 어려움을 해결했고, 점점 홍콩 토박이처럼 발음하게 됐다.

〈시련과 함께 가다〉에 수록된 곡 대부분은 미국의 레코딩 스튜디오에서 완성됐다. 덩시취안은 이 음반을 위해 특별히 미국을 오가며 작업했다. 음반 작업은 쉽지 않았다. 덩리쥔이 성실하게 연습한 끝에 광둥어가 빠르게 늘었지만, 홍콩에 돌아와 미국에서 힘들게 녹음한 노래를 다시 들어보니 발음이 정확하지 않은 부분이나 언어가 익숙하지 않기 때문에 음정까지 미세하게 틀린 부분이 여러 군데 발견됐다. 자신의 직업에 무척 엄격한 덩리쥔은 이미 녹음된 버전을 모두 폐기하기로 결정했다. 절대로 문제가 있는 노래를 공개할 수 없다는 것이다. 결국 많은 노력과 자본을 들인 결과물이 전부 수포로 돌아갔다. 그러나 덩리쥔의 결정은 옳았다. 새롭게 녹음된 음반이 무척 훌륭했던 것이다. 다시 녹음해 발매한 음반은 판매량에서부터 대단한 성공을 거뒀다. 만약 음반에 대해 엄격한 기준을 끝까지 밀어붙이지 않았다면 그렇게 뛰어난 성적을 올리지 못했을지도 모른다. 덩리쥔이 홍콩에 머무르지 않는 탓에 홍보활동을 많이 하지 못했는데도 〈시련과 함께 가다〉는 발매 후 얼마 지나지 않아 밀리언셀러로 등극했다. 덩리쥔은 이미 홍보활동에 의지할 필요가 없는 가수였다.

덩시취안은 덩리쥔을 잘 이해하는 만큼 그녀의 요절을 안타까워한다. 그는 덩리쥔이 인기 가수, 스타를 넘어서는 예술가였다고 평가한다. 덩리쥔은 자신의 음악적 수준을 유지하는 데 열과 성을 다했고 현재 수준을 넘어 더 훌륭한 실력을 갖추기 위해 끊임없이 노력했다. 그건 자신에게도 무거운 짐이자 스트레스였다. 덩시취안은 덩리쥔에게 '슬로스타터'와 같은 기질이 있음을 읽어내기도 했다. 덩리쥔은 지구력이 무척 강한 사람이었다. 덩시취안이 아주 만족스럽게 녹음됐다고 생각한 뒤에도 잠시 후에 다시 녹음하면 앞서보다 더 좋은 곡이 나오곤 했다. 덩리쥔과 녹음할 때마다 그랬다. 덩리쥔은 다음번이 지난번보다 늘 더 좋았고, 자신이 만족할 때까지 녹음하고서야 성이 차는 사람이었다. 이런 직업 정신은 보통 사람이 따라가지 못하는 부분이다.

그들이 미국에서 광둥어 앨범을 녹음하는 동안 덩리쥔은 학생의 신분이었다. 덩리쥔은 2년 과정의 대학교를 다니며 매우 진지하게 공부했다. 평소 녹음실이나 콘서트에서 덩리쥔은 직업적 열정이 가득한 가수이자 대스타였지만 녹음실을 떠나 일상생활로 돌아가면 운동화와 청바지, 캔버스 가방에 교과서를 든 대학생으로 변신했다. 소박하고 화려함을 좇지 않지만 아름다운 청춘이었다. 덩시취안은 미국에서 본 덩리쥔의 모습을 떠올리며 안타까워했다. 그는 덩리쥔이 영원히 그렇게 평범하고 단순하지만 즐거운 삶을 누리기를 바랐다.

🌿 임신부터 가짜 여권 등 루머를 이겨내다

국제적으로 대단한 인기를 얻었다고 해도 그녀의 뿌리는 역시 타이완이다. 하지만 타이완 언론은 그녀에게 무척 많은 상처를 입혔다. 간헐적으로 이어지는 스캔들뿐 아니라 근거 없는 임신이니 딸 출산이니 하는 루머에서부터 사망했다는 말도 안 되는 기사도 여러 차례 보도됐다. 심지어 덩리쥔이 일본 진출 기회를 얻으려고 미모를 이용했다느니 하는 말도 있었다. '가짜 여권' 사건이 벌어졌을 때는 그녀가 해외에서 나라 망신을 시켰다며 "중화민국(타이완)의 수치"라고 부르기도 했다. 이 일은 특히 덩리쥔을 슬프게 했고 실망시켰다. 하지만 홍콩 언론은 덩리쥔을 상당히 존중해줬다. 라디오나 텔레비전의 방송 진행자, 기자 가운데 그녀의 팬이 적잖았다. 그들과 덩리쥔은 나중에 친구 사이가 되기도 했다. 덩리쥔에 대한 그들의 평가는 모두 똑같았다.

언론계에 오래 몸담았던 처수메이車淑梅는 덩리쥔의 인터뷰를 한 인연을 계기로 그녀와 친한 친구가 되었다. 여러 해 동안 자신의 남편인 장원신張文新과 함께 언론계에서 덩리쥔에게 많은 도움을 주었으며 그녀가 홍콩 연예계에서 든든한 위치를 차지할 수 있도록 도왔다. 처수메이는 덩리쥔에게 마음속 진심을 이야기할 기회가 있을 때 이렇게 말해준 적이 있었다.

"나답게, 나 자신의 삶을 살아야 해요."

덩리쥔도 그녀에게 자신이 은퇴한 뒤에 초원에서 양을 기르며 살고 싶다는 계획을 이야기한 적이 있었다. 덩리쥔은 조용하고 안정적이며 편안하고 자유로우며 한가로운 삶을 원했다. 스트레스도, 이곳저곳 돌아다녀야 하는 일도 없는 삶. 그러나 덩리쥔은 결국 그런 낭만적인 삶을 누리지 못했다. 계속해서 자신이 원하는 삶을 찾으려 애쓰다가 생을 마감했다.

처수메이는 덩리쥔이 자기 자신에게 엄격한 것과 사람들 앞에 나서는 것을 좋아하지 않는 성격에 늘 감탄했다. 덩리쥔은 언제나 변함없이 자기계발과 내면의 수양을 위해 노력했다. 그래서 시간을 쪼개 책을 읽고 온 힘을 다해 자신의 꿈을 이루기 위해 노력했다. 덩리쥔은 완벽한 생활 태도와 직업 정신을 추구했다. 그녀의 그런 모습은 요즘 연예인들이 본보기로 삼을 만하다. 알게 된 지 오래되었어도 덩리쥔은 마음속 고민을 남에게 허심탄회하게 털어놓는 편이 아니었다. 그래서 그녀에게는 신뢰할 수 있는 정신적 지주나 감정을 털어놓을 곳이 없었다. 덩리쥔의 행동은 늘 조심스러웠고, 언론에 보도되는 것을 두려워했다. 그녀의 친구들은 덩리쥔이 고민이 많아 보이는 모습을 보면서도 도와줄 방법이 없었다. 덩리쥔은 말하지 않았고, 처수메이도 캐묻지 않았다. 처수메이는 뉴스거리를 찾으려고 질문을 한다는 경계심을 덩리쥔이 갖는 것을 바라지 않았다. 서로 관심을 갖고 진심으로 대한다는 것만 안다면 상관없다고 생각했다.

처수메이의 남편 장원신은 홍콩 ETV 사장으로, 그가 「중문가곡용호방中文歌曲龍虎榜」[중국어 가요 랭킹 프로그램]과 「신천지新天地」라는 프로그램에서 덩리쥔을 인터뷰한 적이 있었는데 그때 재미있는 일화가 하나 있었다. 덩리쥔을 소개하면서 발음을 잘못하는 바람에 "오늘 이 자리에 와주신 분은 덩리쥔입니다"라고 해야 할 것을 "오늘 잠자리에 와주신 분은 덩리쥔입니다"라고 말해버린 것이다. 당시 스튜디오 전체가 웃음바다가 됐다. 덩리쥔과 장원신의 우정은 이렇게 의외의 일에서 시작됐다. 장원신은 덩리쥔이 당시 홍콩 사람이 중국어 가요를 잘 듣지 않던 습관과 힘겹게 싸웠다고 기억하고 있다. 홍콩 사람이 중국어로 된 노래를 많이 듣게 된 것은 쉬관제許冠傑가 「귀마쌍성鬼馬雙星」[1974년 홍콩 영화]의 삽입곡으로 인기를 끌면서 시작됐고, 그 후 덩리쥔의 음반 〈시련과 함께 가다〉가 홍콩 사람의 마음을 녹였다. 이 음반은 서양의 유행 음악만 즐겨 듣던 홍콩 사람들이 중국어 가요를 듣는 전환점이 되었다. 게다가 덩리쥔은 발음이 또렷할 뿐 아니라 목소리가 부드럽고 감성적이어서 듣는 사람을 편안하게 만들어주었다. 게다가 덩리쥔은 사람됨이나 말씨도 그녀의 노래처럼 부드럽고 온화해 편안하고 다정다감한 기분을 느끼게 했다. 시리즈로 제작된 〈섬나라의 사랑 노래〉는 연속으로 7집까지 발매됐는데, 이 앨범 시리즈는 홍콩을 완전히 정복했다. 음반 판매 성적도 놀랍지만 중국어 가요를 홍콩 사람들의 마음에 뿌리내리게 만든 영향력이 참으로 대단했다.

덩리쥔은 좋은 중국 가요를 일본에 가져가 일본어로 번안해 불렀다. 마찬가지로 좋은 일본 곡을 가져오기도 했다. 또한 국적을 따지지 않고 외국인 작곡가에게도 중국어 가사를 붙일 곡의 음악을 의뢰하기도 했다. 덩리쥔은 음악이라면 국적의 구분이 의미 없다고 생각했다. 그녀와 함께 작업하는 음악가들 가운데는 프랑스인, 일본인, 영국인, 심지어 흑인 음악을 주로 하는 사람도 있었다. 덩리쥔은 서로 다른 민족성과 음악적 소양을 통해 만들어진 멜로디들이 각자 다르기 때문에 더욱 신선하고 음악성 또한 풍부해진다고 여겼다.

기자인 아두阿杜[본명은 두후이둥杜惠東]는 덩리쥔이 보여준 '현 상태에 안주하지 않고 더욱 높은 예술적 경지를 추구하는 정신'에 깊이 감탄했다. 홍콩, 일본, 파리 어디서든 덩리쥔은 힘들게 분투하면서 성공과 명예를 차곡차곡 쌓아갔다. 아두는 그 과정을 상세히 보도했다. 덩리쥔의 '여권 사건'이 터졌을 때, 아두도 직접 일본에 가서 진상을 탐색했고, 결백을 밝히는 데 큰 힘이 되었다. 나중에는 아두의 가족까지 전부 덩리쥔과 좋은 친구로 지냈다. 아두는 덩리쥔의 예술적 재능이 누구와도 비할 바 없이 유일무이하다고 평가했다.

가장 안타까운 것은 아두가 친구와 함께 덩리쥔이 주연을 맡은 영화를 찍으려 구상했고, 덩리쥔이 투자한 TNT 회사에서 제작하려 했다는 사실이다. 영화의 가제는 「가수의 7일간의 사랑歌手的七日情」이었다. 어느 가수가 콘서트 직후 납치를 당하는데, 납치 후에야 그녀가 매우 유명한 스타라는 것을 알게 된다. 납치범은 협박 편지를 보낼 방법을 찾지 못해 어쩔 수 없이 7일 동안 그 여가수와 함께 세상의 눈을 피해 도망 다니게 된다. 이 과정에서 가수의 감화를 받은 납치범이 잘못을 뉘우치고 좋은 사람으로 돌아온다는 줄거리다. 이 영화의 구상에 흥분한 덩리쥔과 아두는 오랫동안 기획 작업에 매달렸다. 덩리쥔이 NHK홀에서 연 콘서트 실황 영상을 바탕으로 플롯을 준비했다. 그러나 나중에 덩리쥔의 TNT 회사가 운영을 멈추면서 영화 기획도 미뤄지고 말았다.

아두는 덩리쥔을 위한 기사만 쓴 것이 아니라 그녀에게 노래 가사도 써주었다. 최초에는 〈설원의 추억雪地上的回憶〉이라는 제목으로 나왔는데 나중에 〈빙어冰語〉라는 제목으로 바뀐 곡이다. 일본인 작곡가가 쓴 곡으로, 가사에 담긴 처량한 심정은 덩리쥔의 사랑과 꼭 같았다. 덩리쥔은 그 노래를 무척 좋아했지만 히트하지는 못했다. 처음 이 곡의 가사는 린쿤황林坤煌이 표준 중국어로 썼다. 덩리쥔이 아두에게 이 곡을 무척 좋아한다고 말하며 다시 이 곡을 불러서 히트시키고 싶다고 하자 아두는 〈빙어〉의 내용을 골자로 덩리쥔의 마음을 상상하며 새롭게 가사를 썼고 제목도 〈설지련雪之戀〉으로 바꾸었다. 덩리쥔은 무척 기뻐하며 곡을 발매할 준비를 했다. 그러나 덩리쥔은 이 곡을 녹음하기도 전에 세상을 떠나고 말았다. 아두는 남겨진 가사를 보면서 가슴 아파했다. 예전의 가사와 오늘의 심경을 대조하면 무한한 아쉬움이 남는다.

당신은 이미 떠났지요. 더는 미련 두지 않을래요. 인연이 이 한잔에 다 끝났군요.
당신은 얼른 집에 가라고 했죠. 하지만 집에서는 홀로 공허를 마주볼 뿐.
그 노랫소리가 흩날려요. 아련한 옛사랑을 토로하는 것처럼.
하지만 사랑은 이미 다 말라버렸어요. 나도 눈물 닦지 않아요.
마주보며 웃던, 우리 함께하자던 맹세를 기억해요.
눈 깜빡하는 사이에 마음은 메마르고 사랑은 아픔이 되었어요.

사랑의 인연은 꽃송이 같아서 아주 짧은 순간 찬란히 아름다울 뿐.

헤어져야 한다면 무슨 말을 더 할까요. 적막하고 깊은 밤 그림자도 차가워요.

그대는 이미 멀리 떠나가고 그립다는 말 더는 쉽게 하지 않을래요.

차가운 빗줄기 창밖을 지나가고 혼자 마시는 술 한잔.

향기롭고도 쓰디쓴 술 한잔 조용히 마셔요.

북풍이 윙윙 불어도 그대여 돌아보지 말아요.

이런 날 올 줄 다 알고 있었잖아요. 후회는 없어요.

你已遠去 不再留戀 緣盡了此一杯

叫我早歸家去 但歸去獨對空虛

你那歌聲輕輕飄 像訴出渺渺往日情

但愛心早已枯萎 我也懶抹眼淚

猶記起相對歡笑聲 相與誓約共

轉眼心肝枯 恩愛也覺痛苦

情緣就好似鮮花朵 只有短暫燦爛

該要分手莫多問 夜靜更深影冷

人已蕭蕭遠去 相思話莫再輕訴

冷冷細雨 窗外掠過 獨酌的這杯中酒

這個中溫馨醇苦 都輕輕飲 默默的吞

北風聲呼呼 願君也莫回頭

我倆皆早知今天 心中無悔恨

우연일까? 아니면 여한일까? 그대여, 돌아보지 마세요. 바로 그 가사처럼 덩리쥔은 떠났다…….

여성 영화감독과의 친분
동성애자라는 소문으로 진화

스탠리의 집이 덩리쥔이 홍콩에서 처음 산 집은 아니다. 그녀는 리펄스베이에 집을 하나 빌린 적이 있다. 집안 인테리어까지 끝냈는데 덩리쥔은 결국 그 집에 입주하지 않았다. 원인은 다른 게 아니라 용띠인 덩리쥔이 풍수적으로 '얕은 개울에 용이 갇히는' 형국을 원하지 않았기 때문이다.[리펄스베이의 한자는 '淺水灣'으로 물이 얕은 만이라는 뜻이다.]

1987년 즈음, 덩리쥔은 자신이 세운 TNT 회사를 위해 여성 영화감독인 마이링즈麥靈芝와 함께 사무실을 빌렸다. 스탠리에 있는 집과도 가까웠다. 두 사람은 업무적으로 빈번하게 접촉했고, 어떤 때는 마이링즈가 스탠리의 덩리쥔 집에 와서 상의하기도 했다. 당시 덩리쥔은 나이가 들수록 노래를 계속하기가 어려울 거라고 생각했다. 그래서 은퇴 후에는 음반 제작자로 활동할 생각이었다. 마이링즈는 기획력이 뛰어난 감독이었고, 자연히 덩리쥔에게 여러 아이디어를 제공했다. 마이링즈는 덩리쥔의 분위기를 잘 잡아냈고, 덩리쥔에게 멋진 음반 사진을 찍어주기도 했다. 두 사람은 분명히 가까운 사이였고 집에 드나들기도 했지만 떠도는 소문처럼 '특별한 관계'는 아니었다. 어머니는 덩리쥔이 어려서부터 좋은 엄마가 되는 게 꿈이라고 말했고 연애와 결혼, 출산 등을 꿈꿨으며 은퇴 후에는 아이를 기르는 일에 전념하고 싶어했다고 했다.

밍 언니나 진메이처럼 덩리쥔 옆에 붙어서 관찰했던 사람의 말에 따르면, 당시 덩리쥔의 사진 촬영을 맡았던 스테판과 마이링즈는 잘 맞는 편이 아니었다고 했다. 그러니 덩리쥔이 스테판과 마이링즈 사이에서 삼각관계였다는 것은 더욱 말이 안 된다는 것이다. 덩리쥔의 회사가 막 설립된 상황이었기 때문에 상의할 일이 많았고 협력 관계에서도 다양한 논의가 필요했기에 마이링즈와 덩리쥔이 함께 움직이는 상황이 있었을 것이다. 그러

나 사랑하는 사이였다는 식의 루머는 전혀 근거가 없다. 정말 말도 안 되는 루머였던 탓에 그 소문은 얼마 지나지 않아 저절로 사라졌다. 그러나 이런 당혹스러운 루머가 당사자들의 확실한 해명도 없이 흐지부지되는 바람에 명예를 크게 손상시킨 것만은 확실했다.

1988년 구입한 별장은 덩리쥔이 제작사의 명의로 산 것이었다. 주식회사의 발기인에 덩리쥔과 마이링즈만 있었던 것은 아니다. 다만 당시 한적한 생활을 하려는 열망이 강했던 덩리쥔이 사생활을 드러내지 않으려 했기 때문에 기자들은 무한한 상상 속에서 추측할 수밖에 없었다. 당시 마이링즈는 덩리쥔의 매니저라고 할 수 있었다. 덩리쥔의 모든 일정을 알고 있었고, 그녀를 따라 일본까지 갔다.

덩리쥔은 자신이 동성애자라는 루머를 전해 들은 뒤 그저 가볍게 웃고 넘겼다고 한다. 아마도 쓸데없는 이야기라고 여겼을 것이다. 덩리쥔은 언론에 대해 늘 관대한 편이었다. 애초에 언론의 근거 없는 보도에 정신력을 낭비하지 않았다. 한편으로는 이제는 자신의 옆에 함께할 누군가가 필요하다고 느꼈다. 그녀 옆에서 온갖 말이 생겨나는 것을 막아줄 사람 말이다. 그때 스테판이 등장했다. 그는 자기가 좋아하게 된 여자가 홍콩에서 모르는 사람이 없는 유명인이라는 것을 몰랐다. 스테판은 덩리쥔을 아름답고 성숙한 여성이라고만 여겼다. 그렇게 세상물정 모르고 순진한 스물다섯 살 청년의 순정에 덩리쥔도 경계심을 풀었다. 두 사람 사이에 사랑이 싹튼 뒤, 덩리쥔은 할 수 있는 한 스테판을 아끼고 그에게 잘해주려고 애썼다. 전문가용 카메라 및 촬영 기자재를 사서 그에게 선물하기도 했다. 스테판의 출현은 덩리쥔이 동성애자라는 소문을 순식간에 잠재웠다. 마이링즈도 한창 열애 중인 덩리쥔이 예전처럼 회사 일에 열의를 보이지 않는다고 여기기 시작했다. 회사도 어느 틈엔가 해체됐다.

홍콩 남단의 스탠리
그녀의 추억이 이곳저곳

홍콩에는 덩리쥔의 추억이 담긴 곳이 많다. 또한 수많은 팬이 덩리쥔의 발자취를 더듬어가는 필수 코스이기도 하다. 그들은 덩리쥔이 생전에 즐겨 갔던 식당인 톈샹러우天香樓에 가서 덩리쥔이 좋아했던 요리인 셰황위츠蟹黃魚翅, 칭차오샤런清炒蝦仁, 주황판몐韭黃拌麵, 옌쉰황위煙醺黃魚, 둥포러우東坡肉 등을 먹는다. 톈샹러우의 사장과 주방장은 이런 미식가들에게 일종의 그리움을 품고 있다. 덩리쥔은 손님을 초대해 연회를 열 때마다 이곳을 찾았다며 올 때마다 주방까지 들어와 요리사와 직원들 한 명 한 명 손을 잡고 안부를 물었다고 했다. 어떤 경우에는 덩리쥔이 홍콩에 도착하기도 전에 예약 전화가 먼저 걸려올 때도 있었다. 덩리쥔은 비행기에서 내리자마자 곧바로 톈샹러우로 달려왔다. 이런 덩리쥔의 모습은 식당 사람들을 감동시켰고, 이렇게 오랫동안 관계를 유지한 단골손님은 거의 없었다. 이것만 봐도 덩리쥔의 의리와 정, 사람을 대하는 온화함을 잘 알 수 있다. 톈샹러우 사람들도 덩리쥔의 마음을 지금까지 고맙게 생각하고 있다.

톈샹러우 외에도 루밍춘鹿鳴春과 상하이쑤차이궁더린上海素菜功德林도 덩리쥔이 자주 가던 곳이다. 이들 식당을 좋아한 이유는 신선한 재료로 만든 맛있는 요리 때문이었다. 조용하고 깨끗한 환경, 보기 좋고 깔끔한 요리, 분위기와 내부 설비 등은 오히려 두 번째다. 분위기야 덩리쥔이 알아서 만들 수 있고 내부 설비는 호화로울 필요가 없다. 편안하고 자유로운 느낌, 그것이야말로 덩리쥔이 가장 중요하게 생각했던 식사의 철학이었다.

그밖에 화룬華潤 백화점 2층에 전문 판매점을 갖고 있는 가오高 사부 역시 덩리쥔의 팬들이 반드시 만나야 할 인물이다. 15년 동안 덩리쥔이 무대에서 입은 치파오旗袍나 펑셴좡鳳仙裝[치파오의 일종으로 약간 변형된 양식의 옷], 중국식 전통 예복 등은 모두 가오 사부가 만들었다. 덩리쥔은 자신의 옷 외에도 어머니의 치파오도 여기서 맞췄다. 게다가 덩리쥔은 한번 옷을 지을 때마다 같은 디자인에 같은 색으로 두 벌씩 짓곤 했는데, 이는 덩리쥔이 물건을 구매하는 특별한 습관이다. 좋아하는 가죽 가방, 액세서리, 장신구, 구두 등은 늘 서너 개를 사서 세계 곳곳에 있는 자신의 집에 하나씩 놔두었다. 사용하고 싶을 때 옆에 없는 것을 피하기 위해서였다. 그리고 가죽 제품이나 장신구 등은 무조건 하나는 사용하는 용도로, 또 하나는 소장용으로 샀다. 지금도 덩리쥔의 스탠리 집에는 분홍색, 복숭아색, 자홍색의 중국식 전통 의상이 가득 걸려 있다. 매끄러운 고급 비단의 촉감과 정교한 자수, 몸에 딱 맞춘 마름질로 만들어진 옷은 행운을 부른다는 복숭아꽃에 대한 은근한 소망을 담고 주인의 선택을 기다리고 있다.

덩리쥔의 팬이라면 역시 2000년에 개방된 스탠리의 옛집에 가봐야 한다. 홍콩 남단의 스탠리는 아름다운 유럽식 풍경과 해안으로 관광객들이 즐겨 찾는 휴양 명소다. 중국과 서양의 문화적 특색이 융합된 스탠리 지역은 서양식 바와 레스토랑, 각국의 전통 식당, 야시장과 예술품 거리 등이 들어서 있어 관광객의 발걸음을 붙잡는다. 덩리쥔은 스탠리의 예술품 거리에서 자주색 레이스로 만든 섹시한 느낌의 속옷을 사서 밍 언니에게 선물한 적이 있었다. 덩리쥔은 밍 언니에게 그 속옷이 남편의 눈길을 사로잡을 거라고 말했다. 두 사람은 거리에서 한참 웃어댔다.

덩리쥔이 가장 자주 들른 가게는 시장 모퉁이의 꽃가게였다. 덩리쥔은 장미나 알로카시아, 마거리트 등의 꽃을 사서 집에다 꽂아두곤 했다. 어떤 꽃을 살 것인지는 그때그때 기분에 따라 정했다. 그다음으로는 각종 과일이 예쁘게 쌓인 과일상이다. 덩리쥔은 오랫동안 거의 매일 야채, 과일을 주식으로 먹었다. 과일을 파는 노점상들은 덩리쥔과 이런저런 대화를 나누는 것을 무척 즐거워했다. 그들이 보기에 덩리쥔은 아름답고 친절한 데다 오만함이라고는 찾아볼 수 없는, 참으로 훌륭한 양갓집 규수였다.

산자락의 굴곡을 따라 지어진 전통 시장과 가게가 줄지어 늘어선 거리에는 중국과 해외 여러 나라의 장신구나 공예품을 늘어놓고 있다. 그곳에는 일본, 한국, 타이, 인도, 네팔 등 다양한 나라의 공예품, 은 장식품, 옷 장식 등이 가득하다. 가격도 아주 비싼 편이 아니라서 매년 이곳에 오는 관광객이 얼마나 많은지 모른다. 그들은 자유롭게 산과 바다가 함께 어우러진 풍경을 즐기며 세상과 동떨어진 느긋한 한때를 보낸다.

한가할 때면, 덩리쥔은 아름다운 거리를 따라 산책하는 것을 좋아했다. 스탠리의 초등학교 운동장을 지나 경사진 오솔길에 발을 디디면 스탠리 시장의 이국적 풍취를 느낄 수 있다. 왓슨스, 후이캉惠康 슈퍼마켓, HSBC 은행을 지나는 길은 덩리쥔이 평소 즐겨 산책하던 곳이다. 그 거리의 가게 주인들은 거의 대부분 덩리쥔을 기억하고 있었다. 다만 그녀가 평화롭고 조용한 시간을 누린 적이 많지는 않았다.

"덩리쥔이 유쾌하게 사람들과 인사를 나누는 모습을 보면 스탠리 거리에 햇빛이 비치고 사람의 마음을 따스하게 어루만져주는 것 같았어요."

그 거리에서 닭을 파는 가게 주인은 그녀를 이렇게 기억하고 있다. 유쾌한 추억이지만 어쩔 수 없이 몇 배의 슬픔을 느끼게 한다.

덩리쥔이 스탠리의 거리를 구경하며 걷는 일을 좋아했던 것은 그녀가 이곳에 자리 잡은 중요한 이유였다. 덩리쥔은 이 거리의 뉴러우몐牛肉麵과 주자오몐猪脚麵도 좋아했다. 어떤 때는 혼자 산책을 나갔다가 음식을 포장해와서 밍 언니에게 야식을 건네기도 했다. 스테판이 스탠리에 살 때, 그들은 셋이서 야시장을 구경하고 사진을 찍으러 다녔다. 덩리쥔은 농담 삼아 밍 언니에게 말하곤 했다.

"길에서 아는 사람을 만나면, 언니 남자친구라고 말해야 해요!"

다행히도 그런 일은 없었지만, 키가 크고 마른 편인 스테판과 키가 작고 오종종하게 생긴 밍 언니는 어떻게 봐도 잘 어울리는 한 쌍이 아니었으니 원래부터 통할 거짓말도 아니었다.

스탠리 해변은 새하얀 모래사장과 드넓은 해안, 멀리 흐릿하게 보이는 지평선 위에 하늘과 바다가 교차되는 듯하다. 관광객들은 이 해변에서 햇살을 즐기곤 한다. 덩리쥔도 이곳에서 자주 수영을 했다. 스테판이 스탠리에 온 이후, 해변은 그가 덩리쥔의 사진을 가장 많이 찍어준 장소가 됐다. 밍 언니는 반사판을 들어주는 역할을 맡았다. 스테판과 덩리쥔이 해질녘 손을 잡고 해변을 산책하던 발자국은 이미 세월에 씻겨 사라졌다. 어깨를 맞대고 저녁노을을 바라보던 고운 뒷모습도 태양이 지듯 어느새 흔적조차 없어졌다.

"옛 시절 노닐던 장소 못 찾을 곳 없지만, 단 하나 사라진 것은 순수하던 어린 마음이라네"라는 시 구절처럼 사라진 것은 순수하던 어린 마음뿐 아니라 아름답고 우아하던 집 주인이기도 하다. 스탠리는 슬픔으로 가득 찬 곳이 되었다. 해변으로 걸음을 옮기니 불어오는 바닷바람마저도 안타까움을 느끼게 한다.

🐌 옛 물건을 보니 옛사람이 그리워
불길한 예감, 다 풀지 못한 여한

나는 스탠리 옛집을 방문했을 때 이 집을 고른 덩리쥔의 안목이 대단하다는 생각을 했다. 산허리에 자리 잡은 서양식 건물은 탈속한 분위기와 정치한 아름다움을 갖춘 2층 건물로 독립된 별장 형태다. 정원이 무척 넓고 꽃과 나무들이 가득하다. 정원은 아주 관리가 잘되어 있다. 자홍색 부겐빌레아, 분홍색 마늘덩굴꽃, 복숭앗빛의 일일초, 선홍색 킹 프로테아 등이 정원 여기저기에 피어 있다. 덩리쥔이 생전에 이런 꽃을 심으라고 당부했던 것일까. 청록색 잔디는 잘 다듬어져 있고, 사람의 키를 넘기는 향나무도 가지런히 심었다. 담벼락 쪽에는 오렴자(카람볼라) 나무도 몇 그루 보인다. 내가 방문했을 때는 오렴자 나무에 꽃이 한창이어서 땅바닥에도 온통 작고 하얀 꽃이 점점이 떨어져 있었다. 옛 시에 나오는 "자세히 보니 버들꽃이 아니라 헤어진 이가 떨어뜨린 눈물이로다細看不是楊花, 點點是離人"[소동파의 「수룡음水龍吟」에 나오는 구절]라는 구절을 떠올리게 하는 가슴 아픈 장면이었다.

건물 바깥에서 느껴지는 은은하고 맑은 향기는 깨끗한 흰색의 함소화와 목련의 향이다. 견실한 자태의 동백나무도 분홍색 꽃봉오리를 내밀고, 홍콩의 시화市花인 자형화도 마침 꽃이 만개했다. 번성하는 생명력을 집의 주인에게 나눠주었더라면 좋았을 것을! 과일을 좋아했던 덩리쥔은 리치, 레몬, 구아바도 길렀다. 커다란 구아바 열매를 먹을 때마다 덩리쥔은 기분이 좋았다. 덩리쥔의 팬들은 지금도 매년 쥔위안에 갈 때면 구아바를 가져가서 묘 앞에 두고 온다. 한동안 덩리쥔은 무슨 바람이 불었는지 집에 온실을 짓고 채소를 직접 키워 먹을 생각도 했었다. 심지어 병아리도 키우려고 했는데 정원에 뱀이 들어와 병아리를 잡아먹는다는 것을 안 뒤로 마음 아파하며 병아리를 키우는 것은 포기했다. 가을이면 동글동글한 붉은 열매를 맺는 남천, 잔가지가 구불텅구불텅한 나한송, 푸른 잎이 보기 좋은 관음죽……. 다양한 나무가 자라는 정원은 우아하고 생명력이 넘친다. 바라볼수록 힘찬 초록빛의 정원 설계가 마음을 편안하게 한다.

처음 덩리쥔의 스탠리 집은 시야에 걸리는 것 없이 전경이 탁 트여 우아하고 조용한 해안 풍경을 감상할 수 있었다. 그러나 얼마 후 산허리 즈음을 이웃하여 콘도미니엄 형식의 '밍산明山 별장'이 들어섰다. 이 건물이 덩리쥔 집에서 바라보는 왼쪽 전경을 완전히 가로막았다. 여기까지는 그렇다 치지만, 연이어 이 별장 지역에 거주자들의 편의를 위해 도로를 개설했는데, 이 도로가 덩리쥔의 집 문 앞까지 직통으로 이어지는 바람에 명실상부하게 '노충路沖'인 상태가 되었다. 노충이란 건물을 향해 도로가 정면으로 들이닥치는 듯한 형세를 이르는 풍수 용어인데, 길하지 못한 지세 중

하나다. 이는 불길하다고 해서 건축에서는 금기로 여기는 부분인데 속된 말로 '살기가 집 안으로 들어온다'고 한다. 이 때문에 덩리쥔은 상당히 고민했다.

1989년, 덩리쥔은 검은 옷에 검은색 신발을 신고 새로 산 검은색 벤츠 스포츠카를 몰다가 교통사고를 냈다. 그 이후로 덩리쥔은 절대로 검은 옷을 입지 않았다. 1994년 11월, 그녀는 산자락에 있는 주유소 부근에서 또 한 번 교통사고를 낼 뻔했다. 큰일은 아니었지만 덩리쥔은 풍수지리에서 말하는 불길함을 마음에 담아두고 안절부절했다. 결국 린윈 대사가 덩리쥔을 위해 집터의 기운을 누를 액막이로 집안 곳곳에 피리, 칼, 풍경을 걸고 대들보에는 비단 끈을 매고 현관에 불상을 놓으라고 알려준 뒤에야 마음을 조금 놓았다. 하지만 결국 덩리쥔은 흉살을 의미하는 불길한 예감에서 벗어나지는 못했다.

동시에 스탠리 옛집에서는 일반적이지 않은 일이 몇 가지 벌어졌다. 그때는 아무도 눈치채지 못했지만, 마치 주인의 요절을 예고하는 듯했다. 첫째, 원래는 정원에 소나무 몇 그루가 잘 자라고 있었는데, 덩리쥔이 세상을 떠난 그해에 전부 말라죽었다. 소나무는 생명력이 강한데 아무런 이유도 없이 갑자기 말라죽었다는 것은 이해하기 힘든 일이다. 다음으로는 정원 연못에서 기르던 금붕어, 잉어가 덩리쥔이 타이에서 휴가를 보내는 동안 한 마리씩 병으로 폐사했던 일이다. 결국 전부 건져내고 더는 물고기를 기르지 않는데, 그 직후 덩리쥔이 세상을 떠났다는 소식이 전해졌다. 세번째는 보잘것없게 생긴 두견화가 언제부터인지 모르게 정원에서 자라나 자홍색 꽃봉오리를 맺은 것이다. 덩리쥔은 두견화를 좋아하지 않았다. 그래서 특별히 두견화를 정원에 심지 말라고 얘기하기도 했다. 덩리쥔은 집에서 두견화를 키우는 것이 불길하다고 생각했다. 중국 신화 중에 "두견새(뻐꾸기)가 피눈물을 흘렸다"는 이야기가 있기 때문이다. 그런데 그 꽃나무를 뽑아버리기도 전에 덩리쥔이 세상을 떠난 것이다.

스탠리 옛집의 내부 인테리어는 간단하면서도 우아하다. 덩리쥔이 좋아한 색깔은 복숭아색, 분홍색, 자홍색 등이고, 집 안은 느긋하고 한가로운 분위기가 짙다. 덩리쥔은 밍 언니와 둘이서 하루 온종일 걸려 원래는 검은색이었던 바 형태의 테이블을 분홍색으로 칠한 적이 있다. CD나 레코드를 꽂아두는 장식장, 쿠션 등도 다 분홍색이었다. 반원형의 창문에는 옅은 자주색 커튼이 팔락거리고, 역시 반원형인 베란다 형태의 거실이 있었다. 햇살이 둥근 탁자 위에 비치고 멀리 바다 위를 떠다니는 요트도 볼 수 있다. 거기서 막 짜낸 신선한 과일주스를 마시면서 덩리쥔은 행복했다. 그녀는 집이란 몸과 마음의 긴장을 풀고 휴식을 취하는 공간이라고 생각했다.

침실에 놓인 19세기 황실 스타일의 청동으로 만들어진 침대는 덩리쥔이 직접 고른 것이다. 청동으로 된 침대가 좋은 인연을 가져온다는 말을 누군가에게서 들었다고 한다. 하지만 청동 침대도 그다지 영험하지 않았다. 덩리쥔에게 멋진 반려자를 데려다주지는 못했기 때문이다. 침대에는 분홍색 새틴 재질의 시트가 깔려 있고 용과 봉황이 서로 희롱하는 무늬가 아름답고 정교하게 수놓여 있다. 분홍색 술 장식이 낭만적으로 드리워져 있고 베개와 침대 주변에 늘어뜨린 덮개에는 나비와 꽃이 수놓여 있다. 침실 창문의 커튼도 같은 재질에 같은 무늬의 비단으로 되어 있다. 방 안은 온화한 느낌의 분홍색 계열의 색채로 가득해서 온통 나비가 날아다니는 듯한 낭만적인 분위기다. 고대의 공주님이 잠들었을 법한 침대 장식 등은 덩리쥔이 직접 수놓은 것으로 한 땀 한 땀 그녀의 손길이 닿은 흔적이 남아 있다.

침대 옆에는 간단한 화장대가 있다. 타원형 거울 가장자리로 톈안먼 기념 여신상이 하나 놓여 있는데 덩리쥔이 무척 아끼던 물건임을 금세 알 수 있다. 내가 방문했던 해에는 침대 앞에 덩리쥔의 위패가 설치되어 있었는데, 진메이는 아침저녁으로 향을 피우고 그녀의 영면을 빌었다. 밍 언니는 덩리쥔의 영정을 볼 때마다 향이 다 타도록 눈물을 흘리며 부엌으로 들어

가지 못하고 서 있곤 했다. 마치 덩리쥔에게 아직도 못다 한 말이 무척 많이 남은 것 같았다. 주인은 떠나고 집이 텅 비었다. 나는 형언할 수 없는 안타까움과 슬픔을 느꼈다. 밍 언니가 나에게 이런 말을 했다.

"아가씨는 생전에 정말 깔끔했어요. 자기 침실에 스테판을 들어오지 못하게 했었죠."

주인을 잃은 침대보는 차갑기만 하다. "봉황의 아름다운 날개 없이" 덩리쥔은 수많은 나비로 둘러싸인 방에서 지냈지만 "무소의 뿔처럼 서로 감응하는" 평생을 함께할 반려자를 만나지는 못했다.["봉황의 날개 없이도 무소의 뿔처럼 서로 감응하네身無彩鳳雙飛翼, 心有靈犀一點通"는 당나라 시인 이상은李商隱의 「무제無題」에 나오는 구절이다.]

욕실의 타일 역시 분홍색이다. 욕실에 가득 놓인 크고 작은 병과 용기들은 모두 미용과 청결을 위한 용품이거나 향수다. 욕실의 타일 중 하나에는 파란색으로 그린 특이한 모양의 하트 그림이 있다. 그 하트 그림 안에는 프랑스어로 "사랑해"라는 말과 스테판의 서명이 쓰여 있다. 하트를 그리려고 마음먹었을 스테판의 애정 어린 마음이 전해지는 듯하다. 분명 스테판과의 사랑을 통해 덩리쥔은 달콤하고 행복한 사랑을 맛보았을 것이다. 타일 위에 남겨둔 사랑은 쉽게 지워지거나 퇴색되지 않고 지금까지 남았다. 스테판이 스탠리 옛집에서 보낸 마지막 1년은 분명 매우 힘들었으리라. 하지만 돌이킬 수 없는 일이 아닌가. 상실의 아픔이 그의 것만은 아니지 않을까?

如果沒有遇見你

我將會是在哪裡

日子過得怎麼樣

人生是否有意義

也許認識某一人

過著平凡的日子

不知道會不會

也有愛情甜如蜜

任時光匆匆流去

我只在乎你

心甘情願感染你的氣息

人生幾何能夠得到知己

失去生命的力量也不可惜

所以我求求你

別讓我離開你

除了你

我不能感到一絲絲情意

당신을 만나지 못했다면

나는 어디에 있을까요?

어떤 세월을 보냈을까요?

인생에 의미가 있을까요?

어쩌면 누군가를 알게 되고

평범한 나날을 보냈겠지요.

혹시 그럴지도 몰라요.

달콤한 사랑을 할지도 몰라요.

세월이 빠르게 흘러가도

나는 당신만 생각해요

당신의 숨결에 취하고 싶어요.

살면서 나를 알아주는 사람을 몇 명이나 만나겠어요?

목숨을 잃는다 해도 아깝지 않아요

그러니 당신에게 애원해요

내가 당신을 떠나지 않게 해주세요

당신이 아니라면

나는 이런 사랑을 느낄 수가 없어요

1992년 덩리쥔이 귀국했을 때, CTS 방송국에서 독점 인터뷰를 했다. 진행자 천웨칭陳月卿이 덩리쥔에게 물었다.

"수백 곡을 불렀는데, 어떤 노래를 제일 좋아하나요?"

덩리쥔의 대답은 〈나는 당신만 생각해요〉였다. 이 곡의 가사는 덩리쥔의 스승이기도 한 선즈가 썼다. 선즈는 막 데뷔한 덩리쥔에게 발음 하나부터 가르치면서 노래 훈련을 시켰다. 선즈가 가사를 붙인 곡 중 덩리쥔이 부른 곡이 제일 많고 또 가장 잘 불렀다. 스승과 제자 사이의 정이 남달랐다. 선즈의 장례식에 간 덩리쥔은 내내 눈물을 흘렸고, 거기서 노래를 불렀는데 한 구절 한 구절 눈물과 슬픔이 가득했다. 그날 인터뷰를 하던 덩리쥔은 반주 없이 이 노래를 부르다 울음을 터뜨렸는데, 그곳에 있던 스태프 중 감동하지 않는 사람이 없었다.

이 노래는 원래 일본어로 발표한 〈세월의 흐름에 몸을 맡겨요時の流れに身をまかせ〉였다. 일본 활동 절정기를 열어준 곡이기도 했다. 당시 어떤 일본

가수도 '일본유선대상日本有線大賞' '전일본유선대상全日本有線放送大賞'을 3연패한 덩리쥔의 성적을 따라오지 못했다. 심지어 이 기록은 지금까지도 깨지지 않았다. 1973년에 일본에 건너가 1986년 일본에서 지고무상의 명예를 얻기까지, 13년간 덩리쥔은 인생의 달고 쓴 경험을 모두 겪었다. 덩리쥔은 해외로 진출한 중국어권 가수 중 최고의 성취를 거두었고, 일본과 깊은 인연을 맺었다. 이 세월은 이미 덩리쥔의 곁을 지나쳐 갔지만 덩리쥔 인생에서 여러모로 특히 의미 있는 황금기다.

하늘이 내린 목소리
일본 활동을 탐색하다

덩리쥔과 일본의 인연을 맨 처음으로 거슬러 올라가보면 사사키 유키오佐佐木幸男부터 이야기를 시작해야 한다. 1973년 사사키 유키오가 홍콩에 왔다. 홍콩의 폴리그램 음반사의 제작부장이 그를 어느 라이브홀로 초대했다. 그날 10여 명의 가수가 나와 공연을 했는데, 처음 몇 명까지 사사키 유키오는 그다지 흥미를 보이지 않았다. 그러다가 공연이 클라이맥스에 이르렀을 때 덩리쥔이 나왔다. 단지 세 곡을 불렀을 뿐인데 사사키 유키오는 덩리쥔의 노래에 완전히 매료됐다. 그렇게 따스하고 친밀한 느낌, 연약한 아름다움은 일본인의 취향에 딱 맞아떨어지는 것이었다. 사사키 유키오는 당시 자신이 무척 술을 많이 마셔서 제대로 된 판단을 하지 못했을지 모른다고 생각했다. 그래서 다음 날 다시 덩리쥔의 노래를 들어보기로 결심하고는 가장 앞줄에 자리를 잡고 콜라 한 잔만 주문한 뒤 술은 한 방울도 마시지 않고서 덩리쥔의 등장을 기다렸다. 그는 다시 한번 큰 충격에 휩싸였다. 사사키는 당시의 심경을 이렇게 이야기했다.

"그 노랫소리는 정말 '충격'이라는 두 글자로만 묘사할 수 있을 겁니다. 저는 노래에 무척 집중한 나머지 몸이 뻣뻣하게 마비되다시피 했어요."

그날 사사키 유키오는 당장 레코드 가게로 달려가 덩리쥔이 발매한 모든 음반을 샀다. 호텔로 돌아와 200곡이 넘는 노래를 한 곡 한 곡 집중해서 들었다. 밤을 하얗게 새우며 그녀의 노래를 듣는데, 들을수록 마음에서 지울 수가 없었다. 그때 사사키 유키오는 단 한 가지 생각만 했다고 한다.

'이런 가수를 놓칠 수 없다. 어떻게든 계약해서 일본으로 데려가야 한다.'

3박 4일의 휴가가 다 끝나기도 전에 사사키 유키오는 일정을 앞당겨 일본에 돌아갔다. 일본의 폴리도르 음반사에서 일하던 그는 회사에 가자마자 덩리쥔의 음반을 들려주며 당장 계약을 해야 하지 않겠냐고 서둘렀다. 당시 음반사에서 관리부장을 맡고 있던 후나키 미노루는 그때를 이렇게 기억한다.

"우리는 사사키가 당장 내일이라도 덩리쥔과 계약해서 데려올 것 같다고 느꼈습니다. 회사에서 거의 만장일치로 그녀의 계약이 통과됐습니다. 제가 기억하는 한, 아무런 반대도 없이 신인 가수의 계약이 통과된 건 그때가 처음이자 유일했어요."

그때 사사키 유키오는 이 어린 여가수가 동남아시아 일대에서 선풍적인 인기를 누리는 타이완 가수라는 것도 몰랐다. 그가 홍콩의 폴리그램과 연락해 덩리쥔과 계약하고 싶다고 했을 때, 홍콩 측에서는 덩리쥔을 추천하기보다는 그들 회사에 소속된 다른 가수와 계약하기를 바랐다. 그러나 그때 덩리쥔에게 완전히 매료돼버린 사사키 유키오는 다른 가수에게는 전혀 흥미를 보이지 않았고 오로지 덩리쥔과 계약할 생각뿐이었다. 그는 자신의 귀를 믿었으며 자신의 눈에는 더욱 자신이 있었다. 사사키 유키오는 덩리쥔의 목소리뿐 아니라 두 차례 공연을 보면서 그녀의 무대 매너나 외모에서도 훌륭한 기질과 교양을 느꼈다. 그가 보기에 그것이 덩리쥔의 가장 큰 매력이었다. 사사키 유키오는 이렇게 이야기했다.

"음반 업계에서 쌓은 제 경력을 통틀어 어떤 가수에게도 이렇게 마음을 빼앗긴 적이 없습니다. 덩리쥔이 일본에 와서 보여준 모습은 우리 모두를 감탄시켰죠. 저 역시 덩리쥔과 함께 일한 것을 영광이라고 생각합니다. 사실상 그녀와 같은 보석은 누구라도 발굴했을 테고 어떤 음반사에서도 분명히 성공했을 겁니다. 저는 단지 운이 아주 좋았던 셈이죠!"

사사키 유키오는 인연을 믿는 사람이다. 첫째, 그가 홍콩에 간 것은 순전히 휴식을 취하기 위해서였지 신인 발굴이라는 임무를 맡은 상황이 아니었다. 당시 그는 주의를 기울여서 노래를 듣지도 않았다. 둘째, 홍콩의 라이브홀은 수십 곳이나 된다. 그런데 하필 덩리쥔이 클라이맥스 부분에 출연한 곳에 간 것도 인연이다. 셋째, 덩리쥔은 동남아시아 곳곳에서 공연하느라 홍콩에서 무대에 서는 경우는 별로 없었다. 그런데 마침 그 며칠 사이에 사사키와 마주친 것이다. 그는 눈물 고인 눈으로 이렇게 말했다.

"벌써 35년입니다. 덩리쥔은 내 마음속에서 절대로 대체될 수 없습니다. 덩리쥔을 발굴해낸 덕분인지 그 후로 연이어 중국 가수들이 저에게 도움을 청했지만 저는 전부 거절했습니다. 왜냐하면 그토록 마음 깊은 곳에서부터 함께 일하고 싶다고 느낀 사람이 없었기 때문입니다."

그는 덩리쥔의 진정한 '지음'이라고 할 수 있다. 덩리쥔의 요절에 대한 안타까움과 슬픔은 그의 붉어진 눈가에 고스란히 나타나 있었다. 쉽게 눈물을 흘리지 않는 중년 남자가 꾹 참아온 눈물은 얼마나 귀한 것인가. 그는 자신의 가슴께를 가리키며 이렇게 말했다.

"아무리 세월이 많이 흘러도 덩리쥔이 이미 세상을 떠났다는 것을 생각하면 제 '여기'가 아픕니다."

나와 동행했던 통역사 역시 그의 진심 어린 말에 깊이 감동했고 눈물을 흘렸다. 한쪽에 앉아 있던 후나키 미노루는 눈물바다가 될까 걱정이 되어 얼른 덩리쥔이 처음 일본에 왔을 때의 재미있는 일화를 들려주겠다고 나섰다. 다만 그 이야기를 들은 사람들이 웃으면서도 더 많은 눈물을 흘린 것이 그의 예상과 달랐다. 이렇게 진심 어린 우정으로 덩리쥔을 이해하고 끝까지 응원했던 사람이 있을까? 이런 우정은 비즈니스 관계를 넘어서는 것이 아닐까?

1973년 11월 홍콩 폴리그램 사장 정둥한의 도움을 받아 후나키 미노루는 통역사 사이 요시오를 대동하고 타이완에 가서 덩리쥔을 설득해 계약을 맺었다. 후나키 미노루는 덩리쥔을 이렇게 설득했다. 일본은 가수가 자신을 시험해볼 수 있는 가장 좋은 곳이다. 일본에서 성공한다면 그것은 자신의 실력을 증명해내는 셈이 된다. 도전할 가치가 충분하다. 그 말에 덩리쥔은 흔들렸다. 하지만 아버지가 반대했다. 현재 아주 잘되고 있는 딸이 낯선 땅에 가서 언어도 통하지 않는데 고생을 하는 것이 마땅치 않았다. 게다가 다시 '신인'이 되어 새롭게 시작해야 하지 않는가. 분명히 어려움을 겪을 게 뻔했다. 후나키 역시 당장 결정할 문제는 아니라는 것을 잘 알았다. 그는 당장 답을 달라고 하지 않고 완곡하게 돌려서 며칠 더 생각해보라고 제안했다.

두 번째 만났을 때는 여섯 시간 동안 성공을 보장한다고 큰소리도 치고, 덩리쥔의 재능을 칭찬하기도 하고, 일본 활동의 장점을 내세우기도 했고, 간곡하게 애원하며 정성을 다했다. 결국 덩리쥔의 아버지도 고개를 끄덕였다. 그는 몸을 일으켜 굉장히 정중하고 신중하며 또한 차마 보내기 어려운 듯한 어조로 후나키 미노루에게 덩리쥔을 잘 부탁한다고 말했다.

"딸아이를 부탁합니다. 잘 보살펴주십시오."

덩리쥔의 아버지는 손을 내밀었고 두 사람은 악수를 했다. 그 순간 후나키 미노루는 아버지의 눈 속에서 숨겨진 눈물을 봤다. 후나키는 자신의 어깨에 지워진 책임이 막중하다는 것을 느꼈다. 마음속으로 자기 자신에게 다짐했다.

'따님을 나에게 부탁하셨는데 마음을 다해 보살펴야 한다!'

그 후 후나키 미노루는 20년 넘게 덩리쥔과 그녀의 어머니를 돌봐주었다. 덩리쥔이 세상을 떠난 뒤에도 토러스 음반사에서 발매한 앨범의 수익을 결산하면 후나키 미노루가 빠짐없이 덩리쥔의 가족에게 전달한다. 매년 5월 8일이면 반드시 타이완에 와서 덩리쥔의 묘를 찾는다. 심지어 그때마다 덩리쥔의 어머니가 일본 쌀을 좋아한다는 것 때문에 멀리 일본에서 쌀을 가지고 온다. 수십 년간 한 번도 달라진 적이 없다.

당시 후나키 미노루가 덩리쥔과 계약해야겠다고 마음먹은 이유는 다음과 같다. 첫째, 덩리쥔은 이미 동남아시아에서 큰 인기를 얻었다. 이는 그녀가 매력 있고 가수로서 성공할 조건을 갖췄다는 의미다. 둘째, 덩리쥔은 어릴 때부터 일본 노래를 듣고 자랐다. 무대에서 일본 노래를 부를 수 있을 정도였다. 게다가 덩리쥔이 부르는 일본 노래는 상당히 맛깔스러워서 일본인에게도 익숙한 느낌이라 국적이 다르다는 것이 장애가 되지 않을 거라고 여겼다. 셋째, 덩리쥔은 자연스러운 태도와 깨끗한 음색을 갖춘 보기 드문 재능의 가수였다. 갈고닦으면 분명히 성공할 수 있다고 봤다. 넷째, 덩리쥔은 중국어와 일본어로 동시에 공연할 수 있어서 화제가 될 가능성도 크고, 성공 요인이 많다. 다섯째, 아직 어린 나이였다. 앞으로 활동할 시간이 아주 많다. 후나키 사장은 민감하게 관찰한 끝에 아무리 어려워도 덩리쥔을 직접 일본의 폴리도르로 초청해 계약을 해야 한다고 생각했다. 특히 덩리쥔 모녀를 안심시키기 위해 우선 덩리쥔과 어머니가 일본에 와서 상황을 살펴보고 적응하기를 기다렸다.

덩리쥔의 어머니는 그 시절을 굉장히 안락했다고 기억한다. 일본의 음반사에서는 꽤나 큰돈을 들여 먹고 자는 부분을 해결해주었고, 일을 하거나 조건을 거는 것 없이 덩리쥔을 데리고 방송국에 가서 견학을 시켜주고 일본의 가요계가 어떤 시스템인지를 살펴보게 했다. 타이완이나 홍콩에 비해 규모가 훨씬 더 크고 체계적이라는 것을 알려준 것이다. 덩리쥔과 어머니는 약 한 달 가까이 일본에 머물면서 일본어를 배우고 일본 노래를 듣

고 일본 요리를 먹었으며 일본의 유명한 관광지와 명승고적을 구경했다. 덩리쥔은 점점 더 도전해보고 싶다는 쪽으로 기울었다. 모녀는 타이완으로 돌아와서 설을 쇠었다. 2월이 지난 뒤에야 다시 일본으로 돌아갔는데, 3월 1일에 덩리쥔이 '테레사 덩Teresa Teng'이라는 예명으로 처음 발매하는 일본어 싱글 곡 〈오늘 밤 아니면 내일今夜かしら明日かしら〉이 발매됐다. 그러나 시장 반응은 그다지 좋지 않았고 히트곡 차트 75위에 오르는 데 그쳤다.

첫 번째 앨범의 성적이 생각만큼 좋지 않았기 때문에 다들 사사키 유키오의 안목에 회의적인 태도를 보였다. 곧바로 계속해서 덩리쥔과 계약해야 할 것인지를 결정하는 제작 회의가 열렸다. 후나키 미노루는 그 투표의 결과를 기억하고 있다. 15명이 반대표를 던졌고, 단지 4명만 이대로 유지하자고 했다. 사사키 유키오는 당연히 그 4명 중 한 사람이었다. 그는 회사 사람들에게 한 번만 더 덩리쥔에게 기회를 주자고 호소했다. 그는 심지어 "이번 앨범도 성공하지 못한다면 사직하겠다"는 말까지 했다.

후나키 미노루를 가장 감동시킨 것은 덩리쥔 본인이 스스로 돌아보고 분석하는 태도였다.

"첫 앨범이 잘 팔리지 않은 이유를 다들 잘 알고 있었습니다. 그 노래는 멜로디와 가사가 좋지 않았고 홍보도 부족했어요. 게다가 덩리쥔은 전혀 알려지지 않은 신인이었고 회사 차원에서 전력으로 그녀를 지원한 것도 아니었죠. 사실 덩리쥔도 처음부터 곡 선정이 그녀의 스타일이나 창법과 잘 맞지 않는다는 문제를 알고 있었어요. 하지만 덩리쥔은 그런 문제 제기를 전혀 하지 않았고, 회사를 원망하지도 않았습니다."

사사키 유키오가 말한 대로, 덩리쥔은 무척 교양 있고 감수성이 풍부한 사람이었다. 앨범이 잘 팔리지 않자, 덩리쥔은 자신을 돌아보며 원인을 찾았다. 자기 노력이 부족했고 일본어 발음도 완벽하지 않았으며 노랫소리의 변별력도 아쉬웠다고 하면서 오히려 제작자를 위로했다. 게다가 덩리쥔은 이런 좌절로 의기소침해하기보다는 더욱 열심히 발음 연습과 감정 표현,

가창 테크닉을 익히기 위해 노력했다. 덩리쥔은 신인 가수가 맞닥뜨릴 수 있는 모든 나쁜 상황을 받아들였다. 포용하고 견뎌냈으며 인내할 줄 알았다. 실패했다고 낙담하지 않고 성공했다고 자만하지 않았다. 용감하게 다시 도전했다. 후나키는 감정을 담아 이렇게 말했다.

"나는 일본에서 음반사의 책임자로 30년을 일했습니다. 수없이 많은 가수를 만났지요. 하지만 덩리쥔만큼 품격을 갖춘 사람은 없습니다."

덩리쥔과 일한 프로듀서도 이렇게 말했다.

"만약 덩리쥔이 원망을 했다면 좋았을 겁니다. 그런데 한마디도 그런 말을 하지 않았지요. 그건 덩리쥔의 어머니께서 가정교육을 잘 시킨 덕분이겠지요. 아직 어린 나이인데도 그렇게나 겸손하고 철이 들었으니까요. 덩리쥔은 자기 자신에게 엄격한 잣대를 가지고 요구하는 사람이었어요. 정말로 존중할 만한 가수였지요. 그녀의 태도 때문에 프로듀서가 오히려 중압감을 느끼고 더 미안한 마음을 가졌어요."

🐌 일본에서의 두 번째 싱글 75만 장 돌파

그녀의 태도에 감동받았기 때문일까, 후나키 미노루도 책임을 느꼈다. 그들이 처음부터 잘못된 방향을 선택했던 것이다. 〈오늘 밤 아니면 내일〉은 열대여섯 살 소녀들이 폴짝폴짝 뛰는 듯한 발랄하고 귀여운 노래였다. 스물한 살의 덩리쥔이 소화하기에는 적합하지 않았다. 두 번째 앨범은 방법을 바꿔 반대로 진행했다. 처연하고 성숙한 느낌의 〈공항空港〉을 부르게 한 것이다. 방향 변화는 주효했다. 덩리쥔은 순식간에 인기를 얻었다. 6월 5일 싱글 앨범을 발매한 지 한 달도 안 되어 히트곡 순위 15위 안으로 진입했고 신인상, 방송상 등을 받는가 하면 판매량도 75만 장을 돌파했다. 덩리쥔은 이 곡으로 1974년 최우수 신인 가수상을 받았다. 사사키 유키오도 체면을 세웠고 자신의 눈이 틀리지 않았음을 증명했다.

이 시기에 일본 후지TV 제작자인 왕둥순王東順은 덩리쥔 모녀에게 큰 도움을 주었다. 그는 전문 방송인의 경험을 통해 덩리쥔에게 일본 연예계의 현황을 잘 알려주었다. 덩리쥔도 여러 차례 그에게 자문을 구했고 어려운 상황에 처할 때마다 그를 믿고 상의했다. 예를 들어, 덩리쥔은 처음에 일본에서 텔레비전 프로그램에 출연할 때 연예인들이 입는 옷을 자신이 결정하지 못하고 소속사에서 미리 사전 조율한다는 것을 몰랐다. 그렇게 해서 출연자들이 비슷한 의상을 입고 나오는 것을 방지하는 것이다. 만약 스타급 연예인과 같은 스타일의 옷을 입었다면 신인 쪽이 급히 옷을 갈아입어야 하고, 전혀 이의를 제기할 수 없었다. 일본은 선배와 후배라는 관념이 아주 분명하고 엄격했다. 후배는 선배를 존중해야 했고, 신인은 반드시 먼저 선배를 찾아가 인사를 해야 했다. 이런 부분은 덩리쥔에게 전혀 어려운 일이 아니었다. 덩리쥔은 타이완에서도 예의 바르고 겸손한 사람이었기 때문에 일본에서도 덩리쥔에 대한 선배들의 평가는 상당히 좋았다. 한 번은 옛 가요계 스타인 우미야宇宙가 덩리쥔의 진주 장식 치파오가 예쁘다고 칭찬하자 당장 그 옷을 그녀에게 선물해 우미야는 놀라면서도 즐거워했다.

방송 프로그램에 출연하게 되자 왕둥순이 덩리쥔을 데리고 다니면서 방송국 환경에 익숙해지도록 도와줬고 덩리쥔에게 일본어도 가르쳐줬다. 덩리쥔은 반대로 윗대가 중국 산둥 성에서 일본으로 건너온 화교인 그에게 중국어를 가르쳐줬다. 왕둥순은 덩리쥔이 금세 유창하고 우아한 일본어를 구사하는 것을 보고 언어적 재능이 대단하다고 생각했다. 덩리쥔의 발음은 무척 예뻤다. 심지어 굉장히 어려운 발음인 비탁음[일본어의 몇몇 음을 특정한 환경에서 비음화하여 발음하는 것]도 구사할 정도였다. 청력은 더욱 놀라워서, 덩리쥔이 일본어 노래를 잘 부를 수 있었던 중요한 원인은 정확한 발음에 있었다.

당시 덩리쥔 모녀는 호텔에 묵고 있었다. 커다란 다다미방이었다. 덩리쥔은 여러 사람을 큰방으로 불러서 함께 즐거운 시간을 보냈다. 덩리쥔의 어머니도 물만두를 빚어서 대접했다. 덩리쥔은 연예인이라는 이유로 잘난 척하지 않았고 함께 일하는 스태프들과 좋은 관계를 유지했다. 덩리쥔은 자신이 일본에서 성공하려면 주변 친구와 함께 노력해야 한다는 것을 잘 알고 있었다. 덩리쥔은 이후로 상을 받으면 꼭 파티를 열어서 함께 일한 스태프들과 즐거움을 나누고 감사의 마음을 전했다. 오만한 태도를 보이거나모든 게 자신의 공로라고 내세우지 않았다.

왕둥순이 기억하는 덩리쥔은 언어를 대단히 빠르게 배우는 것 외에 운전 실력도 아주 뛰어난 아가씨였다. 덩리쥔은 직접 차를 몰아 왕둥순과 몇몇 친구를 교외로 데리고 가서 논 적이 많았다. 이즈 온천의 고급 료칸에서 온천욕을 하는 것을 특히 좋아했다. 음식을 먹을 때도 익숙한 단골 식당에서 질릴 때까지 먹는 것을 좋아했다. 왕둥순은 다 함께 가라오케에 가서 놀았던 날을 평생 잊지 못한다고 했다. 덩리쥔이 마이크 없이 그의 귓가에서 무반주로 노래를 불러주었다는 것이다. 부드럽고도 진실한 목소리는 아름답기 그지없었다. 그는 지금까지도 가슴이 두근거리고 달콤한 기분이 느껴진다고 했다. 왕둥순은 미소를 지으며 잊을 수 없는 추억을 더듬었다. 그러면서 몇 번이고 말했다.

"덩리쥔은 정말 노래를 잘했습니다! 반주도 없이요! 정말 노래를 잘했어요!"

왕둥순은 다시는 그런 행운을 가지지 못했다. 그날의 기억은 그가 절대 잊지 못하는 추억으로 남았다.

9월에 후지TV에서 타이완 베이터우의 덩리쥔 집을 찾아 그녀의 가족과 가정생활을 인터뷰했다. 일본에서 덩리쥔은 텔레비전 프로그램에 출연하기 시작했는데, 그후 일본에서의 인지도가 상당히 올라갔다. 10월 19일

후지TV가 '신주쿠가요제'의 실황 영상 프로그램을 방영했다. 신주쿠가요제는 가요계에 새로 데뷔한 가수가 참가하는 가창 경연 대회로, 데뷔 1년 이내인 가수만 참가할 수 있었다. 점수에 따라 금상, 은상, 참가상 등으로 나눈다. 예선은 9월 22일 열렸고 여러 음반사에서 추천한 106명의 신인 가수가 참가해 20명이 결선에 올랐다. 덩리쥔 외에도 유야尤雅[1960년대에 데뷔한 타이완 여가수, 1973년 일본에 진출했다], 슈란秀蘭(상동)도 결선에 진출했다.

결선은 신인 가수가 각각 자신이 고른 곡 하나를 부른 뒤 심사단이 가창력, 개성, 무대 매너, 발전 가능성의 네 가지 부문에서 평점을 매긴다. 2시간의 노래 경연과 1시간의 평가 후 덩리쥔이 부른 〈공항〉은 58.5점을 받아 동상을 받았다. 덩리쥔은 이 곡으로 그해 11월 19일 제16회 일본레코드대상에서 신인상도 수상했다.

일본의 가창 심사는 수상자를 매우 신중하게 선정한다. 레코드대상의 수상자를 선정하는 심사에는 주관사가 초청한 가요계 전문가 43명이 선임되고, 각 음반사에서 추천한 후보 가수들이 녹음한 레코드를 토대로 심사한다. 그래서 심사단은 후보자들의 싱글 앨범 598장, 정규 음반 165장을 들어본 뒤 투표로 수상자를 결정한다. 게다가 현장에서 공연한 뒤 실제 가창 능력을 증명해야 수상이 가능하다. 동시에 도쿄 데이코쿠帝國극장에서 공연해야 한다. 선정된 가수가 상을 받을 실력이 있는지 증명하기 위함이다. 이처럼 엄격한 심사를 거쳐 선정되기 때문에 덩리쥔은 신인상을 받은 후 감정이 격해져서 기쁨의 눈물을 흘렸다.

1975년 1월 덩리쥔은 일본에서 스케이트를 타다가 넘어져 다리를 다쳤다. 2월에 타이완으로 돌아와 설을 쉴 때, 덩리쥔의 어머니는 공항에서 덩리쥔이 깁스를 하고 휠체어에 앉아서 나오는 것을 보고 몹시 놀라 공항에서 그대로 쓰러질 뻔했다. 한바탕 난리가 나고서 좀 진정될 때까지 덩리쥔은 어머니를 계속 위로했다. 사실 덩리쥔은 열 살 때부터 스케이트를 배워서 아주 잘 탔다. 하지만 이번에 넘어져서 입은 부상으로 덩리쥔이 늘 자랑스럽게 여겼던 늘씬한 다리를 다쳤다. 부상이 나으면 원래대로 돌아올지도 알 수 없었다. 사실 덩리쥔이 가장 불안했을 것이다. 일본의 방송계는 무척 현실적이어서 출연하기로 했으면 부상을 입었어도 반드시 프로그램에 나가야 했다. 덩리쥔은 앉은 채로 노래를 부르고 카메라는 상반신만 잡는 날들이 이어졌다. 두 달 뒤 깁스를 푼 뒤에야 고생스러운 시간이 끝났다. 덩리쥔의 어머니는 가슴을 쓸어내렸다.

"다행히 그애의 다리는 여전히 곧고 예뻤죠. 전 정말로 그애가 평생 휠체어를 타고 살아야 할까봐 걱정이 이만저만 아니었어요!"

덩리쥔은 1975년 3월 〈밤안개夜霧〉, 7월 〈밤의 승객夜の乘客〉 등 싱글 앨범을 발매해 일본 제18회 레코드대상과 일본 신주쿠가요제의 신인상을 받았다. 같은 시기 홍콩 폴리그램과 계약하고 〈섬나라의 사랑 노래〉 제1집을 냈다. 이어서 싱가포르, 쿠알라룸푸르 등 동남아시아 각지에서 공연한 뒤 10월이 되어서야 다시 일본으로 돌아갔다. 1976년 1월 〈사랑의 세계愛的世界〉를 발매하고 3월에 홍콩 리 시어터에서 세 차례의 개인 콘서트를 열었다. 당시 그녀는 일본에서 20인조 빅밴드를 데려와 공연했고, 그때 일본에서 한창 인기 있던 가수 혼고 나오키를 게스트로 초청했다. 이 콘서트 때 일본 폴리도르에서 동행한 매니저 등은 덩리쥔의 대스타로서의 매력을 직접 목격하고 덩리쥔이 홍콩에서 얼마나 선풍적 인기를 누리는지를 알게 됐다. 사실상 지난 2년간 일본에서의 신인 대접을 받을 이유가 전혀 없었던 것이다. 그러나 덩리쥔은 스스로에게 도전하고 싶었기에 자신의 본분에 충실하면서 모든 것을 받아들였다.

최우수 신인상 뒤에 숨겨진 신인의 눈물

막 일본에 도착했을 때는 말도 통하지 않았고 음식도 익숙지 않았으며 생활 습관도 달랐다. 덩리쥔도 몇 번이나 운 적이 있었다. 덩리쥔의 어머니는 그녀가 매일 우울해하는 것이 마음 아파서 이렇게 말하곤 했다.

"됐다, 이제 그만하자. 역시 집에 가는 게 좋겠어."

하지만 덩리쥔은 늘 눈물을 닦은 뒤 '아뇨!'라고 말했다. 그녀는 패배를 인정할 생각이 없었다. 돌아간다는 것은 그녀가 일본 가요계와의 싸움에서 졌다는 것을 의미한다. 그리고 그녀를 인정해주고 추천한 사람들, 좋아해준 일본의 팬들을 저버리는 것이었다. 그래서 덩리쥔은 반드시 이겨내야 했다. 과연 1년도 못 되어 덩리쥔은 일본어도 유창해지고 일본 음식에도 점차 익숙해졌다.

일본어를 제대로 발음하기 위해 덩리쥔은 주음부호, 한자, 영어, 로마자 발음기호 등 모든 방법을 총동원했다. 악보에는 덩리쥔 혼자만 알아볼 수 있는 표기가 가득했다. 읽는 것도 힘든데 음악에 맞춰 노래를 불러야 했다. 가사의 의미와 그 안에 담긴 감정을 깊이 이해하고 표정과 동작 등을 덧붙여 무대에서 표현하는 일이 얼마나 힘들지 짐작할 수 있다. 다행히도 일본 가요계는 고정적인 곡 하나를 계속 반복하는 관례가 있었다. 서너 달 이어지는 홍보활동 기간 동안 덩리쥔은 어디를 가든 그때 주로 홍보하는 곡 하나를 계속 불렀기 때문에 시간이 지날수록 익숙해지고 더욱더 잘 부르게 되었다. 하지만 일본 사람들은 또 효율을 무척 중시하는 터라, 홍보활동 기간에는 거의 숨 돌릴 틈 없이 공연, 방송 출연, 인터뷰, 행사 참석 등 수많은 일정을 소화해야 했다. 어떤 때는 하루에 예닐곱 군데를 돌아다녀야 해서 사이사이 30분도 채 쉬지 못하는 경우도 비일비재했고 무척 피로할 수밖에 없었다.

그 후 수년간, 덩리쥔은 일본의 지면과 방송에 자주 등장했다. 한번은 코미디 프로그램에 출연해 사무라이, 여자아이, 호텔의 안마사 등 여러 역할로 분해 콩트를 했는데 아주 귀여웠다. 하지만 타이완 언론에서는 덩리쥔이 일본에서 우스꽝스러운 분장을 한다며 안타까워했다. 덩리쥔은 그런 콩트나 촌극도 일종의 예술이라고 여겼고 별로 신경 쓰지 않았다. 1978년은 일본에서 시무라 겐志村けん의 코미디 프로그램이 인기 있던 시절이었다. 덩리쥔도 시무라 겐의 「8시다, 전원집합!8時だョ!全員集合」의 단막극에 출연한 적이 있다. 이런 프로그램의 콩트나 단막극은 개연성도 없고 제멋대로의 이야기지만 시청률은 아주 높았다. 수많은 일본의 스타도 종종 이 프로그램에 카메오로 출연하곤 했다. 덩리쥔도 이런 코미디 프로그램을 거절하지 않았다. 게다가 덩리쥔은 프로그램의 홍일점이어서 시무라 겐이나 다카기 부高木ブー 등의 주요 출연자는 덩리쥔을 보물처럼 아껴줬다. 덩리쥔은 어떤 때는 콩트를 연기하다가 웃음을 참지 못할 정도로 재미있었다고 말한 적도 있다.

그리고 많은 사람이 잘 알지 못하는 사실이 있는데, 덩리쥔은 자기 노래도 잘 부르지만 모창에도 뛰어났다. 일본 교육방송NET에서 방영한 「스타모창대회」에서 덩리쥔은 모리 신이치森進一를 모창하며 〈항구 블루스港町ブルース〉를 불렀다. 모리 신이치는 남자 가수이고 허스키한 목소리인데 덩리쥔은 그의 창법을 우스갯소리로 '취한 고양이' 창법이라고 부르면서 아주 비슷하게 흉내 냈다. 더욱 놀라운 것은 덩리쥔이 후렴구의 가사를 중국 발음으로 바꿔서 불렀다는 것이었다. 현장에서 덩리쥔의 모창을 들은 관중들은 무척 즐거워하며 뜨거운 박수로 화답했다. 그 방송은 일본 방송에서 최초로 중국어 노래가 방영된 날이었다. 다음 날 일본 여러 신문과 잡지에서는 이 일화를 재미있게 다뤘다.

또 다른 훈훈한 일화도 있다. 홋카이도에 살면서 투병 중이던 덩리쥔의 팬이 덩리쥔의 노래를 듣고 저도 모르게 병세가 호전됐다. 그 팬은 덩리쥔에게 무척 감사를 표했고, 방송국에서도 특별히 어떤 프로그램 중에 그 팬과 덩리쥔의 전화 통화를 주선했다. 덩리쥔은 즉석에서 전화기에 대고 그 팬을 위한 노래를 불러줬다. 그때 덩리쥔이 노래하면서 눈물을 흘리는 모습은 수많은 시청자를 감동시켰다.

이 시기에 덩리쥔은 홍콩에서도 앨범을 녹음했다. 말레이시아의 피낭 섬, 쿠알라룸푸르, 싱가포르 등을 오가며 공연하면서 자신감과 자존감을 회복했다. 하지만 일본에 돌아가면 덩리쥔은 회사에서 지정한 나이트클럽 이나 긴자 등에서 노래를 불러야 했다. 소위 말하는 '아타미熱海[도쿄에서 약간 떨어진 곳에 있는 온천 휴양 도시] 지역이었는데 차로 한두 시간 달려야 하는 것도 힘들지만 가장 참기 어려운 것은 노래를 듣는 손님들이 가수를 존중하지 않는다는 점이었다. 술에 취해 소란을 피우거나 큰 소리로 '벗 어!'라고 소리를 지르는 사람도 있었다. 노래를 들을 마음이 없는 취객 앞 에서 공연하는 것은 덩리쥔에게는 무엇보다도 굴욕적인 일이었다. 심지어 돈과 권력이 있는 손님은 가수가 노래를 마치면 자기 테이블에 와서 앉으 라거나 술을 따르라는 요구를 하기도 했다. 심할 경우에는 몸을 더듬기도 했지만, 이런 굴욕을 덩리쥔은 조용히 참아냈다.

덩리쥔은 어렸을 때부터 가수라는 직업을 무척 존중해왔다. 이렇게 존 중받지 못하며 공연하는 것은 그녀가 바라는 일이 아니었다. 집에 돌아가 서 어머니를 껴안고 눈물 흘린 적도 많았다. 덩리쥔은 후나키 미노루에게 도 그런 장소에서 노래하고 싶지 않다고 사정하기도 했다. 그런 공연을 하 면 수입이 크게 높아지지만 상관없다고, 음반의 판매 수익으로 만족한다 고도 했다. 하지만 회사와 계약을 맺을 때부터 와타나베 기획사를 위해 이런 의무를 다하겠다고 명시했기 때문에 후나키 미노루도 어쩔 수가 없 었다.

일본 연예계의 생태는 특수하다. 덩리쥔은 폴리도르 음반사에 소속되 어 있지만 음반사는 가수를 전혀 책임지지 않는다. 음반사는 소속 연예인의 매니지먼트를 다른 회사에 위탁한다. 그래서 와타나베 기획사에서 덩리쥔의 매니지먼트를 담당했다. 와타나베 기획사는 당시 일본에서 인기 있는 가수를 매니지먼트하는 최고의 회사였다. 신인 가수는 더욱더 음반사와 기획사 양쪽의 긴밀한 협조가 필요하다. 그들은 처음부터 덩리쥔과 장기 계약을 맺었다. 코미디 프로그램 출연, 아타미의 클럽 공연, 인터뷰 등은 신인 가수가 반드시 거쳐야 할 홍보활동의 일환이었다. 덩리쥔은 동남아시아에서 자신이 누리는 인기와 명성을 이유로 회사가 요구하는 홍보 전략을 거절한 적이 한 번도 없었다. 아타미 클럽 공연도 매니지먼트 회사인 와타나베 기획사의 전략 중 하나다. 소속 가수들이 돌아가면서 공연하는데, 보통 경력이 오래된 선배 가수가 신인을 데리고 다니는 식이다. 그렇게 여러 장소를 다니면서 공연하는 것이 와타나베 회사가 가수를 훈련시키는 방식이기도 했다. 처음에는 덩리쥔이 선배 가수를 따라다녔고, 나중에는 선배의 입장에서 신인 가수를 데리고 다녔다. 일본 인기 가수 하야미 유_{早見優}가 바로 당시 덩리쥔과 함께했던 신인이다. 덩리쥔은 클럽 순회 방식의 홍보를 그만둘 것을 끊임없이 회사에 요구했다. 덩리쥔이 일본에서 자기 자신을 위해 요구하고 관철시킨 일은 단 하나, 이것뿐이었다.

🐌 이마 한가운데 생긴 육종
　　간만의 휴식

　1977년 덩리쥔은 일본에서 작은 수술을 했다. 이마 한가운데 조그만 육종이 생겼기 때문이다. 도쿄의 병원에 가보니 일찍 발견해서 다행이라며 한 달만 늦었어도 악성종양이 됐을 거라고 했다. 제거하지 않으면 뇌수종이나 뇌암으로 진행될 가능성이 있다고 해서 덩리쥔은 깜짝 놀라 당장 입원하고 제거 수술을 받았다. 열 바늘을 꿰매고 한동안 휴식을 취했다. 전화위복이라고 해야 할지, 수술을 하느라 생각지 못한 휴가가 생긴 셈이었다. 덩리쥔은 집에 돌아가서 가족들과 즐거운 시간을 보냈다. 설을 쇤 뒤 아직 완전히 건강해진 상태는 아니었지만 일에 큰 영향을 미치지는 않을 정도가 됐다. 그해에 덩리쥔이 일본과 홍콩에서 녹음한 음반은 다 좋은 성적을 거뒀다.

그때 덩리쥔은 도쿄 시부야 메이지 신궁 앞에 있는 아파트로 이사를 한 상태였다. 그곳은 도쿄 속의 '작은 파리'라고 불리는 지역으로 신궁 앞 6번가 거리 중앙에는 나무가 한 그루 있고, 양옆으로는 명품가게나 옷가게, 노천카페 등이 죽 늘어서서 마치 샹젤리제 거리 같은 느낌을 주는 곳이다. 게다가 아파트 위아래 층에 모두 중국 사람이 살고 있어서 덩리쥔의 어머니도 이야기 나눌 이웃이 있어서 좋아했다. 중국 음식도 마음대로 만들어 먹을 수 있다보니 덩리쥔의 기분도 점점 좋아졌고 활력도 생겼다.

덩리쥔의 이웃인 짱즈팡臧志芳은 그녀를 세심하고 예의 바른 아가씨라고 표현했다. 덩리쥔은 종종 짱즈팡 씨 집에 가서 산둥 성 출신인 그녀가 요리한 자장몐炸醬麵과 둔지탕燉雞湯을 맛있게 먹곤 했다. 그때 짱즈팡 씨의 두 딸이 미국 학교를 다니고 있어서 그들과는 중국어, 일본어, 영어까지 3개 국어를 섞어서 대화했다고 한다. 덩리쥔은 좋아하는 만화 「스누피」를 보면서 영어 공부를 했다. 덩리쥔은 쇼핑도 좋아해서 옷이나 액세서리를 살 때면 어머니 것도 잊지 않고 샀다고 한다. 1984년 전성기가 시작된 뒤 덩리쥔은 도쿄에 올 때마다 꼭 한 번 짱즈팡 씨를 찾아갔다. 짱즈팡 씨네 두 딸이 홍콩에 와서 여행을 할 때도 정성을 다해 즐겁게 지내다 돌아갈 수 있도록 도와주었다고 한다.

덩리쥔은 일본에 와서 활동한 5년 동안 전부 8장의 앨범, 12장의 싱글 앨범을 발매했는데, 모든 음반이 차트 30위 안에 들었다. 일본 가요계에서 쉽지 않은 성적이다. 게다가 덩리쥔은 신인에다가 외국인이었다. 그녀의 노래가 이처럼 특색 있었던 이유 중 하나는 일본에서 공개적으로 공연하거나 게스트로 무대에 설 때, 반드시 한 곡은 중국 노래를 불렀기 때문이다. 이것은 와타나베 음반사의 계약 조건에도 규정된 것인데, 덩리쥔을 표준적인 중국 여가수 이미지로 마케팅하기 위한 전략이었다.

덩리쥔도 회사의 전략에 협조하여 타이완이나 홍콩에서 특별히 맞춤 주문한 치파오를 입고 무대에 섰다. 덩리쥔의 아버지가 타이베이에서 새로 지은 치파오를 종종 일본으로 가져다주었다. 아버지는 중국인이라는 자부심이 강한 사람이라 일본을 그다지 좋아하지 않았다. 일본에 와서 2~3일 머무르면 곧 타이완으로 돌아가겠다고 난리였다. 나중에 일본 항공사의 고급 임원이 덩리쥔의 팬이라 자신이 타이완과 일본 사이를 자주 비행하니 그녀의 '무보수 운송부장'을 맡고 싶다고까지 말한 적도 있었다. 이게 다 덩리쥔의 치파오 트임 부분이 아름다운 다리를 슬쩍 노출시켜 수많은 일본인을 매료시켰기 때문이었다.

독특한 중국 가수의 이미지는 덩리쥔이 일본 가요계에서 탄탄한 입지를 다질 수 있었던 이유 중 하나다. 3년 동안 덩리쥔의 음반 판매량과 공연 성적은 끊임없이 상을 받았고, 텔레비전 프로그램에 자주 출연함으로써 사회적 인지도를 높였다. 일본에서 영화, 텔레비전, 가요계가 모두 포함되는 '예능인藝能人' 가운데서 100명 안에 들기 충분했다. 홍콩과 타이완의 가수가 일본에 진출할 때는 대부분 완전히 일본화하는 방식으로 팬에게 다가갔지만, 그게 쉬울 리 없다. 외국에서 온 가수가 실력자가 가득한 가요계에서 두각을 드러낸다는 것은 독특한 자기만의 스타일로 인정받지 못하면 거의 불가능했다. 애초에 특색을 발휘할 수도 없었다. 덩리쥔이 오랫동안 예능인 랭킹 상위권에 단단히 자리 잡을 수 있었던 데는 와타나베 회사가 강조한 중국 이미지가 전략적 성공을 거둔 덕분이 컸다. 물론 덩리쥔이 영리하기도 했다.

처음에 덩리쥔은 일본 사람들이 자신을 다른 사람으로 만들어버릴까봐

걱정을 많이 했다. 하지만 한동안 같이 일하면서 그들은 그녀를 바꿀 생각이 없고, 오히려 그녀의 원래 모습을 원했다는 것을 알게 됐다. 노래도 그렇고 생활에서도 그랬다. 덩리쥔이 온 힘을 다해 일본어와 일본의 예절을 배웠지만, 그래도 역시 일본 문화에 익숙해지지는 않았다.

덩리쥔의 어머니는 그들이 처음 다도茶道를 체험한 이야기를 들려줬다. 모든 과정은 반드시 꿇어앉은 채 진행되어야 했다. 2시간 동안 억지로 버틴 모녀는 다시는 다도를 배우겠단 생각을 하지 않았다. 덩리쥔은 여가 시간에 대부분 영화를 보러 갔다. 이 역시 덩리쥔이 여전히 수줍은 태도와 우아한 행동거지의 중국 여성상을 유지할 수 있었던 이유다. 이런 이유 하나만으로도 적잖은 팬이 덩리쥔에게 빠져들었다. 당시 덩리쥔이 치파오를 입고 나타나면 항상 팬들에게 둘러싸여 사인을 요청받곤 했는데, 이를 통해 자신의 뿌리를 잊지 않고 중국 스타일을 유지하는 것이 얼마나 중요한지를 알 수 있다. 두 번째로, 일본에서 한창 인기 있는 연예인들도 중국 노래를 좋아했다. 덩리쥔은 일본 팬이나 가수에게 〈높은 산은 푸르네高山青〉등 간단하고 쉽게 배울 수 있는 노래를 가르쳤다. 야마구치 모모에山口百惠, 아즈사 미치요梓みちよ 및 남자 가수 사와다 겐지澤田研二도 덩리쥔에게 중국 노래를 배웠다. 야마구치 모모에와 모리 신이치는 특히 덩리쥔과 친하게 지냈다. 심지어 덩리쥔 때문에 중국 열풍이 불어서 덩리쥔은 텔레비전 쇼에 나가서 중국 요리 '홍사오파이구紅燒排骨'를 만들어서 인기를 얻기도 했다.

1977년 덩리쥔이 일본에서 유선방송대상을 받았다. 이 상은 소위 '50위권'이라고 불렸다. 일본에서 매주 전국 음반 판매량 집계에서 50위에 들고, 일본 전역의 신문과 잡지에 기사가 난다는 의미다. 실제로 1976년부터 1977년까지 덩리쥔이 발매한 모든 음반은 일본에서 판매량 50위에 들었다. 이 역시 쉽지 않은 기록이다.

1977년 11월 덩리쥔은 신곡 〈당신과 함께 살아갑니다あなたと生きる〉를 발표하고 성탄절 분위기를 사로잡기 위해 연이은 홍보활동을 펼쳤다. 그

중 하나가 아주 독창적인 '신곡 발표 기념 자전거 대회'다. 신청자 중에서 100명의 소년을 선정해 도쿄의 메이지 신궁 외원外苑의 널찍한 도로를 빙글빙글 돌면서 자전거 경기를 펼친다. 당시 경륜 세계선수권대회를 제패한 일본 선수 나카노 고이치中野浩一와 덩리쥔이 사회를 맡아 경기 시작 전 행사를 진행했다. 나카노 고이치는 덩리쥔에게 이렇게 물었다.

"자전거 탈 줄 알아요? 제가 손잡이를 잡아줄게요. 안심하고 자전거를 타요. 절대로 넘어지지 않을 겁니다."

호루라기가 울리고 덩리쥔과 나카노 고이치가 나란히 자전거를 탔다. 덩리쥔의 트레이드마크인 밝은 미소에 세계선수권대회 금메달리스트도 깜짝 놀랐다. 나카노 고이치는 한창 인기 있는 여가수가 자전거를 이렇게 잘 탈 거라고는 생각지도 못했던 것이다. 덩리쥔은 중학교 때 매일 자전거를 타고 등교했기 때문에 아주 능숙했다. 이 자전거 대회는 덩리쥔의 젊음과 건강한 매력을 십분 보여준 행사였다.

그렇게 덩리쥔의 가수생활은 이대로 더욱더 성공가도를 달릴 예정이었다. 그런데 1979년 2월 세상을 깜짝 놀라게 했던 '여권 스캔들'로 그녀의 일본 활동이 거의 끊어질 위기가 닥쳤다.

여권 스캔들
전화위복의 인생 전환점

여권 사건은 그녀 인생에서 가장 심각한 부정적 언론 보도였다. 하지만 인생의 중요한 전환점이기도 했다. 사건의 전말을 덩리쥔의 어머니, 후나키 미노루 및 관련 인물과의 여러 차례에 걸친 확인 끝에 겨우 재구성할 수 있었다.

1979년 2월 13일 오후 4시 10분, 덩리쥔은 홍콩에서 타이완으로 돌아왔다. 당시 그녀는 타이완으로 입국하려던 것이 아니라 타이완에서 다시 일본으로 가는 비행기를 탈 예정이었다. 하지만 그날 일본으로 가는 항공편이 모두 만석이라 이튿날 비행기를 타야 했다. 덩리쥔이 갖고 있는 중화민국 여권은 이미 입국 심사를 받았으므로 재차 입국 절차를 밟을 수는 없었다. 그래서 덩리쥔은 DOO3124 번호를 가진 인도네시아 여권을 꺼냈다. 그 여권의 이름은 '덩구디리'였다. 하지만 입국 심사관이 덩리쥔이 누군지 잘 아는 상황에서 어떻게 그녀를 입국시키겠는가? 덩리쥔의 입국은 거절당했고 그녀는 어쩔 수 없이 다시 홍콩으로 돌아가 이튿날 중화항공(타이완 국적 항공사)을 타고 하네다 공항을 통해 일본에 입국했다.

이 사건이 발생했을 때 어느 잡지사 기자가 현장에 있었다. 그래서 덩리쥔이 타이완에서 인도네시아 여권을 사용했다는 뉴스가 각국 통신사에 발송되고 인도네시아 당국에서도 이 사건에 관심을 가졌다. 15일 인도네시아 주일대사관은 일본 입국관리처 도쿄사무소에 중국 여성 한 명이 가짜 여권을 사용해 입국했다는 것을 통보했고, 입국관리처의 조사가 시작했다. 16일 정오 인도네시아 대사관 직원이 덩리쥔이 묵고 있던 힐턴 도큐 호텔에 와서 덩리쥔을 데려갔고 17일 도쿄 입국관리처에 유치시켰다.

일주일간의 조사 후 밝혀진 사건의 전말은 이랬다. 당시 타이완과 일본은 단교 상태여서 일본으로 출입국 수속이 매우 불편했다. 그래서 인도네시아에서 상당한 지위에 있던 친구가 덩리쥔에게 인도네시아 여권을 하나 선물로 줬다는 것이다. 타이완은 이중국적을 인정하므로 당시 많은 연예인이 수속을 편리하게 하려고 두세 종류의 여권을 사용하곤 했다. 덩리쥔은 별문제 없다고 생각하고 이 여권으로 일본 비자를 받고 편의를 위해 사용했던 것이다.

인도네시아 대사관은 여권이 인도네시아 정부가 발급한 진짜 여권이고 위조된 것이 아니며 위조 여권 조직에서 구입한 게 아님을 확인해 덩리쥔을 무죄로 결정했다. 여권이 진짜라면 일본 비자 역시 합법이다. 일본 입국 관리처도 덩리쥔의 '무죄 석방'을 결정했다. 그러나 규정에 따라 '1년 내에는 일본 국경을 넘을 수 없다'는 제한을 받게 됐다. 연이은 조사와 판결에 일주일이 걸렸다. 그들은 덩리쥔의 의견에 따라 덩리쥔이 미국으로 가는 것에 동의했다. 덩리쥔은 입국관리처 산하 유치장에서 바로 공항으로 이동했다. 24일 이 모든 상황이 종결됐다.

사건이 벌어진 날, 후나키 미노루는 폴리도르 음반사의 변호사, 덩리쥔의 어머니와 함께 유력 인사를 찾아다니며 도움을 청했다. 또한 입국관리처의 조사에 응해 단지 수속을 편리하게 하려고 한 것뿐 다른 범죄 의도가 없음을 증명했다. 그들은 법무성의 고위 관료를 찾아가 도움을 청하기도 했지만 아무런 도움도 받지 못했다. 덩리쥔의 어머니와 후나키 미노루는 유치장에 가서 덩리쥔을 만났다. 덩리쥔은 아주 침착하고 꿋꿋한 태도로 유치장 안에서도 자유롭고 함께 있는 사람들도 다 잘 대해준다며 걱정하지 말라고 했다. 진상 조사가 끝나면 석방될 거라고도 했다.

유치장의 경비과 직원은 당시 덩리쥔의 모습을 기억하고 있었다. 처음에 덩리쥔은 어찌할 바를 몰라서 눈물을 흘렸지만 금세 평소대로 돌아왔다. 덩리쥔은 매우 예의가 바르고 담담해서 유치장의 간수도 덩리쥔을 무척 좋아했다고 한다. 유명한 가수인데도 유치장의 간단한 도시락으로 된 식사를 원망하거나 투정을 부리지도 않았고 오히려 식사가 맛있다고 칭찬을 했다. 조용히 다 먹은 다음 도시락 통을 수거하는 사람을 향해 잊지 않고 "잘 먹었습니다"라는 인사를 했다. 이 일은 직원들에게 깊은 인상을 남겼다.

덩리쥔이 24일 유치장을 나갈 때, 같이 있던 타이, 중국, 남아메리카 등 각국에서 온 여성이 덩리쥔을 위해 조그만 환송회를 열어주기도 했다. 덩리쥔은 모든 사람과 악수하고 감사의 말을 전하며 작별을 했다. 떠나기 직전에는 중국어로 〈위로安撫〉라는 노래를 남아 있는 이들에게 불러주기도 했다. 관리 직원들에게도 그동안 고마웠다는 인사를 잊지 않았다. 유치장에 있던 모든 여자가 창가에 붙어서 덩리쥔을 배웅했다. 그 유치장 역사상 가장 따뜻한 장면이었다. 지금까지도 그곳의 여성 간수들은 귀엽고도 특별했던 중국 여성을 기억하고 있다.

덩리쥔은 나리타 공항에서 작별 인사를 하고 직접 쓴 사죄문을 팬들에게 전했다. "여러 사람에게 폐를 끼치고 걱정시켜서 정말 죄송합니다. 미국에서 공연활동을 마치고 다시 돌아오겠습니다"라는 내용이었다. 당시 덩리쥔을 비호하던 일본 팬들은 그녀가 떠나는 것이 아쉬워서 공항까지 나와 눈물로 환송했다. 그러면서 "꼭 일본에 돌아와요"라고 외쳤다. 그런 스캔들로도 덩리쥔의 이미지가 완전히 무너지지 않았던 것을 보면 그녀의 인기를 짐작할 수 있다. 그러나 타이완 언론은 사건을 제대로 알아보지도 않고 '덩리쥔이 해외에서 나라 망신을 시켰다'는 비난 일색의 보도를 내보냈다. 게다가 덩리쥔이 일본에서 영구 추방되었으며 다시는 일본에 입국할 수 없다고 떠들었다. 심지어 덩리쥔에게 정치적인 '배신'이라는 죄명을 뒤집어씌웠다. 일본과 타이완을 비교하면서 덩리쥔은 크게 실망했다.

이 스캔들로 한창 인기 절정이던 덩리쥔은 연예계 생활에 피로를 느꼈다. 그녀는 미국에서 공부하며 자신에게 충실한 시간을 보내고 싶었다. 그 한가로운 시절, 덩리쥔은 매일 티셔츠에 청바지를 입고 보통의 대학생이 누리는 생활을 즐겼다. 그러나 생각지도 못하게 몇 차례의 미국 콘서트가 유례없는 호평을 받아 화교 사회가 덩리쥔의 목소리에 푹 빠졌다. 더욱 놀라운 것은 막 개혁 개방이 시작된 중국에서 '덩리쥔 열풍'이 불붙고 있었다는 사실이다. 중국 정부가 아무리 금지를 해도 '밤에는 덩리쥔의 천하'라는 말이 생길 정도로 덩리쥔의 인기는 식지 않았다.

1년 7개월의 휴식 기간에 덩리쥔은 오히려 세계적으로 유명한 가수가 되었다. 타이완에서는 온갖 인맥을 동원해서 개인 콘서트를 열자는 요청이 줄을 이었다. 하지만 덩리쥔은 그녀를 참혹하게 비난했던 고향으로 돌아가는 모험을 하고 싶지 않았다. 결국 타이완 국방부가 기획한 군 위문 공연이 덩리쥔을 설득했다. 애국심이 강한 덩리쥔은 타이완 군인을 위한 공연이라는 말에 두말없이 무보수로 출연하겠다고 답변했다. 이렇게 덩리 쥔은 영광스럽게 타이완으로 귀국하게 됐다.

일본에서도 전화위복의 기회가 이어졌다. 1년의 입국 금지가 풀린 뒤, 덩리쥔은 약속대로 일본으로 돌아갔다. 당시 여권 스캔들 때문에 폴리도 르도 여론의 질책에 시달린 터라 덩리쥔의 가수 인생이 이미 끝났다고 생 각해 더는 그녀와 계약할 생각이 없었다. 덩리쥔 본인도 재계약할 생각이 없었기에 폴리도르와의 관계는 자연스럽게 종료됐다. 그러나 후나키 미노 루는 이렇게 덩리쥔을 잃고 싶지 않았다. 1981년 그는 폴리도르를 떠나 자 신을 따르기를 원하는 사람들을 데리고 토러스 음반사를 설립했다. 후나 키 미노루는 부사장을 맡고 사장은 이가라시五十嵐가 맡았다. 그들은 덩리 쥔을 새로운 회사에 데려오고 싶었다. 사사키 유키오와 유명 프로듀서 후 쿠즈미 데쓰야福住哲彌 등 덩리쥔을 믿는 스태프가 모여서 덩리쥔을 설득했 고, 결국 다시 후나키와 계약하게 되었다.

1980년 9월 21일 덩리쥔은 아카사카赤阪에서 '재출발 기자회견'을 열고 여러 팬이 보낸 꽃을 받으며 80여 명의 일본 신문, 방송국 기자가 모인 가 운데 인터뷰를 했다. 기자회견에서 모든 기자가 기세등등하게 인도네시아 여권을 사용한 옛날 일을 질문했다. 덩리쥔은 성실하게 대답했다. 당시에는 그것이 불법임을 몰랐고 타이완에서는 이중국적을 허용하기 때문에 많은 사람이 외국 여권을 편의상 사용하기도 하므로 자신도 사용했다고 답했 다. 기자들은 또 여권을 사는 게 불법이라는 것을 어떻게 모를 수 있냐고 도 물었다. 덩리쥔은 고개를 저으며 돈을 주고 여권을 구입한 것이 아니라 고 답했다. 폴리도르 음반사의 책임자인 사사키 유키오도 나서서 해명했 다. 인도네시아 정부가 정식으로 발급한 여권이라는 점, 그리고 당시 사건 내용을 자세하게 설명했다. 마지막에는 덩리쥔이 타이완 여권을 꺼내 그녀가 다시 전철을 밟지 않았음을 증명했다.

덩리쥔이 더는 견디기 힘들어졌을 때쯤, 한 기자가 물었다.

"기자들이 이렇게 상세하게 묻는 것은 당신에게 관심을 갖는 수많은 팬에게 명확한 대답을 주기 위해서입니다. 그래야 그들이 당신에 관한 좋은 인상을 계속 가질 수 있으니까요. 이건 당신에게도 좋은 일입니다. 당신이 앞으로 더 좋은 성적을 내길 기대합니다."

덩리쥔은 이 말을 듣고는 그 자리에서 감동해서 눈물을 흘렸다. 그녀는 잠시 침묵했다가 차분하게 모든 사람에게 자신의 마음을 표했다.

"그때는 제가 아직 어렸고 성숙하지 못했습니다. 확실히 잘못한 부분이 있습니다. 이미 반성했고 앞으로 여러분에게 폐를 끼치지 않도록 많이 공부해서 더 좋은 가수가 되겠습니다. 여러분께서 많이 도와주세요."

덩리쥔은 잘못을 남에게 전가하거나 회피하지 않는 용기를 보여줬다. 진심으로 잘못을 인정하고 사과했다. 이런 모습은 기자회견장에 모인 기자들에게서 진심 어린 박수를 이끌어냈다. 덩리쥔은 감사 인사를 하면서 눈물을 떨어뜨렸다. 덩리쥔은 예전처럼 자신감을 회복하고 새로운 출발을 시작했다.

🌀 일본으로 복귀
전무후무한 기록을 세우다

1984년 1월 덩리쥔은 복귀 후 첫 싱글 〈속죄つぐない〉를 정식으로 발매했다. 처음에는 여권 사건의 영향으로 회사에서도 대부분의 직원이 덩리쥔의 음반을 적극적으로 마케팅하려 하지 않았다. 어떤 사람은 만약 이 싱글이 성공한다면 오모테산도에서 물구나무서기를 한 채 걸어 다니겠다고

공언하기도 했다. 덩리쥔의 음반 샘플은 상자에 담긴 채로 아무도 신경 쓰지 않았다. 그러나 홍보를 맡은 니시다 유지西田裕司는 전략적으로 정확한 선택을 했고, 〈속죄〉라는 곡은 오사카에서 마치 마법에라도 걸린 듯 불티나게 팔려나가기 시작했다.

상반기의 신청곡 순위는 나카모리 아키나中森明菜가 1위였는데 하반기가 되자 덩리쥔의 〈속죄〉로 바뀌었다. 또한 이어서 그해의 10대 히트곡에도 포함됐다. 판매 성적도 순조로워서 100만 장을 넘겼다. 이 노래는 선율이 아름답고 덩리쥔이 섬세하게 소화해냈기 때문에 후나키 미노루도 무척 자신하던 곡이었다. 덩리쥔은 청아하고 여린 이미지로 스타일을 바꾸었다. 부드럽고 원숙한 느낌으로 마케팅했는데 점점 인기가 높아졌다. 차차 여대생, 가정주부에서 중년 남성까지 덩리쥔의 노래를 즐겨 듣게 되었다. 〈속죄〉의 인기는 그해를 넘기고도 기세가 꺾이지 않았다. 결국 그해 말 TBS에서 주관한 일본유선대상에 후보로 올라 여섯 명의 쟁쟁한 경쟁자를 제치고 제17회 일본유선대상과 전일본유선방송대상 두 가지 상을 석권했다. 또한 그해 최고 히트곡상도 받았다. 심지어 이듬해가 되어 발매 1주년이 될 때까지도 여전히 10대 히트곡 순위에서 7위를 하는 저력을 보여줬다.

당시 일본인은 덩리쥔의 노래를 '진주처럼 맑고 투명하다'고 평가한다. 뒤이은 2년간 덩리쥔은 〈애인愛人〉과 〈세월의 흐름에 몸을 맡겨요時の流れに身をまかせ〉로 제18회와 19회 일본유선대상, 전일본유선방송대상을 석권하며 3연패를 달성한다. 이런 성적은 일본에서도 처음 있는 놀라운 성과였다. 덩리쥔은 시상식마다 눈물을 흘리며 일본 팬들에게 감사를 전해 시청자에게 깊은 인상을 남겼다.

일본유선대상을 받으면 왜 이렇게 기뻐할까? 그것은 이 상이 정말 받기힘들기 때문이다. 일본유선대상은 도쿄에서 열리고 전일본유선방송대상은 간사이 지방[효고, 오사카, 교토, 나라, 와카야마, 시가 등]에서 열린다. 일본 연예계에서 무척 권위 있는 큰 상이다. 시상식 때 수상자는 100만 엔의 상금과 상장을 받는다. 그리고 순금으로 만든 트로피도 주어지는데, 이는 디스크를 높이 치켜들고 있는 여성의 우아한 모습을 표현한 조각상이다. 이 두 상은 심사위원단이 없고 1년간 전국 관객의 신청곡 횟수로 결정된다. 다시 말해 도쿄에서 일본유선대상을 받는다고 해서 일본 전역을 대상으로 하는 전일본유선방송대상에 결코 뒤지지 않는다. 한 해의 시청자 신청곡 횟수를 통계해서 가장 신청 수가 많은 가수가 수상하기 때문이다. 심사위원단의 편견이 끼어들 여지 없이 전국의 시청자가 결정하는 것이다.

〈속죄〉가 두 가지 큰 상을 받은 후 토러스 음반사 직원들은 자신감에 찼다. 1985년 2월 21일 그들은 미키 다카시三木剛 작곡 아라키 도요히사荒木豊久 작사에 덩리쥔까지, 최고의 트로이카 체제가 협력한 곡 〈애인〉을 내 났다. 처음부터 일본 방송 횟수 랭킹에서 10주 연속 1위를 하는 기록을 세웠고, 이어 5월 20일부터 8월 19일까지 해당 기간 유선방송 방송 횟수에서도 14주 연속 1위라는 놀라운 기록을 세운다. 연말에 〈애인〉의 유선방송 방송 횟수는 놀랍게도 누적 95만 회에 달한다. 600여 개에 달하는 신청 창구에서 매일 네다섯 차례 이상 신청된 것이다. 이것은 상상하기 힘든 수치다. 연말에 홍백가합전에 출연했을 때, 덩리쥔은 붉은색 시폰 소재로 된 당나라 미인 복식을 하고서 〈애인〉을 불러 수많은 사람에게 잊기 힘든 추억을 선사했다.

1986년 〈세월의 흐름에 몸을 맡겨요〉 역시 19회 일본유선대상, 전일본 유선방송대상, 일본레코드대상의 골든디스크상 및 최고인기곡상, 최고인기가수상을 수상했다. 순조롭게 다시 한번 홍백가합전에 출연하게 됐고, 〈공항〉으로 80만 장, 〈속죄〉로 1500만 장, 〈애인〉으로 150만 장, 〈세월의 흐름에 몸을 맡겨요〉로 약 200만 장, 〈이별의 예감別離的預感〉으로 150만 장 등 이와 같은 판매량은 일본에 머무는 시간이 길지 않은 외국 가수로서는 무척 놀라운 성적이다.

덩리쥔은 일본에서 폴리도르에 있을 때 150곡을 녹음했고 토러스에서

100곡을 녹음했다. 대행 제작한 중국어 곡은 포함하지 않은 수치다. 놀라운 생산량이다. 심지어 양이 많다고 질이 떨어지는 것도 아니다. 싱글 음반, 정규 음반, 기념 음반 등을 다 합치면 120장이 넘는 음반을 발매했다. 1995년 5월 20일 전까지 전부 2200만 장이 팔렸다. 이것은 합법적인 발매로 나온 수치이고 여기에 해적판을 더한다면 덩리쥔의 음반 판매량은 7000만 장이 넘는다. 일본뿐 아니라 세계적으로도 놀라운 기록이다.

후나키 미노루는 덩리쥔이 그 몇 년간 토러스에 벌어준 수익이 약 100억 엔이 넘는다고 했다. 덩리쥔의 인세로 20퍼센트를 지급하더라도 회사는 엄청난 돈을 번 것이다. 덩리쥔이 사망하던 날, 일본 전역에서 덩리쥔의 앨범이 모두 동났다. 일본 레코드점은 어디나 그녀의 앨범을 사려는 사람으로 북적였다. 토러스 사무실은 몇 달간 전화가 끊이지 않았다. 모두 덩리쥔의 음반을 주문하려는 음반가게와 유통사였다. 당시 토러스는 미친 듯이 덩리쥔의 음반을 새로 찍었다. 매번 제작한 음반은 금세 다 팔리곤 했다. 이런 열기는 1년 후에나 점차 가라앉았다.

완벽한 작별
일본 유일의 개인 콘서트

〈애인〉은 한꺼번에 18회 전일본유선방송대상, 일본유선대상, 유선음악상, 최다 판매곡상 등 네 개의 큰 상을 석권했다. 토러스도 덩리쥔이 인기를 얻고 유명해지자 기회를 놓치지 않고 성대한 개인 콘서트를 기획했다. 1985년 12월 15일 도쿄 NHK홀에서 'ONE AND ONLY'라는 이름으로 콘서트를 열었다. 콘서트가 열리기도 전에 큰 화제를 모아 티켓이 3일 만에 매진되었다. 입장권 1장에 5000엔인데, 암표는 3만 엔까지 값이 치솟았다. 콘서트의 대성공으로 덩리쥔의 인기는 더욱 높아졌다. 덩리쥔을 위한 축하 파티에만 1000만 엔을 쓸 정도로 토러스 음반사에서도 덩리쥔을 중요하게 대접했다.

이때 덩리쥔은 일본 연예계에서 스타 순위 15위 안에 단단히 자리를 잡았다. 덩리쥔은 오로지 가창력으로 그 위치까지 올랐다. 일본에는 그녀처럼 서정적인 곡을 부르는 가수가 많고 또 가장 쉽게 도태된다. 덩리쥔은 자신에게 다시 한번 도전하기를 기대했고, 일본은 가수로서 격한 경쟁에서 끊임없이 발전하고 성취를 이룰 가장 좋은 곳이라고 여겼다. 덩리쥔은 격려를 받으며 이곳에서의 도전을 받아들이기만 하면 됐다. 그러나 그녀가 일본에서 얻은 가장 큰 수확은 가창력 발전과 음악 스타일의 변화일 것이다. 과거 덩리쥔은 노래는 그저 잘 부르기만 하면 된다고 생각했다. 자기 자신을 충분히 드러내지 못했다. 일본에 와서야 '전체적인 공연'이 무엇인지 이해하게 됐다. 덩리쥔은 자신을 내려놓고 마음을 다해 노래를 부르고 공연한다는 것을 배웠고 가진 바 재능을 완전히 자유롭게 표현하고 자신의 매력을 더욱더 드러낼 수 있게 됐다.

NHK홀의 이 콘서트는 무대, 조명, 밴드와 전체적인 분위기까지 모두 일류였다. 덩리쥔은 자신이 입은 흰색 베일의 웨딩드레스 스타일에 맞춰 사람들이 취할 듯 빠져드는 곡을 한 곡 한 곡 불렀다. 후나키 미노루와 모든 스태프는 무대 아래서 눈시울을 붉혔다. 박수 소리가 파도처럼 공연장 안팎을 뒤흔들었다. 열정적인 관객의 정서가 덩리쥔에게 전해졌는지 그녀는 무대에서 그 어느 때보다 반짝반짝 빛나는 우아한 아름다움을 뽐냈다. NHK는 전 공연을 실황 녹화해 덩리쥔 사후 매년 계속해서 방송하기도 했다. 후나키 미노루는 당시 콘서트 이름이 'ONE AND ONLY'였는데 말이 씨가 된 것처럼 유일한 콘서트가 되고 말았다는 점을 유감스럽게 생각한다.

덩리쥔의 프로듀서인 후쿠즈미 데쓰야는 그녀와 협력하던 시절을 이렇게 기억하고 있다. 1979년에서 1980년 폴리도르 시절에 낸 싱글 외에 토러스 시절 이후에는 런던 녹음 스튜디오에서 6곡을, 파워 하우스에서 10곡을, 미국의 워너 음반사에서 22곡을 녹음했다. 싱가포르에서도 12곡을 제작한 바 있다. 그들의 작업 과정은 아주 특별하다.

우선 후쿠즈미 데쓰야가 모든 자료를 덩리쥔이 머물고 있는 곳으로 보낸다. 덩리쥔이 노래에 익숙해지도록 배려하는 것이다. 정식 녹음은 아주 빠르게 진행한다. 어떤 때는 하루에 네 곡 이상 녹음한다. 덩리쥔은 라이브를 잘하는 가수였다. 녹음실에 오면 훨씬 더 완벽하게 자신의 감정을 노래해냈다. 그들 사이에는 100퍼센트의 신뢰가 있다. 그녀는 노래할 때의 느낌을 무척 중요하게 여겼고, 심지어 자기 자신을 뛰어넘는 노래가 나와야 한다고 엄격하게 요구하곤 했다.

후쿠즈미 데쓰야는 덩리쥔과 함께 작업한 기억 중에서도 〈애인〉을 녹음할 때가 특히 인상적이었다고 한다. 가사가 멜로디와 맞지 않아서 가사를 전부 네 번이나 고쳤다. 결국 마지막에는 나리타 공항에서 전화로 확정을 하고 팩스로 수정 버전을 보내 겨우 결론이 났다.

비록 연습 시간은 짧았지만 덩리쥔의 노래는 정말 말할 것도 없이 좋았다. 하늘이 내린 재능이었다. 후쿠즈미 데쓰야는 당시 녹음에 대해 이렇게 기억한다.

"한다 가쓰유키半田克之라는 녹음기사가 있는데 네 번째 녹음할 때는 울면서 녹음을 했답니다."

그 모습을 본 후쿠즈미 데쓰야는 깜짝 놀랐고 그 음반이 분명히 잘 팔릴 거라고 생각했다. 프로듀서로서 그는 곡을 여러 번 들었기 때문에 무뎌졌지만 녹음기사는 처음 노래를 듣는 거였다. 그런데 그 자리에서 눈물을 흘릴 정도로 감동을 받았다면 그 곡이 사람들을 공감하게 하는 매력이 있다는 뜻이다. 몇 번이나 가사를 고쳐달라고 한 후쿠즈미 데쓰야의 요구를 포용해준 작사가에게도 감사해야 할 일이다.

후쿠즈미 데쓰야는 덩리쥔이 녹음 전에 사전 준비를 어떻게 하는지도 이야기했다. 덩리쥔은 녹음실에 반드시 30분 전에 도착해 발음 연습을 한다. 아무렇게나 연습을 하는 것이 아니라 발음 선생님이 준 녹음을 들으면서 따라한다. 자신의 목소리가 최대한 좋고 매끄럽게 들리도록 연습한다. 여러 가수의 음반을 프로듀싱한 후쿠즈미 데쓰야도 이런 경우는 본 적이 없다고 했다. 일반적으로 곡이 완성되면 음정이 아주 정확한 사람이 먼저 가이드곡을 녹음한다. 가수는 가이드곡을 듣고 멜로디를 외우는 것이다. 후쿠즈미 데쓰야가 가사의 정확한 의미를 덩리쥔에게 설명해주면 덩리쥔은 스스로 곱씹으면서 어떤 감정을 표현할지 연구한다. 후나키 미노루는 후쿠즈미 데쓰야가 가사의 의미를 해석하는 데는 천하제일이라고 표현했다. 그리고 후쿠즈미의 해석을 빠르게 받아들이고 핵심을 잡아내 감정 표현을 하는 것은 덩리쥔만의 특별한 장점이라고 했다. "덩리쥔은 일본인보다 일본 문화를 더 잘 이해하는 것 같다"고들 하는데, 이는 후쿠즈미가 덩리쥔에게 감탄한 부분 중 하나다.

또한 덩리쥔은 후쿠즈미의 감각을 믿었다. 일본의 음반 녹음은 노래만 녹음하고 반주나 화음 효과는 따로 녹음해서 합치는 방식이다. 가수는 반주에 의존하지 않고 적절한 느낌을 노래로 드러내야 한다. 이 부분을 덩리쥔도 아주 잘 파악하고 있었다. 프로듀서를 믿기 때문에 후쿠즈미가 좋지 않다고 하면 덩리쥔은 더 이상 자신의 생각이나 해석을 밀어붙이지 않고 프로듀서의 의견을 받아들였다. 더 잘하려고 노력했고 그녀만의 장점을 최대한 표현하려 했다. 덩리쥔은 심지어 후쿠즈미를 홍콩으로 불러서 자신의 중국어 음반 프로듀싱도 맡겼다. 덩리쥔은 이렇게 말했다.

"중국어 노래의 가사가 무슨 말인지 알아들을 필요 없어요. 그저 직감으로 듣기 좋은지 아닌지 판단해서 내게 말해주면 돼요."

이런 신뢰 덕분에 후쿠즈미 데쓰야는 성심성의껏 자신의 관점을 제시할 수 있었다. 한 장의 음반은 이런 협력 관계를 통해 더욱 완벽해진다.

🌿 좋은 가수가 아니라 좋은 여자입니다

"좋은 여자입니다. 덩리쥔은 좋은 가수일 뿐 아니라 좋은 여자였어요."

후쿠즈미 데쓰야는 의미심장하게 말했다. 그러면서 덩리쥔의 노래는 특별하고 그녀만의 느낌이 강하다고 하면서, 가요계에서 독보적이라고도 했다. 일본 가요계에서는 그녀의 노래를 특별히 '덩리쥔 엔카'라고 부르기도 했다. 후쿠즈미는 이런 평가가 엄청난 영광이라고 표현했다.

덩리쥔이 일본에서 큰 성공을 거둔 것을 덩리쥔의 어머니는 의외라고 생각하지 않았다. 덩리쥔은 어릴 때부터 미소라 히바리美空雲雀의 노래를 좋아하고 많이 들었기 때문에 그녀의 비음 섞인 허밍 같은 엔카 기교에 익숙했다. 미소라 히바리는 덩리쥔이 어렸을 때부터 일본 노래를 따라 부르게 한 계기였고, 유명해진 뒤에는 일본의 홍백가합전에 나가고 싶다는 꿈을 가지게 된 이유였다. 미소라 히바리는 덩리쥔이 가장 존경하는 우상이었는데, 일본에 간 뒤 사회자가 덩리쥔을 소개할 때 "타이완의 미소라 히바리, 덩리쥔입니다"라고 말하곤 했다. 사실상 덩리쥔과 미소라 히바리는 많은 부분이 닮았다.

미소라 히바리의 본명은 가토 가즈에加藤和枝다. 소녀 시절부터 노래를 불러서 생계를 이었다. 당시 일본은 전쟁 이후 모든 것이 복구를 기다리고 있었다. 미소라는 아름다운 여성의 목소리로 일본 사람의 상처 받은 마음을 위로하면서 일본 예능계를 30년간 종횡무진했다. 그러나 자신의 사랑은 고달픔의 연속이었다. 미소라는 나카무라 긴노스케中村錦之助[가부키 배우로 영화, 드라마에서 활약했다]를 깊이 사랑했지만 그의 어머니가 노래하는 여자를 집안에 들일 수 없다고 반대하여 이뤄지지 못했다. 이후 미소라는 어머니의 반대를 무릅쓰고 한창 인기몰이 중이던 젊은 배우 고바야시 아키라小林旭와 결혼하지만 두 사람의 결혼은 생각처럼 행복하지 않았다. 우울함과 슬픔은 병이 되었고 겨우 52세에 세상을 떠났다.

덩리쥔 역시 열넷에 정식으로 무대에 섰고 부드러운 노랫소리로 타이완으로 퇴각해 새로 중화민국을 세워야 했던 국민당 군대를 위로했다. 역시 30년간 노래로 연예계를 누비며 타이완과 중국인 모두에게 큰 사랑을 받았다. 덩리쥔의 유일한 약혼은 남자 측의 할머니가 귀한 손자가 노래하는 여자와 결혼하는 것을 반대한 탓에 결실을 맺지 못했다. 결국 42세로 일찍 세상을 떠날 때까지 덩리쥔은 행복한 가정을 이루지 못했다. 미소라와 덩리쥔은 세상 사람들이 특히나 안타깝게 여긴 스타라고 할 수 있다.

일본에서 오래 활동했지만 덩리쥔은 딱 한 번 텔레비전 가요 프로그램에서 미소라 히바리를 만났다. 덩리쥔이 먼저 노래를 마치고 관객석에 앉아서 기다렸고, 이윽고 미소라가 나와 노래할 차례가 됐다. 미소라가 노래하는 동안 덩리쥔은 한 번도 눈을 떼지 않았다. 무대 매너를 집중해서 지켜보고 그녀의 목소리에 귀를 기울였다. 노래를 마치자마자 덩리쥔은 기립 박수를 보냈다. 덩리쥔은 그 뒤에 조용히 그녀에게 허리를 깊이 숙여 인사했는데, 이유는 알 수 없지만 미소라 히바리도 덩리쥔을 잠시 응시했다. 두 사람의 눈빛이 마주쳤고 그렇게 잠깐 서로를 바라보다가 무대에서 내려왔다. 그것이 두 사람의 유일한 만남이었다. 비록 아주 짧은 순간이었고 무슨 말을 한 것도 아니지만 덩리쥔은 몹시 기뻐했다. 1989년 미소라 히바리가 사망했을 때 덩리쥔은 슬픔에 잠겨 눈물을 흘렸고, 그녀의 대표곡인 〈세월은 흐르는 물같이〉를 불러 그녀를 기념했다. 당시 덩리쥔은 미소라가 그렇게 일찍 세상을 떠난 것을 안타까워했는데, 자신이 그녀보다 열 살이나 어린 나이에 세상과 작별할 거라고는 전혀 알지 못했을 것이다.

하지만 후나키 미노루는 덩리쥔의 성취가 '타이완의 미소라 히바리'에 그치지 않는다고 여긴다. 둘 다 국보급 가수인 것은 사실이지만 덩리쥔은 국제적인 스타이기 때문이다. 덩리쥔이 사망한 다음 해, 일본의 『아사히신문』이 이례적으로 성대한 덩리쥔 순회 추모 전시를 열었다. 과거에 『아사히

신문』은 피카소 정도 되는 세계적인 유명 인사에 대해서만 이런 전시를 기획했다. 유행가를 부르는 가수는 선정되기 힘들었는데 덩리쥔이 유일한 사례다. 추모 전시는 평가도 좋고 성취도 컸다. 당시『아사히신문』문화 기획부에서 업무를 진행했던 마쓰모토 다쿠松本拓生는 이 기획안을 내놓았을 때 성대한 전시회로 덩리쥔을 기념하는 것을 반대하는 목소리도 약간 있었지만 결국 덩리쥔의 매력 덕분에 순조롭게 추모 전시회를 열 수 있었다고 회고했다.

이 순회 전시회는 일본에서 유례가 없는 일이어서 마쓰모토 다쿠는 신문부의 아시아 음악 평론가 시노자키 히로시篠崎弘와 함께 자료를 수집하러 다녀야 했다. 나카무라中村, 사이 요시오佐井芳男 등과 함께 타이완으로 가서 덩리쥔 자료를 뒤지고 믿을 만한 평가와 언론 보도를 찾았다. 비용을 아끼지 않고 전시 도록을 훌륭하게 제작했다. 도록 뒤에는 CD를 추가로 담았고, 유명한 음악인의 서문을 받았다. 이 전시는 마쓰모토 다쿠와 시노자키 히로시에게도 많은 도움이 되었다. 덩리쥔의 일생을 더욱 이해하게 되었을 뿐 아니라 실무적으로도 여러 사람과 협력하면서 경험을 쌓고 배우는 바가 컸다. 전시의 평가도 아주 좋았다.

그들은 짧은 시간을 알차게 활용했고 바쁘게 움직여 많은 자료를 찾았다. 1996년 5월 8일 요코하마를 출발해 센다이를 거쳐 후쿠오카, 나고야, 고베 등 큰 도시의 백화점을 돌면서 성대한 순회 추모 전시가 열렸다. 원래는 사망한 지 벌써 1년이 지났으므로 사람들이 덩리쥔을 많이 잊었으리라 생각했지만, 관람객이 끊임없이 이어져 매일 1만 명 이상이 전시회를 보러 왔다. '뉴스'의 시효를 생각하면 한 사람이 사망한 지 1년이 지났는데도 이렇게 호소력이 있다는 것은 매우 드문 일이었다. 덩리쥔의 CD, 전화카드, 기념품도 많은 관람객에게 사랑을 받았다. 덩리쥔의 동생이 당시 일본에 와서 일본인들이 길게 줄을 서서 추모 전시를 관람하는 것을 보고 많은 위로가 됐다고 한다.

마쓰모토 다쿠는 시노자키 히로시에게 이 전시를 기획한 것은 자신의 인생에서 절정기이자 가장 즐거운 일이라고 말했다. 힘들기도 했지만 그럴 만한 가치가 있었다면서 불교에서 말하는 인연과 윤회를 언급했다.

"인생에는 플러스-마이너스 법칙이라는 게 있습니다. 행복을 많이 얻지 못한 사람은 슬픔도 적지만, 반대로 많은 행복을 느낀 사람은 어쩌면 보통 사람은 겪어보지 못하는 고독한 방법으로 떠나가는지도 모릅니다. 덩리쥔은 평범한 사람이 아니었습니다. 그녀는 보통 사람에 비해 훨씬 큰 아픔과 슬픔을 겪었기에 다른 사람은 상상도 하지 못할 위대한 성취를 이룰 수 있었습니다. 또한 그토록 큰 행복 때문에 외롭게 세상을 떠났을 겁니다. 이 것은 일종의 균형이지요. 이렇게 생각하면서 그녀의 죽음을 받아들이지 못하는 많은 팬들이 위로받기를 바랍니다. 오랫동안 덩리쥔은 늘 사람들의 마음속에 살아 있습니다. 그러니 그녀는 그렇게 고독한 것도 아니지 않을 까요."

그렇다. 덩리쥔은 줄곧 우리 마음속에 살아 있다. 1980년 타이완 지룽基隆 항에 정박한 네덜란드 화물선 선원은 일부러 타이베이까지 가서 덩리쥔의 테이프를 샀다. 1981년 일본에 원정 경기를 하러 가던 중국의 탁구 선수들은 비행기 고장으로 타이완에 긴급 착륙했을 때 공항 면세점에서 덩리쥔의 테이프를 앞다퉈 구입했다. 1980년부터 덩리쥔의 노래에 빠진 미국 퇴역 장교 스티븐은 5년이라는 시간을 들여 덩리쥔의 출생지부터 그녀의 족적을 따라 각국을 돌아다녔다. 1998년 말 한국의 아이돌그룹이 덩리쥔의 〈첨밀밀〉을 번안해 불러서 큰 인기를 얻었다. 말레이시아의 여가수도 덩리쥔의 스타일을 모방해 단숨에 스타가 되었다. 북한의 인민대학습당은 덩리쥔으로 기념우표 카드를 판매하고 덩리쥔의 〈천언만어〉를 틀어주곤 한다. 1999년 네덜란드 국적의 재즈 여가수 라우라 피히도 덩리쥔의 노래 두 곡을 리메이크했다. 1998년 말 타이 방콕 아시안게임 폐막식의 오프닝 곡으로 덩리쥔의 〈그대 언제 돌아오실까何日君再來〉를 초대형 스크린으로 내보냈다. 미국 『타임』은 덩리쥔을 전 세계 10대 가수 중 한 명으로 선정하기도 했다. 덩리쥔의 노래는 전 세계 1억 명 이상의 마음을 울렸다. 그녀의 일본 매니저는 이렇게 말했다.

"덩리쥔은 이미 '타이완의 미소라 히바리'라는 이름에서 벗어났습니다. 그녀는 아시아의 덩리쥔, 전 세계의 덩리쥔입니다."

🌸 깊은 그리움
일본 연예계 종사자들의 평가

덩리쥔을 위해 70곡을 작곡하고 25곡을 녹음해 음반으로 발표한 일본의 음악인 미키 다카시三木剛는 인터뷰를 할 때 몇 번이고 덩리쥔의 전기를 잘 써서 출간해야 한다고 당부했다.

"덩리쥔은 정말 전기를 출판할 만한 가치가 있는 사람이거든요. 그녀의 영향력은 자연스러우면서도 강력합니다! 정말 보기 드문 사람이었습니다."

그는 덩리쥔이 아름다운 목소리를 타고났다고 매우 칭찬한 뒤, 더욱 대단한 점은 덩리쥔이 유명해진 뒤에도 사람들에게 늘 친절하고 부드럽게 대했던 것이라고 말했다. 그렇게 섬세하고 아름다운 마음씨를 가졌기 때문에 덩리쥔의 노래가 그토록 사람의 마음에 울림을 남겼는지도 모른다. 덩리쥔에게는 강인한 면도 있었다. 노래를 녹음할 때는 스태프가 담배를 피우거나 커피를 마시거나 잡담하는 것을 절대 하지 못하게 했다. 덩리쥔은 모든 사람이 녹음 작업에 경외심을 갖고 진지하게 임하기를 바랐다. 그녀 자신의 음악에 대한 이해도와 감성은 더 말할 것도 없다.

미키 다카시의 사촌 여동생인 와타나베 도모코渡邊友子는 재즈 가수, 프로그램 진행자, 배우 등 여러 영역에서 활동한다. 그녀는 덩리쥔이 무척 교양 있고 목소리가 뛰어나게 아름다우며 몸매도 아주 좋았다고 기억한다. 특히 아주 유창한 일본어를 구사했고 발음도 아름다웠다면서 완벽한 숙녀의 모습이었다고 말했다. 1999년 미키 다카시와 와타나베 도모코는 일본 팬들을 데리고 타이완에 가서 골프를 치고 기부금을 모아 타이완 대지진 재해에 구호금으로 냈다. 이런 일을 한 것은 모두 타이완이 덩리쥔의 고향이기 때문이다. 그들은 지진 재해 구호를 위한 곡을 만들어 그다음 해 덩리쥔 기념 음악회에서 발표하기도 했다.

덩리쥔의 성공을 이끈 황금 트로이카 중 한 사람인 작사가 아라키 도요히사荒木豐久는 책을 많이 읽고 시를 사랑하며 문학적 깊이가 있는 사람이다. 그래서 그는 덩리쥔의 우아한 문학적 소양에 늘 감탄했다. 그는 덩리쥔과 함께 가사의 의미를 논의할 때마다 덩리쥔이 문학에 관한 책을 탐독한다는 것을 느꼈다. 덩리쥔은 자기 나라의 문학작품인 당시, 송사, 원곡 등에 대해 잘 이해하는 것은 물론이고 일본의 하이쿠, 소설 등에도 깊이 심취했다. 이런 사실에 아라키 도요히사는 굉장히 놀랐다. 무엇보다도 덩리쥔은 은혜를 알고 감사할 줄 아는 사람이었다. 자신이 일본 가요계에서 여러 차례 큰 상을 받고 전례 없는 대기록을 세운 공로는 '두 선생님이 좋은 곡을 쓰고 아름다운 가사를 붙였기 때문'이라고 했다. 덩리쥔은 그들 앞에서만 그런 것이 아니라 어느 자리에서건 그렇게 말했고, 두 사람은 그 사실에 감동했다. 그들은 일본의 가수에게도 이런 존중을 받은 적이 없었다. 그래서 덩리쥔과 보낸 찬란한 시절이 평생 가장 의미 있고 잊기 힘든 때였다고 말하는 것이다.

덩리쥔의 매니지먼트를 맡았던 니시다 유지는 덩리쥔의 선량함을 잘 보여주는 일화를 여럿 들려주었다. 어느 날 그녀와 한 남자 가수가 텔레비전에서 함께 노래를 부르게 되었다. 그때 덩리쥔은 하이힐을 신었는데 리허설을 해보니 남자 가수보다 덩리쥔이 조금 더 컸다. 리허설이 끝나고 덩리쥔은 조용히 낮은 구두로 바꿔 신었다. 긴 치파오 차림이라 덩리쥔이 구두를 바꿔 신은 것을 눈치채기 어려웠다. 정식으로 프로그램이 시작되자 남녀 가수의 키가 어느 정도 균형이 맞춰졌다. 덩리쥔은 그렇게 드러내지 않고 다른 사람을 배려하곤 했다.

전성기에 덩리쥔과 3년 넘게 함께 일했던 또 다른 매니저 아카사카 마사유키赤阪雅之는 덩리쥔을 이렇게 평가한다.

"예의 바르고 친절하며 자기 주관이 뚜렷하고 끈기 있다."

그는 'ONE AND ONLY' 콘서트 때 덩리쥔이 꼭 흰 드레스를 입겠다고 주장한 것을 떠올렸다. 그들은 유명한 디자이너를 불러 다양한 스타일의 드레스를 제작한 뒤 덩리쥔 보고 직접 고르게 했다. 결국 덩리쥔이 고집한 스타일의 무대 의상은 큰 성공을 거뒀다. 덩리쥔은 15주년 콘서트에서도 레게머리를 했는데 그것도 덩리쥔의 구상이었다. 그런 헤어스타일은 일본에서 누구도 시도한 적이 없었다. 덩리쥔이 하고 싶어하면 다들 그녀의 의사에 따라 열심히 만들었고 항상 효과가 좋았다. 덩리쥔은 밴을 대여해 휴식 공간으로 쓰는 것을 좋아하지 않았다. 스태프들은 미니 버스를 빌려서 썼다. 당시 이런 요구는 아주 드문 것이었지만 덩리쥔은 그것을 좋아했다. 동시에 덩리쥔은 솔직하고 재미있는 사람이기도 했다. 어느 해, 중국의 설명절과 프로그램 출연이 겹쳤다. 덩리쥔은 중국 설 요리를 잔뜩 준비해 사람들과 함께 먹었다. 이렇게 덩리쥔이 자신의 의견을 굽히지 않는 것은 그녀의 자존심과 품격을 보여준다. 아카사카는 덩리쥔의 재능과 특징은 무대에 완벽하게 어울리며, 일본에서 개인 콘서트를 한 번만 열고 더는 무대에서의 재능을 발휘하지 않은 것은 무척 아쉽고 아까운 일이라고 말했다.

마지막 몇 년간 매니저였던 스즈키 아키요鈴木章代는 덩리쥔이 무척 창의적인 여성이라고 말한다. 옷차림은 대부분 덩리쥔 스스로 결정한 것이고 화장 역시 다른 사람의 손을 빌리지 않았다. 단지 몸이 아플 때만 다른 사람이 그녀의 화장을 도왔다. 덩리쥔은 자신만의 미용 비법이 있고 심지어는 직접 헤어롤을 가지고 머리카락을 말아 헤어스타일을 만들곤 했다. 스즈키는 이렇게 말했다.

"꼭 비교를 하려는 것은 아니지만, 그녀 다음에 내가 맡았던 가수들 누구라도 자연히 덩리쥔과 비교하게 됩니다. 그래서 저는 늘 덩리쥔을 그리워하게 됐어요. 정말 그리워요."

덩리쥔의 중국어 앨범 중 여러 장에 플루트 연주를 해준 사람은 타이완의 유명 플루티스트 판만눙樊曼儂이다. 유명 음악가인 그도 덩리쥔이 음악에 대한 상당한 소양이 있으며 음감이 매우 좋고 청력도 뛰어나다고 말했다. 덩리쥔은 사이 요시오의 아내 하기와라 미치코萩原美智子에게서 피아노를 배웠다. 또한 쓰카다塚田 선생에게서 짧지 않은 시간 플루트를 배웠다. 무대에서 공개적으로 공연을 할 정도로 그녀의 집중력과 실력은 상당했다.

그래미상을 수상한 프로듀서 데이비스 포스터는 이렇게 말했다. "덩리쥔의 목소리는 타고난 아름다움이다." 그는 자신이 프로듀싱한 셀린 디옹 같은 유명 스타도 덩리쥔처럼 훌륭한 목소리를 가진 경우는 없었다면서 덩리쥔이 일찍 세상을 떠난 것을 무척 안타까워했다.

덩리쥔과 같은 무대에 선 적이 있는 일본 스타 미야코 하루미都はるみ는 일본에서 가창력의 여왕으로 불리는데, 그녀도 덩리쥔의 노래를 입에 침이 마르게 칭찬했다. 맑고 투명한 목소리로 여성의 감정을 노래하는데 이런 목소리는 쉽게 여성들을 공감하게 할 뿐 아니라 남자도 깊이 감동시킨다고 했다. 게다가 덩리쥔은 손짓이나 미소 하나하나에서도 여성적인 매력이 넘친다고 표현했다.

또 다른 일본의 대스타이자 가수인 이쓰키 히로시五木宏도 덩리쥔을 오랫동안 흠모해왔다. 그는 줄곧 아라키荒木 선생에게 부탁해 자신과 덩리쥔을 위한 남녀 듀엣을 써달라고 했다. 혹은 덩리쥔과 함께 노래할 기회를 만들어달라고 했다. 하지만 그의 이런 바람은 결국 이뤄지지 않았고 영원히 이뤄질 수 없게 되었다. 덩리쥔이 사망한 후 이쓰키 히로시는 컴퓨터 합성 기술로 덩리쥔의 노래하는 부분을 잘라내 그녀와 함께 〈세월의 흐름에 몸을 맡겨요〉를 불러서 자신의 그리움과 존경을 드러냈다. 그는 적어도 노래로 다시 그녀를 만나기를 기대한다고 말했다.

덩리쥔과 함께 일본에 진출한 웡첸위翁倩玉는 덩리쥔이 일본에서 활동할 때 가까운 친구였다. 그녀는 덩리쥔이 아주 프로페셔널하고 자신의 일에 진지한 예인이었다고 평가한다. 특히 덩리쥔은 본심을 숨기거나 질투를 하는 성격이 아니었고 다른 사람도 그럴 거라고 생각해 경계심이 없었다. 그만큼 단순하고 순진한 성격이었다. 덩리쥔은 웡첸위의 발음을 돕기 위해 발성 연습에 도움이 되는 워밍업 녹음테이프를 선물하기도 했다. 웡첸위는 아직 그 테이프를 간직하고 있다. 그걸 볼 때마다 덩리쥔을 생각하면 가슴이 아프다고 했다.

일본의 유명 음악평론가 나카무라 도요中村東洋는 이렇게 말했다.

"아시아에는 본보기로 삼아야 할 여성이 두 사람 있다. 한 사람은 아웅산 수지이고 또 한 사람은 덩리쥔이다."

그는 덩리쥔의 생애를 정리하면서 그녀의 삶을 더욱 이해하게 됐고 무엇보다 덩리쥔의 사람됨에 감탄하게 됐다. 단정함, 순박함, 발전하고자 하는 노력으로 20여 년간 정체되지 않고 진보했다. 빈손으로 일본 연예계에 도전장을 내밀어 자연스럽고 당연하게도 빛나는 성과를 거뒀다. 이 사실만으로도 덩리쥔의 노력과 열정을 증명할 수 있다.

작곡가 고가 마사오古賀政男는 이렇게 말한다.

"노래 천재는 그 민족에게 수십 년간 쌓인 감정의 분출구다. 하늘이 내린 재능, 혈통과 상관없이 조용한 의지의 표현이다. 덩리쥔의 노래가 바로 그렇다."

하라다 히로시原田廣志는 이렇게 말했다.

"덩리쥔은 천재 가수라고 부르기보다 천사라고 부르는 것이 더 어울린다."

천재 가수든 천사든 덩리쥔은 일본에 가장 아름다운 목소리, 가장 아름다운 이미지를 남겼다.

후나키 미노루는 슬픔에 잠겨 회고했다. 1995년 5월 초, 그는 덩리쥔과 전화 통화를 했다. 음반 판매 인세를 결산하기 위해서였다. 당시 그들은 일주일 뒤에 만나기로 약속했다. 그때 후나키 미노루는 덩리쥔에게 이렇게 말했다.

"당신이 어디에 있든 꼭 만나러 가지요."

그런데 며칠 뒤 덩리쥔의 부고가 날아들었다. 후나키 미노루는 전화를 받은 뒤 족히 1시간은 온몸이 굳은 듯 꼼짝도 할 수 없었다고 한다. 그는 당시 텅 비어버린 것처럼 아무 생각도 할 수 없었고 가장 가깝고 또 가장 소중한 물건을 잃어버린 듯한 기분이 들었다.

그는 일본에서 서둘러 타오위안桃園 국제공항으로 날아가 영구를 맞이했다. 덩리쥔이 하얀 관 속에 누워 있는 모습을 본 그날은 마침 그들이 만나기로 했던 날이었다. 그녀가 어디에 있든 만나러 가겠다고 했던 약속이 이런 모습으로 지켜질 줄 누가 알았을까. (인터뷰를 하던) 후나키 미노루는 눈물을 숨기지 못했다. 그는 타이완 방향을 향해 천천히, 극도로 정중하게 90도로 허리를 숙이고 인사했다. 통역사가 후나키 미노루의 인사는 덩리쥔에 대한 애도의 의미라고 알려줬다. 나는 마음이 조여드는 기분이었다. 한 회사의 사장, 일본인, 그리고 나이를 잊은 친구. 그런 사람이 아무도 없는 곳을 향해 허리를 숙이고 있었다.

후나키 미노루는 이미 연예계에서 은퇴했다. 그러나 그는 여전히 의무를 다한다. 아무런 불평도 하지 않고 덩리쥔을 위해 일하는 것이다. 거의 매년 그녀의 추모 행사를 돕고, 덩리쥔을 대신해 토러스 음반사가 지급해야 할 인세를 관리한다. 그는 일본에 와서 덩리쥔을 취재하려는 사람이 있으면 제일 먼저 나서서 정보를 제공하고, 매년 정해진 시기에 일본에서 타이완까지 와서 덩리쥔의 어머니를 만나 직접 인세를 전달한다. 덩리쥔의 어머니가 2004년에 돌아가실 때까지 그랬다. 그 이후에야 그 일을 덩리쥔문교기금회에 넘겨줬다. 당시 회사에서 그녀를 위해 완성했지만 부르지 못한 곡이 있는데, 그는 다른 가수가 부르게 하지 않고 그대로 가지고 있다. 덩리쥔은 생전에 후나키 미노루를 '일본의 아버지'라고 소개하곤 했다. 그때의 그 신뢰로 가득한 표정을 여전히 기억하는 한, 후나키 미노루가 덩리쥔을 그리워하는 마음은 하루하루 더해질 뿐이다. 나이를 뛰어넘은 그녀와의 우정은 후나키 미노루에게 평생의 영광이자 또한 아픔이 되었다.

女郎
你爲什麼獨自徘徊在海灘
女郎
難道不怕海上就要起風浪
啊不是海浪
是我美麗衣裳飄盪
縱然天邊有黑霧
也要像那海鷗飛翔
女郎
我是多麼希望圍繞你身旁
女郎
和你去看大海
去看那風浪

아가씨
왜 홀로 해변을 이리저리 거닐고 있나요?
아가씨
설마 바다의 거친 파도도 무섭지 않나요?
아, 그건 파도가 아니에요
내 아름다운 옷자락이 바람에 나부끼는 거랍니다
설령 하늘 끝에 검은 구름이 보인다 해도
저 갈매기처럼 금방 날아가버릴 거예요
아가씨
내가 얼마나 당신 곁에 있고 싶은지 아세요?
아가씨
당신과 함께 바다를 보러 가고 싶어요
그 파도를 보러 가고 싶어요

1979년 덩리쥔은 여권 사건으로 1년간 일본에 입국할 수 없게 되었다. 타이완 여론은 그녀를 심하게 비난했고, 덩리쥔은 집이 있어도 돌아가지 못하는 처지가 됐다. 하지만 안절부절못하기보다는 예전에 하지 못한 일을 하기로 결심했다. 덩리쥔은 두 달 뒤 로스앤젤레스에서 개인 콘서트를 열고 싶다는 요청을 받았던 것이 생각났다. 미국으로 갈 준비를 했다. 국제 무대로 시선을 돌린 것이다. 일본의 일을 정리하고 미국으로 떠난 덩리쥔은 파도에 홀로 맞서는 여자처럼 외로움도 어둠도 두려워하지 않고 미지의 세계로 용감히 발을 디뎠다.

로스앤젤레스에 도착한 뒤, 덩리쥔은 캘리포니아 대학 영어 연수반에 등록했다. 그녀는 더 이상 언론에서 자신에 대해 뭐라고 평가하는지 신경쓰지 않았다. 자유롭게 비행하는 갈매기처럼 지구 반대편 태평양 연안에서 공연하거나 다시 시작한 공부에 매진했다. 그 시절은 신기하고 자유로우며 스트레스와 속박이 없는 나날이었다. 덩리쥔은 자신의 리듬에 맞춰 삶을 꾸렸고, 자신의 목소리로 노래했다. 1986년 덩리쥔은 미국 『타임』이 선정한 '세계 7대 여가수'에 뽑혔다. 그녀의 음악적 성취는 이미 국제적인 인정을 받고 있었다.

🐌 미국으로 가다
서던캘리포니아 대학 시절

미국에 처음 간 것은 아니었다. 1978년 말에도 미국 로스앤젤레스 샌타모니카 대강당에서 공연한 적이 있다. 1979년 4월에는 캐나다 밴쿠버에서도 개인 콘서트를 열었다. 밴쿠버 메이슨센터의 공연은 전석 매진되었다. 이 공연으로 덩리쥔은 해외 화교를 위로하는 공연을 할 수 있다는 데 보람을 느꼈고, 자신감이 생겼다.

미국에서 덩리쥔은 공연할 때 외에는 빈틈없이 짜인 스케줄에 따라 충실한 시간을 보냈다. 앞으로의 학업 계획을 짠 뒤, 캠퍼스를 오가며 단순한 학생의 삶을 즐겼다. 물론 순회공연과 음반 녹음 준비도 잊지 않았다. 4월 하순, 홍콩 폴리그램 음반사의 프로듀서 덩시쥐안이 미국으로 날아와 열흘 동안 24곡을 녹음했다. 녹음 작업은 순조롭게 진행되었고, 타이완에 돌아가지 못한다는 슬럼프의 영향은 전혀 느낄 수 없었다. 오히려 속박에서 벗어나 자유롭고 편안한 느낌이었으며, 인생에 새로운 절정기가 도래한 듯했다. 언제 어디서 인생의 전환점을 만나게 될지는 예측할 수 없다. '아침에 잃고 저녁에 거둔다'(처음에는 실패하다가 마지막에 비로소 성공한다)는 말도 있지 않은가.

그 후 덩리쥔은 바라던 대로 서던캘리포니아 대학에 들어가 영어 외에도 생물학, 수학을 선택 과목으로 강의를 듣는 조용한 한때를 보냈다. 소

박한 학생생활은 덩리쥔이 줄곧 바라던 것이었고, 카메라 플래시와 꽉 찬 홍보활동 일정에서 벗어난 그녀는 이제 유명세나 금전적 이익에는 마음이 흔들리지 않았다. 그해 말, 홍콩에서 열린 제4회 골든디스크상에서 덩리쥔은 동시에 세 장의 정규 앨범이 플래티넘 레코드상을, 또 다른 두 장의 정규 앨범은 골든 레코드상을 받았다. 그런데도 덩리쥔은 그 시상식에 참여하지 않았다. 다음 해 3월 금종장金鐘奬에서도 최우수 여가수상을 받았지만 역시 상을 받으러 가지 않았고, 상금은 가족에게 부탁해 타이베이 경찰 라디오 방송국의 「설중송탄」 프로그램에 기부했다.

북미에서 열린 순회공연의 첫 번째 장소는 미국 뉴욕의 링컨센터였다. 링컨센터에서 공연하는 가수들은 대개 세계 일류 예술가다. 톰 존스, 휘트니 휴스턴 등이 이곳에서 공연했다. 덩리쥔은 링컨센터에서 공연한 첫 번째 아시아인이었고, 티켓 판매량에서도 전례 없는 기록을 세운다. 이 콘서트는 『싱다오일보星島日報』[홍콩에 기반을 두고 전 세계적으로 발행되는 중국어 국제신문]에서 주최한 것으로, 공연장 내에 원래는 2800여 좌석뿐이었는데 임시로 200석을 더 설치했다. 티켓 판매가 시작된 후 3000장의 티켓이 순식간에 팔려나갔다. 덩리쥔은 콘서트의 클라이맥스 부분에 특별히 〈매화梅花〉를 선곡해 관객과 함께 노래를 불렀다. 무대 위아래가 한목소리로 "매화는 꾹 참고 견디는 우리를 상징하네, 우뚝 선 중화여" 하고 노래하면서 모든 이의 마음이 하나가 되었다.[〈매화〉는 동명의 타이완 항일 영화 주제곡으로 덩리쥔이 불러 크게 인기를 얻었다.] 덩리쥔이 눈물로 목이 메어 목소리가 잘 나오지 않는 대목에서는 관객의 노랫소리가 파도처럼 뒤따랐다. 북미 화교의 가슴이 뜨거워지는 잊지 못할 밤이었다.

7월 22일 오후, 중미종합엔터테인먼트 회사는 특별히 차이나타운의 다지 호텔大吉飯店에서 덩리쥔을 위한 기자회견을 열었다. 뉴욕 시장인 에드워드 코크가 보좌관을 보내 덩리쥔을 환영하는 뜻을 표하며 뉴욕을 상징하는 사과 모양 브로치를 덩리쥔의 왼쪽 가슴에 달아주었다. 그날 기자회견장에 모인 사람들은 즐겁고 편안한 시간을 보내며 아름다운 추억을 쌓았다.

북미 순회 콘서트의 두 번째 공연은 26일 샌프란시스코에서 열렸다. 그 이튿날 세 번째 공연은 로스앤젤레스의 뮤직센터에서 개최됐다. 아카데미 시상식이 열릴 때 사용되는 곳으로, 역시 아시아 가수 중에는 덩리쥔이 처음이었다. 이 공연에는 28인조 관현악단이 함께했다. 덩리쥔은 이 공연을 특히 소중하게 여겨 매우 진지하게 임했다. 역시나 클라이맥스에서는 〈매화〉를 불렀다.

덩리쥔은 미국인 음악 감독과 미국식 편곡 방식, 코러스 등을 새롭게 경험하며 장점을 빠르게 흡수해 자신의 것으로 만들었다. 이런 수확은 1980년 2월 19일부터 20일까지 열린 라스베이거스의 콘서트에서 선보인 모습에서도 확연히 드러났다. 관객의 뜨거운 반응과 덩리쥔의 놀라운 인기는 멀리서 비행기를 타고 콘서트를 보러 라스베이거스까지 온 관객이 부지기수인 데서 잘 알 수 있다. 콘서트 주최 측은 현장에서 급히 200석을 추가해 뜨거운 반응에 화답했다. 좌석을 추가했는데도 콘서트는 전석 매진을 기록했다.

화려하고 떠들썩한 도시 라스베이거스의 거리에 온통 덩리쥔의 공연 간판이 늘어섰다. 붉은 옷을 입고 긴 머리카락을 휘날리는 테레사 덩의 커다란 포스터가 미국 영화계와 가요계 양쪽의 대스타인 프랭크 시나트라의 쇼 포스터와 함께 나란히 붙었다. 공연장 입구 가장 눈에 잘 띄는 곳에는 '恭喜發財'[돈 많이 버시라는 의미의 인사말]라는 네 글자가 커다랗게 붙어 있어서 중국 분위기를 살렸다. 덩리쥔의 사진으로 만든 홍보 소책자가 여기저기서 배포됐다. 라스베이거스에서도 마찬가지로 덩리쥔은 이 호화로운 무대에 서는 첫 번째 아시아인이었다.

시저스 팰리스 호텔 공연장에서 열린 이틀 밤의 콘서트는 한 곡 한 곡이 전부 클라이맥스와 같았다. 수준 높은 라스베이거스의 쇼 중에서도 가장 인기 있고 분위기가 좋은 공연이었다. 공연장 대표는 중국의 음력 설을 축하하는 의미로 최고의 성수기인 이때 덩리쥔의 공연을 잡았다. 콘서트가 성공적으로 끝난 뒤, 그는 기쁨을 감추지 못한 채 이렇게 말했다.

"덩리쥔은 중국인에게 바브라 스트라이샌드와 같은 위치로군요. 그녀는 우리 공연장이 개관한 이래 관객의 사랑을 가장 많이 받은 가수일 겁니다."

저녁 8시에 시작하는 공연인데 6시부터 입장을 기다리는 관객이 입구에 줄을 서기 시작했다. 질서 유지를 위해 고용된 안전요원은 그보다 두 시간 앞서 테레사 덩의 리허설을 봤다. 그는 리허설을 보고 깜짝 놀랐다.

"아주 아담한 체구의 귀여운 여성이었는데 어디서 그런 거대한 매력이 뿜어져 나오는지 모르겠군요. 관객을 이렇게 열정적으로 빠져들게 하다니 정말 대단합니다."

또 다른 안전요원은 덩리쥔의 공연이 넋을 빼놓는다며 평소 공연했던 미국 가수와는 확연히 달랐다고 말했다. 미국 가수의 공연에서는 관객도 소리를 지르고 환호하면서 떠들썩하게 감정을 발산한다. 하지만 이 아시아인 여자의 공연은 부드럽고 가벼운 음악에 달콤한 노래가 계속된다. 무대 아래의 관객은 조용히 노래에 귀를 기울이며 공연에 온 정신을 집중한다. 그는 노래가 끝난 뒤에도 공연장에 감동과 여운이 떠돌았다고 감탄했다. 이런 느낌은 안전요원으로 오랫동안 일한 그도 처음 겪는 일이었다.

〈야래향夜來香〉으로 공연을 시작하자마자 갈채가 쏟아졌다. 덩리쥔은 객석을 가득 메운 관객들을 향해 진심 어린 인사를 건넸다.

"여러분이 있어 제가 있는 거예요. 우린 모두 같은 곳에서 왔어요……"

관객들은 깊은 감동을 받았다. 이어서 덩리쥔이 〈용의 후손龍的傳人〉을 불렀다. 덩리쥔은 "검은 눈동자 검은 머리칼 황색의 피부"라는 가사에 이르자, 눈가가 붉어졌고 목이 메었다. 관객들의 감정도 덩리쥔의 노래를 따라 점점 고조됐다.

그날 공연에서 덩리쥔은 자신의 다양한 재능을 아낌없이 발휘했다. 중국어, 영어, 일본어, 광둥어 등 여러 언어로 된 노래를 번갈아 불렀고, 춤실력도 뽐냈다. 대담하게도 즉석에서 관객의 신청곡을 받기도 했다. 베이징에서 온 부부가 〈그대 사랑하지만 말하기 어렵네愛妳在心口難開〉[영문 제목은 More Than I Can Say]를 신청했을 때는 영어 곡을 중국어로 번안한 것이었으므로 밴드가 어떻게 반주를 할 수 있었지만, 이어서 민난어 곡인 〈소육종燒肉粽〉이나 〈홍콩, 홍콩香港, 香港〉 〈일수격천애一水隔天涯〉 등의 신청곡은 반주를 할 수 없었다. 결국 덩리쥔이 무반주로 노래를 불렀는데, 무반주 노래는 달콤하고 온화한 음색을 더욱 돋보이게 했다. 관객석의 박수갈채가 끊이지 않았다.

〈그대 언제 돌아오실까何日君再來〉를 끝으로 공연을 마치고 막이 천천히 내려올 때, 덩리쥔은 몸을 돌려 연주자들에게 깊이 허리를 숙였다. 눈물을 멈추려고 했지만 마음대로 되지 않았다. 그 눈물로 시야가 흐려진 덩리쥔이 겨우 대기실로 들어가자 미리 약속한 것도 아닌데 외국인 스태프들이 덩리쥔을 둘러싸고 포옹하며 성공적으로 공연을 마친 것을 축하했다. 다음에 또 이곳에 와서 공연하라고 요청하기도 했다. 이어 무대 뒤로 몰려온 팬에게도 둘러싸였다. 키가 작은 덩리쥔의 어머니는 인파를 헤치고 들어가 딸을 데려올 수가 없었다. 그저 덩리쥔이 끊임없이 인사를 하고 감사를 전하는 모습을 바라봤다.

유례없는 성공을 거둔 덩리쥔의 콘서트는 언론에서도 취재 열기가 뜨거웠다. 공연장 측은 특별히 덩리쥔을 위해 축하 파티를 열어주었다. 네바다주의 주지사와 라스베이거스 시장도 참석해 축하의 말을 건넸다. 라스베이거스 시장은 정중하게 덩리쥔에게 시를 상징하는 황금 열쇠를 선물하며 덩리쥔을 '라스베이거스 명예시민'으로 선포했다.

그날의 일화 중에서 덩리쥔이 특히 감동한 것은 갓 스물을 넘긴 미국 청년이 경제적인 형편이 좋은 것도 아닌데 학업과 아르바이트를 병행하며 돈을 모아 콘서트 티켓을 사고 이틀 동안 히치하이크해서 라스베이거스까지 천신만고 끝에 도착해 공연을 본 일이다. 이 이야기를 들은 덩리쥔은 말을 제대로 잇지 못했다. 라스베이거스의 콘서트는 덩리쥔 연예 인생에서 또 한 번의 클라이맥스였다.

라스베이거스 콘서트가 덩리쥔의 연예 인생에 가장 도움을 준 것은 단지 티켓 판매 기록과 흥행이 아니라 수염이 덥수룩하고 키 큰 음악가 칼 슈뢰더를 알게 된 일이다. 그는 시저스 팰리스의 음악 감독으로, 수많은 세계적 스타의 공연을 맡아온 인물이다. 그는 덩리쥔의 창법에 어떤 결함이 있는지 조목조목 짚어주고 어떻게 고음을 내야 성대가 쉽게 피로해지지 않는지, 어떤 방법으로 소리를 더 높고 부드럽게 낼 수 있는지를 알려주었다. 섬세한 관찰에 기반한 그의 가르침에 덩리쥔은 완전히 수긍했다. 그 후 반년간 열심히 연습한 끝에 음역도 크게 달라졌고, 훨씬 쉽게 복식호흡을 운용하고 성대를 보호할 수 있게 됐다. 덩리쥔은 칼 슈뢰더의 가르침에 무척 감사했을 뿐만 아니라 이후 동남아시아에서 15주년 순회 콘서트를 할때, 매우 높은 보수를 주고 그를 초빙해 음악 감독을 맡겼다.

그는 덩리쥔의 공연을 성실히 기획했다. 코러스와 댄서는 로스앤젤레스에서 모집했는데, 400여 명이 모였다. 심사숙고 끝에 코러스 세 명, 댄서네 명을 선발했다. 코러스는 흑인 여가수 두 명과 필리핀계 미국인 남자가수 로버트였다. 덩리쥔은 로스앤젤레스의 스튜디오를 빌려 칼 슈뢰더와함께 약 5개월간 연습했다. 홍콩체육관에서 열리는 15주년 콘서트가 시작되기 두 달 전, 5만 장의 콘서트 티켓이 모두 매진되었다. 로버트는 그 사실에 깜짝 놀라 덩리쥔에게 이렇게 말했다고 한다.

"우리는 계속 궁금해했어요. 당신이 인기 가수라고는 들었지만 얼마나 인기가 있는 걸까 하고 말이죠. 5만 명이 당신 한 사람의 노래를 들으러 오는 것을 보면서 당신의 매력이 얼마나 대단한지 확실히 느꼈어요. 나도 당신 같은 가수가 되는 게 목표예요!"

미국에 있을 때 덩리쥔은 레인보 커넥션 스튜디오와 계약하고 유명 무용가인 브루스 히스에게서 현대무용을 배웠다. 매일 여섯 시간씩 무용 연습을 했다. 가장 기본적인 스트레칭부터 모든 곡의 댄스 동작을 리허설하는 데 걸리는 시간이 딱 여섯 시간이었다. 덩리쥔은 아주 유연한 편이었다. 멜로디와 리듬에 대한 감각도 예민해서 무용 연습도 어렵지 않게 해냈다. 또한 미국의 유명 디자이너 빌 휘튼에게 무대 의상의 디자인을 맡겼다. 빌 휘튼은 할리우드의 스타 배우나 유명 가수를 위해 옷을 만드는 사람이다. 덩리쥔은 30만 홍콩달러[한화 4억5000만 원]를 들여 다섯 벌의 무대 의상을 제작했고, 그 의상은 콘서트에서 빛을 발했다. 댄서 및 코러스의 의상과 헤어스타일까지 덩리쥔은 아주 세심하게 기획하여 통일성을 갖췄다. 무엇 하나도 소홀히 하지 않는 태도에 칼 슈뢰더도 칭찬을 아끼지 않았다. 사람들 앞에서 덩리쥔을 치켜세우며 "내가 함께 일한 여러 스타 중에서 가장 자신의 일에 진지하고 기준이 엄격하면서도 친절하고 귀여운 사람이었다"고 말했다. 당시 덩리쥔은 아직 서른 살이 되기 전이었다.

❦❧ 금지할수록
더 뜨거워지는 덩리쥔 신드롬

라스베이거스의 공연으로 외국 언론이 타이완에서 온 뛰어난 가수 덩리쥔을 주목했다. 그날 적잖은 신문사에서 덩리쥔을 인터뷰했고, 심지어 그 후로 홍콩과 타이완까지 쫓아와 인터뷰를 요청하기도 했다. 영국 BBC 베이핑北平 특파원 제셀, 『뉴욕타임스』의 베이핑 지국장 렌이 덩리쥔의 녹음 인터뷰를 요청했고, 덩리쥔이 무반주로 부른 〈중화민국송中華民國頌〉은 런던으로 보내져 라디오 방송국의 국제 방송망을 통해 전 세계에 방송되었다.

제셀과 렌은 덩리쥔의 순박함과 수수한 꾸밈에 깊은 인상을 받았고, 통역을 통하지 않고 직접 유창한 영어로 답변하는 데도 깜짝 놀랐다. 그들은 중국과 타이, 미얀마 등 접경지대를 취재할 때 현지에서 덩리쥔의 노래가 무척 인기가 있다는 사실을 알게 됐다. 하지만 덩리쥔의 노래는 중국에서 방송이 금지되어 있었다. 금지곡인데도 10억 인구가 그렇게 빠져드는 이유가 궁금했다. 게다가 덩샤오핑을 나이 든 덩, 덩리쥔을 젊은 덩으로 부를 정도로 대단한 인기를 누리는 것에 흥미를 느꼈다. 그래서 인터뷰를 통해 그녀를 좀더 깊이 이해해보려 한 것이다.

제셀과 렌은 덩리쥔에게 중국인이 그녀의 노래를 이토록 좋아하는 이유를 물었다. 덩리쥔은 겸손하게 대답했다. 자신이 중국에서 얼마나 인기가 있는지 잘 모를뿐더러 지금 유행한다는 "낮에는 나이 든 덩 씨가 지배하지만 밤에는 젊은 덩 씨의 천하다"라는 말도 들어본 적이 없다고 했다. 하지만 중국에서 보내온 팬레터는 많이 받았다. 물론 자기 노래가 금지곡이라는 이야기를 알고 있었다. 다만 왜 그런지 잘 이해가 되지는 않았다. 자신이 부르는 노래는 모두 민요나 사랑 노래 등 순수한 음악이고 정치적 선동을 하는 곡이 아니다. 금지 처분을 받을 이유가 전혀 없다고 생각했다.

AP통신 기자는 미국 캘리포니아 주에서 덩리쥔을 인터뷰하여 전 세계로 기사를 송신했다. 기사에서 덩리쥔의 노래가 중국 전역에서 들불처럼 번지고 있다고 언급했다. 덩리쥔은 자신이 얼마나 인기 있는지를 언론 매체를 통해 알게 된 후 깜짝 놀랐고, 조금은 이상한 기분이 들었다. 어머니도 그 시절 텔레비전에서 "타이완 여가수가 중국에서 엄청난 인기다"라는 소식이 자주 보도됐다고 기억한다. 어머니는 텔레비전을 자주 보는 편이 아니라 친구가 전화를 걸어 알려주곤 했는데, 반신반의하며 텔레비전을 켜면 덩리쥔의 소식이 보도되고 있었다. 억지로 인기를 얻으려고 한 적도 없고 특별히 노력하거나 수를 쓴 적도 없다.

『시카고트리뷴』의 베이핑 특파원 조너선 브로드는 이렇게 보도했다.

"덩리쥔의 녹음테이프가 몰래 중국에 반입되어 여러 곳에서 복제된다. 복제된 테이프는 비밀스럽게 팔리고 또 소장된다. 이는 덩리쥔이 중국에서 얼마나 광범위한 사랑을 받는지 잘 보여준다. 덩리쥔의 노래는 중국인의 마음을 위로하는 힘이 있다."

이보다 앞서 1976년에 중국 신문 『중국청년보中國靑年報』의 기자가 싱가포르에 있는 덩리쥔의 집으로 전화를 걸어 인터뷰한 적이 있다. 공청단共靑團[중국공산주의청년단] 산하의 중앙기관보인 『중국청년보』는 허베이 성에 살고 있는 덩리쥔의 고모 두 사람을 찾아가 덩리쥔에 대한 이야기를 나누고 허베이의 덩 씨 집안 옛 고향 이야기를 주축으로 이리저리 뉴스거리를 엮어서 보도해 한때 화제가 되었다. 그 밖에도 중국에서 발행되는 잡지 『중국, 타이완大陸, 臺灣』도 덩리쥔의 사진을 표지로 채택했다. 베이핑출판北平出版의 내부 간행물 『청년참고靑年參考』는 덩리쥔의 삶을 간략히 다룬 전기 형식의 기사를 실었다.

한번은 어느 언론에서 덩리쥔이 중국과 '왕래가 밀접하다'는 보도를 내보냈다. 덩리쥔이 캘리포니아 대학에서 공부할 때 당시 타이완 국회의원이었던 '아시아의 영양' 지정紀政[타이완의 여성 단거리 육상 선수, 1968년 올림픽에서 동메달을 따서 중국인 여성으로는 최초의 메달리스트가 되었다]의 방문을 받았다. 지정이 미국에서 중국 유학생을 알게 되었는데, 덩리쥔을 무척 좋아했던 그가 부탁해서 만나러 온 것이다. 그날 덩리쥔은 강의가 끝난 후 그들에게 붙들렸다. 중국 유학생들은 덩리쥔을 보고 좋아서 어찌할 바를 몰랐다. 덩리쥔도 친절하게 그들과 대화하고 사인을 해줬다. 열심히 공부하라고 격려도 했다. 그렇게 약 10분 정도 인사를 나누고 헤어졌는데, 그 학생들이 이런 우연한 만남을 떠벌리면서 중국과 왕래가 밀접하다는 소문이 생겼던 것이다.

1983년 전후로 중국에서는 더욱 적극적으로 '정신 오염 제거 운동'이 시행되었다. 덩리쥔의 노래가 표적이 됐다. 덩리쥔의 녹음테이프가 전부 폐기됐고, 당국은 덩리쥔의 테이프를 개인적으로 소장했다가 발각되면 압수 및 처벌하겠다는 성명을 발표했다. 중국 공산당 지도부는 덩리쥔의 노래가 퇴폐적이며 가사의 '남녀상열지사'가 심각한 정신적 오염을 야기한다고 여겼다. 방송 언론을 통해 강도 높게 비판하는 보도를 끊임없이 내보내기도 했다. 덩리쥔은 이런 비판적 언론에는 신경 쓰지 않았다. 오히려 자신을 좋아하는 중국의 팬들을 걱정했다. 덩리쥔은 라디오 방송을 통해 이렇게 호소하기도 했다.

"여러분이 제 노래를 듣다가 처벌받지 않기를 바랍니다. 가능한 한 빨리 모든 테이프를 제출하십시오. 저 또한 앞으로는 좀더 순수한 곡을 부르도록 하겠습니다."

그 시절의 중국은 막 문화대혁명의 정신적 긴장 속에서 벗어난 상태였고, 그렇기에 대중은 평화와 안정에 목말라 있을 때였다. 덩리쥔의 정치색 없는 노래는 오랫동안 이데올로기와 관련된 노래를 들어야 했던 피로감에서 벗어나게 해주었다. 덩리쥔의 부드러운 목소리는 오랜 시간 억눌린 감정을 해방시켰다. 덩리쥔의 선율은 인간의 가장 기본적인 부분, 사랑에 대한 갈망과 사랑받고자 하는 욕구를 대변했다. 이는 권력으로 짓누를 수 없는 것이었다. 잡지에서는 덩리쥔을 '자유중국에서 첫 번째로 중국을 밟은 선봉대'라고 표현하기도 했다. 수없이 많은 사람이 인맥을 통해 덩리쥔의 테이프를 중국으로 보내달라고 부탁했다. 심지어 홍콩과 마카오 지역의 신문은 이런 보도도 했다.

"중국에서 덩리쥔의 테이프는 이미 가장 인기 있는 결혼 예물이 되었다."

『USA 투데이』의 기자 닐은 덩리쥔이 중국에 준 충격을 조사해 보도했다. 중국 사람들이 월수입의 4분의 1을 들여 암시장에서 덩리쥔의 음반을 구입한다는 것이다. 또 이런 신드롬을 일으키게 된 원인을 당시 중국 대중의 삶에 즐거움이 결핍되었기 때문이라고 분석했다.

1986년이 되자 중국 공산당 지도부는 마침내 직접 명령을 내려 덩리쥔의 '누명'을 벗겨주었다. 그 후 계산이 재빠른 상인들은 무수한 덩리쥔의 대체재를 키워서 대중의 관심을 끌려고 했다. 베이징의 덩리쥔, 상하이의 덩리쥔, 광저우의 덩리쥔 등이 끝도 없이 등장했다. 덩리쥔과 가족들은 중국에 자유와 기쁨의 씨앗을 전파할 수 있다는 것을 그저 영광스럽게 생각했다.

덩리쥔의 선풍적 인기는 연쇄반응을 일으켜 상당히 의미 있는 부가적인 영향력을 발휘하기도 했다. 1980년 7월말 『베이징만보北京晩報』가 '생존자는 진실을 말할 책임이 있다'라는 제목의 시리즈 특집 기사에서 〈그대 언제 돌아오실까何日君再來〉에 대한 잘못된 평가를 바로잡기에 나선 것이다. 이 노래는 그동안 '매국노의 노래'로 치부됐고, 작곡가 류쉐안劉雪庵도 매국노 문인으로 분류되었다. 『베이징만보』의 기자는 세간에서 완전히 잊힌 류쉐안을 찾아내 당시 일흔다섯의 고령에다 두 눈까지 실명한 상태의 노작곡가에게서 〈그대 언제 돌아오실까〉가 중일전쟁 시기의 영화인 『고도천당孤島天堂』의 삽입곡이라는 증언을 들었다. 이 영화는 1939년 홍콩에서 제작한 영화로 감독 차이추성蔡楚生, 예술 감독 어우양위칭歐陽予情, 제작자 뤄징위羅靜予 모두 중국 공산당 휘하의 영화인이다. 영화에 나오는 다른 삽입곡 네 곡도 전부 대중적 인지도가 높았다. 〈의용군행진곡義勇軍進行曲〉은 중국에서 편곡하여 국가가 되었고, 〈망명 삼부곡流亡三部曲〉 중의 첫 곡인 〈우리 집은 쑹화강 위에我的家在松花江上〉도 중국의 명곡으로 대접받아 성악가들이 자주 부르는 예술 가곡으로 자리매김했다. 〈그대 언제 돌아오실까〉는 더욱 역사가 짧지 않다. 이렇게 노래와 관련된 사실이 밝혀지면서 베이징 당국도 점차 덩리쥔의 노래에 대한 비판을 거두었다. 또한 노래를 부르거나 듣는 데 대한 제한도 이 일 이후로 큰 변동이 생겨 공개적으로 부르지는 못해도 암묵적으로는 금지가 풀린 셈이었다. 덩리쥔의 노래는 점차 지하에서 유행하게 되었다.

🌿 추모의 다양한 방식 공통점은 '사랑'

문화대혁명이 끝나면서 일반 대중도 녹음기를 사용하기 시작했고, 덩리쥔의 노래가 녹음기를 통해 복제되어 널리 전파됐다. 이는 덩리쥔 자신조차 상상하지 못한 일이었다. 덩리쥔을 모방한 '작은 덩리쥔'이 속속 등장했을 뿐 아니라 춘절연환만회春節聯歡晚會[음력 설 전날 밤 유명 연예인이 대거 참석하는 방송 프로그램]에도 출연 요청을 받았지만 여러 이유로 성사되지 못했다. 나는 특히 중국에서 높은 인지도를 갖고 있는 국학 전문가 위단于丹박사의 논점에 감명을 받았다. 그녀는 덩리쥔의 노래가 단순히 시각, 청각, 감정에만 호소하는 것이 아니라 후각에도 호소한다고 표현했다. 덩리쥔의 노래를 들으면 마치 학교 식당에서 식사를 하던 때의 밥과 반찬 냄새가 떠오른다고 했다. 학창 시절 학교 식당에서 덩리쥔의 노래를 자주 틀었기 때문이다. 당시 그 세대의 청년이 덩리쥔 노래를 통해 이처럼 아름다운 추억과 감정을 공유하는 것이다.

덩리쥔을 추모하는 방법은 아주 다양하다. 그런데 이런 움직임은 모두 '사랑'이라는 단어를 중심으로 이뤄지고 있다.

2000년 홍콩의 옛집에서 있었던 유품 전시회에 수많은 인파가 몰렸고, 2002년에는 홍콩의 마담 투소관에서 덩리쥔의 밀랍 인형을 만들어 영구 전시하기도 했다. 2004년 개막한 『단원인장구但願人長久』는 덩리쥔의 일생을 다룬 뮤지컬이었다. 원린에서 개최한 전시회에도 수많은 관람객이 그리움을 담아 찾아왔다. 항저우에는 덩리쥔이 묻힌 묘지의 이름을 따 쥔위안 샤오전筠園小鎭이라는 테마 레스토랑이 개업했다. 2005년에 '덩리쥔 10년의 그리움思君十年'이라는 이름으로 열린 전시회는 특히 화제가 되었다. 또한 덩리쥔이 어린 시절을 보낸 타이완 루저우에서는 덩리쥔의 발자취를 더듬어가는 여행 프로그램을 만들었고, 하이엇홀에서 '10년의 세월 아름다운 모습이 다시 나타나다十光留世 儷影重現'라는 제목의 덩리쥔 추모 콘서트 등이 이어졌다. 일본 우에노에서도 덩리쥔 전시회가 열렸다. 여러 지역의 팬이 느끼는 그리움이 시간이 지날수록 더욱 깊어짐을 잘 알 수 있다. 2006년 루저우 지역 문화단체와 긴밀한 협력 끝에 덩리쥔 테마 공원이 설립되어 특색 있는 관광지로 자리 잡는다. 같은 해, 상하이 칭푸青浦 지역에 위치한 묘지공원 푸서우위안福壽園 원내에 덩리쥔의 옷을 넣어 관을 매장한 의관묘를 만들고 덩리쥔의 음악이 방송되는 음악 추모 공간을 만들었다. 백옥으로 된 은은한 미소를 띤 덩리쥔 조각상과 더불어 언제든지 덩리쥔의 노래를 들을 수 있게 하여 팬들이 덩리쥔을 추모하고 회상할 수 있다. 2010년에는 덩리쥔의 사적과 문물이 푸서우위안 내 인문기념박물관人文紀念博物館에 영구 소장되었다. 이 박물관은 정치·군사적으로 중요한 100여 명의 인물, 기업가, 과학자, 문학가, 예술가 등과 관련된 자료를 전시한다. 덩리쥔이 중국에 공헌한 100명의 인물 중 한 명으로 선정된 것이다.

2008년에는 '축음기의 이상한 세계: 연연덩리쥔 진장전黑膠的異想世界—戀戀鄧麗君珍藏展'이 타이베이 시청의 타이베이 탐색관台北探索館 특별전시실에서 장기 전시됐다. 2009년에는 덩리쥔의 출생지인 윈린 바오중 향에서 덩리쥔문화관광협회가 음악회와 시청각 자료 전시를 열었다. 같은 해 홍콩에서 첨밀밀 커피숍이 덩리쥔의 생일날 개점해 사회적 약자 지원 사업의 일환으로 정신 질환을 이겨낸 환자를 위한 직업 훈련 및 구직 기회를 알선하는 활동을 한다. 베이징에서도 덩리쥔의 이름을 딴 음악 레스토랑이 문을 열어 덩리쥔의 팬과 그 가족을 위한 행사가 많이 개최됐다. 1층에는 작지만 아기자기하게 꾸민 기념관도 갖추고 있다. 또한 2010년에는 타이베이 국제 화훼박람회의 명인관名人館에 덩리쥔의 노래와 관련 자료를 설치해 타이완은 물론 해외에서 온 여러 팬에게 꽃을 감상하면서 덩리쥔의 발자취도 느낄 수 있도록 해주었다.

이 밖에도 덩리쥔문교기금회는 사망 15주기에 '중국어 대중음악이 문화에 미친 영향과 공헌'이라는 주제로 연구토론회를 개최했다. 중국, 타이완, 홍콩을 비롯해 일본 등에서 음악계 인사와 언론인 등을 초청해 중국어권 대중음악에 대한 심도 있는 토론을 벌였다. 심포지엄에 참석한 전문가들은 덩리쥔의 노래가 중국어권 대중음악의 대명사라고 말하면서 덩리쥔이 창조한 음악 문화는 대중이 공유하는 기억이며 '타이완에서 시작된 시대'라는 상징적 의미를 갖는다고 평가한다.

여러 기념행사 가운데서 특히 값진 것은 베이징 쑹레이松雷 문화그룹이 제작한 「사랑하는 덩리쥔愛上鄧麗君」이라는 뮤지컬일 것이다. 2년간 공연하는 곳마다 큰 반향을 불러일으킨 이 뮤지컬의 제작자이자 예술 감독인 리둔李盾은 인터뷰에서 매우 감성적으로 덩리쥔을 언급하면서, 그녀의 노래가 자신의 청소년기 성장 과정에 함께했고 자신에게 무척 중요한 영향을 미쳤다고 말한다. 또한 덩리쥔이 노래를 통해 대중에게 어떻게 사랑해야 하는지를 가르쳐주었다고 평가하기도 했다. 감수성이 풍부한 리둔은 이런 이야기를 하면서 몇 차례나 목이 메었다.

「사랑하는 덩리쥔」을 제작한 것은 명예나 이익을 추구해서가 아니라 덩리쥔이 보여준 사랑을 더 널리 전파하기 위해서다. 그는 또한 장자가 말한 "지극한 경지에 이른 사람은 자기 자신이 없고, 신통한 경지에 이른 사람은 공적이 없으며, 성인은 이름이 없다至人無己, 神人無功, 聖人無名"라는 구절을 인용해 덩리쥔의 예술적 성취가 중국 대중의 마음속에서 어떤 위치를 차지하는지 설명했다. 제작진과 배우 등 모든 참여자가 덩리쥔을 무척 사랑했기 때문에 온 힘을 다해 지혜와 능력을 쏟아 뮤지컬을 만들었다. 이 작품은 예상한 그대로 큰 성공을 거뒀다. 현재까지 중국과 타이완, 홍콩, 마카오를 순회하며 공연했으며 앞으로도 유럽, 미국, 동남아시아 및 동북아시아 등지로도 뻗어나갈 예정이다. 리둔은 이 뮤지컬을 보면 누구나 덩리쥔에 대한 그리움을 위로받고 따스한 기분을 느낄 거라고 자신한다.

「사랑하는 덩리쥔」은 리안 감독의 영화 「음식남녀」「와호장룡」「색, 계」의 시나리오를 쓴 작가 왕후이링王蕙玲이 대본을 쓰고 브로드웨이의 대릴 워터스가 음악 감독을, 조이 맥닐리가 노래와 춤을 구성하는 연출을 맡았다. 심지어 무대 조명도 캐나다에서 거액을 주고 초청한 태양의 서커스 조명 감독 알랭 로르티가 설계했다. 덩리쥔 역할의 배우 선택은 더욱 신중했다. 유명한 연기 학교에서 엄청난 경쟁률을 뚫고 수없이 많은 오디션 및 카메라 테스트를 거쳐 여주인공 역할로 왕징王靜과 리쉬李爍가 캐스팅됐다.

덩리쥔 역할에 이처럼 수백 수천 명이 오디션에 응한 것은 당연하다. 몇 차례의 팬클럽 모임에서 알게 된 것이지만, 중국에는 '작은 덩리쥔'이라고 불리는 가수가 무척 많았다. 초기의 톈전田震, 나잉那英, 마오아민毛阿敏, 왕페이王菲에서부터 왕징, 자오야쉬안趙雅宣, 리이펑李一鳳, 구자니谷佳妮, 자오훙趙紅 등 셀 수 없을 지경이다. 그중 천자陳佳라는 신인 가수는 1990년대에 태어난 어린 나이인데도 덩리쥔을 좋아했다. 자신이 대여섯 살 때 그리고 쓴 덩리쥔 그림과 이름 등을 꺼내 보여주었다. 학창 시절부터 덩리쥔의 앨범을 수집하기 시작해서 커다란 상자에 한가득 음반을 갖고 있기도 했다. 이처럼 그녀와 함께 성장한 덩리쥔에 대한 사랑은 참으로 깊다. 그녀는 이렇게 말했다.

"어렸을 때 하고 싶은 말들, 속상한 일이라든가 바라는 일, 꿈, 희망을 모두 벽에 붙여둔 덩리쥔의 포스터를 향해 말하곤 했어요. 제게 덩리쥔은 일반적인 가수가 아니에요. CD에 담긴 목소리도, 한 시대의 아이콘도 아니었어요. 그저 제 삶에서 떼어놓을 수 없는 소중한 사람이었지요."

베이징, 항저우, 상하이 외의 많은 곳에서 덩리쥔 테마 레스토랑을 계획

중이다. 덩리쥔 기념 공원이나 덩리쥔의 노래를 전문적으로 들을 수 있는 음악 센터 등도 예정되어 있다. 이처럼 덩리쥔은 세상을 떠난 지 아무리 오랜 시간이 흘러도 그녀를 사랑하는 팬들의 곁에 항상 함께하고 있다.

❧ 비틀스의 EMI 음반사 녹음실에서 덩리쥔의 목소리가 울려퍼지다

성황리에 막을 내린 라스베이거스 콘서트의 열기에서 벗어나 대학생활로 돌아온 덩리쥔은 여전히 공부에 열중했다. 학기 중에도 드문드문 공연이 잡혀 있었지만, 공부에 대한 열정에는 전혀 영향을 끼치지 못했다. 공연이 끝나면 덩리쥔은 시험 준비에 매달렸다. 강의 시간표도 빈틈없이 꽉 차 있었다. 경제학과 방송극작 과정을 수강했는데, 영어에 익숙해지면서 공부가 더욱 즐거워졌다. 특히 평범하고 소박한 캠퍼스의 생활을 좋아했다. 덩리쥔은 캐주얼한 옷차림으로 캘리포니아 대학의 오래된 붉은색 건물 사이를 걷는 것이 좋았다. 매일 나무 그늘 아래 푸른 잔디를 천천히 걷는 삶을 무척 사랑했다. 이런 조용한 날이 진정한 행복이라고 느꼈다.

덩리쥔은 학교에서 그리 멀지 않은 단층집에 다섯째 동생 창시長喜와 함께 살았다. 처음에는 집을 빌려서 살았지만, 얼마 지나지 않아 로스앤젤레스에 집을 한 채 샀다. 덩리쥔의 어머니는 자식들과 함께 로스앤젤레스에 머무는 것을 즐거워했다. 그들의 세끼 식사를 챙기고 집안일을 돌보는 것이 행복했다. 덩리쥔은 매일 직접 작은 차를 몰고 등교했다. 계속 음반을 녹음하고 콘서트를 열어야 했기 때문에, 공부할 시간은 언제나 부족하기만 했다. 여가 시간에는 가끔 낚시를 하러 가거나 테니스를 쳤다. 제일 좋아하는 여가활동은 역시 수영이었다.

창시는 그들이 미국에서 행복한 시간을 보냈다고 했다. 어린 시절, 형들은 연이어 공부나 일을 하러 나가고 그의 곁에 있지 않았기 때문에 덩리쥔과 가장 친했다. 그는 초등학교 3~4학년 때 누나가 자주 군 위문 공연을 하러 다녔던 것도 기억하고 있다. 공연이 끝나고 집에 오면 이미 한밤중이었고 지쳐서 그대로 잠들었다가 다음 날 아침에 일찍 일어나 부엌의 등나무 의자에 앉아 빨래판을 책상 삼아 급하게 숙제를 했다고 한다. 그때로부터 10여 년이 흐른 뒤 다시 누나와 함께 공부를 하고 있다는 것은 매우 특별하게 느껴졌다.

창시도 누나 덩리쥔이 직접 부엌에서 요리하기를 좋아한다는 걸 알고 있었다. 다만 생각은 있어도 실력이 없어서 부엌을 엉망으로 만들어버리곤 했다고 한다. 도구와 썰어놓은 야채가 부엌에 한가득 쌓여도 덩리쥔은 피곤한 줄도 몰랐다. 한번은 창시와 덩리쥔이 의견 차이로 하루 종일 말 한마디도 하지 않은 적이 있었다. 그날 저녁 덩리쥔은 저녁밥을 만들어서는 창시의 방을 향해 소리쳤다.

"다섯째야! 저녁 먹어!"

두 사람은 식탁을 사이에 두고 마주 앉아 조용히 밥만 먹었다. 그러기를 한참, 두 사람은 약속이나 한 듯 갑자기 울음을 터뜨렸다. 덩창시는 당시 누나가 오랫동안 바깥을 돌아다니면서 강하게 살아왔다고 생각했지만, 강해 보이는 것은 겉모습뿐 여전히 여리고 쉽게 감동하는 마음을 속에 감추고 있다는 것을 확실히 알게 되었다고 한다. 덩창시는 자신의 누나가 많은 부분에서 그저 나이 어린 소녀일 뿐이라는 것을 깨달았다.

그즈음 셋째 형인 창푸도 미국에 와서 석사과정을 밟기 시작했다. 처음 로스앤젤레스에 창푸가 도착한 날, 덩리쥔이 차를 몰고 마중을 갔다. 덩리쥔은 이후 창푸와 함께 차를 사고 운전면허 시험을 보고 학교를 둘러보았고, 열흘 정도 휴가를 내어 샌프란시스코에서 뉴욕 부근의 여러 지역을 돌아다녔다. 그해의 섣달그믐날은 마침 창푸의 생일이었다. 덩리쥔은 그에게 알리지 않고 직접 재료를 사다 부엌에서 한참 동안 요리를 만들었다. 창푸는 그날 덩리쥔이 전복, 새우, 갈비, 쇠고기 요리에 더해 채소 요리까지 두가지 만들었다고 기억한다. 요리는 가짓수도 많고 풍성한데다 맛도 좋았다. 생일상에 촛불도 켜고 좋은 술을 곁들인 뒤 두 사람이 함께 새해(설날)와 생일을 축하했다. 그 순간, 창푸는 그보다 더 감동적일 수는 없었다고한다. 그리고 그날 처음으로 여동생의 요리 솜씨가 대단하다는 것을 알게되었다.

첫 학기가 끝나고 방학이 되자 그들은 타호 호수에 가서 스키를 탔다. 덩리쥔은 운동신경이 좋고 스케이트 실력이 기본은 되었고 일본에서 스키를 배운 적도 있다. 두 사람은 아주 즐거워했다. 그때 창푸는 이렇게 즐겁게 뛰어노는 여동생이야말로 자기 집에 속한 사람이고 이곳저곳을 다니며번쩍거리는 조명이 쏘아대는 무대 위에서 세계적으로 명성을 날리는 순간의 덩리쥔은 세상 사람에게, 그리고 세계에 속해 있다고 느꼈다. 그의 눈앞에서 스키를 타고 요리를 하고 공부를 하고 밝게 웃는 여동생이 더욱 진짜 같고 더욱 행복해 보였다. 단지 이렇게 평범하고 안온한 날을 보내는 시간이 그녀의 인생에서 길지 못할 뿐이었다.

미국에서 공부한 것 외에도 덩리쥔은 1984년에 영국에서 한동안 머무른 적이 있다. 성악과 발음 테크닉을 배우기 위해서였다. 그 밖에도 자신이좋아하는 문학 수업을 선택해서 수강했다. 덩리쥔은 그 시절 공부에 폭 빠져 있었다. 덩리쥔은 영국에 아주 널따란 집을 빌렸다. 작은 회의를 열 수있을 정도의 거실과 요리 솜씨를 뽐낼 수 있는 부엌이 있는 집이었다. 한층의 중간쯤에 다른 층이 있는 복층 형식이었고, 계단을 올라가면 서재와침실이 있다. 한마디로 필요한 것이 다 갖춰져 있는 집이었다. 런던 중심부에서 차로 약 10분 정도 떨어진 조용한 주택가에 있는 그 집에서 덩리쥔은 느긋하고 즐거운 시간을 보냈다.

새 음반 녹음을 위해 일본에 있는 덩리쥔의 매니저 니시다 유지가 특별히 런던에 와서 녹음 작업을 준비했고 동시에 덩리쥔의 런던생활을 살펴보게 됐다.

"협소한 부엌에는 냄비, 프라이팬, 그릇과 수저, 조미료까지 없는 게 없었습니다. 서재에는 책이 잔뜩 꽂혀 있었고 공책과 사전, 문구류 등이 가득했죠. 응접실 창 앞에는 주황색, 노란색 등 난색 계열 꽃이 꽂혀 있고, 그 옆에는 오렌지와 레몬이 놓여 있었어요. 덩리쥔은 따뜻한 색감의 꽃과 달콤한 오렌지 종류의 과일 향기를 좋아했던 것 같아요. 그녀가 살았던 집은 어디든 다 비슷하게 그런 것이 놓여 있었거든요."

생활의 냄새가 가득했던 따스한 집의 느낌은 공연활동을 하면서 커다란 호텔 방에 묵는 느낌과 완전히 다르다. 덩리쥔은 매일 자기 손으로 아침을 만들고, 시간 맞춰 학교에 가고 방과 후에는 집으로 돌아와 직접 저녁 식사를 준비했다. 집에서는 예습, 복습을 하거나 책을 읽고 음악을 들었다. 여가 시간은 언제나 자유롭고 편안했다. 가장 중요한 것은 그녀가 이런 단조롭지만 충실한 학생의 생활에 만족했다는 점이다. 당시 그녀는 로열 스코틀랜드 오페라하우스에 다니면서 발음 테크닉과 음역 확장 훈련을 받는 중이었다. 그리고 전통적인 오페라와 재즈 음악에 깊은 관심을 갖게 되었다.

이런 단순하고 평화로운 생활에서 유일한 사건이라면 덩리쥔이 오래전부터 빌리고 싶어했던 런던의 녹음실에 관한 것이다. 예전부터 덩리쥔은 비틀스가 녹음했던 EMI 음반사의 애비로드 녹음 스튜디오를 빌리고 싶다고 말한 적이 있다. 니시다 유지는 당장 애비로드 스튜디오를 계약했고, 녹음실의 스태프가 웃으면서 이렇게 말했다.

"당신들은 운이 좋아요! 비틀스가 썼던 이 녹음실은 곧 문을 닫고 리모델링에 들어갈 예정이거든요. 당신이 이 스튜디오에서 녹음하는 마지막 가수예요."

비틀스를 무척 좋아하는 덩리쥔에게 이런 전문적인 녹음실의 마지막 권리를 가졌다는 것은 아주 기념할 만한 일이었다. 이런 것을 인연이라고 해야 하지 않을까? 덩리쥔을 비롯해 녹음에 참여한 스태프 모두 이 사실을 알고 무척 기뻐했다. 당연히 녹음 작업도 여러 방면의 최고가 모여 그 어느 때보다도 순조로웠다. 이렇게 해서 비틀스의 전성기를 함께한 녹음실의 마지막은 덩리쥔의 아름다운 목소리로 완벽한 마침표를 찍었다.

미국에서의 몇 가지 사건
침대 머리맡의 칼 한 자루

그렇지만 미국 시절이 평화로웠다는 말은 온전한 진실이 아니다. 덩리쥔은 미국에서 그다지 평범하지 않은 몇 차례의 사건을 겪었다. 덩리쥔 집안과 가까운 친구 사이인 주샤오윈朱小芸이 언론에는 알려지지 않았던 일들의 내막을 들려줬다. 주샤오윈은 1973년 일본에서 레스토랑을 개업했을 때, 덩리쥔의 어머니와 덩리쥔을 알게 됐다. 당시 모녀는 막 낯선 일본에 와서 먹는 것 하나부터 전부 익숙하지 않아 고생하고 있었다. 주샤오윈은 모녀에게 적잖은 도움을 주었고 두 집안은 그때부터 아주 친하게 지냈다.

1979년 덩리쥔이 황급히 일본을 떠나 미국으로 향했을 때, 이미 미국으로 이주한 지 몇 년이 되었던 주샤오윈의 집에서 잠시 머물렀고, 거기서 학교 바깥의 어학 코스를 시작한다. 반년도 되지 않아 덩리쥔의 영어는 아주 유창해졌고 혼자 나가 살 정도가 된다. 당시 덩리쥔 모녀는 페닝턴에 집을 하나 샀고 보안 시스템을 완비했다. 그러나 집에 입주한 지 일주일도 되지 않았을 때, 집에 돌아오니 집안이 발칵 뒤집혀 있고 돈이 될 만한 물건이 싹 사라졌다. 심지어 칼 한 자루가 침대 머리맡에 떨어져 있었다. 현지 경찰은 사건에 대해 전혀 몰랐다. 모녀는 매우 놀랐고 더는 그 집에 살

수가 없었다. 당장 그날 밤 다시 주샤오윈의 집으로 들어갔다. 나중에서야 로스앤젤레스에서 UCLA 근처에 새 집을 사서 입주했다. 이것이 미국에서의 첫 번째 사건이다.

또 다른 사건은 로스앤젤레스의 집에서 일어났다. 그때는 어머니가 이미 타이완으로 돌아간 뒤였다. 어느 날 덩리쥔의 집 문 앞에 비닐봉지 하나가 놓여 있었고, 그 안에는 총알 네 개와 녹음테이프 하나가 담겨 있었다. 녹음테이프에는 낯선 남자의 목소리가 녹음돼 있었는데 10만 달러를 내놓으라는 협박이었다. 덩리쥔에게 직접 차를 몰고 돈을 지정한 장소에 가져다 놓으라고 시키면서 절대 경찰에 알리지 말라고 했다. 덩리쥔은 그날 밤 당장 로스앤젤레스를 떠나 새너제이San Jose로 달려갔고 그곳의 중국인 경찰에게 연락해 협박 사건을 처리해달라고 부탁했다. 그 후 이 사건은 흐지부지 끝났다.

운전을 무척 좋아한 덩리쥔은 미국에서는 작은 벤츠를 몰았다. 하루는 밤 11시, 차를 몰고 주샤오윈 집으로 가던 길이었다. 그 전에 덩리쥔은 타이완 밀교의 린윈 대사를 미국으로 불렀는데, 당시 그가 덩리쥔에게 가까운 시일 내에 액운이 닥칠 수 있다고 경고한 적이 있었다. 린윈 대사는 덩리쥔에게 수탉의 깃털을 액막이로 건네줬다. 덩리쥔이 막 주샤오윈 집의 문을 들어선 지 2분도 안 되어 바깥에서 커다란 소리가 들렸다. 알고 보니 술에 잔뜩 취한 멕시코인 세 명이 덩리쥔이 타고 온 차를 들이받아 엉망이 된 것이었다. 겨우 2분 전까지만 해도 덩리쥔이 그 차에 타고 있었다.

경찰은 30분이 지나서야 현장에 도착했고, 가벼운 부상만 입은 가해자들은 이미 현장을 빠져나간 뒤였다. 그 차는 3만6000달러를 내고 새로 산 차였고, 보상 기간도 지나기 전이었다. 수리하는 데만 3만 달러 넘게 들어 새로 차를 하나 사는 값이었다. 보험회사에서 나온 사람은 쓰게 웃고 보상 처리를 해주면서 차 안에 사람이 타고 있었다면 찌부러졌을 거라고 말했다. 덩리쥔은 린윈 대사의 수탉 깃털이 영험을 보인 거라고 믿었다.

가장 무서운 사건은 주샤오윈의 어머니가 샌프란시스코에서 돌아와 덩리쥔의 집에 초대받아 일주일간 묵을 때 벌어졌다. 어느 날 이른 아침, 주샤오윈의 친구가 샌프란시스코에서 오기로 해서 주샤오윈이 차로 친구를 마중하러 나갔다. 집을 나간 지 1시간쯤 되었을 때 집으로 돌아오다가 강도를 당해 집이 몽땅 털린 것을 알게 됐다. 강도 2명이 들이닥쳐 주샤오윈의 어머니를 협박해 거실의 금고를 열어 그녀가 가지고 온 보석 반지, 시계, 가죽 가방 속 현금 등을 전부 털어갔다. 또 다른 강도는 위층에서 자고 있던 덩리쥔을 깨워서 목걸이와 현금으로 600달러가 넘는 돈을 빼앗았다. 덩리쥔은 경찰에 신고하지 않겠다고 맹세하면서 두 사람의 목숨만 살려달라고 애원했다. 강도는 전화선을 끊고 두 사람을 꽁꽁 묶은 다음 욕실에 가둬두고 떠났다.

주샤오윈은 집에 돌아와서 상황을 보고는 몹시 놀랐다. 당장 경찰을 불렀고 욕실에서 어머니와 덩리쥔을 찾아냈다. 묶인 밧줄을 풀어주자 두 사람은 겁에 질려 울음을 터뜨렸다. 경찰은 어떤 단서도 찾아내지 못하고 그냥 돌아갔다. 영화에서나 보던 강도 사건을 직접 겪은 덩리쥔은 당장 주샤오윈의 어머니를 양어머니로 모시겠다고 맹세하고 이국에서 무서운 일을 함께 겪은 정을 귀하게 여겼다고 한다.

이런 무시무시한 경험은 덩리쥔이 미국의 치안에 대해 불안감을 느끼게 했다. 나중에 집을 사서 좀더 안심하게 된 뒤에도 덩리쥔은 미국에 오래 살 계획은 없었다. 은퇴한 뒤에 머물 곳으로 미국이 아니라 프랑스를 선택한 것도 이런 점 때문이다. 덩리쥔은 안전하고 평화로운 곳이 필요했다. 미국에서 겪은 이런 사건으로 인해 자신의 나라가 얼마나 소중한지를 더욱 절실히 느끼기도 했다.

혼자서 망망대해에 맞서 파도 소리를 듣는 여자처럼 덩리쥔은 용감하게 운명의 도전을 받아들였다. 그러던 중 덩리쥔은 1년 7개월간 떠나 있던 타이완으로 돌아가 여전히 자신을 뜨겁게 사랑하는 팬들을 만나게 된다. 바

쁘게 짜인 일정과 환영의 목소리 속에서 덩리췬은 다시 한번 여권 사건의 그림자가 완전히 물러났다는 자신감을 가질 수 있었다.

春花秋月何時了
往事知多少
小樓昨夜又東風
故國不堪回首月明中
雕欄玉砌應猶在
只是朱顏改
問君能有幾多愁
恰似一江春水向東流

봄꽃과 가을 달 언제 그칠까
그리운 지난 일 그 얼마인가
작은 누각에 어젯밤 동풍이 불었으나
달 밝은 밤 고국 쪽으로 고개 돌리지 못하도다
아름다운 난간 옥 계단은 여전한데
고운 얼굴만 달라졌구나
묻노니 그대의 근심이 얼마나 많았겠는가
봄 강물이 동쪽으로 흐르는 듯하구나

「우미인虞美人」은 이후주가 쓴 시로, 구슬픈 어조로 사람들을 감동시키며 인구에 회자한 명시다. 그 시의 내용처럼 우리는 묻고 싶다. 덩리쥔은 도대체 "근심이 얼마나 많았겠는가?"[「우미인」의 마지막 구절] 그러나 사람은 이미 떠났고 물어도 답해줄 이가 없다. 매번 덩리쥔의 「우미인」을 들을 때마다 나는 그녀가 자문자답하고 있다는 생각을 했다. 어쩌면 "달 밝은 밤 고개 돌려 바라보지" 못하거나, 어쩌면 "봄 강물이 흘러" 사람의 마음을 따뜻하게 해줄지도 모른다. 덩리쥔의 노래는 중국의 팬들 및 음악평론가에게 "20세기 최후의 온유함"이라는 평을 받았다. 이 '온유함'이라는 단어는 덩리쥔 본인에게 '중국 지하세계를 지배하는 젊은 덩 씨'라는 찬양보다도 더 기꺼운 표현이었을 것이다.

사실 덩리쥔은 줄곧 온유했고 진심을 다했다. 사람이나 일, 지역, 사물을 대할 때 모두 그랬다. 그러나 엄격하고 성실했다. 이것은 그녀가 진지하게 자신의 일에 임했던 데서 알 수 있다. 온유하지만 예의가 발랐다. 그녀는 강요하거나 억지로 밀어붙이지 않았다. 자유와 인권에 대한 입장 역시 그랬고, 사람이나 일을 대하는 태도가 바로 그랬다. 그래서 덩리쥔의 노래 는 항상 편안하고 부드러웠다. 자신의 목도 상하지 않고 듣는 사람의 귀도 피곤하게 하지 않은 노래였다. 덩리쥔은 노래에 대한 자신만의 독특한 해 석이 있었고, 그것이 많은 사람이 그녀를 그리워하는 이유이기도 하다. 덩 리쥔만의 해석력이 가장 두드러진 것이 바로 덩리쥔의 성취가 가장 높았다 고 평가받는 앨범 〈담담유정淡淡幽情〉이다.

담담유정
최고의 몽환적 앨범

덩리쥔이 평생 녹음한 음반은 100장이 넘는다. 근대 예술가들은 그렇 게 많은 음반을 발표하기 힘들다. 모든 음반 가운데서 가장 판매량이 높은 것, 혹은 그녀가 가장 좋아한 음반은 어느 것일까? 정확하게는 알 수 없지 만 여러 방면을 고려해볼 때 평가가 가장 좋았던 것은 1983년 2월 2일 홍 콩에서 제작하고 폴리그램 음반사가 발행한 〈담담유정〉일 것이다.

일본의 유명한 기자이자 평론가를 겸하는 아리타 요시후有田芳生는 덩리 쥔 사망 10주기에 『우리 집은 저 산 너머: 테레사 덩 사후 10년의 진실』을 출간했다. 그 책에서 저자는 자신이 직접 덩리쥔을 몇 차례 인터뷰하며 함 께한 시간을 묘사하고 있다. 〈담담유정〉에 대해서도 상당히 높은 평가와 더불어 상세하게 서술하고 있는데, 그는 이 음반이 원래 구상부터 수많은 굴곡이 있었다고 언급한다. 당시 광고회사에서 일하던 셰훙중謝宏中은 중 국의 고전시가를 무척 좋아했고 당시唐詩나 송사宋詞에 멜로디를 붙여 현 대적 노래로 불러보겠다는 구상을 갖고 있었다. 직접 이후주의 「오야제烏

夜啼」에 곡을 붙여서 여러 음악가를 찾아다니며 이 구상을 제안하기도 했다. 하지만 다들 별 관심이 없었다. 그러던 중 1980년 우연히 덩리쥔을 만났고, 자신의 뜻을 피력하자 덩리쥔은 당장 홍콩 폴리그램의 사장인 정둥한에게 자신이 이 계획에 관심이 있다고 말했다. 프로듀서인 덩시취안까지 참여해 비밀리에 이 곡을 음반에 수록할 계획을 세웠다. 작곡가를 찾아 고전시가에 곡을 붙이기 시작했다. 2년 반이 지난 뒤 드디어 덩리쥔 최고의 음반으로 불리는 〈담담유정〉이 세상에 나왔다. 일본에서는 1990년에 발매되어 "최고의 몽환적 앨범"이라는 찬사를 받는다. 일본의 유명한 음악평론가 나카무라 도요中村東洋도 정중하게 추천사를 썼으며 덩리쥔이 음악적 영역에서 거둔 가장 걸출한 성취이자 명작이라고 평했다.

일본의 음악평론가 시노자키 히로시篠崎弘는 아시아 민족음악연구소의 교수로 20여 년간 아시아권 대중음악을 연구해왔다. 그는 덩리쥔의 〈담담유정〉이야말로 중국의 자랑거리이며 뽐낼 만한 작품, 완벽에 가까운 걸작이라고 찬사를 쏟아냈다.

그는 〈담담유정〉을 덩리쥔이 책임감과 사명감에서 출발하여 수많은 시간과 노력을 들여 녹음해낸 훌륭한 음반이라고 이야기하면서, 가사나 곡이 아름다울 뿐만 아니라 노래의 해석이 섬세하고 심금을 울린다고 평했다. 중국 문화를 계승한다는 측면에서 특히 의미 있는 작업이며, 민족문학의 미학을 대중음악 속에 담아낸 동시에 엄숙한 역사·문화적 민족성과 오락의 대중음악성을 함께 성취하여 의미를 잃지 않으면서도 듣기 좋게 만들어낸 것은 지난 100년간 오로지 덩리쥔뿐이라고 했다.

그래서 만약 그가 제2차 세계대전 이후의 아시아 대중음악에 순위를 매긴다면 〈담담유정〉은 의심할 바 없이 가장 최고의 위치에 놓일 것이라고 했다. 특히 상업적 판매를 위주로 하지 않은 점, 좁은 의미의 '연애 이야기'를 중심으로 하여 대중적 인기를 노리지 않은 점, 그리고 영원히 빛이 바래지 않을 중국 고전시가를 가사로 활용하는 대담한 시도를 한 점에서 더욱더 성의 있고 문화적 의미가 큰 성공적인 음반 작업이라고 보았다.

시노자키 히로시는 중국, 일본, 한국은 모두 단일한 민족성을 가지고 맥을 이어 기나긴 역사의 흐름을 가지고 있지만, 싱가포르, 말레이시아, 인도네시아, 미얀마, 베트남 등은 이미 다민족 국가인 데다 자신만의 역사·문화적 성격을 가진 문학을 만들어내지 못한다고 보았다. 그렇다면 고전문학의 대중음악화는 더욱 말할 것도 없다. 일본과 한국은 자신만의 역사와 문화적 범주를 갖고 있지만 그것의 중요성을 인식하고 대중문화화하는 데까지 이르지 못했고, 고전문학에는 점점 더 관심을 잃어가고 있다.

젊은 세대가 새로운 사조를 추구하고 서구에 경도되는 마음을 가지고 있을 때는 이런 문화적 함의를 가진 음반이 출시되어도 판매량이 좋지 않을 것이다. 사실 누가 이런 위험을 무릅쓰고 음반을 제작하려고 하겠는가? 이전에도 이후에도 없다는 표현이 불행히도 말 그대로 실현될지 모르는 일이다. 〈담담유정〉은 이렇듯 특별하고 귀중한 성과다.

또한 그렇기 때문에 시노자키 히로시는 각 사회 혹은 학교에서 아시아 대중음악을 강연할 때면 기회가 닿을 때마다 이 음반을 수업 시간에 청각교재로 활용한다. 문화의 계승이라는 의미에서 대중음악이 얼마나 중요한 역할을 담당할 수 있는지 알려주는 자료이자 중국문학을 대중음악화한 본보기로 칭찬하기 위함이다. 〈담담유정〉은 일본은 물론 전 아시아를 통틀어서도 전례가 없는 의미 깊은 음반이기도 하지만, 우선 듣기에 좋았다. 무엇보다도 덩리쥔의 노래가 사람을 끌어당기는 힘이 있어서 몇 번이나 들어도 질리지 않는다. 그는 진심을 담아 이렇게 말했다.

"전 깊은 밤에 조용히 글을 쓸 때 습관적으로 덩리쥔의 노래를 듣습니다. 그럴 때 제 마음은 매우 고요하죠. 하지만 감정은 몹시 고양되어 있습니다. 덩리쥔이 더는 이 세상에 존재하지 않는다는 것을 생각하면 저도 모르게 눈물이 흐릅니다. 특히 중국의 옛 시라는 풍부한 양분을 바탕으로 덩리쥔이 노래를 한 것은 더욱 듣는 사람의 마음을 두드리는 데가 있지요."

덩리쥔이 세상을 떠난 후 18년이 흘렀다. 〈담담유정〉과 같은 성격의 작품은 아직 나타나지 않았다.

기획 및 제작에 2년
고전 명시 12수로 승부

사실상 〈담담유정〉은 확실히 일본 음악평론가의 이러한 찬사에 모자람 없는 음반이다. 기획과 제작에 2년 넘게 걸렸고 홍콩과 타이완 가요계의 인재가 모두 참여했다. 작곡가 류자창劉家昌, 량훙즈梁弘志, 황덴黃霑, 구웨古月, 중자오펑鍾肇峰, 탄젠창譚健常, 웡칭시翁淸溪, 천양陳揚 등에 편곡자로 루둥니盧東尼, 천양陳揚, 샤오웨이천蕭唯忱, 구자후이顧家輝, 아오진바오奧金寶 등이 참여했다. 이상이 있고 포부를 가진 음악가를 모두 모았다고 해도 과언이 아니다. 그들은 후대에 길이 남을 명반을 만들기 위해 온 힘을 다했다.

그들은 머리를 맞대고 생각을 짜내어 인구에 회자되는 명시 12수를 골랐다. 이욱李煜의 「우미인虞美人」「오야제烏夜啼」「상견환相見歡」, 소동파蘇東坡의 「수조가두水調歌頭」, 범중엄範仲淹의 「소막차蘇幕遮」, 진관秦觀의 「도원억고인桃源憶故人」, 섭승경聶勝瓊의 「자고천鷓鴣天」, 구양수歐陽修의 「옥루춘玉樓春」, 주숙진朱淑真의 「생사자生查子」, 유영柳永의 「우림령雨霖鈴」, 신이질辛棄疾의 「축노아醜奴兒」, 이지의李之儀의 「복산자蔔算子」 등이었다. 중국 고전시가 중 지금까지 사람들의 입에서 떠나지 않는 정수 중의 정수라고 할 만하다.

〈담담유정〉은 거기에 새롭게 곡을 붙이고 심지어 서로 다른 음악 스타일로 표현하여 현대인이 깊이 있는 고전의 분위기 속에 쉽게 빠져들 수 있게 했다. 또한 그 시 속에 담긴 아름다운 의미와 시인의 심정을 더욱 쉽게 이해할 수 있도록 노력했다. 그러려면 반드시 덩리쥔이 가사를 깊이 헤아리고 곱씹어 이해하고 노래를 불러야 했다. 그래야 듣는 사람도 이 중국 문학과 음악 예술의 낭만적인 결합에 더 깊이 빠져들 수 있을 것이기 때문이다.

그중에서도 소동파가 송 신종 희령熙寧 9년 중추절에 하룻밤 내내 술을 마시고 대취하여 쓴 「수조가두」는 천고의 명시로 전해지는 작품이다. 이 작품에는 시인의 질곡 많은 인생과 그에 대한 어찌할 수 없는 아쉬움은 물론이거니와 호방함과 관용, 느긋하고 한가로운 마음가짐이 잘 드러나 있다. 경제 성장과 물질 우위의 시대에서 이토록 깊이 자기 내면으로 파고들며 질의하고 한탄하는 글을 보면 우리는 저도 모르게 스스로를 돌아보고 공감하게 된다.

「수조가두」에 곡을 붙인 뒤, 제목을 〈단원인장구但願人長久〉로 바꾸어 당시 사람들이 찾고자 하던 감정의 따스함이 영원하길 바라는 갈망을 잘 담았다. 천주교 신자인 량훙즈가 온 마음을 다해 곡을 썼다. 당시 그는 이름이 조금 알려지기 시작한 때였고 아직 대학교 2학년 학생이었다. 편곡을 맡은 샤오웨이천은 타이완에서 막 두각을 드러내기 시작한 신예로 이 곡에서는 피아노도 연주했다. 이 두 신예는 음표로 가사의 정서와 의미의 경지를 남김없이 드러낸다. 피아노 선율이 현악기를 끌어오고, 점차 고조되면서 중간부터 관악기가 끼어든다. 이렇게 선율이 차곡차곡 쌓여 참신하고 자연스러운 품격을 실현해낸다.

덩리쥔의 부드러우면서도 감미로운 목소리는 이 곡에서 특유의 감상적인 아련함이 배어나오게 하여 특별히 애쓰지 않으면서도 세상사를 고스란히 드러내는 놀라운 경지를 보인다. 〈단원인장구〉는 덩리쥔의 목소리가 더해져 듣는 사람의 마음속 깊은 곳까지 파고들면서 심금을 울리는 명곡이 되었다. 사실 〈담담유정〉의 모든 곡은 이와 같이 오래 기억에 남을 명곡이다. 어떤 곳에서나 노래하기 적합하고 또 조용히 감상하기에도 딱 알맞다.

그 밖에도 악기 운용이 특히 풍부한 〈방초무정芳草無情〉은 관악기가 일제히 울리는 중국적인 풍취가 가득하다. 〈독상서루獨上西樓〉는 류자창 식의 멜로디가 특히 격조 있으면서 도입부와 중간 부분에 들어간 무반주 가창과 내레이션이 돋보인다. 덩리쥔의 목소리는 음색이 아름다워 무반주로 노래하기에 특히 적합하다. 이런 내레이션 부분이 듣는 이의 감정을 고조시키며 곡 전체의 분위기를 한껏 끌어올린다. 확실히 '마음속에 별다른 정취가 있다別有一番滋味在心頭'[〈독상서루〉의 노랫말 중 일부]라는 말에 딱 들어맞는 효과라고 하겠다.

깊은 한과 원망을 담은 〈기다수幾多愁〉는 이욱의 「우미인」에 곡을 붙여 망국의 슬픔이 가득한 곡이다. 자신의 뿌리를 무척 사랑하지만 중국으로 갈 수 없는 덩리쥔에게는 그만큼 각별한 감정을 느끼게 하는 곡이기도 했다. 시를 쓴 이욱의 심경을 깊이 알고 있던 덩리쥔은 느리지도 빠르지도 않는 곡의 흐름으로 더욱 깊은 함의가 느껴지는 노래로 완성했다. 그러면서 어찌할 도리 없는 깊은 시름을 생생히 담아내어 마디마디 감동을 전해주는 노래가 되었다.

덩리쥔의 가창력은 원래도 의심할 바 없이 대단했지만, 이 음반을 작업할 때는 작곡가나 편곡자가 덩리쥔이 옛시조 속의 운취를 다 표현하지 못할까 걱정하기도 했다. 천고에 이름을 날리는 명시이기 때문에 음악성이 문학성의 빛에 가리기 쉬운 것도 사실이다. 노래하는 사람이 가사의 깊은 뜻을 제대로 해석하고 표현해내지 못한다면 오히려 운취를 죽이는 경우가 될지 몰랐다. 그렇게 되면 그저 평범한 유행가가 될 뿐이다. 하지만 그건 그들의 기우였다. 덩리쥔은 이 앨범을 위해 놀랄 만큼 충분히 사전 준비를 하고 그 어느 때보다도 진지한 마음가짐으로 한 곡 한 곡 녹음에 임해 곡에 담긴 감정을 전달했다.

송사宋詞를 외우던 소녀
곡조를 쥐락펴락하는 경지

덩리쥔은 소녀 시절부터 시와 사詞를 무척 좋아했다. 〈담담유정〉에 실린 유명한 송사들은 그녀가 일찌감치 익숙하게 외우던 작품이었다. 그러나 덩리쥔은 음반 작업을 위해 당시와 송사를 더욱 깊이 연구하면서 그 속에 담긴 오묘한 아름다움을 이해하려 애썼다. 시의 음절과 평측, 압운 관계 등을 숙지했으며 그 시대에 관한 역사책을 여러 권 읽으면서 당시 사람들이 어떤 심정이었을지 간접 체험했다. 이렇게 그 작품에 완전히 융화된 다음 자신의 풍부한 열정과 감성을 들이부어 노래한다. 덩리쥔은 곡 전체를 완벽하게 통제했고, 곡조를 쥐락펴락하며 사람을 감동시키는 매력을 뿜냈다. 옛시조에 담긴 진술하고 순박한 정서를 원형 그대로 잘 담아낼 뿐 아니라 옛 시절을 그리워하는 깊은 정감을 촉발시키며 '끊으려 해도 끊을 수 없고 정리하려 해도 정리할 수 없는' 감정을 무척 잘 표현했다. 늦은 밤 홀로 귀를 기울이면 마음이 흔들려 잠들지 못하게 되는 그런 노래들이다.

좋은 음반은 세심한 제작과 기획, 그리고 여러 스태프의 지혜가 모여서 만들어진다. 그러나 그보다 더 중요한 것은 가수가 완전한 몰입으로 곡에 생명을 불어넣는 일일 것이다. 한 장의 음반에서 덩리쥔의 직업 정신과 성실한 노력, 용감하게 도전에 맞서는 태도, 민감하게 노래의 맛을 살려내는 능력을 알 수 있다. 그것이 바로 덩리쥔이 오랜 시간이 지나도 빛이 바래지 않는 뛰어난 음악적 성취를 이룰 수 있던 이유다.

〈담담유정〉이 발매되었을 때의 홍보 방법도 독창적이다. 음반을 사면 『담담유정 화집』을 증정했는데, 현대화가 단보친單柏欽이 시와 사의 의미를 담아 그린 12점의 낭만적인 중국화에 사진작가 린웨이쩌林偉則가 덩리쥔을 중심으로 각 시 작품의 분위기를 표현한 사진을 찍었다. 중국화와 사진이 고대와 현대의 대비를 이루면서 특별한 창의성이 돋보였다. 또한 린펑林

楓이 현대 중국어(백화문)로 옮긴 가사는 내용에 더욱 깊이 몰입할 수 있게 한다. 여기에는 금방 따라 부를 수 있는 대중음악만의 특징을 활용해 송사를 배우는 효과가 있다. 노래는 뛰어난 선생님의 강의보다 훨씬 쉽게 송사에 익숙해지게 한다.

나의 넷째 여동생인 장만姜滿은 미국 오하이오 주에서 중국 문학을 가르친다. 미국에서 태어난 중국계 자녀들은 중국의 옛시조에 상당히 관심을 보인다. 하지만 수업 진도는 매우 느렸다. 다들 시를 제대로 외우지도 못한다. 여동생은 효과적인 수업 방법을 고심하다가 내게 도움을 청했다. 타이완에서 나온 쉬운 고전시가 책을 몇 권 보내달라는 것이었다. 나는 여동생에게 〈담담유정〉 앨범을 보내주었다. 그리고 얼마 지나지 않아 여동생이 전화를 걸어왔다. 학생들이 노래로 배우는 수업을 정말 즐거워한다는 것이다. 게다가 학습 진도도 몹시 빨라져서 노래로 배운 시는 읽는 것도 쓰는 것도 막힘이 없다고 했다. 여동생이 기존에 활용하던 교수법보다 몇 배는 속도가 빨랐다. 게다가 학생들은 매번 '듣기 좋은 노래를 부르는' 여가수의 이야기를 더 듣고 싶다며 졸라댄다고 했다. 덩리쥔의 매력은 어른이나 아이나 가리지 않는다. 국경도 가리지 않는다.

일본 음악평론가가 이 음반에 관심을 가지고 중국 고전문학과 대중음악을 결합시킨 방식을 칭찬하기도 했고 덩리쥔이라는 성공적인 선례가 있는데도 왜 지금까지 이와 비슷한 대중음악 음반이 더 나오지 않았을까? 그 이후로 시간이 많이 흘렀고 나라마다 상황이 다르니 〈담담유정〉과 같은 음반을 발표할 음악 시장이 사라진 것일까? 아니면 덩리쥔만큼 고전문학의 미학적 정수를 표현해낼 수 있는 가수를 찾지 못한 것일까? 아니면 이런 음반을 시도할 정도로 추진력 있고 안목 있는 제작자가 없는 것일까? 그도 아니라면 이렇게 호소력 있으면서 각계의 재능 있는 스태프를 불러 모을 만한 사람이 없는 걸까? 이렇듯 여러 차례 자문하며 〈담담유정〉을 들으면 오늘날 가요계에 대한 안타까움이 노래 사이에 섞여들곤 한다.

〈담담유정〉은 덩리쥔이 남긴 음반 중에서 특히 중요하고 성공적이며 대담한 도전을 해낸 작품이다. 비록 덩리쥔을 위해 맞춤형으로 준비한 것은 아니었지만 오히려 덩리쥔이 깊이 개입했기에 탄생할 수 있었던 대표작이다. 앞으로 덩리쥔의 선례를 본받아 이와 같은 시도가 다시 한번 결실을 맺기를 기대한다. 아리타 요시후의 책에 따르면, 1990년에 덩리쥔은 이 음반의 후속작을 발매할 계획을 세웠다. 음반의 제목은 〈춘몽추운春夢秋雲〉이었고 이백李白의 시 「청평조淸平調」, 원호문元好問이 쓴 「원세간정위하물問世間情爲何物」 등 15곡이 수록될 예정이었다. 그러나 가사와 곡이 완전히 확정되기 전 덩리쥔이 세상을 떠나는 바람에 이 음반은 발매되지 못했다. 음반의 제목이 그런 것처럼, 봄꿈인 듯 흔적 없고 가을 구름인 듯 간 곳을 찾을 길이 없다.

시대 구분의 분수령이 되다
저우쉬안의 바통을 잇다

덩리쥔은 중국어권 대중음악계에서 시대 구분을 할 때 분수령이 되는 가수로 인정받는다. 사람들이 옛 노래의 황금시대를 이야기할 때 자연히 저우쉬안周璇[1920~1957, 1930년대 상하이를 중심으로 활동한 가수이자 영화배우]을 떠올리는 것처럼 전쟁 이후 출생한 세대는 대중음악을 이야기할 때 자연스럽게 덩리쥔을 떠올린다. 덩리쥔은 엄연히 한 시대를 대표하는 아이콘이다. 프랑스에서 오래 활동한 유명한 성악가 장청타오姜成濤는 덩리쥔을 무척 높게 평가하면서 1930~1940년대가 '황금 같은 목청'이라고 불렸던 저우쉬안의 시대였다면 1960~1970년대는 덩리쥔의 시대라고 한다.

장청타오가 근거 없이 아무렇게나 한 말이 아니다. 그가 직접 덩리쥔을 만나고 연구한 끝에 나온 평가였다. 장청타오는 덩리쥔과 함께 공연하려는 계획을 세운 적도 있었지만 실제로 성사되지 못하고 기획 단계에서 끝나고 말았다. 덩리쥔이 일본에 진출하기 전, 최고의 인기를 구가하던 시절의 일이다. 장청타오는 타이완을 대표하는 성악가로 국제무대에서 이름을 날리고 있었다. 당시 명감독 류이劉易가 민속적 풍취가 강한 음악 영화를 만들어보려고 계획했다. 영화 제목은 「봉고鳳姑」였는데 영화를 위해 옛날 통속가요의 맛을 잘 살리고 민요를 제대로 부를 수 있는 남녀 주인공이 필요했다. 덩리쥔은 당연히 큰 관심을 보이며 당장 녹음실에 가서 남녀 듀엣곡을 데모 녹음했다. 장청타오와 덩리쥔의 노래는 아주 잘 어울렸고 그렇게 계획이 확정되었다.

음악극 형식의 영화란 춤추고 노래하는 뮤지컬 영화와는 달라서 신중하게 기획해야 한다. 작곡, 작사 모두 최고의 인선을 거쳐 가사도 쓰고 편곡까지 끝내서 문건회文建會[현재 타이완 문화부, 2013년 위원회에서 부로 승격했다]의 심사만 남겨두었다. 그런데 이 심사가 계속 미뤄지고 촬영 허가가 떨어지지 않았다. 당시 영화는 반드시 국민당 산하 문공회文工會의 심의를 통과해야 제작할 수 있었다. 아마도 잠시 보류된 이유가 있겠지만, 센트럴 픽처스[타이완의 대형 영화제작사 중 하나]는 위험을 무릅쓰고 촬영을 먼저 시작할 수 없었다. 그렇게 한창 관심이 뜨거웠던 시기가 지나가자 음악 감독과 예술 감독도 차차 발을 빼겠다는 의사를 보였고, 영화는 거기서 흐지부지되고 말았다. 비록 두 사람의 협력 작품은 성사되지 못했지만 장청타오는 덩리쥔의 목소리에 매우 깊은 인상을 받았다.

장청타오는 성악을 배우고 정통 음악을 하는 사람으로 줄곧 벨칸토 창법을 사용했다. 대중음악의 창법과는 매우 큰 차이가 있다. 그러나 그는 덩리쥔이 성량을 자유자재로 통제하며 진성과 가성을 오가는 기술이 아주 뛰어나다고 생각했다. 감정을 넣어 부르는 창법도 아주 정확했다. 장청타오는 덩리쥔이 절반은 대중음악, 절반은 예술가곡과 같은 느낌으로 노래를 부른다고 보았다. 장칭타오가 만난 성악가 중 대부분이 덩리쥔이 노래할 때처럼 목소리로 감정을 표현하는 것을 잘 해내지 못했다. 음악에 대해, 가사와 곡에 대한 감정 운용이 자유롭지 못한 경우도 있었다. 그것은 선생님이 가르친다고 배워서 얻을 수 있는 능력도 아니며 타고난 재능과 후천적 환경에 의해 만들어지는 것이다. 장칭타오의 근대 대중음악 분석에 따르면, 저우쉬안과 덩리쥔이 각각 한 시대를 대표하는 '노래의 여왕' 지위를 차지할 만하다.

저우쉬안과 덩리쥔은 비슷한 점이 참 많다. 저우쉬안은 달콤한 목소리에 감정이 풍부했다. 저우쉬안의 일생은 평탄치 않았고 결혼생활도 불행했다. 어렸을 때 남의 집에 팔려가서 양녀가 되었고 학대를 받았다. 훗날 명일가무단明日歌舞團에 들어가서도 나쁜 남자에게 속아 착취를 당했다. 결국 저우쉬안은 만년에 정신병에 걸렸다. 마찬가지로 덩리쥔도 어렸을 때부터 노래를 부르며 무대에 섰다. 한참 어린 나이부터 이 나라 저 나라를 돌아다녀야 했다. 그런 만큼 삶의 경험이나 감정이 매우 풍부했고 세상의 좋은 면도 나쁜 면도 많이 겪었다. 연애에 있어서도 마찬가지로, 그다지 순조롭지는 않았다. 어쩌면 이토록 사람의 마음을 움직이는 목소리를 낼 수 있었던 것은 두 사람 모두 이미 개인적으로 그와 같은 깊은 감정을 경험했기 때문인지도 모른다. 그래서 이처럼 완벽하게 노래 가사의 의미를 구현해낼 수 있었을 것이다.

사랑이란 좋은 것이다. 생명의 원동력이기도 하다. 사랑은 노래로 찬양할 가치가 충분하다. 자연을 대할 때 마음속에서 저절로 노래가 우러나듯이 말이다. 그러나 사랑이 없다면 마찬가지로 마음의 가장 깊은 곳에서부터 고독과 비애가 생긴다. 특히 덩리쥔의 노래는 그 범위가 매우 넓어서 대중이 받아들일 수 있는 가능성도 훨씬 컸다. 덩리쥔의 노래는 오래 들어도 여전히 새롭고 질리지 않는다. 성악을 배운 사람조차 그녀의 표현력을 배우고 싶다고 할 정도다. 좋은 목소리는 들으면 바로 그 실력을 알 수 있다.

일부러 꾸며내고 조작하지 않아도 그저 사람들이 들으면 편안하게 느끼고 좋아하게 된다.

중국의 개혁 개방 이후 장청타오는 여러 차례 중국을 방문했는데, 덩리쥔의 해적판 테이프가 상하이, 광저우, 칭다오 등 연해 지역의 큰 도시뿐 아니라 내륙 지방인 베이징, 톈진, 충칭, 시안 등도 완전히 정복했다는 것을 알게 됐다. 심지어 티베트 지구의 라싸까지도 덩리쥔의 테이프가 있었다. 거리의 노점상에는 모두 덩리쥔의 테이프가 놓여 있었고, 식당이나 숙소에서도 늘 덩리쥔의 노래가 흘러나왔다. 심지어 친구 집을 방문했을 때도 노래를 들을 수 있었다. 장청타오는 홍콩, 타이완, 중국 및 해외 여러 곳을 다녔지만 덩리쥔처럼 풍부한 감정을 표현하는 목소리를 들은 적이 없다고 했다. 그것이 덩리쥔의 가장 큰 밑천이었다.

'미인박명'이라는 말처럼, 덩리쥔과 저우쉬안의 생애는 길지 않았다. 하지만 시대를 대표하는 인물이란 얼마나 오래 살았느냐가 아니라 공헌도와 영향력으로 결정된다. 덩리쥔과 저우쉬안은 중국어권 대중음악에 큰 충격을 주었고, 그럴 수 있었던 원인은 당시의 문화적 배경과도 깊은 관련이 있다. 가수 개인의 매력과 독창성도 중요하지만 시대의 물결이 갖는 원동력역시 경시할 수 없다.

저우쉬안이 살았던 시대는 전란의 틈바구니였다. 사람들은 다사다난한 삶 속에서 조금이나마 숨 돌릴 공간을 찾으려 했다. 외국인 거류지였던 상하이에서, 서양인의 눈에는 '모험가의 낙원'으로 보였던 그 도시에서 번화함과 평온함을 추구하던 현상이 증명하듯, 모두들 노래하고 춤추면서 평화로운 시대를 사는 듯한 위안을 갈망했다. 전란에 대한 공포를 그런 환락 속에서 잊으려고 한 것이다. 그로부터 파라마운트의 시대[1933년 문을 연 상하이의 유명한 유흥업소]가 열리고 그곳의 음악이 유행하게 된다. 당시 저우쉬안은 청량하고 독특한 목소리로 막막하고 어찌할 바를 모른 채 안정감 없이 살아가던 수많은 사람의 마음을 위로했다. 또한 〈천애가녀天涯歌

女〉〈그대 언제 돌아오실까〉〈어가녀漁家女〉〈천상인간天上人間〉 등 통속가요 스타일의 부드럽고 온유한 매력으로 사람을 빠져들게 했고 전쟁에 대한 고통을 잊게 했다.

덩리쥔의 시대는 저우쉬안이 살았던 때보다는 훨씬 더 행복하지만, 그래도 전쟁의 그림자에서 아주 멀어지지는 않은 때였다. 게다가 정치적 환경이 계속해서 삶에 영향을 미치면서 사람들은 오히려 경제적 발전을 추구하게 되었다. 빠른 속도의 노력 속에서 경제 기적의 성취가 쌓여갔다. 그러나 물질의 추구가 강해질수록 정신의 공허감은 깊어진다. 노래는 그런 사람의 마음을 다독이는 최고의 치료제였다. 당시 타이완은 옛것과 새것이 교차하던 시점이었다. 타이완 원주민이 사용하는 민난어와 중국에서 건너온 국민당 출신의 외성인이 사용하는 말이자 표준 중국어인 '국어'가 힘겨루기를 하던 때이기도 해서 여러 형태의 관객이 출현했다. 그런 여러 형태의 관객이 모두 덩리쥔의 노래를 좋아했다는 것은 참으로 대단한 일이다.

덩리쥔을 좋아했던 다양한 관객층 중 첫 번째는 중국에서 건너온 국민당 군대의 노병과 그 가족 그리고 그들의 후손이다. 그들은 정부의 이동을 따라 타이완까지 왔고, 라디오를 통해 옛 노래를 들었다. 마치 노래를 통해 옛 고향과 이어지는 듯한 느낌을 받는다. 젊은이의 노래가 시장에 쏟아져 나오지만 그들은 깊은 정서를 함축적으로 완곡히 담아내지 않고 직접적으로 표현하는 노래를 좋아하지 않는다. 그런데 그때 막 데뷔한 덩리쥔은 황매조, 통속가요, 민요 등을 다 잘 불렀고, 이 부분이 입맛에 딱 맞았던 것이다. 〈야래향〉〈그대 언제 돌아오실까〉〈탄십성歎十聲〉〈혼인하기 전에 만나지 못한 것을 한탄할 뿐恨不相逢未嫁時〉 등 오래된 명곡을 불렀고, 원곡보다도 더 맛깔스러웠다. 고향을 그리워하는 마음, 정신적인 아픔과 생활 속의 괴로움 등 덩리쥔의 노래를 들으면 파도가 가라앉듯 위로를 받게 된다. 자연스럽게 감동이 일어나고 노래가 사람들의 마음과 한데 엮이면서 옛 노래를 다시 부른 곡 역시 덩리쥔을 대표하는 최고의 간판 곡이 되기도 했다.

두 번째는 순수한 사랑을 동경하는 젊은이다. 그들은 막 사랑에 눈뜨고 성적 욕망에 자유로운 풍조 속에서 개방적이며 용감하게 애정을 표현하는 가치관을 갖고 있다. 충야오의 소설 같은 강렬한 사랑 이야기가 진정한 사랑을 바라는 마음에 강한 충격을 주었고 이어 유미주의 영화의 바람을 타고 영화 삽입곡이 인기를 얻었다. 이런 영화 삽입곡은 대개 덩리쥔이 불렀다. 〈운하〉 〈천언만어〉 〈갈매기가 날아간 곳海鷗飛處〉 〈작은 마을 이야기〉 〈강가에서〉 등은 손쉽게 젊은이의 마음을 훔쳤다.

교원민가校園民歌[타이완 특유의 음악적 풍조로 1970년대 서양 팝 음악의 유행 이후 대학생을 중심으로 "우리 언어로 우리 노래를 부르자"는 운동이 시작됐다. 이때 만들어진 곡들을 대학 캠퍼스의 민요라는 의미로 교원민가라고 부른다]의 유행에서 덩리쥔도 빠지지 않는다. 덩리쥔은 차이친蔡琴의 곡 〈마치 당신의 부드러움처럼恰似你的溫柔〉을 리메이크해서 큰 사랑을 받았다. 그 밖에 민가 풍의 노래로 〈고향의 깊은 정原鄕情濃〉 〈어찌 하나奈何〉 〈내 마음 깊은 곳我心深處〉이 있고, 애국적 정서가 가득한 〈매화梅花〉 〈중화민국노래中華民國頌〉, 그리고 통속가요 분위기의 〈남해 아가씨南海姑娘〉 〈작은 마을의 사랑小村之戀〉 등이 있다. 그리고 〈담담유정〉 앨범에서 고전문학을 성공적으로 대중음악화한 것도 젊은이들이 대중가요를 새롭게 바꾸어보고 싶다는 갈망에 들어맞는 시도였다. 〈달빛이 내 마음을 대신해요〉 역시 덩리쥔의 대표곡이 되어 원래 이 곡을 부른 사람이 누구였는지 기억하지 못할 정도가 된다.

세 번째는 중년층이다. 이들은 직업적으로는 어느 정도 성공했지만 결혼이나 연애 관계의 문제에 맞닥뜨린 사람, 전통적인 도덕관의 속박 때문에 마음 가는 대로 사랑하지 못하는 사람, 용감하게 사랑하지 못한 안타까움을 마음에 품고 있으면서 어떻게 해소해야 할지 알지 못하는 사람들이다. 이러한 중년층의 문제는 일본이 가장 심각했다. 덩리쥔의 〈애인〉 〈속죄〉〈누가 나를 사랑하나〉〈나는 당신만 생각해요〉〈취기의 탱고〉 등은 그들 마음속 괴로움을 잘 표현했고, 중년 팬은 젊은 팬보다도 훨씬 더 충성스러웠다.

덩리쥔의 또 다른 팬은 어쩌면 생각지 못했던 사람들인데, 타이완 원주민의 언어로 부른 노래를 좋아하는 사람들이다. 일본 점령기의 타이완 원주민 가요는 사실상 '비정가곡悲情歌曲[슬픈 노래라는 의미]이라는 말과 동의어였다. 그들은 해방 이후 타이완의 영광된 모습을 기대하고 그리면서 지금의 고통을 참아냈다. 〈우야화雨夜花〉〈쇄심련碎心戀〉〈보파망補破網〉〈소육종燒肉粽〉은 당시의 생활상을 묘사하고 시대적 아픔을 반영하고 있다. 이런 타이완 원주민 언어로 된 옛 민요는 덩리쥔의 리메이크를 통해 새로운 느낌을 얻었다. 비참한 슬픔의 느낌은 많이 사라지고 부드러운 위로의 색채를 갖게 된 것이다. 이런 곡은 연배가 높은 사람들이 즐겨 들었다. 비교적 후기의 〈어머니의 말씀阿媽的話〉〈사계홍四季紅〉〈청춘령青春嶺〉은 비애감을 없애고 오히려 경쾌하고 활달한 선율로 접어든다. 덩리쥔은 표준 중국어인 '국어'로만 노래하는 가수에 비해 훨씬 더 광범위한 민난어 곡의 팬을 가질 수 있었다.

이처럼 든든한 팬이 있었고, 그들은 그 시대의 남녀노소를 포함했다. 그랬기에 덩리쥔이 시대를 구분하는 대표적 가수로 자리매김한 것도 놀라운 일이 아니다.

첨밀밀은 원래 인도네시아 민요였다

마찬가지로 덩리쥔은 광둥어를 잘했고, 광둥어 노래도 많이 불렀다. 또

한 국어, 인도네시아어로 각각 인도네시아 민요인 〈첨밀밀甜蜜蜜〉을 불렀는데 이 곡 역시 덩리쥔을 대표하는 히트곡이 된다. 싱가포르, 말레이시아, 베트남, 타이, 인도네시아에서 공연을 할 때 매번 공연단 사람 중에서 덩리쥔만이 그곳의 민요나 혹은 그곳 언어로 번안한 중국어 노래를 부를 수 있었다. 그래서 현지 관객의 호응과 호감을 끌어냈고 우레와 같은 박수를 받곤 했다. 이는 관객의 환심을 사려고 한 게 아니라 그녀가 국제적인 감각을 갖춘 가수였기 때문이다.

타이를 여행하면 식당에서 흔히 덩리쥔의 노래를 튼다는 것을 알게 된다. 중국계가 많은 지역은 중국어 노래를 틀고, 중국계가 적은 지역은 타이어로 된 덩리쥔의 대표곡을 튼다. 특히 타이 북부에서는 마을 안에 네댓 곳의 식당이 있는데 거의 매일 덩리쥔의 히트곡을 틀어줬다. 왜 덩리쥔의 노래가 그녀의 사망 이후 몇 년이 흐른 지금까지 다른 나라에서도 이렇게 인기가 있을까? 이는 그녀가 줄곧 '좋은 노래는 국경을 넘어 사랑받는다'는 것을 잘 알고 있었기 때문이다. 과거에 야오민姚敏[상하이에서 활동하다 홍콩으로 이주한 1930~1940년대의 대표적 작곡가]의 〈두 번째 봄第二春〉은 〈딩동송Ding Dong Song〉이라는 제목으로 영화 「수지 왕의 세계The World of Suzie Wong」에 삽입되어 할리우드에서 인기를 끌었고, 서양의 많은 러브송이 중국어로 번안되어 불려졌다. 사실 한국의 〈아리랑〉이나 말레이시아의 〈노냐와 바바Nonya and Baba〉 등은 모두 전 세계적으로 불리는 훌륭한 곡이다. 덩리쥔이 여러 어려움을 무릅쓰고 인도네시아어로 노래를 불러 음반을 낸 것은 바로 이런 마음이었다.

덩리쥔이 일본에서 콘서트를 할 때 중국어, 일본어, 영어를 번갈아가면서 노래를 했다. 관객이 어디에서 왔건 자기에게 익숙한 노래를 들을 수 있기 때문인지 종종 노래가 끝나면 모든 관객이 약속이나 한 듯 기립 박수를 쳤고 몇 분씩이나 그치지 않기도 했다. 일본 음반사의 관계자는 그 시절 그렇게 다양한 범위의 팬을 아우를 수 있는 가수는 매우 드물었다고 말한다. 공연 도중에 관객이 일어서서 박수를 치는 경우는 거의 없었고, 더군다나 일본 사람은 자신의 열정을 밖으로 드러내지 않는 편인데도 덩리쥔의 노래는 관객이 그런 생각조차 잊고서 박수갈채를 보내게 된다는 것이다.

덩리쥔은 중화민국(타이완)에만 국한된 사람이 아니라 전 세계의 모든 중국인에게 속한 사람, 아니 어쩌면 전 세계 모든 사람에게 속한 가수였는지 모른다. 덩리쥔의 노래는 이처럼 아무리 먼 곳이라도 가지 못하는 곳이 없었고 수천수만의 사람을 위로했으며 지금까지도 널리 애창되고 있다. 또한 덩리쥔의 자비심은 세계 수많은 곳의 의지할 곳 없는 어린이와 가난한 노인을 도왔다. 덩리쥔의 삶은 팬들로 하여금 그녀의 발자취를 따라 뜻을 이어 세계 각지에서 그녀의 이름을 드높이기 위해 노력하게 만든다. 이와 같이 거대한 영향력은 그 어떤 가수도 발휘하지 못하는 부분이다. 심지어 덩리쥔이 세상에 있건 혹은 이미 멀리 떠났건 상관없이 말이다.

今天我把歡樂帶給你
謝謝你把溫暖送給我
我有了你在前哨保護我
爲了你
我會珍惜我
有時我也問白雲
有時我也託藍天
向你問候……

오늘 당신에게 즐거움을 전합니다
당신이 내게 준 따스함에 감사드려요
당신은 최전선에서 나를 보호해주죠
당신을 위해
나 자신을 아끼고 사랑하겠어요
때때로 나도 흰 구름에 물어봐요
때때로 나도 푸른 하늘에 부탁해요
당신의 안부를……

덩리쥔의 노래 중 한 곡은 누구도 리메이크하지 못했다. 그게 바로 덩리쥔에 맞춰 만들어진 〈그대는 최전선에君在前哨〉다. 노래 제목부터 '君' 자가 들어간다.['君'은 2인칭으로 '당신'이라는 뜻이지만 덩리쥔의 '쥔'이기도 하다.] 그러니 '덩리쥔'이 아니면 감히 부르지 못할 노래다. 누구도 그렇게 친근하고 이웃집 여자아이같이 안부를 묻고 대화하는 듯한 느낌을 살려 부를 수 없을 것이다.

맞춤옷 같은 노래
누구도 대신할 수 없는 위치

덩리쥔은 대중음악 시대가 온 이후 군 위문 공연을 한 횟수가 가장 많고 규모도 컸던 가수다. 최전방까지 위험을 무릅쓰고 방문했으며 전방을 광범위하게 다녔다. 덩리쥔의 군 위문 공연 기록은 지금까지도 깨지지 않는다. 수십 년간 '영원한 군의 연인'이라고 불린 이름값에 부족함이 없다. 덩리쥔의 이런 특수한 면을 살펴보려면 우선 〈그대는 최전선에〉라는 곡의 뒷이야기부터 언급해야 한다.

〈그대는 최전선에〉는 덩리쥔이 여러 차례 반복해서 군인들에게 불러준 '약속'과도 같았다. 매번 군 위문 공연을 할 때마다 덩리쥔은 경쾌하게 〈그대는 최전선에〉를 불렀고, 노래를 듣던 병사들은 마치 덩리쥔이 자기에게 단독으로 그 노래를 불러주는 듯한 기분에 빠졌다. 덩리쥔 역시 그들의 열정에 감동해 몇 번이고 눈물을 흘렸다. 덩리쥔은 언론에서 이렇게 이야기한 적이 있다. 〈그대는 최전선에〉는 군 위문 공연에만 쓰이는 곡이 아니라 그녀가 시시때때로 떠올리고 부르는 곡이라고 했다. 덩리쥔은 텔레비전에서 군인이 재난 현장을 복구하거나 훈련을 받고 교열하는 장면이 나오면 저도 모르게 마음속에서 이 노래를 부른다는 것이다. 마음은 사실 항상 '최전선에' 있었는지도 모른다.

군대에 위문 공연 장소가 항상 준비되어 있는 게 아니다. 덩리쥔도 잘 알았다. 자신이 위문 공연에 동의하면 모든 계획 과정에서 타이완 본섬이든 그 외 도서 지역 기지든 모두 동원되어 청소를 하고 무대를 설치하거나 숙소와 식사 등을 마련하고 공연단의 마중과 리허설을 준비하기 시작한다. 그렇게 위문 공연을 준비하다보면 몇 주가 바쁘게 흘러간다. 덩리쥔은 이 점을 늘 걱정했다. 본래 위문 공연을 하는 것은 좋은 뜻에서인데 위로가 되기는커녕 피로만 쌓이게 할까 하는 걱정이었다.

그러나 지금은 덩리쥔의 노래를 좋아하는 타이완 군인들이 더 이상 덩리쥔이 실제로 부르는 우아한 노래를 들을 수 없게 됐다. 〈그대는 최전선에〉는 누구나 따라 부를 수 있는 익숙한 곡이다. 덩리쥔이 입을 떼면 무대 아래의 수많은 군인도 따라서 합창했다. 덩리쥔과 군인들이 소통하는 선

율이다. 덩리쥔은 건강이 좋지 않을 때도 군대에 있는 팬들을 만나러 갔다. 어쩌면 하늘나라에서도 푸른 하늘과 흰 구름에게 부탁하여 타이완의 군인에게 관심을 쏟고 안부를 묻고 있는지도 모른다. 하지만 이제 누가 그 마음을 바로 곁에서 느끼고 누릴 수 있겠는가?

덩리쥔의 팬인 어느 육군 대령은 덩리쥔의 빈소에서 허리를 굽혀 인사했다. 어깨에 매화가 가득 달린 군복을 입은 것도 아랑곳없이 우느라 말을 제대로 잇지 못했다. 그는 한탄하면서 이렇게 말했다.

"덩리쥔은 이 나라를 위해, 우리를 위해 자기 자신을 소중히 하겠다고 직접 말한 적이 있습니다. 그런데 왜 자신을 잘 돌보지 않았을까요?"

그가 덩리쥔을 얼마나 아꼈는지 느낄 수 있다.

왜일까? 이제는 대답을 들을 수 없는 질문이다. 〈그대는 최전선에〉라는 노래는 군인의 영원한 연인에 대한 마지막 그리움이 되었다. E세대 혹은 N세대로 불리는 어린 친구들은 노래를 히트시키기 위해서 혹은 인기를 얻기 위해서가 아니라 진심을 담아 성의 있게 자신의 열정을 바치는 일을 겪지 못했고, 다른 가수들은 이처럼 전문적이고 특별한 곡을 갖기 어렵다. 이 노래는 결국 '절향絶響'[실전된 학문이나 전통을 뜻하는 단어]이 되었다. 해군복을 입고 사병과 함께 어깨동무를 하고 노래를 부르던 덩리쥔, 위장용 군복을 입고 철모를 쓴 채 풀숲을 누비던 덩리쥔, 공군의 주황색 비행복을 입고 하이파이브를 하는 덩리쥔, 물안경을 쓰고 해룡와병海龍蛙兵[타이완 육군의 특수부대 중 하나] 특유의 흰 티셔츠와 흰 군화를 신은 덩리쥔, 진먼金門 섬 마산馬山[중국과 타이완 섬 사이에 위치한 진먼 섬 최북단, 중국을 바라보는 최전방이다] 관측소에서 중국을 향해 온화하고 호소력 있게 방송[중국을 향한 타이완 군대의 체제 홍보 방송]을 했던 덩리쥔, 병원에서 나지막한 목소리로 환자에게 병세와 안부를 묻던 덩리쥔, 해안 초소에서 보초를 서는 사병의 땀을 닦아주던 덩리쥔, 이런 모든 기억 하나하나가 사람들의 마음속에 남아 있다.

전방 초소에는 여전히 덩리쥔을 기억하는 '군인 형제'가 있다. 그런데 덩리쥔, 그대는 어디에 있을까?

🐚 여섯 살의 첫 무대
공연하고 사탕을 얻어 먹다

덩리쥔의 군 위문 공연 역사를 이야기하면 대부분의 사람이 깜짝 놀랄 것이다!

군인의 딸로 엄격한 가정교육을 받으며 자란 덩리쥔은 예의 바르고 말씨가 고와서 이웃이 입을 모아 칭찬했다. 덩리쥔의 안정적이고 노련한 무대 매너가 어디서 시작됐는지 살피려면 그녀의 오랜 군 위문 공연의 역사에서부터 찾아야 한다. 어린 시절부터 덩리쥔은 노래를 부를 때 박자를 잘 맞췄고 리듬감도 좋았다. 음정도 가사도 틀리지 않았다. 보기 드물게 발음이 또렷하고 목소리가 고운 아이였다. 매일 흥얼흥얼 노래를 따라 부르고 노래를 시키면 수줍어하며 도망가는 법도 없었다. 겨우 여섯 살인 어린아이가 '리李 씨 아저씨'의 자전거 뒷자리에 앉아 93밴드에 가서 노래를 연습했으니 그만큼 노래하는 것을 좋아했다. 꼬마 덩리쥔은 정말 귀엽고 사랑스러워서 93밴드는 덩리쥔을 데리고 군 위문 공연을 다녔다.

리청칭李成淸은 93밴드의 사관이자 덩리쥔 아버지의 고향 사람이기도 했다. 영리한 덩리쥔을 무척 귀여워했고 당시 이미 덩리쥔이 노래에 타고난 재능이 있다는 것을 알아차렸다. 라디오에서 나오는 노래를 세 번만 들으면 바로 따라 불렀던 것이다. 당시 제일 인기 있던 황매희 노래는 특히나 금세 따라하며 잘 배웠다. 어린아이라 황매희 곡조의 남녀 사이의 사랑 노래 가사가 무슨 뜻인지 몰랐음에도 정확하게 따라 불렀다.

리청칭은 얼후二胡 연주가 장기였는데 덩리쥔의 목소리를 듣고는 가르칠 만한 재목이라고 여겼다. 당장 얼후를 꺼내 켜면서 덩리쥔에 맞춰 음을 조율했고, 그게 덩리쥔의 첫 번째 음악 교육이었다. 한 달도 안 되어 덩리쥔은 리듬에 맞춰 정확한 발음으로 매끄럽게 여러 곡을 부를 수 있게 됐다. 당시 덩리쥔이 정식으로 배운 첫 곡이 바로 〈그대 언제 돌아오실까〉였다. 어쩌면 덩리쥔이 나중에 이 곡으로 가요계에서 확고하게 자리매김하고 심지어 전 세계적으로 인기를 얻게 되는 것은 이미 운명이었는지도 모른다.

위문 공연이란 말 그대로 위문 공연이어서 여섯 살 덩리쥔은 무대에 올라도 보수가 한 푼도 없었다. 그저 사탕이나 과자를 얻어먹는 정도였다. 그러나 열렬한 박수만큼은 군인 오빠들이 아낌없이 보내주었다. 덩리쥔도 그 박수 소리에 완전히 도취됐다. 꼬마 덩리쥔은 노래 한 곡을 마친 뒤에 박수를 꼭 들어야 한다고 생각했다. 박수가 나오지 않으면 무대에서 내려가려고 하지 않았다. 뜨거운 박수가 찾아들면 그때야 자신의 임무를 완성했다고 생각하며 즐겁게 "고맙습니다" 하고 인사한 뒤 무대를 내려갔다. 그런 뒤에야 간식을 받아먹었다. 그저 그뿐이었다! 그 후 매년 이런저런 공연이 이어졌는데 결혼도 하지 않은 군인 오빠들이 덩리쥔을 마치 딸처럼 귀여워했다. 93밴드가 군 위문 공연을 갈 때면, 크게 무리가 없는 한 반드시 덩리쥔을 데려갔으니 엄연한 밴드의 일원인 셈이었다.

이런 위문 공연은 자주 있는 편이 아니었기 때문에 덩리쥔의 아버지도 크게 반대하지 않았다. 당시 타이완 사회는 치안이 좋고 주위의 아는 사람이 다른 집 아이를 데리고 다니는 것에 누구도 불안해하지 않았다. 리 씨 아저씨는 종종 새로 나온 노래를 들려주거나 얼후를 연주해주곤 했다. 새 노래를 가르칠 때면 신기하게도 가사가 무슨 뜻인지 전혀 모르는데도 덩리쥔은 서너 번 들으면 당장 가사를 외우기 시작하고, 제대로 몇 번 불러본 뒤에는 멋들어지게 불러내곤 했다. 덩리쥔의 어머니도 어쩌다 자기에게서 이토록 노래에 재능이 있는 딸이 태어난 걸까 신기해할 정도였다.

어릴 적 군 위문 공연을 가면 덩리쥔은 노래와 연기를 함께 하는 〈채빈랑採檳榔〉〈봉양화고鳳陽花鼓〉〈분황제扮皇帝〉 같은 곡을 불렀는데 노래도 연기도 잘했다고 한다. 그 밖에도 귀엽고 깜찍한 동요와 유행가요 중간 어디쯤 되는 옛 노래도 많이 불렀다. 예를 들면 〈진흙 인형泥娃娃〉〈작은 목마小木馬〉〈모리화茉莉花〉〈우리가 함께 있을 때當我們同在一起〉 같은 노래인데, 이런 노래를 부를 때는 자기가 직접 만든 귀여운 동작을 함께 곁들이는 무대를 선보였다. 허리를 배배 꼬고 엉덩이를 흔드는 춤동작이 아니라 리듬감 있게 박자를 맞추는 그런 단순한 동작이어서 많은 사람이 꼬마 덩리쥔을 보며 천재라고들 했다. 덩리쥔의 아버지는 딸아이가 어른 흉내를 내며 쇼걸의 공연 같은 데 물들까봐 걱정하면서 자주 주의를 주기도 했다.

덩리쥔은 군 위문 공연 전에 '친구 위문 공연'을 먼저 했다. 원래 덩리쥔은 어렸을 때부터 친한 친구가 많았다. 지금도 루저우의 옛 권촌 마을에 살고 있는 후샤오전胡曉珍, 리밍링李明玲이나 이사를 간 페이아펑裴阿鳳과 우순어吳舜娥 등 남자아이 여자아이 다 합쳐서 10명이 넘었다. 리청칭 선생님에게서 새로 노래를 배우면 저녁에 집 근처에 있는 화교대학 예비학교 공터에 친구들을 모아 놓고 들려주곤 했다. 매번 친구들이 잔뜩 모였는데 덩리쥔은 한 번도 사람이 많다고 해서 겁을 먹은 적이 없었다.

어떤 때는 연못이나 채소밭, 과수원, 운동장 등을 따라 뛰어다니며 노래를 불렀다.

"담담한 삼월 하늘, 두견화가 산자락에 피고, 두견화가 개울가에 피네. 참 아름답구나⋯⋯."

그래서 덩리쥔의 새 노래는 고정적인 어린 관객 평가단이 있었다. 어떤 경우에는 친구들이 덩리쥔에게 여러 가지 조언을 해주기도 했다. 손을 이렇게 움직이라거나, 발을 이런 모양으로 하고 서라거나 하는 식이었다. 덩리쥔의 어린 시절은 즐거운 웃음으로 가득했다. 그 행복한 기억은 대부분 노래와 관련되어 있다. 일요일이면 다들 성당에 가서 교리 수업을 듣거나 성가대에 참가했다. 어린아이들이 찬송가를 부를 때면 항상 덩리쥔이 먼저 노래를 익혀서 친구에게 가르쳐주곤 했다. 루저우 초등학교에서 음악을 가르쳤던 류얼양劉貳洋 선생님도 덩리쥔을 꼬마 선생님으로 부르면서 음악 시간에 시범으로 노래를 부르게 시키곤 했다. 당시 음악은 전교생이 다 모여서 수업했고 일주일에 딱 한 번 있었다. 그 한 시간이 덩리쥔이 학교에서 가장 행복해하는 시간이었다.

흙바닥에 앉아 덩리쥔의 노래를 듣는 행복

여덟 살, 다른 아이는 어른의 귀여움을 다투면서 와자지껄 뛰어놀 나이에 덩리쥔은 최전방까지 가서 정식으로 군 위문 공연 무대에 오르기 시작했다. 다리를 놔준 사람은 덩리쥔의 아버지와 친하게 지내던 전우로 저우위周羽였다. 정직한 성격의 후난 성 출신으로 당시 우추烏丘에서 지휘관을 맡고 있었다. 그는 장기 휴가를 받으면 늘 덩리쥔 가족을 방문하곤 했는데, 특히 덩리쥔을 귀여워해서 양딸로 삼기도 했다. 덩리쥔이 노래와 춤에 재능이 있는 것을 본 그는 우추 섬에 데려가서 최전방 군인을 위한 위문 공연을 하자고 계획을 세웠다.

덩리쥔은 흰 옷깃에 허리띠를 매는 형태의 잔 꽃무늬 원피스를 입고, 머리에는 머리띠를 하고, 종아리 반쯤 오는 흰 양말을 신고, 유일하게 검은 색인 가죽신을 신고서 무대에 올랐다. 무대라고 해도 훈련장의 공터에 자리를 만들고 군인 오빠들이 땅바닥에 열 지어 앉아 있는 것뿐이다. 지역 주민이나 군인 가족들도 적잖이 공연을 보러 와서 아이를 안거나 업은 사람도 있었다. 다들 풀도 자라지 않아 울퉁불퉁하고 누런 흙바닥에 앉아서 공연을 봤다. 공연을 하는 곳을 둘러싸고 차들이 한 대씩 일렬로 주차되어 있었는데 그 차들이 공연장을 구획해주는 벽 역할을 했다. 최전선의 바닷바람이 스쳐 가면서 덩리쥔의 노랫소리가 바람에 얹혀 멀리멀리 퍼졌다.

무대도 없고 악단도 없었다. 단지 후친胡琴 하나로 된 연주에 맞춰 덩리쥔은 여러 곡을 불렀다. 한 곡이 끝날 때마다 덩리쥔은 허리를 숙여 감사 인사를 했다. 이런 인사도 잊지 않았다.

"여러 큰아버지, 삼촌들! 수고가 많으셔요. 전방에서 우리를 지켜주셔서 정말 고맙습니다."

이 인사에 철혈의 사내들이 감동해서 눈시울을 붉혔다. 이미 40년이 흘렀다. 그런데 그날 일을 기억하고 또 감개무량한 목소리로 그날을 이야기하는 사람이 있다. 당시 사병들이 진흙 바닥에 그냥 앉아서 꼬마 덩리쥔의 노래를 들었는데 그게 그의 군인생활에서 가장 멋진 경험이었다고 한다. 그 어린 여자아이는 진심으로 성실하고 순진했다. 덩리쥔의 당시 노래 실력은 아직 수준이 높다고 할 정도로 성숙하지는 못했다. 하지만 덩리쥔의 미소 띤 얼굴과 다정한 인사말이 그의 마음을 부드럽게 녹여주었다. 이제 나이가 일흔이 된 노병은 이렇게 말했다.

"훈련장 공터에 앉아서 노래를 듣다가 눈물을 흘린 게 나뿐만은 아니었습니다."

93밴드의 공연은 몇 년간 이어졌다. 덩리쥔이 소녀 시절에 여러 부대를 다니며 공연한 일이 모두 기록되어 있지는 않지만 공연은 항상 있었다. 시대가 발전하면서 군 위문 공연도 점차 자그마한 무대가 생기고 반주하는 사람도 나름 모양을 갖춰 일고여덟 명의 서양식 밴드로 발전했다. 그와 비슷하게 노래도 통속화되고 음악도 간단해졌지만 노래와 연기를 함께 하는 덩리쥔에게는 아무런 문제도 되지 않았다. 덩리쥔은 여전히 자신만의 방식으로 사병에게 즐거움을 주었다.

열예닐곱이 지난 뒤에는 덩리쥔도 소형 밴드를 따라다니는 것이 아닌 정식 위문 공연을 시작한다. 아직 어린 소녀였지만 좀더 성숙한 차림을 하게 되었다. 하지만 노랫소리도 인사말도 여전히 다정했다. 당시 덩리쥔은 이미 라이브하우스에서 정식으로 자기 무대를 갖고 있었고 몸값도 낮지 않았다. 그러나 덩리쥔은 군 위문 공연에서는 어떠한 출연료도 받지 않았다. 덩리쥔이 생각하기에 군 위문 공연의 가장 큰 의의는 돈이 아니라 노래를 통해 군인들에게 감사를 표하는 것이었다. 덩리쥔의 어머니는 이렇게 말했다.

"그런 관념은 내가 가르친 게 아니에요. 그런데 어렸을 때부터 그애는 그렇게 생각하더군요."

🌹 1974년, 진먼 섬을 밟다

1974년, 덩리쥔은 생애 처음으로 진먼金門 섬을 밟았다. 망망대해 위에 세워진 해상공원에 덩리쥔은 크게 감탄했다.

"진먼 섬은 정말 멋지게 지어졌네요!"

덩리쥔의 환호성에는 감동의 눈물도 섞여 있었다. 기다란 해안선을 따라 녹지가 조성되어 있고 물과 토양의 유실을 방지하기 위한 목마황(카수아리나) 나무를 열 지어 심었다. 비옥한 논밭에 이리저리 논두렁길이 나 있고, 한 삽 흙을 퍼내면 그곳에 옥빛 푸른 물이 솟아난다. 덩리쥔은 타이완 국군이 나라를 지키는 일만 하는 게 아니라 전시를 대비하는 시간에 진먼 섬과 작은 진먼이라고도 부르는 섬 례위烈嶼를 훌륭하게 건설한 것이 불가사의하게 느껴졌다. 해안에 서면 멀리 흐릿하게 해협 건너편(중국)이 보였다. 망원경을 쓰면 건너편에서 움직이는 사람의 모습도 볼 수 있었다. 정치 이념이 다르다는 이유로 바다 이쪽과 저쪽으로 갈라진 중국 동포를 생각하면 혈육의 정으로 묶여 있으면서도 하나가 되지 못하는 가족처럼 느껴졌다. 덩리쥔은 망원경 앞에서 저도 모르게 진심에서 우러나오는 눈물을 흘렸다.

덩리쥔은 사실 커다란 무대를 세우고 그 위에 높다랗게 서서 단독으로 쇼를 하는 위문 공연을 좋아하지 않았다. 군 사병 사이에 끼어 앉아 함께 합창을 하며 어우러지는 공연을 더 좋아했다. 게다가 덩리쥔은 작은 섬의 오지에 주둔하는 군인들을 위해 공연하고 싶었다. CTS 방송국 이사장을 지낸 황웨이쑹黃偉嵩 전 장군은 덩리쥔의 군 위문 여정에 대해 누구보다 잘 알고 있다. 게다가 덩리쥔이 세 번 군 위문 공연을 할 때마다 그가 마침 진먼에서 보직을 맡고 있었다. 말하자면 덩리쥔의 애국심과 군에 대한 존경심을 누구보다 잘 아는 증인이라고 하겠다.

덩리쥔이 구닝터우古寧頭[진먼 군도에 속하는 섬으로 1949년 중국과의 전투가 벌어진 곳]에서 위문 공연을 했을 때, 황웨이쑹은 육군 17사단 50여단의 여단처장으로 례위에 주둔하고 있었다. 덩리쥔이 진먼 본섬과 례위 섬에서 위문 공연을 마치고 다른 요구사항이 있다고 하여 그가 문제를 해결하러 왔다. 그는 덩리쥔을 처음 만나고 깜짝 놀랐다. 덩리쥔이 흰 셔츠에 검은색 치마를 입은 채 얼굴에는 화장기가 하나도 없었기 때문이다. 한창 인기를 얻고 있는 가수 같은 느낌이 없었다. 덩리쥔은 친절하게 인사를 건네면서도 례위보다 더 먼 섬에 가보고 싶다고 완곡하게 요청했다. 예를 들어 멍후위猛虎嶼, 푸싱위復興嶼, 차오위草嶼 같은 섬에 가서 그곳을 지키는 군인들을 만나고 싶다고 했다. 가장 멀고 가장 작은 섬일수록 물질적인 지원이 부족할 테고 정신적으로도 외롭지 않겠냐는 것이다.

그때가 대략 추석 즈음이었다. 태풍이 가장 많이 일어날 때이기도 했다. 당장은 바다가 조용하지만 얼마 지나지 않아 큰 풍랑이 있을 가능성이 높고, 그러면 돌아오는 여정에도 문제가 생긴다. 게다가 그런 섬에는 주둔하고 있는 군인도 적어서 스물몇 명에 불과한 군인을 위해 거기까지 위험을 무릅쓰고 갈 필요는 없었다. 황웨이쑹은 덩리쥔을 설득하려고 했다. 그러나 덩리쥔은 단호하게 말했다.

"그런 작은 섬이라면 더 외로울 것 아녜요? 군인들의 정신적인 면을 위해 격려와 응원이 필요해요. 제가 갈 수 있도록 도와주세요. 저는 파도가 무섭지 않아요. 그리고 여러분이 저를 지켜주실 거잖아요? 아닌가요?"

황웨이쑹은 덩리쥔의 그런 생각과 용기에 감동을 받았다. 바로 해상 파도 급수를 확인한 뒤, 두 시간 안에 돌아온다면 괜찮을 거라고 보고 작은 배를 준비하라고 명령했다. 파도가 아주 잔잔하지는 않았기에 바닷물이 튀어 몸이 젖어도 덩리쥔은 놀라서 소동을 피우지 않았다. 그저 미소 지으면서 동행하는 사람을 돌아보며 이것저것 흥미롭게 질문을 던졌다. 배가 항구에 다 왔는데 정박하기가 힘들자 기쁨에 들뜬 사병들이 바지를 걷고 뛰어들었다. 바닷물이 허리까지 차는데도 아랑곳하지 않고 덩리쥔을 업고 섬에 올랐다. 덩리쥔을 섬에 내려주고서도 다들 바보스럽게 웃는 것이 기뻐서 어찌할 바를 모르는 듯했다.

일행이 모두 섬에 오른 뒤 덩리쥔은 바닷바람에 엉망이 된 머리카락을 정리하거나 바닷물에 젖은 옷을 말리기도 전에 우선 친절하게 모든 사람과 악수를 하고 다정다감하게 인사를 건넸다.

"수고가 많으세요, 정말 고마워요! 제가 노래를 불러드릴게요!"

사병들은 모두 강당에 모였다. 반주가 준비되지 않아 덩리쥔은 반주도 없이 〈첨밀밀〉〈작은 마을 이야기〉〈야래향〉 등의 히트곡을 불렀다. 청량하고 아름다운 목소리가 강당 전체에 울렸다. 한 시간 넘게 머무는 동안 사병들은 노래에 심취했다. 덩리쥔은 그들의 생활에 대해서도 관심을 보이며 이것저것 물었다. 덩리쥔은 그렇게 고향을 그리워하는 군인들의 마음을 달래줬다. 해안에서 바다 상황을 살피던 병사가 와서 빨리 출발하지 않으면 파도가 거세져서 배가 뜨지 못한다고 재촉했을 때에야 덩리쥔은 아쉬워하며 일어섰다.

강당을 나서면서 덩리쥔은 해안선에서 보초를 서느라 강당에 들어가지 못한 군인들이 있다는 것을 발견했다. 덩리쥔은 관례를 깨고 그들이 보초를 서면서 노래를 들을 수 있게 해달라고 부탁했고, 결국 보초를 서고 있는 곳까지 가서 직접 노래를 한 곡 불러주었다. 그 장면을 상상해보자. 사면이 바다로 둘러싸인 외딴섬 초소에서 보초를 서던 사병들에게 마음을 담아 노래를 불러주는 소녀라니! 그 유명한 덩리쥔이 직접 노래를 불러줄 거라고 생각한 적이 있었겠는가. 동행한 사람이 멀지 않은 항구에 서서 바라보고 있었는데, 그들도 눈시울을 붉혔다. 이게 바로 덩리쥔이다. 고생스러움도 마다하지 않고 진심으로 군인들을 걱정해준 사람이다. 덩리쥔의 군 위문 활동은 정성이 담겼다. 반주나 마이크가 없어도 깨끗하고 부드러운 목소리가 외딴섬에서 전선을 지키는 사병의 마음을 녹여주었다. 그들의 기억 속에서 덩리쥔은 가수나 스타가 아니라 다정다감한 천사였다. 덩리쥔의 위문 공연은 진정으로 군대의 사기를 드높이는 일이었다.

1981년 덩리쥔이 다시 진먼에 위문 공연을 갔을 때도 황웨이쑹이 진먼 292사단의 사단주임을 맡고 있었다. 앞서의 경험이 있다보니 그는 덩리쥔이 외딴섬을 방문하고 싶어한다는 것을 잘 알았다. 그는 베이딩北碇, 허우위後嶼, 차오위 등의 작은 섬을 방문할 수 있도록 준비해주었다. 차오위를 방문했을 때 파도가 심해 배가 해안에 정박하지 못했다. 이번에도 사병들이 바다로 뛰어들어 두 사람이 한 조가 되어 인간 다리를 만들었다. 덩리쥔이 자신의 어깨를 밟고 해안에 들어갈 수 있게 해준 것이다. 덩리쥔은 무척 미안해했고 계속해서 고맙다는 인사를 하며 사병들이 모인 장소로 갔다. 덩리쥔이 군인들의 신청곡을 받아 노래를 부르고 이야기를 나눴다. 그때 한 사람이 덩리쥔에게 언제 결혼할 거냐고 질문을 했다. 덩리쥔은 쾌활하게 대답했다.

"곧, 곧 할 거예요! 하지만 결혼을 하든지 않든지 이 누나는 또 여러분을 만나러 올 겁니다!"

한 시간 반이 금세 지나갔다. 조수도 썰물로 바뀌어 덩리쥔은 다리를 만들어준 스물 몇 명의 군인과 하나하나 악수를 하고 작별 인사를 나눴다. 그때 한 사병이 멍한 표정으로 넋을 놓고 있는 것을 본 덩리쥔이 부드러운 어조로 질문했다.

"집 생각이 나나요?"

그가 고개를 끄덕였다. 덩리쥔은 그에게 무슨 노래를 좋아하냐고 물었다. 그 병사가 대답했다.

"〈고향 사람〉이요."

덩리쥔은 모래사장에서 그날의 마지막 곡을 불렀다. 거기 있던 군인은 하나같이 노래를 들으며 눈물을 흘렸다. 덩리쥔도 눈물을 흘리며 노래를 마쳤다. 거기 있던 사람 중 감동하지 않는 사람이 없었다.

덩리쥔은 군인들에게 노래를 불러줬을 뿐만 아니라 부대에 부식비를 지원하기도 했다. 그러면서 부대장이 민망해하지 않도록 장난스럽게 이야기했다.

"이건 내 몫의 밥값이에요. 이따 점심때 저도 여러분과 함께 식사를 할 건데, 제가 아주 대식가거든요!"

덩리쥔이 왔다고 해서 그날 점심이 특별하게 나온 것은 아니다. 그저 늘 먹던 밀수제비였다. 이런 외딴섬에서 밀수제비 같은 것을 먹는 일은 아주 일상적이다. 덩리쥔은 기쁘게 한 그릇을 비운 뒤 더 달라고 요청하기까지 했다. 사병들은 덩리쥔을 아주 친근하게 여겼다.

식사를 하면서 덩리쥔은 섬에서 담수를 어떻게 구하느냐고 물었다. 그들은 우물을 만들어 담수를 길어 올린다고 대답했다. 덩리쥔은 더욱 흥미로워하면서 물었다.

"어디에서 담수가 나올지는 어떻게 아는 거죠?"

부대장이 설명했다.

"예전에 장징궈蔣經國[장제스의 아들로 타이완의 6, 7대 총통] 선생이 진먼 시찰을 왔을 때 어딘가를 손으로 가리키면서 사관에게 우물을 파보라고 지시했습니다. 세 군데를 골랐는데 세 군데 다 우물물이 솟아났지요. 그게 지금은 섬 주민 모두가 하루 동안 쓸 정도로 물이 나오고 있습니다. 다들 절약하면서 쓰고 있지요. 물 한 대야로 세수하고 양치를 한 뒤 그걸로 화장실을 청소하거나 화단에 물을 주거든요……."

덩리쥔은 귀 기울여 부대장의 설명을 들으면서 밀수제비를 맛있게 먹었다. 군인들은 덩리쥔이 맛있게 먹으며 이야기를 듣다가 결국 눈물이 국물에 뚝뚝 떨어지는 것을 바라보았다.

"전선의 생활을 살펴보니 마음이 무겁군요"

마산馬山은 타이완에서 중국과 가장 가까운 군사 거점이다. 중국까지 대략 7~8킬로미터 정도다. 덩리쥔은 마산 관측소에 와서 고배율 망원경으로 그녀가 오랫동안 마음에 담고 있던 바다 저편을 볼 수 있었다. 방송실에서 부드러운 목소리로 건너편을 향해 말을 걸기도 했다. 중국 동포에게 자신에 대한 사랑에 감사하다는 뜻을 표하면서 중국 동포와 타이완의 동포가 화기애애하고 평화로운 날을 보내기를 기대한다고 말했다. 마지막에 "꼭 돌아가겠다"고 약속하는 것도 잊지 않았다. 돌아가서 그들에게 노래를 불러주겠다는 뜻이었다. 덩리쥔은 줄곧 미소를 띠었지만 눈가에는 눈물방울이 매달려 있었다. 거기 모인 사람은 다들 숨을 죽인 채 덩리쥔의 진심 어린 호소를 들으며 감동했다.

덩리쥔의 군 위문 활동은 어렸을 때부터 성인이 된 뒤까지 끊임없이 이어졌다. 어떤 것은 언론에 보도되었지만 전혀 알려지지 않은 것도 많다. 부대나 군사학교의 요청이 있으면 덩리쥔은 거절하는 법이 거의 없었다. 항상 즐겁게 만나러 가서 정성을 다해 공연을 하고 돌아왔다. 예를 들어, 육군사관학교의 입대 훈련이 끝나는 날 만찬회가 열리는데, 덩리쥔이 직접 현장에 나와 공연을 한 적도 있다. 네 군데 사관학교 생도가 모두 즐겁게 공연을 보았고, 그날 밤 잠을 못 이룬 이들도 많았다. 정치작전대학의 개교기념 만찬회에도 덩리쥔이 참석해 학생들을 격려했다. 덩리쥔의 마음은 단순했다. 그저 국군의 '형제'들이 자신의 노래를 듣고 싶어한다면 언제 어디서든 노래할 마음이 있었다.

1980년 이후 덩리쥔의 노래는 중국의 여러 지역에까지 전파됐다. 덩리쥔은 더욱 바쁘게 국내외를 다녀야 했다. 덩리쥔은 금종장 최우수 여가수상 수상 후, 미국 뉴욕의 링컨센터, 로스앤젤레스 뮤직센터의 무대에 올라 유례없는 성공을 거뒀다. 그러나 덩리쥔은 지구 반 바퀴 너머에서 해외 화교의 열정에 감동하면서도 10월이 되자 역시 타이완으로 돌아와 곧바로 진먼에 가서 군 위문 활동에 참여했다.

10월의 날씨는 진먼에서 가장 좋은 때다. 당시 TTV 대표였던 류칸루劉侃如는 진용이 화려한 군 위문단을 꾸렸다. 참여한 연예인만도 왕즈레이王芝蕾, 리리화李麗華, 톈원중田文仲, 친미秦蜜, 완사랑萬沙浪, 이톈화易天華 무용단, TTV 방송악단 등 한창 인기 있던 사람이 모두 포함됐으며, 방송부국장 예차오葉超, 관리부국장 천전중陳振中, 덩리쥔의 셋째 오빠인 덩창푸도 동행했다. 진먼에 새로 지은 영빈관 호텔에 짐을 풀었다.

덩리쥔은 산자락에 의지해 지은 영빈관 건물에 무척 감탄하면서 대단하다고 칭찬을 거듭했다. 단단하고 우뚝 솟은 화강암 절벽을 깊숙이 뚫고 이렇게 고급 설비가 완비된 스위트룸을 여러 동 지으려면 얼마나 힘들겠냐면서 장교와 사병들의 고생에 고마워했다. 동행한 국방부 정치작전국의 여장교 팡완方婉은 무척 감동을 받았다. 보통 사람은 건물이 크고 웅장하다, 아름답고 설비가 대단하다고 칭찬하기는 해도 건물을 지은 군인들이 얼마나 힘들었을지, 공사 과정에 어떤 위험이 있었는지에 대해서는 거의 생각하지 않는다. 덩리쥔의 섬세한 마음과 군인에 대한 마음 씀씀이가 자연스럽게 드러난 것이다.

낮에는 병영을 둘러보고 구닝터우 전투 사적지와 지하 갱도를 살펴본 뒤 덩리쥔은 한참 동안 말이 없었다. 뭔가 마음에 걸린 듯 고민이 많아 보였다. 덩리쥔은 나중에 함께 다니던 여장교에게 이렇게 말했다.

"전선의 생활을 살펴보니 마음이 무겁군요. 우리가 정말 열심히 위문 공연을 해야겠어요."

이처럼 경외심을 품고 있었기에 위문 공연에서 덩리쥔은 더욱 진심을 담아 자신의 대표곡을 여러 곡 불렀다. 우레와 같은 박수가 고요한 진먼의 밤에 널리 퍼졌다.

사람들이 가장 잊지 못하는 것은 칭톈팅擎天廳에서 열린 공연이다. 만찬회의 마지막 순서로 장교와 사병들, 공연자가 하나 되어 소리를 높여 〈매화〉를 노래했다. 섬 전체의 마음이 하나가 되어 노래하자 덩리쥔은 다시 폭포처럼 눈물을 흘렸다. 공연이 모두 끝난 뒤 덩리쥔은 무척 피곤했지만 곧바로 휴식을 취하지 않고 밤하늘 아래 서서 깊이 생각에 잠겼다. 어쩌면 조용히 마음속으로 기도를 했을지도 모른다. 공연이 끝나고 사람들이 흩어지는 순간은 가장 감정이 고조되는 순간이기도 하다. 덩리쥔은 사람들 앞에서는 즐거움과 행복을 전파하면서도 홀로 조용히 있을 때는 깊이 생각에 잠기는 이런 생활에 이미 익숙했다. 수천수만의 말은 밤하늘의 별만 들었을 것이다.

🌿 아버지의 중풍
1979년 타이완으로 돌아오다

1979년 초가을, 덩리쥔은 명실상부 금의환향했다. TTV의 방송 프로그램 국장 리성원李聖文이 직접 중정中正 공항까지 마중을 나왔다. 기자회견에서 덩리쥔은 차분하게 귀국하게 된 마음가짐에 대해 이야기했고, 주로 자강년自强年[중국이 국제 사회와 수교를 하면서 타이완은 단교하는 경우가 많아지자 타이완 정부에서 국내 결속을 위해 내건 캐치프레이즈로, 스스로 강해져야 한다는 의미다]에 대한 이야기를 했다. 덩리쥔은 자신이 고향을 떠나 오래도록 방황하며 마음이 아팠다는 점을 드러내면서 조국에 대한 그리움과 애정을 잊을 수 없었다고 했다. 덩리쥔은 모두들 자강년의 열기에 호응하는 것을 보면서 대규모 자선 공연을 계획했다.

TTV가 주최한 자선 공연은 국부기념관國父紀念館에서 열렸다. 입장 수익은 전액 자강애국기금에 기부하기로 했다. 이것은 덩리쥔의 소원 중 하나였다. 비록 군 위문 공연이라고 보기는 어렵지만, 덩리쥔의 애국심이 잘 드러난 행동이라고 할 수 있다. 10월 4일 오전, 덩리쥔은 짙은 녹색 치파오를 입고 단정하고 우아한 자태로 당시 행정원장行政院長[우리 국무총리에 해당, 행정부 최고 책임자로 총통이 직접 임명한다]인 쑨윈쉬안孫運璿을 접견했다. 저녁 7시 반, 자선 공연의 막이 올랐다. 행정원장 쑨윈쉬안 부부, 신문국장 쑹추위宋楚瑜, 문공회文工會 주임 저우잉룽周應龍, 보도회輔導會 위원장 자오쥐위趙聚鈺, 행정원 비서장 자이사오화翟紹華 등 여러 정부 공무원이 객석 앞줄에 자리했다.

톈원중田文仲의 행사 사회는 매우 성공적이었다. 덩리쥔의 일상생활에 대한 인터뷰도 중간 중간 집어넣었고 덩리쥔 역시 유머러스하게 하나하나 대답해주었다. 덩리쥔은 아직 마음에 맞는 짝을 만나지 못했다며 인연이 닿는 낭군님을 찾고 있다고 말하기도 했다. 덩리쥔의 이런 말 덕분에 공연장은 웃음소리로 가득 찼다. 하지만 마지막 곡으로 모두 함께 〈매화〉를 부를 때, 덩리쥔은 마음속의 격정으로 목이 메어 그만 가사를 잊어버린다. 결국 몇 번이고 "높고 커다란 대중화大中華, 높고 커다란 대중화……" 하고 같은 가사를 반복했다.

공연이 끝나고 사흘째 되던 날, 덩리쥔은 직접 TTV에 가서 입장 수익 150만600타이완달러[약 5400만 원]를 회사 대표 류칸루에게 전달하며 자강애국기금에 전액 기부해달라고 했다. 이 일은 당시 언론에 거의 알려지지 않았다. 덩리쥔은 그저 조용히 방송국을 다녀갔다. 자신의 약속을 지키고 소망을 실현하기 위해서였다.

덩리쥔이 귀국한 것은 아버지 곁을 지키기 위해서이기도 했다. 아버지는 중풍에 걸린 뒤 일상생활도 가족이 옆에서 돌봐주어야 했다. 덩리쥔은 해외에서도 아버지의 건강에 무척 신경을 썼고, 매일 집에 전화를 걸어 아버지 안부를 물었다. 당시 덩리쥔의 국제전화요금은 깜짝 놀랄 정도로 많이 나왔다. 덩리쥔과 아버지 사이의 애정은 형제들이 제일 잘 알고 있었다. 덩리쥔은 아버지에게 애교를 부리거나 떼를 쓰기도 했다. 덩리쥔이 해외에 나갔다 돌아올 때면 아버지에게 일부러 산둥 사투리를 흉내 내며 "고향 친구, 잘 지내셨수?" 하고 장난스럽게 말을 걸곤 했다. 세대 차이 같은 거리감도 없고, 억지로 효도해야 한다는 말을 늘 입에 달고 사는 것도 아니지만 덩리쥔은 아버지가 늘 자신을 걱정하지 않도록 노력했다. 덩리쥔이 귀국해 아버지를 뵈러 가서 이야기를 나눌 때조차 언론 매체의 미행을 따돌려야 했다. 어떤 때는 심지어 '변장'을 하고 움직일 때도 있었다. 덩리쥔은 나라가 안정되고 백성이 평온한 것, 세계평화를 기도하는 것 외에도 아버지가 하루빨리 건강해지길 기도했다.

덩리쥔이 연이어 아무런 보수도 받지 않고 군 위문 공연을 하자 1979년 타이완 행정원 신문국에서 특별히 '애국예인愛國藝人'상을 덩리쥔에게 수여했다. 덩리쥔은 신문국장 쑹추위에게서 트로피를 받아 들었다. 모든 사람이 덩리쥔이 '애국예인'이라는 상 이름에 들어맞는다고 여겼지만, 덩리쥔 본인은 여러 차례 겸허한 태도로 국군을 위해 공연하는 것은 당연히 해야 할 일이라며 상을 받는 것이 오히려 부끄럽다고 말했다. 덩리쥔의 이런 태도에 쑹추위는 무척 감동했다. 언변이 좋고 말투가 날카롭기로 이름난 쑹추위 국장이 덩리쥔 앞에서 잠깐 말문이 막혀 말을 잇지 못하기도 했다. 그 후 쑹추위는 덩리쥔을 더욱 존경하고 아끼는 마음으로 대했다.

1981년 덩리쥔은 리지쥔李季準과 함께 금종장 시상식의 사회를 맡아 "가장 기지 넘치고 유머러스한 사회자"라는 호평을 받았다. 같은 해, 덩리쥔은 홍콩 리 시어터에서 개인 콘서트 가운데서는 가장 많은 공연 기록을 세운다. 하지만 아무리 스케줄이 꽉 차 있어도 덩리쥔은 흥미진진하게 타이완 이곳저곳을 다니며 군 위문 활동에 참여한다.

"저는 군인 가정에서 태어나고 자랐어요. 아버지는 타이얼좡台兒莊, 잉커우營口의 전투에 참여하시기도 했지요. 그래서 저는 어렸을 때부터 군인에게 표현하기 힘든 친근감을 갖고 있어요. 국군 형제 앞에서 공연을 할 때는 낯선 느낌이 전혀 들지 않아요. 전 언젠가 미국의 밥 호프[미국의 배우 겸 코미디언]처럼 늘 객지를 떠돌며 고생하는 우리 나라 국군 형제를 위해 온 힘을 다하고 싶어요."

약 한 달 가까이 이어진 여정 동안 정성스럽게 제작된 특별 프로그램 「그대는 최전선에」는 덩리쥔의 군 위문 활동 역사에서 가장 가치 있고 회고할 만한 일이다. 비록 무척 힘들고 피로했지만, 덩리쥔은 늘 힘차게 일하면서 제작 과정에도 아주 협조적이었다. 그렇게 해서 무수한 육해공 3군의 병사들에게 잊지 못할 기억을 남겨주었다.

덩리쥔은 새벽 다섯 시에 일어나 진먼에 주둔한 군인과 함께 달리기 훈련을 했다. 3킬로미터를 달리는데 사이사이 달리기 힘든 험한 지형도 포함되어 있었다. 덩리쥔은 힘들다는 불평 한마디 하지 않았다. 땀이 화장기 없는 덩리쥔의 얼굴에서 계속 흘러내렸고, 덩리쥔은 씩씩하게 손등으로 땀을 훔쳤다. 다른 병사와 하등 다르지 않았다. 덩리쥔의 체력이 좋은 편은 아니었지만 매번 완주한 것은 군인들을 응원하고 힘을 주려는 그녀의 마음 씀씀이와 의지력 덕분이었다.

당시 부대 지휘관은 '덩리쥔 효과'가 한참 동안 이어졌다고 말했다. 그 후로 새벽 달리기에 빠지거나 늦장 부리는 병사들이 없었다. 부대장은 종종 덩리쥔을 언급하면서 병사들을 격려했는데, 그녀의 행동하는 군 위문 활동이 정말로 효과가 있었던 셈이다. 사기를 높이는 것은 물론, 나라를 지킨다는 마음가짐도 더욱 강해졌다. 이것은 춤추고 노래하면서 즐겁게 하루를 보내는 흔한 군 위문 활동에 비할 바가 아니다.

덩리쥔은 위장복으로 갈아입고 탱크 안에 직접 들어가기도 했고, 새하얀 해군복을 입고 군함에도 올랐다. 해군 병사와 함께 좁은 사다리를 오르내리며 바다의 멀미도 직접 겪었다. 또한 해군이 망망대해에서 항해한 뒤 단단한 육지에 올랐을 때의 기쁨도 느껴보았다.

공군의 주황색 군복은 확실히 눈에 띄는 복장이다. 덩리쥔은 군복을 잠시 빌려 입고 파일럿이 된 기분을 느껴보긴 했지만 안타깝게도 실제 헬리콥터를 타고 창공을 선회하지는 못했다. 그래도 덩리쥔은 즐겁게 웃으며 자신의 오랜 꿈이 이뤄졌다고 기뻐했다. 어렸을 때 덩리쥔은 사관학교에 들어가고 싶어했다. 화목란花木蘭[아버지 대신 남장을 하고 종군하여 전공을 세웠다는 중국 역사 인물]처럼 입대하여 나라를 위해 헌신하는 웅대한 꿈을 가졌던 것이다. 덩리쥔은 여성 장교가 '목란촌木蘭村'[여성 군인 숙소]에서 겪은 일화를 듣는 것을 좋아했다. 덩리쥔은 학력의 한계로 사관학교 시험을 칠 수는 없었지만 화목란을 동경했던 마음이 사라지지는 않았다. 타이완 전역을 순회하는 군 위문 활동에서, 덩리쥔은 군대와 군인의 생활에 대해 새로운 사실을 하나씩 알게 되었다. 덩리쥔은 장난기 넘치는 말투로 이렇게 말하기도 했다.

"국군이 부대에서 훈련하는 게 이렇게 힘들고 엄격한데 사관학교 시험을 치지 않길 잘한 것 같아요. 분명히 합격하지 못했을 거예요."

1982년 금종장 시상식에서 시상자로 나선 덩리쥔은 다시 한번 〈그대는 최전선에〉를 불러 자신의 고마움을 표시했다. 영예로운 순간마다 덩리쥔은 국군과 영광을 나누는 것을 잊지 않았다.

1991년 덩리쥔이 다시 진먼에 가서 군 위문 활동을 했을 때, 당시 황웨이쑹이 육군의 진먼 방위지휘부 주임을 맡고 있었다. 그는 덩리쥔의 이름이 새겨진 위장복을 준비해 선물했다. 덩리쥔은 무척 기뻐했고, 그 위장복을 무척 소중히 간직했다. 황웨이쑹은 덩리쥔과 함께 8·23기념비[8·23 포전砲戰은 1958년 중국이 타이완 진먼 섬 지역에 포격을 퍼부은 사건이다] 앞에서 뮤직비디오를 찍기도 했다. 당시 덩리쥔이 군복을 차려입은 모습을 황웨이쑹은 아직도 잊을 수 없다고 한다. 그들은 갱도나 외진 곳에 있는 군사 거점을 돌아다녔는데, 덩리쥔은 하루 사이에 여러 곳을 돌아다니면서도 매번 노래를 불러주었다. 황웨이쑹은 덩리쥔의 정신력과 의지력에 진심으로 감탄했다. 분명히 무척 지친 상태인데도 덩리쥔은 갱도에 들어가면 힘을 내어 거기에 몇 명이 있든, 단 한 사람이라도 있으면 노래를 불러주었다. 덩리쥔은 진정한 의미의, 깊은 진심을 담은 군 위문 활동을 했던 것이다.

귀순 반공주의자 우룽건
"덩리쥔을 한번 만나보고 싶다"

덩리쥔의 수천만 명의 팬 중에서도 특수한 신분의 사람이 있다. 바로 1981년 11월 26일 오후 미그기를 몰고 귀순한 반공주의자 우룽건吳榮根이다. 당시 기자가 그에게 앞으로의 소원이 무엇인지 물었을 때, 그는 놀랍게도 수줍으면서도 진지한 태도로 "덩리쥔을 한 번만 만나보고 싶다"고 대답했다.

신문국의 주선으로 덩리쥔은 타이중 칭취안강에서 우룽건을 만났다. 그는 덩리쥔을 처음 만나는 자리에서 얼굴을 새빨개져서는 한참 동안 말을 하지 못했다. 덩리쥔은 끊임없이 가벼운 화제로 대화를 이끌었고 세심하게 그를 챙겼다. 우룽건은 덩리쥔의 노래가 중국에서는 듣거나 녹음하는 것이 다 금지되었다는 이야기를 하면서, 중국 대중이 온갖 방법을 동원해서 몰래 덩리쥔의 노래를 듣는다고 전했다. 덩리쥔은 감격했다. 자유로운 국가에서 생활하는 사람은 언제든지 스스로 선택해서 노래를 들을 수 있다고 말하면서 중국에서는 그것이 불가능하다는 사실에 그만 눈물을 흘렸다. 덩리쥔은 쉼 없이 오른쪽 어깨에 걸친 스카프로 눈물을 닦았고, 우룽건에게 자신의 앨범 두 장을 선물했다.

덩리쥔이 감정을 좀 가라앉힌 다음 기지 장교의 요청을 받아들여 반주 없이 〈그대 언제 돌아오실까〉 〈작은 마을 이야기〉를 불렀다. 우룽건은 조용히 덩리쥔의 노래에 귀를 기울였다. 중국 군부대에서 몰래 여러 차례 재녹음을 반복한 테이프로 듣던 것보다 또렷하고 아름다웠다. 우룽건은 말로 다 할 수 없이 행복하다고 했다. 덩리쥔이 대범하게 우룽건에게 〈작은 마을 이야기〉를 함께 부르자고 권하자 공군 장교들이 뜨겁게 박수를 쳤고, 이어 손뼉으로 박자를 맞춰주기도 했다. 그렇게 오후 3시가 되어 덩리쥔이 공군 기지를 떠나야 할 때가 왔다. 우룽건은 기지 문 앞까지 배웅하러 나와서 악수를 하고는 덩리쥔의 뒷모습을 묵묵히 바라봤다.

얼마 지나지 않아 쑨톈친孫天勤, 리톈후이李天慧 등 또 다른 귀순자가 나타났고, 다들 덩리쥔을 만나보고 싶어했다. 덩리쥔은 15주년 기념 콘서트에서 그들과 만남을 가졌다. 덩리쥔은 친절하게 안부를 묻고 약 90분 정도 진행된 공연에서 생생하게 덩리쥔의 노래를 듣고 싶다던 그들의 소원을 확실히 이뤄주었다.

덩리쥔은 평생 셀 수 없이 많은 상을 받았다. 그중에서도 연예계에서 받은 상이 아닌 '10대 걸출한 여성 청년상'을 특히 중시했다. 이 상은 경쟁이 아주 심하고 중대한 성취와 명예를 의미하는 상이다. 줄곧 학계, 재계, 체육계 등에서 공헌도가 큰 청년 엘리트에게 수여되었고, 그때까지 연예계 종사자가 선정된 적은 없었다. 1984년 청년의 날[매년 3월 29일] 심사위원회는 만장일치로 서른한 살의 덩리쥔을 수상자 10명 중 한 명으로 선정했다. 덩리쥔과 가족은 모두 생각지 못한 큰 영광이라고 여겼다. 이 상은 중국청년구국단中國靑年救國團[타이완 정부 산하의 사단법인 조직]에서 주관하는 상으로 여러 분야, 여러 업계의 전문가 및 학자, 사회적 명망을 갖춘 인물로 심사위원회를 구성한다. 1차 심사 후, 후보자들에게 심사관을 따로 파견하여 신중하게 2차, 3차 심사까지 거쳐서 수상자를 선정한다. 엄격하고 신중한 선정 과정에서도 알 수 있듯 수상 의의에서나 사회적 지명도 등에서도 특히 의미 있는 상이다.

수상자 발표에서부터 시상식까지 겨우 1주일의 시간밖에 없어서 덩리쥔의 어머니가 급히 도쿄에 있던 덩리쥔에게 전화를 걸어 모든 일을 제치고 타이완으로 돌아와 중대한 의미를 갖는 상을 받아야 한다고 했다. 그러나 일본 스케줄이 이미 꽉 차 있었다. 영국으로 가기 위한 비행기 표와 현지 숙소도 다 예약한 상태였다. 게다가 영국에서 덩리쥔을 마중할 친구까지도 약속이 되어 있었다. 갑자기 계획을 바꿔 타이완에 가서 상을 받는다는 것은 불가능한 일이었다. 그런데도 덩리쥔은 타이완으로 귀국했다. 덩리쥔이 이 상을 무척 중요하게 여겨 마중하기로 한 친구에게 국제전화를 걸어 약속을 변경한 것이다. 심사위원회는 덩리쥔의 노래 실력뿐 아니라 애국심에 대해 수상하는 상이라고 밝히면서, 덩리쥔의 노래가 중국에서 큰 인기를 얻으며 10억 명의 동포에게 사랑을 받는 타이완 가수이기 때문에 그 영향력은 누구에게도 비할 수 없다고 평가했다.

시상식에 참가한 덩리쥔은 매우 소박하고 단정한 흰 블라우스와 검은 치마 차림이었다. 거기에 흰색과 검은색의 체크무늬 더플코트를 입고 화장은 거의 하지 않은 듯 옅었다. 평범하기 이를 데 없어서 사람들의 주의를 거의 끌지 않았다. 덩리쥔은 당시 부총통이었던 리덩후이李登輝의 손에서 봉황이 날개를 펼친 모습의 트로피를 받아 들었다. 트로피에는 간략하게 덩리쥔의 탁월한 성취를 표창하는 문구가 쓰여 있었다. 덩리쥔은 셰둥민謝東閔 타이완 성정부 주석 등과 함께 기념사진을 촬영했다. 이 상은 덩리쥔의 공로를 인정하는 의미이며 그녀는 이 상을 계기로 더욱 노력하여 평생 걸출한 성취를 이룬 사람이 되고자 마음먹었다. 덩리쥔은 자신의 젊음과 일생에 부끄럽지 않은 사람이 되겠다고 결심했다.

칭취안강에서 영원히 잊지 못할 '군인의 연인'

1993년, 몇 년째 은둔하며 반쯤 은퇴한 상태였던 덩리쥔이 다시 타이완으로 돌아왔다. 당시 CTS 방송국 대표였던 장자샹張家驤의 요청을 받아들여 CTS가 특별히 덩리쥔을 위해 타이중 칭취안강淸泉崗 기지에서 '영원한 연인 덩리쥔 군 위문 콘서트'를 열기로 한 것이다. 이는 1992년 그녀가 장자샹을 만난 자리에서 승낙했던 일이다. 덩리쥔은 군 위문 활동을 하러 가겠다고 약속했고, 거기에 기대감을 갖고 있었다. 그녀가 귀국했을 때 CTS의 유명 아나운서인 리옌추李豔秋와 천웨칭陳月卿이 각자 덩리쥔을 독점 인터뷰했다. 덩리쥔은 겸손하게 유머를 섞어 대답했다.

"저도 나이를 꽤 먹었어요. 다시 무대에 서서 공연을 하려니 정말 부끄럽네요."

덩리쥔의 이 대답은 많은 사람을 웃게 했다. 하지만 세월이 그녀에게 남긴 흔적은 많지 않았다. 덩리쥔은 전보다 풍만해졌지만 훨씬 더 곱고 사랑스러웠다. 나이는 아무런 문제가 되지 않았다. 사람들이 덩리쥔을 사랑하는 것은 그녀의 몸매나 젊음 때문이 아니라 그녀의 진심과 성의, 그리고 마음속의 사랑 때문이다.

타이완 중부 지역의 3000여 명 육해공군 병사들은 이미 성대한 공연 준비를 마쳤다. 국군의 영원한 연인을 영접하기 위해 군부대 근처의 주민도 다들 나와 덩리쥔을 보고 싶어했다. 이 공연을 위해 덩리쥔은 특별히 영국에서 자신의 전속 연주자를 불렀고, 공군 전용기를 타고 현장에 와서 성실하게 리허설을 진행했다. 더욱 병사들을 들뜨게 한 것은 덩리쥔과의 우정 덕분에 홍콩의 대스타 류더화劉德華가 공연에 참석한 것이었다.

이 성대한 공연을 위해 덩리쥔은 몇 달 전부터 적극적으로 공연 준비를 시작했다. 신중하게 공연할 곡목을 짜고, 여러 나라에 살고 있는 연주자들에게 연락해 그들을 한데 모았다. 동시에 홍콩의 녹음실에서 연습을 시작했다. 덩리쥔은 칭취안강에 세 번째로 오는 것이었다. 1980년 칭취안강에서 〈그대는 최전선에〉 앨범을 제작할 때 이미 이곳의 군인들과 함께한 경험이 있었다. 10년이 지나 수많은 병사가 전역을 하고 사회의 중견인사가 되었다. 당시 대위였던 사람이 이미 중령이 되어 칭취안강에 부임해 있었다. 그는 흥분을 감추지 못하며 당시 덩리쥔과 찍은 기념사진을 꺼내 사인을 받았다. 덩리쥔도 당시 사진을 보며 유머러스하게 대꾸했다.

"우와, 우리 둘 다 많이 성숙했군요!"

그는 덩리쥔과 춤을 추는 행운도 누렸다. 덩리쥔이 경쾌하게 스텝을 밟으며 친절하게 이런저런 질문을 던졌던 일을 그는 13년이 지난 후에도 즐겁게 회상하곤 했다.

사진을 찍자거나 사인을 해달라는 요청이 쇄도하는 바람에 덩리쥔은 리허설이 끝난 뒤에도 제대로 쉬지 못했다. 하지만 덩리쥔은 전혀 개의치 않고 그들의 요청에 응했다. 오히려 사진을 찍을 때마다 V 자 손 모양을 만들어 보였다. 덩리쥔의 대표적인 사진 포즈인 V 자 손 모양은 모든 사병에게도 전염된 듯, 사진마다 다들 V 자를 그리고 있다. 아직 어린 나이의 병사들이야 그렇다 쳐도 대스타인 류더화를 비롯해 예아이링葉璦菱, 퉁안거童安格, 차이싱쥐안蔡幸娟, 팡지웨이方季惟, 리즈친李之勤, 리자李嘉도 다들 V 자에 전염된 듯 매력적이고도 의미심장한 V 자를 만들며 기분 좋게 사진을 찍었다.

CTS는 타이완 국군의 충분한 지원을 받아 프로그램의 시작부터 압도적으로 만들었다. 다섯 대의 헬리콥터가 무대 뒤쪽에서 날아와 그중 한 대가 착륙을 한다. 헬리콥터 문이 천천히 열리고 사회자 팡팡팡方芳芳, 후과胡瓜가 멋있게 등장한다. 덩리쥔의 등장은 더욱 놀라웠다. 총통 전용기인 B-900 군용기를 타고 활주로를 달려 공연장으로 등장한 것이다. 덩리쥔은 미소를 띤 채 손으로 V 자를 만들었다. 비행기에서 덩리쥔이 내리는 순간 공연장 전체가 우레와 같은 함성으로 뒤덮였다. 이렇듯 성대하기가 전례를 찾아보기 힘든 공연에서도 덩리쥔은 늘 그랬듯 순전히 자선의 형식으로 공연에 참가했다.

가볍게 화장을 한 덩리쥔은 공연 중간 중간 자신의 생활, 연애와 미래 계획에 대해서도 언급했다. 프랑스에 오래 머물고 있는 덩리쥔은 영국에 가서 성악을 배우는 등 학업에 대한 오랜 꿈을 보상받기 위해 해외에서 열심히 공부하는 중이라고 했다. 이 공연 후, 덩리쥔은 연예계를 은퇴하고 다시는 어떠한 상업적인 공연도 하지 않을 계획이라고 밝혔다. 그러나 선택적으로 자선 공연이나 군 위문 공연 등의 활동은 계속할 거라고도 했다. 왜냐하면 군인은 타이완을 보호하는 존재이고, 덩리쥔은 타이완의 한 부분이기 때문에 군인들을 위해 노력하겠다는 것이다. 덩리쥔은 자신은 평범한 여자인 데다 이미 나이를 많이 먹었기 때문에 노래를 부르는 방식으로 대신하려 한다고 겸손하게 말했다. 덩리쥔의 이 말에 공연장을 가득 메운 사람들은 웃음을 터뜨렸다. 웃음소리 가운데 감탄의 목소리도, 감동의 목소리도 있었다. 덩리쥔은 확실히 모두의 마음속에 영원한 연인이었다.

마찬가지로 공연에 참가했던 인기 스타 퉁안거는 감격한 목소리로 이렇게 말했다.

"덩리쥔이 인기가 있는 것은 마음속 깊은 곳에서 우러나는 사랑 때문입니다. 이런 사람이야말로 국보급 연예인이지요. 전 국민이 호의의 감정으로 덩리쥔을 대하니까요."

퉁안거는 10년 전, 덩리쥔이 폴리그램 음반사 소속일 때 그녀의 새 앨범 제작 보조를 맡은 적이 있었다고 회상했다. 그는 덩리쥔이 자기 자신에게 엄격한 데 깊은 인상을 받았다. 마찬가지로 그가 타이중 칭취안강의 군 위문 공연에서 관찰한 바에 따르면 덩리쥔은 연주자, 조명, 음향 등 모든 분야에서 완벽을 추구하고 단 하나의 착오도 용납하지 않으려 했다. 덩리쥔은 친절하고 온화하지만 단호한 태도로 다시 한번 하자고 여러 사람에게 요청하곤 했다. 덩리쥔의 음색과 무대 매너, 그리고 가창력은 몇 년간 은퇴 상태였던 사람이라고 믿기 어려울 정도로 전성기와 아무런 차이도 없었다. 오히려 더욱 성숙하고 매끄러운 목소리로 듣는 이의 심금을 울렸다. 그만큼 덩리쥔의 성취도나 공헌도는 어느 누구라도 닿기 어려울 정도로 높았다.

내년에 다시 만나자던 인사 이뤄지지 못한 약속

칭취안강 공연 다음 해인 1993년, 덩리쥔은 육해공군에게 공평하도록 다시 한번 장자샹 대표의 요청을 받아들여 쑨원이 세운 군사학교인 황푸군관학교黃埔軍官學校[1924년 중국 광저우 황푸에 설립된 중국 최초의 근대식 사관학교. 국민당 정부가 타이완으로 이주한 뒤 새로 타이완 육군사관학교를 세우면서 황푸 군관학교의 역사를 계승한다고 밝혔다]의 개교 70주년 기념으로 열리는 '영원한 황푸, 덩리쥔 군 위문 콘서트'에 참가하기로 결정했다. 덩리쥔은 칭취안강에서 열린 '영원한 연인' 콘서트 이름과 비교할 때, '영원한 황푸'라는 이름은 더욱 엄숙하고 축하할 만하다고 느꼈다. 가오슝高雄의 평산鳳山에 위치한 황푸 군관학교의 공연에서 덩리쥔은 가장 아끼는 복숭앗빛 펑셴창을 입고 손에는 작은 쥘부채를 들고 우아하고 아름답기 이를 데 없는 모습을 선보였다.

오래 호흡을 맞춰온 팡팡팡과 후과가 사회를 맡았다. 이 공연 역시 화려하고 열렬한 분위기 속에 진행됐다. 엄숙한 황푸 군관학교의 캠퍼스에 이렇게 흥겹고 열띤 환호성이 울린 적은 처음이었을 것이다. 더욱 감동적인 것은 공연 후 벌어진 일이었다. 일흔 살의 노선생이 평산 육군기지에서 덩리쥔이 공연을 한다는 소식을 듣고 타이베이에서 특별히 공연장까지 찾아왔다. 그 노선생은 20세기 90명의 화가 중 한 명으로 선정된 중국의 유명 화가 리산李山이었다. 노화가는 온갖 인맥을 동원하여 덩리쥔을 직접 만나기 위해 온 것이었다. 게다가 그는 자신의 그림 〈과벽풍설도戈壁風雪圖〉를 덩리쥔에게 증정했다. 덩리쥔은 크게 감동해 그림을 소중히 간직했다.

그림 속에는 두 마리의 낙타가 추위를 견디며 온통 눈보라가 치는 날에도 쓸쓸히 뚜벅뚜벅 길을 재촉하고 있다. 노화가가 과거에 톈산天山으로 추방되어 노동을 했던 시절의 생활을 화폭에 옮긴 것이다. 그는 기나긴 10년의 세월을 밤마다 잠 못 이룰 때면 덩리쥔의 노래 테이프를 들으며 버텼다고 한다. 문화대혁명이 끝나고 그의 신분이 회복되자, 그는 어떻게든 타이완에 가서 살아생전에 덩리쥔을 한번 만나보는 것을 소원했다. 평산에서 열린 공연이 그의 10여 년 꿈을 이뤄준 것이다. 그가 직접 덩리쥔을 만나 꺼낸 첫마디 말은 이랬다.

"덩리쥔, 당신은 중국의 자랑입니다."

그는 특히 덩리쥔의 〈담담유정〉 앨범을 칭찬하면서 고전 시에 담긴 감

정을 노래해낼 수 있다는 것, 이렇게 독특한 노래로 만들 수 있다는 것, 대중음악을 통해 사람들이 중국 시가의 아름다움과 깊은 감정을 느낄 수 있게 한 것이 얼마나 대단한 일인지를 거듭 높이 평가했다.

덩리쥔은 놀랍고 감동하여 몇 번이나 몸이 떨릴 정도였다. 자신의 노래가 멀리 중국의 톈산까지 전해진 것은 놀랍지 않지만, 사회적 지위도 있고 실력도 갖춘 화가가 오랜 고통을 겪었다는 것이 놀랍고도 마음 아팠다. 덩리쥔은 노화가에게 자신도 자유와 평화를 숭앙하며 폭력에 반대한다고 말하면서, 그래서 자신이 군 위문 콘서트 무대에서 피곤한 몸을 지탱하고 서서 국군을 위해 노래를 부를 수 있다고 대답했다. 그 순간, 아무도 덩리쥔이 천식을 앓고 있다는 것을 알지 못했다. 덩리쥔이 얼마나 대단한 의지력으로 힘들게 노래를 불렀는지는 더욱더 알지 못했다. 덩리쥔은 노화가에게 언젠가 중국에 가서 노래를 부르고 싶다는 바람을 이야기했다.

그날의 콘서트는 CTS의 공연 전 과정을 방영해 현장의 사병 외에도 타이완 전국에서 즐길 수 있었다. 콘서트가 끝난 뒤 덩리쥔은 "중화민국 국군 만세" "중화민국 만세"라고 외쳐 현장에 있던 모든 사병이 눈물을 흘리게 했다. 덩리쥔은 "내년에 또 만나요"라고 인사하면서 이번에는 해군을 위해 해군기지에 가서 콘서트를 하겠다고 약속했다. 그러나 짧은 1년 사이에 그 약속이 덩리쥔의 사망으로 영원히 지킬 수 없게 될 줄 누가 알았겠는가!

不知道爲了什麼
憂愁它圍繞著我
我每天都在祈禱
快趕走愛的寂寞
那天起 你對我說
永遠的愛著我
千言和萬語
隨浮雲掠過
不知道爲了什麼
憂愁它圍繞著我
我每天都在祈禱
快趕走愛的寂寞

무엇 때문인지 모르겠어요?
우울함이 나를 감쌀 때
나는 매일 기도해요
사랑의 쓸쓸함이 사라지게 해달라고
그날부터, 당신이 내게
영원히 사랑한다고 말한 날
수많은 말, 수많은 말이
구름을 따라 나를 스쳐갔죠
무엇 때문인지 모르겠어요?
우울함이 나를 감쌀 때
나는 매일 기도해요
사랑의 쓸쓸함이 사라지게 해달라고

1977년 덩리쥔은 〈천언만어千言萬語〉를 히트곡으로 만든다. 당시에는 깊이 생각해보지 않았지만 20년쯤 지나고 보니 프랑스에 머무는 동안 덩리쥔의 심경이 그 가사와 은근히 들어맞는 상황이었다는 생각이 든다. 어쩌면 프랑스에 은거하며 한가롭게 은퇴 생활을 즐기는 것은 덩리쥔에게 바쁘고 피로한 연예계 생활보다 좋을지 모른다. 하지만 당시 덩리쥔은 시종 우울함을 품고 있었다. 그것은 연애 문제가 아니라 오히려 민주주의에 대한 일종의 개탄과 무력감 때문이었다. 한편, 애정 문제에 있어서는 프랑스 국적의 스테판에게 마음이 기울면서 표면적으로는 의지할 곳을 찾은 듯했다. 그러나 사실상 덩리쥔이 가장 바라던 이상적인 삶, 사랑하는 사람과 결혼하고 아이를 낳아 평범하게 살아가는 행복한 삶과는 거대한 간극이 있었다. 거기에 1989년 중국에서 발생한 톈안먼 사태는 덩리쥔을 더욱 우울하게 했다. 그 음울한 그림자가 덩리쥔의 마음속에서 시종 떠나지 않았다.

10년 전, 나는 덩리쥔의 전기를 완성했다. 어느 대형 출판사의 총편집장은 내 원고를 다 읽은 뒤 돌려주면서 이렇게 말했다. 덩리쥔의 군 위문 공연에 대한 장과 톈안먼 사태에 대한 장을 삭제하고, 세간을 떠들썩하게 했던 덩리쥔의 은밀한 사랑 이야기를 더 자세히 쓰라는 것이었다. 총편집장은 그럴듯하게 말했다.

"이런 내용으로는 중국에 팔 수 없어요! 중국에 얼마나 상업적인 기회가 많이 있는지 아십니까? 군 위문 활동이나 톈안먼에 대한 내용이 있으면 중국 시장에는 진입할 수가 없단 말입니다! 수많은 중국의 독자를 잃게 될 겁니다. 게다가 덩리쥔의 로맨스에 대해 쓰지 않으면 독자가 이 책을 읽고 싶겠어요? 다들 그런 걸 알고 싶어한다고요!"

당시 나는 눈물이 날 것 같아 거절당한 원고를 집어넣으면서 단호하게 대답했다.

"아뇨! 덩리쥔은 사람들이 스캔들에나 관심을 갖는 연예인이 아닙니다. 그런 덩리쥔에 대한 책을 낼 거라면 지난 3년간 내가 헛수고를 했다고 생각하는 게 나아요!"

그런 마음으로 나는 10년 동안이나 원고를 서랍 속에 묵혀두었다. 10년 사이에 덩리쥔의 어머니가 돌아가셨고, 다섯째 동생 덩창시도 사망했다. 그러나 나는 여전히 나의 신념을 지켰다. 출판사가 보는 것은 상업적인 성공의 기회이지만, 내가 보는 것을 일본 음반사 사장이 눈물을 글썽이며 타이완 방향을 향해 허리를 숙이던 모습, 타이 북부의 '고군' 후손이 덩리쥔에 대해 말하며 울음으로 목이 메던 목소리, 국군 형제가 오랫동안 간직해온 덩리쥔의 사인과 사진, 프랑스에서 만난 정부 비호를 받던 민주화 운동가들이 덩리쥔에 대해 예의를 다하던 모습이기 때문이다. 그 둘 사이에는 얼마나 큰 간극이 존재하는가? 이런 덩리쥔의 모습을 다 지우고 스캔들 따위나 집어넣는다면 덩리쥔을 보통의 연예인으로 그려내는 것과 뭐가 다를까?

🎵 민주주의를 위해 목소리를 내다
노래에 뜻을 담아

1989년 4월, 베이징에서 학생들이 민주화 운동의 목소리를 드높였다. 그들은 톈안먼 광장에서 후야오방胡耀邦을 기념하며 집회를 열었다. 이 민주화 운동은 한 달 넘게 지속되면서 세상의 주목을 받았다. 덩리쥔도 매일 집에 전화를 걸어 어머니에게 그 사건의 진전에 대해 물었다. 동시에 덩리쥔은 '관련 기관'으로부터 "경거망동하지 말라"는 선의의 경고를 받았다는 것도 어머니에게 말했다. 이 소식은 덩리쥔의 어머니를 무척 불안하게 했다.

5월 27일, 홍콩 해피밸리 경마장에 30만 명이 모여 '민주의 노래를 중화에 바치다民主歌聲獻中華'라는 이름 아래 12시간 동안 마라톤 음악회를 열었다. 베이징에서 시위하는 대학생을 한마음으로 지원한다는 의미였다. 덩리쥔은 스탠리의 집에서 텔레비전을 통해 실황 방송을 보고 있었다. 밍 언니의 말에 따르면, 그날 덩리쥔이 좌불안석으로 이리저리 왔다 갔다 하며 고민하더니 결국 음악회에 가겠다고 결정했다. 덩리쥔은 사명감을 가지고 스탠리의 집을 나서 해피밸리 경마장으로 향했다. 청바지에 흰 티셔츠를 입은 간편한 차림이었지만, 두꺼운 사인펜으로 "군대 개입에 반대한다" "나는 민주주의를 사랑한다"고 쓴 종이 팻말을 목에 걸고 있었다. 이마에도 "민주주의 만세"라고 쓴 띠를 둘렀다. 화장기 없이, 울어서 발갛게 된 눈을 선글라스로 가린 채 급히 경마장으로 들어섰다.

덩리쥔의 참여는 아무도 예상하지 못했다. 군중은 깜짝 놀랐고 덩리쥔을 박수로 맞이했다. 덩리쥔은 목이 멘 채 〈우리 집은 산 너머我的家在山的那一邊〉를 불렀다. 이 노래는 항일가곡인 〈우리 집은 둥베이 쑹화강 위에我的家在東北松花江上〉라는 노래를 개사한 것이다. 〈우리 집은 산 너머〉는 개사한 가사 때문에 타이완에서도 중국에서도 금지곡이었기 때문에 단 한 번도 덩리쥔의 음반에 수록된 적이 없는 곡이다. 역시 공개 석상에서는 부른 적이 없었다. 그러나 그런 생소함은 감정이 가득 담긴 덩리쥔의 목소리가 드러내려는 의미에 전혀 영향을 미치지 못했다.

우리 집은 산 너머, 무성한 숲이 있는 곳, 끝없는 초원이 있는 곳
봄에는 보리 씨앗을 뿌리고, 가을에는 수확하여 겨울을 기다리네
장 씨 아저씨 걱정이 없고, 이 씨 아주머니 기쁨만 있다네…….
我的家在山的那一邊, 那兒有茂密的森林, 那兒有無際的草原
春天播種稻麥的種子, 秋天收割等待著冬天
張大叔從不發愁, 李大嬸永遠歡樂…….

덩리쥔은 격정에 찬 선동적인 말은 하지 않았다. 그저 평화를 향한 아름다운 갈망을 담아 노래를 불렀다. 덩리쥔의 노랫소리는 부드럽고 다정했다. 하지만 그 몸속에는 사람을 놀라게 할 만한 엄청난 힘으로 가득한 것 같았다. 당시 경마장 음악회 현장에 있었던 한 기자는 이렇게 묘사했다.

"덩리쥔은 산속에 호랑이가 있다는 것을 잘 알고 있으면서도 두려워하지 않고 산행을 하는 사람과 같았다. 그녀는 베이징의 대학생들에게 사람들이 지원하고 있다는 소식을 전하는 것을 멈추지 않았다."

덩리쥔은 '이것을 반대하고, 저것을 반대하며, 이렇게 해서는 안 되고, 반드시 저렇게 해야 한다'고 말하지 않았다. 단지 노래에 뜻을 담아 진심으로 불렀다. 자유의지에 대한 존중을 표현하고, 부모님이 태어난 고향 땅이 예전 그대로 아름답기를 진심으로 희망한다는 마음을 담았다. 또한 진심으로 광장에 모인 학생들의 건강을 기원하면서 며칠째 먹지도 못하고 농성하는 학생의 몸이 축나지나 않을지, 버틸 수 있을지 걱정했다. 이 모든 일이 덩리쥔을 근심스럽게 했다.

학생 운동을 성원하는 음악회에는 홍콩 연예인이 수십 명 참여했다. 군

중의 정서는 고양되었고, 모금액도 점점 커졌다. 1300만 홍콩달러(약 19억 원)라는 모금액이 사람들의 마음을 대변했다. 타이완의 중정기념당, 미국의 화교 거주지, 유럽 등에서도 동시에 학생들을 지지하는 행사가 열렸다. 전 세계 중국인의 마음이 하나로 모였다. 다들 국제 언론 매체가 주시하고 있으니 상황이 학생들에게 유리할 거라고 믿었다. 하지만 예상은 빗나갔다. 6월 4일, 톈안먼 사태가 발생하고 말았다.

톈안먼 사태라는 악몽 때문에 덩리쥔은 울다가 눈물마저 마를 지경이었다. 텔레비전 앞에 앉아서 먹지도 마시지도 않고 계속 눈물만 흘렸다. 밍 언니는 덩리쥔이 울다가 건강을 해칠까 걱정이 이만저만 아니었다. 그러나 누구도 평온한 어조로 그녀를 위로하지 못했다. 전화가 걸려오면 전보다 더 마음 아픈 화제만 이어졌다. 덩리쥔이 국제전화로 타이완에 있는 어머니에게 자신이 얼마나 괴롭고 슬픈지, 그리고 화가 나는지를 토로했다. 자신이 저 어린 학생들을 위해 무엇을 할 수 있을지 모르겠다고 했다. 어머니는 그저 몇 번이고 몸조심하라는 당부만 할 수 있을 뿐이었다.

6월 4일 이후, 덩리쥔은 용감하게 신화통신 문 앞에서 정좌시위를 하는 학생들과 군중들을 지지하기 위해 신화통신 맞은편에 마련된 노천 빈소에 들러 사망한 학생들을 애도했다. 그녀는 검은 옷을 입고 손에는 "비분을 힘으로 바꾸자"라는 피켓을 들고 있었다. 다른 군중과 함께 "민주주의를 지지한다"는 구호를 외치며, 애국가곡을 불렀다. 덩리쥔은 앉은 채 시위를 이어가는 군중에게 호소했다. 팩스를 이용해 사람들의 관심과 지지를 보여주자고 했다. 덩리쥔은 중국에 홍콩 사람들이 그들을 영원히 지지할 것임을 알려주어야 한다고 했다. 덩리쥔은 자신의 홍콩 회사 팩스번호를 공개하면서 중국 사람들이 덩리쥔의 도움을 필요로 한다면 얼마든지 팩스로 자신에게 도움을 요청하라고 밝히기도 했다.

그 후 한참 동안 덩리쥔은 정신이 흐리멍덩한 기분이라고 했다. 덩리쥔은 어머니에게 낮에 밖에 나가면 누군가가 따라다니는 기분이 들고 무슨

일을 하든지 감시를 받는 것 같다고 했다. 밤에는 잠을 잘 못 자고 잠들어도 계속 악몽을 꾼다고도 했다. 꿈에서 깨면 온몸이 식은땀으로 흠뻑 젖어 있고, 그렇게 덜덜 떨다가 날이 샌다는 것이다. 어머니는 걱정이 되어 덩리쥔에게 일본으로 가서 일에 전념하라고 권했다. 일에 몰두하면 마음속 고통이 줄어들 거라고 생각했다. 7월 26일, 덩리쥔은 싱글 앨범 〈슬퍼할 자유悲しい自由〉를 녹음했다. 당시 덩리쥔의 심정을 대변한 곡이다. 6월 4일의 톈안먼 사태는 덩리쥔 인생의 큰 아픔일 뿐 아니라 그녀의 연예 인생에서도 중요한 전환점이다. 덩리쥔은 그때까지 중국에서 여러 차례 콘서트를 해달라는 요청을 받았는데, 그 일 이후로 고향 땅에 가서 노래를 부르겠다는 꿈이 깨졌기 때문이다.

당시 한 언론에서는 이렇게 분석했다. 덩리쥔의 노래는 반대파의 화살이 노리는 아주 커다란 목표물이었다. 1979년 덩리쥔의 노래가 '지하'에서 중국 전역을 휩쓴 뒤, 줄곧 퇴폐적인 음악이라고 해서 노래를 부르거나 방송하거나 혹은 음반을 파는 행위 전부 금지되는 운명을 맞게 된다. 그러나 당시 중국공산당 총서기 후야오방은 이렇게 이야기한 적이 있다.

"유행가가 유행하는 이유는 수많은 사람이 옹호하기 때문이다. 왜 유행하는 것 모두를 반대해야 하느냐?"

그래서 덩리쥔의 노래는 1984년 이후 점차 해금됐다. 덩리쥔의 몇몇 노래는 정치적 색채를 띠고 있다. 이로써 덩리쥔의 애국심과 민주주의에 대한 관심이 대표하는 배후의 의미가 덩리쥔의 노래가 방송되는 것과 마찬가지로 중요하다. 간단명료하게 말해서, 당시 언론의 칼럼에서는 덩리쥔의 "중국에 가서 공연하지 않겠다"는 원칙이 얼마나 오래가는지 지켜보겠다고 했다. 덩리쥔은 사망할 때까지 자신의 원칙을 어기지 않았다.

🌀 2시간 동안 울면서 얘기하다
톈안먼 사태의 충격

『아사히신문』의 기자 시노자키 히로시는 이렇게 기억한다.

"한밤중, 새벽 2시에 테레사의 전화를 받았습니다. 반쯤 울면서 말하더군요. 두 시간 넘게 이야기를 나눴습니다. 덩리쥔은 이런 고통을 견디지 못하는 사람이었어요."

시노자키 히로시는 톈안먼 사태에 대한 덩리쥔의 바람과 성원의 마음을 담은 전문적인 특집 기사를 두세 편 썼다. 그 기사로 일본에서도 적잖은 공감을 끌어냈고, 여론의 주목과 지지를 얻을 수 있었다. 심지어 이후 일본에서 중국의 민주화 운동에 참여한 학생들이 비호를 받는 데도 영향을 미치는 등 상당한 도움이 되었다.

가슴 아픈 홍콩에서 멀리 떠나 일본에서 녹음 작업을 준비하면서 덩리쥔은 심리적으로 지친 모습을 보였다. 그 커다란 사건에서 한동안 벗어나지 못했다. 누가 봐도 덩리쥔은 정신적 부담이 무척 커 보였다. 후나키 미노루는 그것을 보고 마음 아파하면서도 도와줄 방법이 없었다. 아주 오랫동안 덩리쥔은 매일 팔에 검은색 완장을 차고 차 양쪽에 검은 깃발을 꽂고 다녔다. 덩리쥔은 힘없이 말했다.

"검은색 완장을 차는 건 상복을 입는 것과 같은 뜻이에요. 동시에 내 마음속에서 죽어버린 희망에 대한 애도의 표시죠."

당시 덩리쥔은 톈안먼 광장에서 콘서트를 여는 일에 대해 더는 말하려 하지 않았다. 후나키 미노루가 여러 인맥을 다 동원해 알아보니, 중국 쪽에서는 확실히 덩리쥔의 공연과 관련한 계획을 세웠던 것으로 보인다. 덩리쥔은 톈안먼에서 자신의 노래를 좋아하는 팬들에게 노래를 들려주고 싶다고 했다. 그건 덩리쥔이 항상 입에 달고 사는 말이었다.

덩리쥔은 톈안먼 광장 콘서트를 무척 하고 싶어했다. 톈안먼의 웅장한 모습이나 거금의 콘서트 출연료, 음향 효과 또는 우수한 조건 때문이 아니라 아주 단순하게 일반 대중에게 노래를 들려주겠다는 생각 때문이었다. 덩리쥔은 자신의 노래를 가장 잘 이해하고, 자신의 감정을 누구보다 알아줄 사람은 중국 사람들이라고 생각했다. 중국의 팬들은 덩리쥔에 대해 어떤 정치적인 불순물이나 이해관계를 덧씌우지 않는다. 그저 듣기 좋고 마음에 들어서 좋아할 뿐이다. 후나키 미노루는 덩리쥔이 일본에서 활동하는 동안 중국의 가수라면 꿈에서나 그릴 법한 엄청난 출연료를 제시하면서 톈안먼에서 공연하자고 요청하는 경우가 많았다고 기억하고 있다. 하지만 덩리쥔은 쉽게 승낙하지 않았다. 왜냐하면 자신은 타이완을 대표하기 때문에 개인의 이익을 위해 중국에 가서 공연을 할 수 없다고 생각했기 때문이다. 덩리쥔은 언론 매체를 통해 이렇게 밝혔다.

"제가 연예계에서 오늘날의 성취를 이룰 수 있었던 것은 모두 자유세계에 속한 타이완이 준 선물이라고 생각합니다. 저는 타이완 동포와 함께 중국으로 돌아가고 싶습니다."

1988년 이후 1년 동안 토러스는 시기가 이미 무르익었다고 생각했다. 안전상의 문제도 걱정할 것이 없고, 가서 노래할 수 있다고 여긴 것이다. 이는 회사에서도 거대한 중국 시장을 개척할 수 있는 최고의 기회였다. 토러스 음반사는 덩리쥔이 콘서트 요청에 응하도록 격려했다. 심지어 일본 쪽에서 톈안먼 광장에 무대를 설치할 기본적인 설계 작업에 착수하기도 했다. 그러나 누가 알았겠는가, 톈안먼 사태가 벌어지면서 덩리쥔의 꿈은 철저히 사라졌다.

덩리쥔의 꿈이란 말 그대로 덩리쥔의 신념이었다. 자유의 중국, 자유의 톈안먼, 자유의 정치 체계에서 수많은 동포에게 감사하면서 멋지게 노래하는 것이다. 그 꿈이 6월 4일 끝났다. 덩리쥔이 톈안먼 사태에 대해 표현한 고통과 우울, 암담함은 토러스 음반사도 다 느낄 수 있었다. 후나키 미노루는 당시 덩리쥔의 이런 감정을 의아하게 생각했다. 하지만 차차 덩리쥔이 보통의 가수와는 확실히 다르다는 것을 알게 되었다. 덩리쥔은 나라와 동포를 걱정하고 사랑하는 사람이었다. 한 명의 예인으로서 이런 감정을 갖는 것이 일반적이지는 않지만 덩리쥔은 줄곧 이런 마음을 품고 있었다.

토러스 음반사에서 덩리쥔의 홍보를 책임지고 있던 매니저 니시다 유지는 일찍이 이렇게 말한 적이 있다.

"덩리쥔은 타이완을 포함하여 같은 피가 흐르는 중국 동포에 대해 항상 깊고 깊은 감정을 품고 있습니다. 중국 사람뿐 아니라 화교 역시 덩리쥔이 생각하는 '중국인'에 포함됩니다. 덩리쥔은 그들 모두 '가족과 같다'고 생각했고 참된 애정을 갖고 있었죠."

그래서 그는 덩리쥔이 일반적으로 음반을 많이 판매하거나 상을 받는 것으로 스스로 만족하는 가수가 아니라고 생각했다. 그는 자신이 쓴 책에서 이렇게 표현했다.

"덩리쥔은 타이완이나 홍콩에만 속하지 않습니다. 일본에 속하는 것은 더욱더 아닙니다. 이런 감정을 품은 사람은 전 아시아, 나아가 전 세계에 속한 사람일 겁니다. (…) 1989년 이후, 덩리쥔의 일본 활동량은 급속히 줄어들었습니다. 더 이상 예전처럼 즐겁게 가수활동을 할 마음의 여유가 없었던 거지요. 덩리쥔은 몸도 마음도 굉장히 큰 상처를 입었습니다."

후나키 미노루는 고개를 저으며 말했다.

"그 후의 몇 해 동안, 매년 6월 4일이 되면 덩리쥔은 항상 눈물을 흘리곤 했습니다. 그 상처는 시간이 지나도 잊을 수 없는, 아물지 않는 것이었던 모양입니다……."

프랑스에 머물며 간호학을 배운 이유

『구주일보歐洲日報』[프랑스에서 발간되는 중국어 신문]의 파리 특파원 양녠시楊年熙는 덩리쥔의 동향에 줄곧 주의를 기울였다. 그녀는 1992년 나시옹 광장에서 열린 톈안먼 사태 기념회에서 행사 전 과정 동안 덩리쥔 옆에 앉아 있었다. 덩리쥔에 대한 인상은 소박하고 친절하며 꿋꿋하다는 것이다. 비록 덩리쥔이 파리에 오래 머물고 있었지만 집에 틀어박혀 외출을 많이 하지는 않았기 때문에 언론계와 거의 접촉이 없었다. 하지만 양녠시는 예리한 언론계 인사다운 태도로 파리에서 있었던 덩리쥔의 적어도 너무 적은 활동이나마 포착해서 특별 보도의 형식으로 기사를 썼다.

1990년 12월 초, 덩리쥔은 파리 시내에서 프랑스의 국제 라디오 방송국 중국어 부문의 기자와 인터뷰를 했다. 양녠시는 당시 덩리쥔이 소박한 청바지에 블라우스 차림이었으며 이웃집 소녀처럼 자연스럽고 편안한 태도였다고 했다. 덩리쥔은 차분하게 유럽에서의 생활과 개인적인 연예활동, 그리고 중국의 민주화 운동에 대한 생각을 밝혔다.

양녠시는 국제 라디오 방송국의 중국어 부문 책임자 우바오장吳葆璋의 동의를 얻어 서구에서는 들을 수 없는 라디오 인터뷰의 녹취록을 정식 방송 전에 발표했다. 양녠시는 그 기사를 발표하는 것이 자신의 직업에 대해 성실하고 진지한 태도를 가진 예인에 대한 존경을 표하는 일이며, 동시에 덩리쥔 생활의 사소한 이야기를 통해서 그녀에게 관심을 갖고 있는 수많은 팬의 마음을 위로해줄 수 있다고 생각했다. 양녠시의 특별 인터뷰 전문 기사는 가장 적절하게 덩리쥔의 심정을 묘사하고 들여다볼 수 있는 방법이기도 했다.

덩리쥔의 성장과 직업적 발전은 특히 타이완과 홍콩에서 생활하는 중국인과 멀든 가깝든 관련이 될 수밖에 없다. 덩리쥔의 은근하고 처연하면

서도 경쾌하고 활달한 노랫소리는 이미 20여 년간 중국인 사회에서 빠뜨릴 수 없는 부분이었다. 덩리쥔은 인터뷰에서 "무대를 떠난다"는 이야기에 대해 설명했다. 이미 덩리쥔은 동남아시아 지역에서는 '충분히 많은' 콘서트를 열었기 때문에 더는 계속할 뜻이 없다고 했다. 덩리쥔은 중국에 가서 공연을 하고자 하는 꿈이 있긴 하지만 현재로서는 이뤄질 가능성이 없다고도 했다. 타이완에서 콘서트를 할 계획은 여전히 갖고 있으며, 파리에는 녹음 작업을 위해 왔다고도 했다. 홍콩과 타이완은 아직 녹음 기술이 국제적 수준에 이르지 못했기 때문이다. 어쩌면 2~3년 뒤에는 다른 유럽 국가에 갈지도 모르지만 오래 정착할 생각은 아니라는 말도 덧붙였다.

파리에서 노래를 계속할 것이냐는 데 대해서는, 덩리쥔은 어쩌면 그럴지도 모른다면서 일본 시장을 개척한 남자 가수 에베르 레오나르와 함께 작업하기를 희망하지만 아직은 계획 단계라고 했다. 정말로 실현될지는 아직 말하기 이르다. 파리의 예술적 정취가 부럽다. 특히 다들 충분히 여론의 자유를 누리고 있는 것, 예술가들이 속박 없이 쉽게 영감을 얻고 재능을 발휘할 기회가 있는 것이 부럽다. 프랑스의 샹송을 가끔 듣는데 낭만적인 감정이 느껴진다. 하지만 어떤 면에서는 지역색이 지나치게 강한 데다 미국 팝 음악처럼 상업화되지 못해 광범위하게 홍보하고 보급하기에는 조금 어려움이 있을지도 모른다. 인터뷰에는 이런 이야기들이 담겼다.

덩리쥔은 파리에 머물면서 프랑스어를 배우고 프랑스의 사상과 문화에 심취했다. 밍 언니에 의하면 덩리쥔이 간호학 분야의 지식을 배웠다고 한다. 왜 간호학이냐고 물으니 덩리쥔은 진지하게 대답했다.

"전쟁이 터지면 나는 타이완에 돌아가서 간호사로 일할 생각이거든."

덩리쥔은 국내외 여성들에게 평소 간호학 지식을 익혀두라고 권장하기도 했다. 아무런 위기의식도 없어서는 안 된다는 것이다.

1989년 9월, 덩리쥔은 홍콩 TVB 주최의 자선 공연에서 〈인면도화人面桃花〉를 불렀다.

"작년 오늘 이 문 앞에서, 얼굴도 복사꽃도 붉었네. 그 얼굴은 어디로 가고, 복사꽃은 여전히 봄바람에 웃는구나."

이 노래는 옛 시를 바탕으로 만든 오래된 곡이다.[당나라 시인 최호의 시다.] 덩리쥔은 특별한 의미를 담아 이 노래를 불렀고, 베이징 시민과 모든 중국의 동포에게 바친다고 했다. 양녠시는 안타까움에 젖어서 말했다. 당시 인터뷰 녹취록을 정리할 때는 이렇게 전 세계적으로 인기를 얻은 대스타가 부상병을 위해 붕대를 감고 간병을 하려고 하다니 그런 생각은 쉽지 않다고 생각했다. 게다가 덩리쥔은 진심으로 그 일을 하려고 했다. 그저 듣기 좋게 말만 늘어놓은 것이 아니다. 안타깝게도 자신이 간호사가 되려던 꿈도 이루지 못하고 제때 간병을 받지 못해 죽음을 맞이하게 된 것이다. 덩리쥔이 세상을 떠난 후, 양녠시는 매번 그 인터뷰 녹취록을 정리하던 생각을 하면 마음이 아프다고 했다. 〈인면도화〉는 양녠시와 파리에서 덩리쥔에게 관심을 쏟았던 모든 사람의 안타까운 마음을 대변한다고도 할 수 있다. 파리의 집은 몇 년이나 비어 있다가 결국 팔렸다. 세상의 흐름은 금세 바뀌어, 덩리쥔의 파리 집이 마주 보던 샹젤리제 거리의 번화함은 여전하지만 덩리쥔의 모습은 어디에서도 찾을 길이 없다.

파리에 집을 사다
〈피에 물든 모습〉 합창

덩리쥔은 1989년 파리에 집을 샀다. 파리의 팬들은 덩리쥔의 조용한 생활을 방해하려 하지 않았다. 오히려 한두 차례 공개적인 행사로 덩리쥔에게 깊은 인상을 남겼다. 양녠시는 덩리쥔의 행동에서 그녀가 정이 많을 뿐 아니라 용감하게 이상을 추구하는 예술가라고 생각했다.

1992년 덩리쥔은 수수한 검은 옷을 입고 화장을 전혀 하지 않은 채 파리 에펠탑 아래와 트로카데로 광장에서 거행된 톈안먼 사태 3주년 기념회에 참석했다. 덩리쥔은 엄숙하고 비통한 심정으로 슬픔을 표했다.

"저는 절박하게 중국이 타이완처럼 민주와 자유를 누릴 수 있기를 희망합니다. 중국은 매우 크고, 저는 어떻게 해야 할지 모르겠습니다. 그저 노래할 뿐입니다. 노래로 위로할 뿐입니다."

아름다운 얼굴이 수척해져 있었다. 초췌한 분위기의 덩리쥔은 입을 열자 눈물을 주르르 흘렸다. 덩리쥔은 거듭해서 자신이 공연을 하러 온 것이 아니며 단지 다른 사람과 똑같이 추모하러 온 것이라고 말했다. 덩리쥔은 진심으로 아름다운 내일이 하루빨리 오기를 기원했다. 당시 군중이 덩리쥔에게 이 특별한 날을 위해 노래해달라고 요청했고, 덩리쥔도 이런 분위기에서는 거절하기 어렵다고 느꼈다. 덩리쥔은 〈피에 물든 모습血染的風采〉을 군중과 합창했다.

덩리쥔은 감정이 격해져 목소리가 떨렸다. 거기다 가사까지 은은히 맞아떨어져 덩리쥔은 더욱 눈물을 멈출 수 없었다.

『구주세계일보歐洲世界日報』의 또 다른 기자인 궈나이슝郭乃雄은 덩리쥔의 도덕과 용기에 크게 감탄했다. 그는 덩리쥔처럼 고도의 인문 정신을 가진 연예인은 평생 거의 보지 못했다. 게다가 덩리쥔이 보여준 용기는 마음속에 사랑이 가득해야만 가질 수 있는 힘 있는 정서였다. 『구주세계일보』의 우吳 편집장도 덩리쥔이 정말로 보기 드문 사람이라고 했다. 그날 밤에는 덩리쥔이 온 것을 알아차리지 못했다. 하지만 다들 덩리쥔을 무척 좋아해서 분위기는 무척 고양됐다. 덩리쥔의 목소리는 가늘고 작았지만 인권 쟁취, 자유와 민주를 위한 마음은 강하고 굳건했다.

당시 기념회에 참여한 사람으로는 타이완의 『렌허보聯合報』 발행인인 왕샤오란王效蘭, 『구주세계일보』 사장 두이즈杜怡之, 프랑스 국제 라디오 방송 중국어 부문의 주임 우바오장, '톈안먼 사태를 위한 밤'이라는 행사를 조직한 민주운동단체 파리민주진영의 주석 차이충궈蔡崇國 등이 있었다. 그들과 덩리쥔은 함께 촛불을 켜고 조용히 사망자를 애도했다.

『중앙사中央社』의 유럽 특파원 쭈위祖蔚는 그날 자신이 본 덩리쥔에 대한 인상을 이렇게 묘사한다. 덩리쥔은 진심을 담아 친절하게 모인 사람들에게 안부를 물었다. 말씨는 부드럽고 표정은 엄숙했다. 일어나서 노래를 할 때는 눈물을 닦아가며 노래했고, 노래하는 동안 손으로 승리를 의미하는 V 자 사인을 계속 유지했다. 그 모습은 지금도 잊기 어렵다. 그는 몹시 안타까워하며 이렇게 말하기도 했다.

"나만 코끝이 시큰한 건 아니었습니다. 거기 모인 사람들이 덩리쥔에게 깊이 감동했을 거라 믿습니다. 그날이 바로 어제 같은데 그날의 덩리쥔은 이미 멀리 떠났군요. 그 후로 비슷한 행사가 매년 열리지만, 더 이상 덩리쥔이 참석해 사람들을 격려하고 지지하고 또 노래로 위로하는 일은 없을 테지요. 정말로 마음 아픈 일입니다."

트로카데로 광장에서 영원히 열리지 못한 콘서트

한 가지 더 아쉬운 일은 민주화 운동 인사들과 덩리쥔이 상의하여 파리에서 공연을 열기로 계획했던 것이다. 민주주의를 성원하기 위함이었다. 모든 계획에 2년이 꼬박 걸렸는데, 결국 성사되지 못했다. 현재 여전히 파리에서 활약하고 있는 파리민주진영의 차이충궈는 인터뷰에서 덩리쥔을 몇 차례 만나 함께 공연에 대해 논의하던 시간을 회상했다. 그가 인터뷰 장소에 나와 침착하게 맨 처음 꺼낸 말은 바로 이랬다.

"덩리쥔의 죽음은 타이완의 손실입니다. 역시 중국의 손실입니다."

그는 덩리쥔을 1992년에 처음 만났다. 당시 파리에는 10명 가까운 민주화 운동 인사들이 중국 대사관 문 앞에서 단식투쟁을 하고 있었다. 덩리쥔은 신문에서 이 소식을 들은 후 자주색 연미붓꽃과 라일락을 가지고 방문해 정신적인 격려를 보냈다. 그날 덩리쥔은 그들과 한참 동안 함께 시간을 보내고 돌아갔다. 그는 이 일에 크게 감동했다. 덩리쥔은 그날 이렇게 말했다.

"내가 무엇을 할 수 있을지 모르겠어요. 하지만 우리가 반드시 무언가를 해야 한다는 것은 잘 알아요. 우리 모두 힘을 모읍시다."

이와 같이 고마워하고 처지를 바꾸어 생각하는 마음 쏨쏨이에 거기 있던 민주화 인사들은 무척 감동했다.

1992년 트로카데로 광장의 기념회 이후, 당시 민주 진영 파리 지부의 주석 옌자치嚴家其가 덩리쥔과 만난 적이 있다. 콘서트 관련 일을 논의한 후 국제컨벤션센터의 트로카데로 광장에서 콘서트를 연다는 결정을 했다. 그곳은 에펠탑과 무척 가깝고 음향 효과도 좋다. 프랑스 가수도 몇 명 콘서트를 한 적이 있다. 수용 인원도 수천 명, 심지어 1만 명 가까이 된다. 덩리쥔은 티켓박스도 만들지 않고 입장료도 받지 않겠다고 극구 주장했다. 모든 대중에게 완전히 개방하는 콘서트를 하겠다는 것이다.

그들은 계속해서 레스토랑이나 카페에서 길고 긴 이야기를 나눴다. 심지어 국제컨벤션센터에 가서 현장을 답사하고 예산을 짜고 공연을 구상했으며, 기념 음반을 녹음할 준비까지 했다. 기념 음반에는 파리의 유명한 관광명소인 노트르담 대성당, 개선문, 에펠탑 등에서 노래하는 영상을 찍어서 함께 수록할 계획도 세웠다. 공연 장소를 빌리는 데 수십만 프랑(당시에는 유로화 상용 전이었다), 무대와 조명, 음향 장비 설치 비용만 100만 프랑이 든다고 예상되었다. 『렌허보』와 이 신문이 포함된 언론 그룹 산하의 『구주세계일보』 모두 이 계획을 지지했고 전적으로 협조했다. 하지만 많은 부분을 더 논의해야 했고 경비 문제도 있어서 이 사안은 미뤄지게 됐다.

이 콘서트는 나중에 일본 제작회사에서 기획을 책임지게 되어 1년간의 공연활동을 구상했다. 덩리쥔은 자신의 노래가 중국인에게 격려가 되기를 바랐다. 덩리쥔은 중국 민주화 운동을 콘서트로 기념하고 지원하는 지점으로 파리를 선택했다. 파리의 정치적 입장이 중립적이고 평화로운 데다 중국도 타이완도 민감하게 받아들이지 않는 지역이라는 점이 크게 영향을 미쳤다. 덩리쥔은 기자에게 "내가 모든 책임을 지겠어요"라고 말하기도 했다.

1993년 6월 4일(톈안먼 사태 기념일) 민주화 운동에 열성을 쏟는 사람들이 트로카데로 광장에 모였다. 8시 정각, 덩리쥔도 도착했다. 소매에 검은색 천을 두르고 손에는 흰 꽃을 들고서 화장기 없는 얼굴로 엄숙한 표정을 짓고 있었다. 차이충궈는 이렇게 이야기했다.

"나는 그 정도로 민주주의와 자유정신을 굳게 믿고 신념을 지키는 사람을 만난 적이 없습니다. 게다가 여성이고 가수인데 중국에 관심을 갖고 중국을 사랑하는 마음을 품고 있었습니다. 그래서 오래도록 잊지 못하는 것 같습니다."

그날 밤 400~500명이 트로카데로 광장에 모였다. 중국인도 있었고 외국인도 있었다. 가사를 알건 모르건 광장에 모인 사람들은 전부 조용히 노래를 들었다. 덩리쥔은 밴드의 반주 없이 마이크만 쥐고 몇 곡을 불렀다. 차이충궈가 특별히 기억하는 곡은 〈작은 마을 이야기〉다.

"덩리쥔은 반주 없이 노래를 했습니다. 정말 심금을 울리는 목소리였어요."

그는 그날 광장에서의 노랫소리를 떠올리며 추억에 잠겼다.

"그 노래를 들으며 1977년이 떠올랐습니다. 처음으로 친구가 녹음해준 덩리쥔의 테이프를 들었던 때지요. 한밤중에, 창을 모두 닫고 조심스럽게, 몰래 들었습니다. 그렇게 부드럽고 따스한 목소리는 평생 처음 듣는 것이었습니다. 그 순간의 충격을 말로 설명할 길이 없군요. 그리고 그날 그 밤에, 내 눈앞에, 똑같이 부드럽고 따스한 목소리가, 제가 밤에 몰래 수백 번은 돌려 들은 그 노래를 가만가만 불러주고 있었던 것입니다…….”

동시에, 그는 덩리쥔이 그다지 기쁘지 않다는 것도 알아차렸다. 덩리쥔은 마치 내면세계를 꼭 닫아건 듯 보였고, 쉽게 자신의 느낌을 입 밖에 내지 않았다. 언젠가 우연히 덩리쥔이 스스로를 방랑자라고 느끼는 슬픔을 표현한 적이 있다. 타이완은 정치 발전에 대해 무척 초조해했고, 중국에서는 톈안먼 사태 같은 상황이 벌어져서 자신이 중국에 가지 못하며, 일본은 일에 적합한 곳이지 정신적으로 귀속감을 느낄 공간이 아니라고 했다. 파리에서도 덩리쥔은 스스로 ‘이방인’이라고 느낀다고 했다. 덩리쥔의 뿌리는 중국에 있지만 마음은 타이완에 있다. 그리고 실제 그녀는 이곳저곳 어쩔 수 없는 사정에 의해 그 바깥을 떠돌며 살고 있다……. 덩리쥔의 그 말에 차이충궈 역시 공감하며 슬퍼했다. 그는 중국을 떠나 파리에 있지만, 나라에 대한 사랑은 물리적 거리가 멀어진다고 해서 옅어지는 것이 아니다. 덩리쥔의 말은 마음속에서 우러난 진심 어린 것이었다.

두 사람은 1993년에 만나 콘서트를 잠시 미루기로 결정했다. 덩리쥔이 준비 시간이 부족하지 않을지 걱정했기 때문이었다. 덩리쥔은 1~2년 기다렸다가 콘서트를 열 생각이었다. 그 결정에는 그녀만의 고충도 있었다. 첫째, 덩리쥔은 사람들이 자신이 콘서트를 열고 싶어한다고 생각하기를 바라지 않았다. 톈안먼 사태처럼 심각하고 중대한 사건 뒤에 숨은 중요한 의의를 희석시킨다고 생각할지 몰랐다. 둘째, 덩리쥔은 사람들이 자신이 연예계에 복귀하려 한다고 생각하는 것도 걱정됐다. 왜냐하면 덩리쥔은 완전히 은퇴할 생각이었지만 단지 톈안먼 사태를 추모하기 위해 뭔가 하고 싶었던 것이다. 그러나 콘서트는 비용도 엄청나게 들고, 수많은 사람이 힘을 모아야 하는 일이기 때문에 덩리쥔은 다른 사람에게 부담을 느끼게 하고 싶지 않았다. 그래서 어쩔 수 없이 잠시 미루기로 한 것이다.

“그때 우리는 덩리쥔의 선택을 존중했습니다. 1~2년 정도 시간이 있으니 덩리쥔을 설득할 수 있을 거라고 생각했지요. 1995년에 덩리쥔이 세상을 떠나리라고 누가 상상이나 했습니까? 그 콘서트는 영원히 열리지 못하게 되었습니다. 무척 아쉽고 유감스럽지만, 우리가 그런 콘서트를 개최할 만한 복을 타고나지 못한 거죠."

매년 6월 4일이면 여전히 톈안먼 사태와 관련한 각종 행사가 열린다. 차이충궈는 덩리쥔의 부재로 인한 느낌이 매우 다르다고 말한다. 심지어 그들은 트로카데로 광장에서 집회를 열고 톈안먼 사태 때 사망한 사람들을 추모할 때, 그와 동시에 진심을 담아 덩리쥔을 위해 묵념한다. 그들은 함께 모여 눈물을 흘리고 노래를 부르면서 덩리쥔을 기리고 그녀에 대한 마음을 표현하고 있다.

사실상 덩리쥔은 훗날 톈안먼 사태에 대해 마음 깊이 반성한 적이 있다. 그녀는 장교인 셋째 오빠 덩창푸와 이런 이야기를 나눴다. 홍콩 등 각지에서 대규모로 당시 학생들의 시위를 성원했던 것이 결과적으로는 그들을 해친 셈이 되었다는 것이다. 그런 지지의 열풍이 없었다면, 학생들이 자신을 지지하는 사람들이 뒤를 받쳐준다고 생각하지 않았다면, 그렇게 끝까지 물러나지 않고 버티지도 않았을 것이고 그렇다면 그들이 희생되지 않았을지 모른다. 이런 자괴감은 줄곧 덩리쥔의 마음속에 상처로 남아 있었다. 또한 중국에 가서 노래를 부르지 못한 것이 덩리쥔에게는 돌이킬 수 없는 안타까움이 되었다.

🌿 화가 판청의 평가
"가장 허위와 가식이 없는 사람"

파리에서 머문 몇 년 동안 덩리쥔은 자유로움을 추구하며 누구도 그녀에게 주의를 기울이지 않는 편안하고 한가한 생활을 누렸다. 이는 타이완이나 일본에서는 상상할 수 없는 생활이다. 서양의 자유로운 문화와 예술적 사유 방식은 덩리쥔에게 또 다른 예술적 계몽으로 이어진다. 단지 음악적으로 더 발전하는 것 외에도 덩리쥔은 다양한 분야의 지식을 익혔다. 특히 유럽에서 많은 오페라 공연을 보면서 오페라의 다원적인 종합예술로서의 매력에 빠졌다. 오페라는 덩리쥔이 파리에 매료된 이유 중 하나였다.

덩리쥔이 파리에서 무척 은밀하고 조용한 생활을 했기 때문에 친구 몇 명을 통해 그녀의 생활을 대략적으로만 알 수 있을 뿐이다. 중국에서 프랑스로 이주한 유명 화가 판청范曾이 그중 한 명이다. 판청은 중국 대혁명시대를 살았던 사람으로 그는 입을 열자마자 탄식했다.

"덩리쥔은 순결하고 진실한 사람이자 고집스러운 추구자입니다. 덩리쥔은 고상해 보이지만 공허한 담론을 좋아하지 않고 억지로 깊이 있는 척 꾸미지도 않습니다. 덩리쥔은 내가 아는 연예계 사람 중 가장 허위와 가식이 없는 사람입니다. 자신을 과장하거나 허위로 포장하지 않습니다. 덩리쥔은 천재 예술가라고 말할 수 있습니다."

판청은 1990년, 당시 『롄허보』와 『민성보民生報』의 발행인 왕샤오란王效蘭의 소개로 오랫동안 흠모하던 덩리쥔을 알게 된다. 이 '흠모'는 그가 1978년부터 덩리쥔의 노래에 푹 빠져 라디오를 통해 항상 그녀의 노래를 들었다는 의미다. 1979년 덩리쥔의 노래가 '퇴폐적인 음악'으로 당국의 비판을 받을 때, 그는 친구의 덩리쥔 테이프를 카피하여 겨우 음반을 손에 넣었다. 그는 밤마다 몰래 낡은 카세트를 틀고 노래를 들었다. 그런데 얼마후 테이프가 카세트 기계에 물렸다. 그는 다급히 카세트를 열고 천천히 테이프를 꺼내 늘어난 테이프를 조심스레 되감았다. 그러는 동안 그의 온몸에서는 식은땀이 흘렀다. 그때 그는 홍콩에 가게 된다면 반드시 덩리쥔의 모든 앨범을 사 모을 거라고 맹세했다. 그리고 반드시 덩리쥔의 콘서트에 가겠다고 다짐했다. 지금 그는 덩리쥔의 모든 음반을 CD로 소장하고 있지만 그 시절 다급하고 걱정되던 마음은 여전히 생생하다고 한다.

판청은 덩리쥔을 처음 만났을 때부터 그녀를 친숙하게 느꼈다. 전부터 알던 사람처럼 편안했다. 덩리쥔은 옷차림이나 예술 감상의 안목이 아주 높았고, 판청은 덩리쥔의 이런 점에 늘 감탄했다. 한번은 덩리쥔이 그에게 미인도를 부탁한 적이 있다. 그는 흔쾌히 승낙했다. 하지만 한동안 그림을 그릴 수 없었다. 덩리쥔과 같은 여자에게 도대체 어떤 미인을 그려주어야 좋을지 알 수 없었기 때문이다. 원래는 『홍루몽』의 등장인물 묘옥妙玉을 그리려 했다. 그러나 아내가 말렸다. 묘옥은 미인박명이라는 말처럼 일찍 생을 마감하는 인물이라 좋지 않다는 것이었다. 판청은 다시 장고에 빠졌다. 결국 그가 부탁받은 미인도를 완성하기를 기다리지 않고 그림을 원했던 사람이 떠나버렸다. 판청에게는 그 일이 여한으로 남았다.

1995년 덩리쥔이 세상을 떠난 뒤, 판청은 눈물을 머금고 제문을 써서 그녀의 영전에서 불살라 하늘에 있는 덩리쥔에게 보냈다. 그 제문에는 그의 슬픔이 잘 나타나 있다.

"당신의 아름다운 노래가 몇 세대의 사람을 위로했습니다. 가장 순결한 감정이 범속한 사회의 마음으로 승화하고 사랑을 초월하여 인류의 순결한 영혼을 노래합니다……."

그는 슬픔에 잠겨 이렇게 말했다.

"덩리쥔은 세상의 명리를 추구하지 않았습니다. 그녀는 음악과 인생, 감정이 완전히 하나로 통합되는 예술가였습니다. 온유하고 세심하게 사람을 대했던 덩리쥔은 참으로 보기 드문 사람이었습니다. 그녀의 노래는 마음을 흔들고 심금을 울립니다. (…) 덩리쥔이 제 아들의 결혼식 때 반주 없이

〈바다의 소리〉〈달빛이 내 마음을 대신해요〉〈작은 마을 이야기〉 등 일고여덟 곡을 불러준 적이 있습니다. 그렇게 아름다운 노래라니, 정말 잊기 어려운 순간이었습니다. 게다가 고전시가의 아름다움을 담아낸 곡들은 정말 절창이었지요. 덩리쥔의 노래 감성은 그녀의 타고난 개성입니다. 그것은 허위로 꾸며낼 수 없는 순결한 아름다움이자 관능미보다 더 숭고한 것이에요. 덩리쥔의 콘서트를 본 적이 있는데 수천 명의 마음이 덩리쥔이 노래로 표현하는 정서에 따라 출렁였습니다. 명장이 아니면 대세를 장악할 수 없다는 말이 있듯, 그렇게 사람을 울고 웃게 만들고 공감하게 하는 자연스러움과 자신감은 마음속에서 우러나오는 것입니다. 덩리쥔은 자기 자신을 굳게 믿는 사람이며, 그 자신감을 자연스럽게 발휘하는 사람입니다. 과장하거나 억지로 꾸미지 않고 대중의 기호에 영합하지 않습니다. 바꿔 말하면 덩리쥔은 자기 정신의 주인이었다고 할 수 있지요. 음악을 깊이 이해하는 덩리쥔의 이해력과 감성은 굉장히 뛰어납니다. 이해력도 좋고 많은 노력을 기울여 여러 문제를 극복하고 장애물을 뛰어넘어 진정한 예술가가 되었습니다.

판청은 덩리쥔 노래에 대한 쉼 없는 칭찬 외에도 특별히 그녀의 양심과 도덕을 높이 평가했다.

"덩리쥔은 정치적인 사람이 아닙니다. 오히려 강한 도덕심을 갖췄습니다. 그녀의 행동은 양심의 목소리를 따른 것이지 정치적인 이유에 의한 게 아닙니다. 덩리쥔은 자신의 양심에 따라 자기가 한 말을 그대로 실천했습니다. 정치에 이용당하지 않았고 자신의 판단과 결정으로 행동했습니다. 이런 성품은 참으로 귀한 것입니다."

판청은 이렇게 결론을 내렸다.

"진리는 예술의 어머니지요. 덩리쥔의 노래는 진리, 진심을 표현합니다. 덩리쥔은 호오가 분명한 솔직한 성품이었습니다. 다른 사람을 대할 때는 선량하고 아무런 의심이나 경계심이 없었습니다. 그리고 그녀는 우리에게 시각과 청각의 아름다움을 누릴 수 있게 해줬습니다. 덩리쥔의 생명은 진선미의 결합입니다. 찬란하게 빛나고 있습니다. 나를 비롯한 덩리쥔의 친구들은 그녀를 보내는 것이 정말 안타깝습니다. 하지만 그녀의 인생은 확실히 아름답고 완벽한 마침표를 찍었지요."

홍콩의 이름 높은 미식가
상반신 누드로 해변을 달리다

덩리쥔은 홍콩에서 이름 높은 미식가였다. 일본에서도 '덩리쥔이 목숨을 걸고 복어를 먹는다'는 기사가 보도된 적이 있다. 미식의 천국 프랑스에서 덩리쥔은 물 만난 고기와 같았다. 다만 덩리쥔은 잔뜩 먹고 마시는 것을 그다지 좋아하지 않았다. 오히려 가벼운 음식 위주로 적게 먹는 식생활을 유지하고 있었다. 파리에서 덩리쥔은 입맛에 맞는 중국식 레스토랑 몇 곳을 자주 찾곤 했다. 그러다보니 덩리쥔과 나이가 비슷한 식당의 안주인들과도 친분을 쌓았다. 덩리쥔이 자주 주문하는 요리는 위사오더우푸魚燒豆腐, 칭정룽샤清蒸龍蝦, 위샹체쯔魚香茄子, 그리고 몇 가지 채소 요리였다. 덩리쥔은 팁도 후하게 줬다.

신둔황주점新敦煌酒店의 선윈沈雲은 덩리쥔과 친분이 돈독했는데 덩리쥔과 린칭샤林青霞가 칸 해변에서 누드로 수영을 했다는 기사가 나왔을 때, 선윈이 바로 그들과 함께 있었다. 선윈은 웃으면서 그날의 기억을 떠올렸다. 두 사람은 해변에 도착한 뒤 거의 대부분의 사람이 누드로 수영을 하는 것을 보고 마음속의 경계심이 절반쯤 사라졌다. 린칭샤가 대담하게 블라우스를 벗고 바다로 들어가는 것을 보고 덩리쥔도 망설이지 않고 무장해제하고 바다로 들어갔다. 한참 즐겁게 헤엄을 친 뒤 상반신을 벗은 채로 모래사장에 올라왔다. 거칠 것 없고 자유로운 감각은 덩리쥔이 줄곧 바라던 것이었다. 철저하게 구속에서 벗어나 모든 것을 내려놓는 것 말이다. 나중에 이 소식이 알려지자 홍콩 기자들이 그 일에 대해 캐물었다. 그때도 덩리쥔은 대담하게 "정말 속이 시원했어요"라고 대답했다.

덩리쥔은 세심하고 주도면밀한 사람이었다. 가족, 친구, 그리고 가까운 사람의 아이들을 위해 이런저런 물건을 사곤 했다. 매번 밍 언니와 함께 쇼핑을 할 때면 밍 언니의 의견을 자주 물었고, 혼자서 출국했다 돌아올 때도 반드시 잊지 않고 밍 언니 몫까지 선물을 사왔다. 자수가 놓인 복숭앗빛 신발도 두 켤레를 사서 한 켤레는 밍 언니에게 줬다. 수영복을 살 때도 밍 언니 것 역시 복숭앗빛으로 사다주었다. 지금까지도 밍 언니는 분홍색, 복숭아색, 자주색 등을 무척 좋아한다. 그 병에는 약도 없다고 한다. 덩리쥔은 물건을 고르는 안목이 좋았다. 누구에게 어떤 물건이 어울릴지, 세심하게 몇 번씩 심사숙고해서 골랐고, 그렇게 준비한 선물은 항상 받는 사람의 마음을 기쁘게 했다. 밍 언니는 몇 년간 덩리쥔과 함께 파리 거리를 걸으며 함께 쇼핑을 하는 사이에 자신의 안목도 크게 높아졌다고 했다.

덩리쥔은 프랑스에서 화교 사회와 그다지 왕래하지 않고 온전한 휴식 시간을 가졌다. 덩리쥔은 프랑스의 유명 스타들이 머무는 지역인 제8구에 아파트를 샀다. 출입 경비가 삼엄하고 수영장도 딸린 덩리쥔이 생각하는 이상적인 집이었다. 덩리쥔은 파리의 집 역시 자신의 아이디어로 인테리어를 하는 경우가 많았다. 전통적인 화로, 지하실, 마작방 등을 완벽하게 꾸며놓았다. 물론 덩리쥔이 인테리어 아이디어를 제시하기는 하지만, 그것을 일본 인테리어 디자이너에게 말해주면 그가 파리로 가서 인테리어 공사를 하는 것이라 고액의 비용을 지불했다. 덩리쥔의 인테리어 디자인은 창의적이고 아주 흥미로웠다. 덩리쥔은 한동안 의상 디자인, 실내 인테리어를 공부하기도 했다. 덩리쥔은 가구, 전등, 식기를 고르고 벽에 배치할 그림도 직접 선택했다. 그녀는 좋아하는 물건이 있으면 아무리 멀더라도 직접 가서 사왔다. 결정할 때 망설이며 우유부단하게 구는 법이 없었다.

파리 아파트는 프랑스식 분위기의 인테리어로, 바닥에는 전부 대리석을 깔고 랄리크[프랑스의 보석세공사, 유리공예가]의 크리스털 전등을 골랐다. 그 등은 몇 주 동안 값을 흥정하고 몇 가지 제품을 놓고 비교해본 후 겨우 구입한 것이다. 천장은 희고 부드러우며 담청색이 은은하게 도는 색감이었다. 거울도 고색창연한 앤티크 물건이고, 침대는 더욱더 흰 베일이 늘어져 있는 궁정식 청동 침대였다. 거기에 분홍색, 연두색, 그리고 옅은 자주색의 커튼을 달았다. 집 안 전체가 동일한 색감으로 낭만적이고 몽환적인 분위기를 자아냈다. 유럽의 귀족적이고 우아한 분위기를 풍기는 인테리어는 덩리쥔의 마음에 쏙 들었다. 린칭샤 역시 덩리쥔의 집을 방문했을 때 집안 인테리어를 몇 번이나 거듭 칭찬하며 마음에 들어했다고 한다.

덩리쥔은 프랑스의 집을 꾸밀 때, 최대한 자신의 생활습관과 파리의 분위기를 융합하려 했다. 그뿐 아니라 자신이 얼마나 값을 흥정했는지를 즐겁게 재잘대기도 했다. 덩리쥔은 종종 이런 천진난만한 어린아이 같은 모습을 보이곤 했다. 자신이 정말로 좋아하는 물건을 찾아냈을 때는 꼭 사야한다고 고집을 부렸고, 그 물건을 갖게 되면 무엇보다 기뻐했다. 덩리쥔은 옛것을 좋아하는 성품이라 가구나 식기 등도 마음을 드는 것을 오랫동안 사용했다.

4년 넘게 선원은 덩리쥔과 함께 이곳저곳을 놀러 다녔다. 파리의 유명한 카페 포숑에서 디저트를 먹고 와인을 사기도 하고, 칸의 카지노에서 작곡가 류자창劉家昌이 알려준 방법을 써서 가볍게 게임을 하여 돈을 따기도 했다. 혹은 친구들을 천원의 식당에 불러 맛있는 요리를 먹고 포커 게임을 한바탕 하기도 했다.

덩리쥔과 하루 종일 붙어 있는 밍 언니의 묘사에 따르면, 덩리쥔은 옛것, 옛정을 무척 중요하게 생각하는 사람이다. 좋아하고 자주 가는 장소도 오래 알아왔던 곳, 혹은 옛 정취가 느껴지는 곳이었다. 유명한 골동품 거리나 일본인 거리 같은 곳을 돌아다니면서 오래된 동양 물건을 찾아내곤 했다. 또한 샹젤리제와 몽마르트르 거리, 프랭탕 백화점이나 갤러리 라파이예트 백화점과 같은 대형 백화점, 쇼윈도의 디자인이나 정교한 세공품 등을 무척 좋아했다. 그녀는 방돔 광장에 있는 리츠 호텔의 헬스클럽 회원으로 자주 그곳에 가서 웨이트 트레이닝을 하거나 실내 수영을 즐겼다. 프랑스의 공기는 깨끗했고, 특히나 유명한 '꽃의 도시'인 만큼 덩리쥔은 노트르담 대성당 부근의 시테 꽃시장에 가서 꽃을 고르는 것도 좋아했다. 유명한 리도 드 파리 호텔의 '리도 쇼'를 보면서 공연에 대해 새로운 것을 배우기도 했다. 특히 파리 오페라 극장에서 유명한 오페라를 관람하는 일은 덩리쥔에게 '수업'과도 같았다.

하지만 덩리쥔의 파리 생활을 먹고 마시며 즐기는 것만으로 생각해서는 안 된다. 그건 단지 여가활동이고 그녀는 대부분의 시간을 열심히 보냈다. 덩리쥔은 성악을 배우는 것을 필수로 생각했고 발음 연습은 줄곧 나아지고 있었다. 학교에서 프랑스어 수업을 듣는 것도 중단하지 않았다. 가정교사를 구해 집에서도 공부를 계속했다. 프랑스어 한 문장을 말하더라도 어법적으로 정확한 것을 추구했고, 빠르고 쉽게 배우는 것을 원하지 않았다.

스테판의 집은 프랑스 서북부의 연해 지역이었다. 차로 약 네다섯 시간 걸리는 곳으로, 덩리쥔과 스테판의 가족은 서로 잘 알고 지냈다. 선원 등 친구들을 데리고 놀러가기도 했다. 스테판의 아버지와 어머니는 동양에서 온 아가씨를 꽤 좋아하는 듯했다. 덩리쥔은 늘 그렇듯 진심 어린 태도로 그들을 대했고, 그런 그녀를 좋아하지 않는 사람은 드물었다. 다만 안타까운 것은 이런 인연도 결국에는 전부 사라졌다는 점이다.

덩리쥔은 성격이 무척 좋았다. 특히 노인에게는 더욱 그랬다. 일흔 살 프랑스 할아버지가 덩리쥔의 위해 차를 운전해주었는데, 덩리쥔은 그에게 매달 1만 프랑씩 주었다. 그는 이미 손이 떨리는 상태여서 운전기사로 적합하지 않았지만, 그에게는 월급이 필요했다. 덩리쥔은 그를 해고하지 않았을 뿐 아니라 가끔 자신이 직접 운전을 하면서 그의 일을 줄여주기까지 했다. 덩리쥔이 세상을 떠난 뒤, 운전기사였던 그 할아버지는 신둔황주점에 와서 한 시간 넘게 울었고, 타이완으로 직접 가서 덩리쥔을 위해 향을 피우고 싶다고도 했다. 덩리쥔이 자신에게 얼마나 잘해주었는지 말하면서 덩리쥔이 세상을 떠났으니 이제 누구를 의지해야 할지 모르겠다고 했다.

본명을 밝히고 싶지 않다고 한 덩리쥔의 친한 여자 친구가 그녀의 '사람을 잘 돌봐주는 면'에 대한 인상 깊은 일화를 밝혔다. 덩리쥔은 사람을 잘 접대하지 못할까봐 걱정하곤 했으며, 세심하게 접대하기 위해서 종업원에게 매우 후하게 팁을 줬다는 것이다. 동시에 그 친구는 덩리쥔이 예술적 감각이 아주 뛰어나고 유행에도 민감한 사람이라면서, 종종 고급 제품을 구입하고 디자인이나 색상, 재질 등 모두 마음과 눈이 즐거운 물건을 골랐다고 한다. 자기 자신의 옷차림도 늘 일류로 꾸몄는데, 장갑, 양말, 케이프, 스카프, 단추, 가죽 제품이 하나하나 서로 완벽하게 어우러졌다고 한다. 서구 여성의 패션을 그대로 따라 하기보다는 아시아인의 매력을 잘 살린 옷차림과 화장으로 덩리쥔이 가수라는 사실을 모르는 사람은 그녀를 유명한 패션디자이너라고 오해하는 경우도 있었다.

특히 덩리쥔이 그 친구에게 해준 말이 있는데, 그녀는 그 말을 평생 잊지 못한다고 했다.

"여자는 말할 때 목소리가 커서는 안 돼. 자기 목청을 상하게 할 뿐 아니라 다른 사람의 귀를 아프게 하거든."

그녀는 덩리쥔과 4~5년 정도 알고 지내는 동안 한 번도 덩리쥔이 화를 내거나 소리를 지르는 것을 보지 못했다. 덩리쥔은 언제나 매력 넘치고 수줍음을 잘 타는 사람이었다.

🐌 조카의 기억 속 고모 덩리쥔의 모습

　덩리쥔은 마음의 자양분을 중시하는 사람이었다. 파리에 머무는 동안 덩리쥔을 매혹시킨 것은 아름다움의 추구였다. 덩리쥔은 자주 미술관, 아트센터, 골동품 벼룩시장을 돌아다녔고 이국의 문화를 배경으로 한 아름다움을 충분히 섭취했다. 파리에 와서 고모인 덩리쥔과 한동안 함께 생활했던 쌍둥이 조카 밍팡銘芳과 밍위銘玉의 회상을 통해 덩리쥔의 파리 생활을 대략 살펴볼 수 있다.

　밍팡과 밍위는 고모가 예술에 대한 소양이 아주 깊었다고 기억한다. 간단한 문이나 골동품 하나마다 관련된 이야기를 술술 풀어냈다. 덩리쥔은 조카들에게 창문에 조각된 꽃을 살펴보라거나 디자이너의 의도를 생각해보라고 시켰다. 이렇게 해서 조카들은 덩리쥔의 심미관을 따라 아름다움을 감상하는 세계로 발을 들이게 되었다.

　프랑스어를 배우는 것은 덩리쥔이 특히 중요하게 생각한 일이었다. 첫 프랑스어 선생님은 아주 엄격한 사람이었는데, '가죽'이라는 단어를 가르치면서 덩리쥔이 잘 알아듣지 못하자 덩리쥔의 피부를 꼬집으면서 "이게 바로 가죽입니다"라고 엄하게 말한 적이 있다. 나중에 밍팡과 밍위가 프랑스어를 배울 때, 슬럼프에 빠지면 덩리쥔은 자신이 겪은 그 일화를 이야기해주면서 격려했다.

　"지금 너희가 그걸 해내지 못하기 때문에 이런 대우를 받는 거야. 그럴수록 더욱 노력해야지."

　나중에 덩리쥔의 프랑스어는 아주 유창해졌고, 프랑스어로 흥정을 할 정도가 되었다. 그런 다음에는 의기양양하게 독일어를 배울 계획을 세웠다.

　덩리쥔과 스테판이 교제할 때, 두 사람은 대부분 영어에 프랑스어를 섞어서 대화했다. 하지만 쌍둥이 조카가 오자 덩리쥔은 모든 의사소통을 영어로만 했다. 두 조카에게 이 기회를 통해 "외국인이 있을 때는 그를 존중하기 위해서 다 함께 식사할 때 영어를 한다"는 사실을 알려주기 위함이었다. 밍팡과 밍위는 미국에서 학교를 다녔기 때문에 영어를 잘했고, 고모의 배려에 고마워했다. 또한 이런 생활 속 작은 부분에서 오랫동안 쌓은 인생 경험을 알려주는 데 대해서도 고마워했다.

조카들이 어렸을 때, 덩리쥔이 위안산반점圓山飯店에 데려간 적이 있다. 당시 한 외국인 여자가 비키니 수영복을 입고 지나갔다. 조카들은 호기심을 보이며 귓속말을 주고받으면서 손가락으로 그 여자를 가리켰다. 그때 덩리쥔이 고개를 숙이고는 이렇게 말했다.

"너희가 무슨 말을 하는지 저 여자는 알아듣지 못할 거야. 하지만 손가락으로 가리켜서는 안 돼. 그건 아주 예의 없는 행동이란다."

덩리쥔은 또한 전체적인 차림새와 화장 등의 꾸밈을 중시했다. 한번은 두 조카를 데리고 프랭탕 백화점을 둘러봤다. 덩리쥔은 조카들을 모자를 파는 상점으로 데려가서 계속해서 스물몇 개의 모자를 써보면서 이야기했다. "여자의 차림새는 전체적이어야 해. 옷을 아름답게 입었다면 거기에 어울리는 모자를 써야지. 그러면 사람이 달라 보여. 그리고 핸드백, 장갑도 잘 어울리는 것으로 갖춰야 해."

덩리쥔은 요리도 좋아했다. 자주 맛있는 것을 만들어서 조카들에게 맛보여주곤 했다. 한번은 이른 아침부터 황두를 불리고 두드려서 부순 다음 여과시켜 직접 뜨끈뜨끈 김이 나는 더우장豆漿을 만들었다. 프랑스에서 중국요리의 재료는 구하기 어려웠다. 덩리쥔은 힘들게 중국식 재료를 대체할 프랑스의 식재료를 찾아냈다. 타이베이의 식구들은 파리에 있는 덩리쥔으로부터 '충유빙蔥油餅'을 어떻게 만드는지, '셴빙餡餅'을 어떻게 만드는지를 묻는 전화를 받았다. 이리저리 몇 차례 시험해본 결과 청강채靑江菜로 만든 소가 식감이 아삭아삭하고 맛있다는 것을 알아냈다. 그러나 밍팡과 밍위는 고모가 빚은 청강채 물만두는 결국 먹어보지 못했다.

덩리쥔은 파리에서 자기 뜻대로 생활했다. 어떤 때는 그저 입술에 립스틱만 바르고 외출하기도 했다. 하지만 공식적인 자리에는 아주 정중하게 차려입고 나갔다. 화가 판청의 아들 결혼식에 참석했을 때 밍팡과 밍위가 어두운 무채색의 옷을 입었는데, 덩리쥔은 그런 옷차림이 적절하지 않다고 생각했고 자기 블라우스와 외투를 꺼내 조카들을 하나는 분홍색으로 또 하나는 옅은 주황색으로 차려입혔다. 당시 두 사람은 그 차림새가 그다지 마음에 들지 않았지만 지금 다시 그때의 사진을 꺼내보면 고모의 안목과 품위가 옳았다는 생각이 든다고 했다.

덩리쥔은 책 읽기를 좋아했다. 많이 읽을 뿐 아니라 넓게 읽었다. 침대 머리맡, 책상에는 늘 책이 가득했다. 화장실에도 영어 잡지를 가져다놓고서 조카들에게도 한가할 때마다 읽으라고 시켰다.

"오래 보노라면 책이 너희를 잘 알게 되고 너희도 책을 잘 알게 되었다고 느낄 때가 있을 거야."

고모 덩리쥔은 또한 조카들에게 반쯤 강요하다시피 함께 수영을 배우자고 했다. 당시 쌍둥이 조카는 아침 일찍부터 일어나 수영을 배우는 게 싫었다. 하지만 지금은 당시 덩리쥔이 엄하게 수영을 가르친 데 고마움을 느낀다. 덕분에 그들은 일찌감치 수영을 익힐 수 있었다. 매번 설을 쇠러 집으로 돌아가면 덩리쥔도 가족과 함께 도박성이 없는 마작 게임을 한다. 하지만 덩리쥔의 마작 실력은 가족과 함께 어울릴 만한 수준이 아니었다. 게다가 덩리쥔은 오래 엉덩이를 붙이고 앉아 있는 성미도 아니었다. 가족은 대개 몇 판쯤 덩리쥔과 함께 어울려주다가 덩리쥔이 자리를 뜨면 그때부터 정식으로 마작을 하곤 했다. 하지만 덩리쥔은 마작 게임에 대해 특별한 감상을 갖고 있었다.

"중국인의 조상은 아주 똑똑한 것 같아요. 조그만 도안이 그려진 패 몇 개로 많은 사람을 탁자 앞에 딱 붙여서 그렇게나 오래 머무르게 만들다니 말이지요!"

덩리쥔은 쌍둥이 조카에게 이렇게 말했다.

"중국인이라면 반드시 마작을 할 줄 알아야 해. 하지만 깊이 빠져들면 안 된다. 마작을 할 줄 모른다고? 그럼 배워야지!"

고모의 동심은 밍팡과 밍위도 아주 인상 깊게 기억하고 있다. 그들이 아직 어려 집에서 지루해하고 있을 때였다. 덩리쥔이 그들을 데리고 과일을 사러 갔다. 세 사람은 붉은 수박, 노란 수박, 참외를 사서 집에 돌아갔다. 하지만 덩리쥔은 아무렇게나 잘라서 바로 먹지 않았다. 우선 사온 과일을 세심한 손길로 동글동글한 구슬 모양으로 파내고는 색깔별로 교차해서 예쁜 접시에 담았다. 그렇게 준비를 다 마치고서야 과일을 먹기 시작했다. 약간 소꿉놀이를 하는 기분이었다. 하지만 밍팡과 밍위는 과일을 사다 먹는 생활 속 사소한 일에서도 이렇게 참신한 즐거움을 찾아낼 수 있다는 것을 그때 배웠다고 한다.

🐚 가까운 친구
그들 기억 속의 덩리쥔

함께 놀러 다니며 즐거움을 누리는 친구 외에도 덩리쥔에게는 속마음을 털어놓을 만한 친구가 있었다. 역시 식당업을 하는 샤오샹수이윈瀟湘水雲의 안주인 수잔이다. 밍 언니가 전화로 자리를 예약하면서 화교의 모임 같은 행사가 없다는 것을 확인한 다음에야 덩리쥔은 식당을 찾아와 조용히 중국요리를 즐겼다. 수잔이 보기에 덩리쥔은 이해관계에 얽히는 것을 두려워하고, 또한 파티나 연회에 초청받는 것을 무척 싫어했다. 어떤 때는 한 주에 세 번이나 와서 식사를 했다. 식사를 하면서 수잔과 이야기를 나눴다. 주로 덩리쥔 자신의 어린 시절이나 고향 타이완의 이야기였다.

샤오샹수이윈은 그다지 넓지는 않았지만 덩리쥔은 식당의 중국스러운 분위기를 좋아했다. 또한 조용한 환경도 좋아했다. 덩리쥔이 주문하는 요리는 대부분 칭정위淸蒸魚, 쑤차이궈素菜鍋 같은 담백하고 영양가 높은 요리로, 심지어 나중에는 주문할 것도 없이 앉아 있으면 안주인이 알아서 요리를 내오게 됐다. 그만큼 주방장의 솜씨를 믿었다. 그리고 식당을 팔게 되었을 때는 덩리쥔이 나서서 아이디어를 제공하기도 했다. 고객이자 디자이너의 안목으로 가게 내부에 수리할 곳을 지적해준 것이다. 정문은 폐쇄하고 바 테이블은 다른 쪽으로 옮기는 등 덩리쥔이 지적한 대로 수리를 마치자 2주가 되기도 전에 가게가 팔렸다.

덩리쥔은 샤오샹수이윈에 갈 때 거의 화장을 하지 않았다. 학생처럼 보이는 간단한 차림새로 편안하게 드나들었다. 덩리쥔은 미국에서 어느 중국 식당에 갔다가 사람들이 그녀를 알아본 이야기를 들려주기도 했다. 덩리쥔을 알아본 사람이 몰래 그녀의 뒤를 밟았다가 갖고 있던 현금을 빼앗아 달아난 적이 있다고 했다. 돈만 가져가고 덩리쥔이 다치지 않은 것만도 다행이었다. 그래서 덩리쥔은 타국에서는 평범하고 소박한 차림을 하고 외출하는 편이었고, 거의 화장을 하지 않았다. 1985년 수잔이 처음 덩리쥔을 알게 된 이래 10년간 덩리쥔은 거의 변하지 않았다. 그만큼 덩리쥔이 편안한 나날을 즐기며 내려놓음의 생활을 했다는 것을 알 수 있다. 그것이 바로 덩리쥔의 파리 생활철학이었다.

수잔은 가끔 덩리쥔의 집을 방문해 간단한 훠궈를 만들어 대화를 나누면서 식사를 하기도 했다. 수잔은 그때를 이렇게 회상한다.

"덩리쥔은 사랑이 필요한 여성이었어요. 동성의 친구에게 받는 우정은 부족하지 않았지만 그건 이성에게 사랑받는 행복감, 안정감과는 다르니까요."

덩리쥔이 속마음을 털어놓는 친구였던 수잔은 덩리쥔이 정이 많고 자신에 대한 기대도 큰 사람이라고 생각했다. 덩리쥔은 자주 일본과 타이완에서 바쁘게 지냈던 삶을 이야기했다. 그 속에서도 한 가지 바람이 있었다. 그건 바로 외국인이 자신을 업신여기지 않도록 하겠다는 생각이었고, 그래서 이를 악물고 좋은 성적을 얻으려 애썼다는 것이다.

동시에 이성에게 마음을 주는 문제에서 덩리쥔은 쉽게 마음을 움직이는 사람이 아니었다. 덩리쥔은 풍채 좋고 멋있는 남자를 좋아했다. 한번은 덩리쥔이 타이완에서 비행기를 타는데 남자 몇 명이 거창한 이야기를 늘어놓으며 덩리쥔의 앞으로 새치기를 하여 비행기를 타려고 했다. '레이디 퍼스트'라는 기본적인 매너도 없다고 여겨서 덩리쥔은 무척 불쾌했다. 덩리쥔은 그것이 매너와 예의의 문제라고 생각했다. 일본 남자는 더욱 말할 것도 없었다. 퇴근 후에 집에 가지 않고 술집이니 나이트클럽 등에서 술에 만취한 채 "벗어라!" 따위의 저속한 말을 해대며 여성을 존중하는 법이 없었다. 덩리쥔은 이런 남자에게는 절대로 평생을 맡길 수 없다고 생각했다.

어느 해인가 수잔이 덩리쥔과 함께 퐁피두센터에서 '톈안먼 사태' 사진전을 관람했을 때의 일이다. 덩리쥔은 사진전을 관람하다가 눈물을 흘리기 시작했고 감정을 조절하지 못해 그날 하루 종일 우울해했다. 덩리쥔은 수잔에게 중국 공산당의 고위층이 자신에게 중국에 와서 공연을 해달라고 요청한 적이 있다고 털어놨다. 보수도 현재 그녀가 세계 각지에서 콘서트를 열 때 받았던 액수 중 최고액이었다. 그러나 어떻게 그녀가 마치 아무 일도 없었던 듯 즐겁게 공연하러 갈 수 있겠냐는 것이다.

덩리쥔이 고전시가를 좋아하는 것은 다들 아는 일이지만, 그녀가 서예를 진지하게 연습했다는 것은 수잔이 처음 밝힌 사실이다. 파리에서 리샹팅李祥霆이라는 선생님에게 마음을 가라앉히고 모필로 글씨 쓰는 법을 배웠다. 리샹팅 선생님은 원래 칠현금을 가르치는 분으로, 음악가였기 때문에 두 사람은 공통의 화제가 많아서 말이 잘 통했다. 리샹팅은 직접 문천상의 『정기가正氣歌』를 써서 덩리쥔에게 선물하기도 했다. 덩리쥔은 이 선물을 무척 좋아했고 그 시의 내용처럼 고상하고 지조 높은 시가 남녀 간의 사랑을 노래하는 것보다 더 감동적이라고 말했다. 리샹팅도 선물할 시구를 제대로 골랐음에 기뻐했는데, 그는 덩리쥔이 지조 있고 뜻이 높은 여성임을 알아보았던 것이다.

덩리쥔은 수잔의 딸 아리나를 자신의 개인 비서로 채용했다. 일상생활의 소소한 일이나 문서 번역 등을 맡겼다. 아리나에 따르면 덩리쥔은 정말로 성격이 좋고 능력 있으며 다른 사람을 세심하게 배려하는 사람이었다. 나중에 아리나는 학교에서 의상 디자인을 배우고 싶어서 비서 일을 그만두었다. 덩리쥔은 아리나를 흔쾌히 보내주면서 자신의 목표를 위해 노력하라고 격려해주었다. 수잔은 덩리쥔에 대해 이렇게 이야기한다.

"이렇게 마음에서 우러나는 관용과 격려는 그녀 자신이 어렸을 때부터 스스로 노력하여 한 발 한 발 꿈을 이뤘기 때문이에요. 그래서 덩리쥔은 젊은이들이 도전하기를 바랐고 발전 가능성이 크지 않는 일에서 월급에만 매달리는 것을 안타까워했어요. 아리나가 떠나면 덩리쥔은 많은 일을 직접 처리해야 했지만 그래도 그 아이를 보내줬어요. 제 동생이 직업을 찾을 때 덩리쥔이 자기 운전기사로 고용해준 것도 그렇고, 덩리쥔은 우리 가족에게 정말 잘해줬어요."

평소 덩리쥔은 수잔의 굽은 허리를 고쳐야 한다고 충고했다. 벽에 기대서 있으라거나 바닥에서 자주 스트레칭을 하라고도 했다. 덩리쥔은 여성은 자세가 발라야 아름답다고 여겼다. 또한 덩리쥔의 명랑함과 유머는 수잔이 인생의 힘든 시기를 이겨내는 데 도움이 되었다. 수잔은 지금도 덩리쥔과 함께 1989년 12월 10일 촛불을 켜고 아주 낭만적인 저녁 식사를 함께했던 일을 잊지 못하고 있다.

그날 덩리쥔은 갑자기 수잔을 저녁 식사에 초대했다. 장소는 파리의 고급 레스토랑인 라 투르 다장이었다. 덩리쥔은 곧 수잔의 생일이 다가오니 축하해주고 싶다면서 마음을 나누는 좋은 친구 사이이니 낭만적인 시간을 보내는 게 어떻겠냐고 했다. 두 사람은 상당히 비싼 와인을 주문했다.

덩리쥔이 태어난 해인 1953년산 와인이었다. 이 와인 때문에 레스토랑의 주인이 직접 나와 좋은 포도주를 알아보는 안목 있는 손님에게 악수를 청하며 존경을 표시하기까지 했다. 소믈리에가 와인병에 붙은 상표 카드를 와인을 주문한 사람에게 건네주었다. 덩리쥔은 거기에 사인을 해서 수잔에게 주었고, 그녀는 지금까지도 그것을 소중히 간직하고 있다. 그날 저녁의 촛불, 음악, 요리, 다정한 대화와 부드러운 분위기까지, 모든 것이 수잔의 머릿속에서는 생생하기 그지없다. 함께 건배하면서 나눴던 덕담 한마디 한마디가 귓가에 쟁쟁하다. 하지만 마주앉아 웃던 사람이 벌써 하늘로 가버린 것이다. 수잔은 덩리쥔을 생각할 때면 슬픔을 억누르지 못했다.

덩리쥔은 수잔에게 자기가 가장 좋아하는 노래는 〈나는 당신만 생각해요〉라고 말했다. 그 곡은 선즈 선생님이 써준 곡이기 때문이라고 했다. 그 곡을 녹음할 때는 여러 차례 울기도 했다. 그 곡이 발매되기도 전에 선즈는 세상을 떠났다. 그래서 덩리쥔은 그 곡을 부를 때마다 매번 깊은 감정을 담아 부르게 된다고 했다. 보통 사람은 덩리쥔이 그 곡을 감동적이고 심금을 울리게 부르는 것을 보면서 가슴에 깊이 새겨진 아픈 사랑 이야기가 담겨 있을 거라고 생각하지만, 사실 덩리쥔은 선생님을 생각하는 마음을 담아 불렀다. 덩리쥔은 이렇게 말한 적도 있다.

"어떨 때 진짜 깊은 감정은 오히려 연인 사이에서 일어나지 않는 것 같아요. 제 인생에는 소중하고 가치 있는 고마운 일, 가족 간의 사랑, 친구와의 우정이 있는걸요. 저는 그런 사랑, 그런 감정을 평생 기억할 거예요. 남녀 간의 연애 감정은 제가 가장 마음을 쓰는 감정이 아니에요."

수많은 사람이 덩리쥔이 평생 결혼하지 않은 것을 일생의 여한으로 생각했을 거라고 추측한다. 하지만 덩리쥔은 '사랑'이라는 말을 폭넓게 바라보았다. 파리에서 만난 친구들이 묘사한 대로 아낌없이 베풀고 보답은 바라지 않았다. 남녀 간의 사랑에만 국한되지 않는 진심 어린 사랑으로 따지자면 덩리쥔은 누구보다도 풍요롭고 행복했을 것이다.

甜蜜蜜

你笑得甜蜜蜜

好像花兒開在春風裡

開在春風裡

在哪裡 在哪裡見過你

你的笑容那樣熟悉

我一時想不起

啊! 在夢裡

夢裡 夢裡見過你

甜蜜 笑得多甜蜜

是你 是你

夢見的就是你

달콤해

당신 미소가 달콤해

마치 봄바람 속에 꽃이 피는 것 같아요

봄바람 속에서

어디, 어디에선가 당신을 만난 적이 있어요

당신 미소가 이렇게 익숙한 걸 보니

잘 생각이 나질 않네요

아! 꿈속에서

꿈속에서, 꿈속에서 당신을 만났어요

달콤해, 미소가 달콤해요

당신, 당신이에요

꿈속에서 만난 건 바로 당신이에요

인도네시아 민요를 번안한 〈첨밀밀甜蜜蜜〉은 덩리쥔의 대표곡 중 하나다. 이 곡을 녹음할 때 덩리쥔은 때마침 사랑을 동경하고 주변의 많은 사람에게 고백을 받던 상황이었다. 사랑 때문에 상처 받은 적 없는 가장 빛나는 시절로, 덩리쥔은 이 곡을 특히나 달콤하게, 그리고 감미롭게 불러냈다.[〈첨밀밀〉이라는 제목이 바로 달콤하다는 뜻이다.] 중국의 덩리쥔 팬들은 이 곡을 무척 좋아한다. 대부분의 사람이 이 곡을 휴대전화 벨소리로 설정해 두고 있기도 하다. 심지어 홍콩에서는 이 노래를 플롯의 주요 부분으로 삼아 동명의 영화를 제작하기도 했다. 주연 배우는 리밍黎明과 장만위張曼玉였는데, 이 영화로 장만위는 아시아의 영화 스타로 발돋움했으며 낭만적이고 매력적인 내용으로 크게 흥행했다.

〈첨밀밀〉은 사랑에 빠진 기분을 잘 표현한 곡으로, 덩리쥔은 그런 분위기를 특히 잘 살렸다. 하지만 실제 덩리쥔의 연애는 꽤 험난했다. 덩리쥔의 어머니는 딸의 연애에 대해 이야기할 때마다 가슴 아파했다. 사실 어머니로서는 딸이 아무리 유명하고 수입이 많아도 일찌감치 좋은 사람을 만나 결혼하기를 바란다. 덩리쥔은 주변의 많은 사람에 둘러싸여 있었지만 안타깝게도 그녀의 마음을 완전히 사로잡아 꿈속에서도 만났던 사람은 없었다.["꿈속에서 만나다"라는 말은 〈첨밀밀〉의 가사다.] 유일하게 덩리쥔과 결혼까지 이야기했던 사람은 오히려 그 누구보다도 덩리쥔에게 상처를 줬다. 연애는 덩리쥔의 마음속에서 가장 꺼내고 싶지 않은 부분일 것이다.

🐌 몰래 짝사랑한 이웃 오빠
열여덟 살의 첫사랑

덩리쥔은 낭만적이고 조숙한 소녀였다. 덩리쥔은 어려서부터 소꿉놀이를 자주 했는데 늘 엄마 역이나 언니 역 등 가족 구성원 중 누군가를 돌보는 역할을 좋아했다. 덩리쥔의 첫사랑은 초등학교 5학년 때였다. 덩리쥔은 집 근처에서 자주 만나는 대학생 오빠를 좋아했다. 당시 덩리쥔의 가족이 살던 루저우의 집 근처에는 화교 학생을 위한 화교대학 예비학교가 있었는데 그곳에 대학생들이 자주 드나들었던 것이다. 대학생 오빠는 다들 점잖고 매너 있었다. 안경을 끼고 품에는 두꺼운 책을 품고 있었으니 어린 여학생이 동경할 만도 했다. 그중에 특히 잘생긴 남학생이 덩리쥔의 주의를 끌었다. 매일 덩리쥔은 그 오빠가 나타나기를 목을 빼고 기다렸다. 일부러 예비학교 근처에서만 놀았다. 그 오빠의 시선을 끌기 위해 노래를 부르기도 했다.

덩리쥔의 머릿속이 얼마나 낭만적인 생각으로 가득 차 있었는지는 몰라도, 실제로는 수줍음 많은 소녀일 뿐이었다. 덩리쥔이 그 대학생 오빠에게 고백을 한다는 것은 상상도 할 수 없는 일이었다. 이런 '짝사랑'은 2년이나

이어졌다. 잘생긴 그 남학생이 화교대학을 졸업하고 덩리쥔 가족도 루저우를 떠나면서 소녀의 환상은 끝을 맺었다. 교제는 고사하고 그 학생의 이름조차 몰랐다! 이 소소한 비밀을 당시에는 가족도 몰랐다. 나중에 덩리쥔 스스로 우스갯소리 삼아 이야기를 꺼내서 다들 알게 됐다고 한다.

열여덟 살이 되던 해, 덩리쥔은 이미 이곳저곳을 돌아다니며 공연을 하는 인기 가수였다. 당시에 덩리쥔이 동남아시아에서 공연을 하면 팬이 보낸 선물로 방이 가득 찼다. 하지만 덩리쥔은 따로 식사를 하자는 요청 등에는 거의 응하지 않았다. 매번 어머니를 방패막이로 썼는데, "어머니께 여쭤보세요" "어머니도 함께 가면 갈게요"라는 말로 완곡하게 거절하곤 했다. 이런 이유로 덩리쥔에게 관심 있던 남성을 몇 명이나 거절했는지 알 수 없을 정도다. 한번은 말레이시아에서 공연을 하는데 친구의 소개를 거쳐 현지의 실업가 린전파林振發를 알게 되었다. 덩리쥔의 어머니는 두 사람이 교제하던 시절을 회상하며 저도 모르게 한숨을 쉬었다. 아직 젊은 린전파는 본분을 지킬 줄 아는 청년이었다고 한다. 푸젠 성에서 말레이시아로 건너온 화교였는데, 주석 광산업으로 성공한 집안이었다. 형제자매도 많아 린전파는 넷째였고 남동생, 여동생이 하나씩 있었다. 여동생은 마침 타이완 대학에서 공부를 하고 있었기 때문에 린전파도 덩리쥔을 만나자 금세 친근감이 들었다.

그와 덩리쥔은 언어적 재능이 뛰어난 점이 비슷했다. 그는 영어, 중국어에다 광둥 방언, 푸젠 방언도 유창했고 인도네시아어도 잘했다. 말레이시아어는 더 말할 것도 없었다. 성실하고 예의가 바른 사람이었지만, 키가 크지 않았다. 덩리쥔은 그와 교제하는 동안 항상 굽이 낮은 구두를 신어서 그를 배려했다. 매번 그가 덩리쥔과 데이트를 할 때면 항상 덩리쥔의 어머니까지 동행했다. 두 사람은 몇 년을 사귀었고 사이도 좋았다. 덩리쥔이 말레이시아에 가서 보내는 시간이 많지 않아 두 사람은 주로 전화 통화를 하며 장거리 연애를 했다. 하지만 덩리쥔은 전혀 불안해하지 않았고, 린전파는 평생을 의지할 만한 이상적인 배우자감이었다.

하지만 불행하게도 린전파는 선천적으로 심장병을 앓고 있었다. 그는 서른세 살에 조카를 데리고 간 싱가포르 출장에서 가슴이 불편한 증세를 호소했다. 묵고 있던 호텔은 엘리자베스 병원과 아주 가까웠지만 병원 응급실로 이송된 뒤 사망하고 말았다. 덩리쥔은 타이완에서 이 소식을 들었다. 반쯤 죽을 듯이 심하게 울었고 아주 오랫동안 슬픔에 잠겼다. 덩리쥔의 어머니도 딸이 받은 상처에 크게 근심했다. 이것이 덩리쥔 일생에서 가장 순진무구했던 첫 번째 연애였다. 시끄럽고 열정적이지는 않았어도 이 사랑이 덩리쥔을 더욱 성숙하게 했다.

덩리쥔에게 가장 맹렬하게 구애한 사람은 타이완 연예계에서 '청개구리 왕자'라는 별명으로 불리던 인기 가수 가오링펑高凌風이다. 2012년 혈액암으로 화학치료를 받고 있던 그를 만나 인터뷰를 했다. 그는 청춘의 순정을 떠올리며 그때의 기억이 여전히 생생하다고 했다. 사실 그때 덩리쥔에게 구애하겠다고 마음먹은 뒤 유명 로맨스 소설가이자 드라마 작가인 충야오瓊瑤에게 조언을 구했는데, 가차 없이 "넌 안 돼!"라고 말했다고 한다. 가오링펑은 덩리쥔의 마음을 얻지 못할 것을 잘 알면서도 시도조차 하지 않으면 후회할 것 같았다.

1981년 덩리쥔은 이미 국제적인 스타였다. 가오링펑은 매일 전화로 덩리쥔을 공략했다. 더우면 더울세라 추우면 추울세라 다감하게 안부를 물었다. 그리고 온갖 방법을 써서 가능한 한 자주 덩리쥔 눈앞에 모습을 드러내려고 애를 썼다. 어느 날, 가오링펑은 덩리쥔이 말레이시아 샹그릴라 호텔에서 공연한다는 소식을 듣고 이튿날 아침 7시에 비행기를 타고 싱가포르로 날아갔다. 그날 저녁에는 무대 아래서 덩리쥔의 공연을 봤다. 그날 공연에서 덩리쥔은 〈소육종燒肉粽〉이라는 노래를 부르면서 관객들에게 쭝쯔粽子를 나눠주었는데[노래 제목부터 고기를 넣은 쭝쯔를 익힌다는 뜻이다], 특별히 맨 마지막 쭝쯔를 가오링펑에게 주었다. 그는 덩리쥔이 그런 방법으로 자신이 와준 것을 알고 있다는 사실을 드러낸 거라고 했다. 그와 말레이시아에 사는 친구는 장미꽃이 담긴 꽃바구니 100개를 주문해 호텔 1층에서 2층의 공연장까지 복도와 계단, 무대 전체를 장식해주었다.

상황도 체면도 대단했다. 불원천리 달려온 것도 있으니 가오링펑은 덩리쥔과 몇 마디 이야기를 나눌 수 있으리라고 생각했다. 그래서 공연이 끝난 뒤 덩리쥔이 묵고 있는 힐턴 호텔 로비에 가서 기다렸다. 하지만 엘리베이터 문이 열리자 덩리쥔이 수많은 사람에게 둘러싸인 채 나와서 호텔 문을 향해 걸어가기 시작했다. 가오링펑은 덩리쥔에게 다가가 말을 걸었다.

"당신 보려고 왔어요. 공연이 아주 성공적이었습니다!"

덩리쥔은 그를 보며 고개를 끄덕였지만, 또 금세 사람들에게 둘러싸인 그대로 호텔 문을 나서서 고급 승용차에 올랐다. 가오링펑은 그저 차가 미인을 태우고 멀어지는 것을 바라만 봐야 했다.

당시 덩리쥔은 이미 해외에서 엄청난 인기를 누리며 유명세를 얻고 있었다. 겨우 시간을 내어 타이완으로 돌아와 가오슝 시샹펑喜相逢 라이브홀에서 일주일간 공연을 하게 되었을 때, 가오링펑은 다시 한번 낭만적인 구애를 했다. 그는 특별히 타이베이에서 비행기로 가오슝까지 달려와 오후에 있는 덩리쥔의 공연을 관람한 다음 다시 타이베이로 돌아가서 저녁에 예정된 자기 공연을 시작했다. 사실 그는 타이베이 디스코 나이트클럽에서 맨 마지막 하이라이트 순서를 맡기로 되어 있었는데 일부러 자기 순서를 앞당겨 공연의 개막 부분을 불렀다. 그가 자기 순서를 마치자 저녁 9시쯤이었다. 그는 곧바로 캐딜락을 몰고 세 시간이 걸려 가오슝으로 질주했다. 덩리쥔이 묵고 있는 한왕漢王 호텔에 로열 스위트룸을 예약하고서 밴드를 부르고 방 안을 온통 장미, 와인, 촛불로 장식했다.

그는 충야오가 조언해준 대로 특별히 신경 써서 하트 모양의 잎사귀가 연결되어 늘어지는 체로페지아, 일명 러브체인이라고 불리는 꽃을 준비했다. 그는 호리병 모양의 투명한 유리 화병에 러브체인을 담고 화병 입구를 빨간 리본으로 묶었다. 리본 끝을 두 줄로 길게 늘어뜨리고 그 위에 역시 충야오가 직접 고른 구절을 써서 사랑을 표현했다. "아름다운 오색구름 어디로 가나요, 바람을 타고 영원히 뒤쫓아 가고파問彩雲何處飛, 願乘風永追隨" "인연이 있어 만나게 된다면, 죽어도 후회하지 않을 거예요有奇緣能相聚, 死亦無悔"라는 구절이었다.[이 두 구절은 충야오가 작사해준 덩리쥔의 노래 〈어떻게 당신을 떠나요我怎能離開你〉에 나오는 가사다.]

덩리쥔이 마지막 순서인 자신의 무대를 마치자 시간이 이미 밤 12시였다. 가오링펑은 공연 사회자를 맡은 링펑凌峰에게 부탁해 공연 출연자들이 모여서 축하 파티를 하자는 핑계로 덩리쥔과 약속을 잡았다. 우선 덩리쥔을 자기 방에서 쉬고 있으라고 한 다음, 로열 스위트룸의 준비를 끝마치자 링펑이 가서 덩리쥔을 데리고 왔다. 방문이 열리자마자 덩리쥔은 기타리스트 장페이張菲의 반주에 맞춰 가오링펑이 '러브체인'을 들고서 노래하는 장면을 보게 됐다.

"만약에 내가 당신을 사랑한다고 고백한다면……."

덩리쥔은 부끄러워서 얼굴이 새빨개졌다. 그녀는 고개를 숙이고 자기 방으로 달아났다. 가오링펑이 장페이에게 부탁해서 덩리쥔을 다시 불러달라고 했고, 그제야 덩리쥔은 파티가 준비된 스위트룸으로 와서 즐거운 시간을 보냈다. 하지만 가오링펑의 이런 낭만적인 구애는 결국 성공하지 못했다. 덩리쥔은 그의 여자 친구였던 적이 없다. 하지만 가오링펑은 그렇게 순정을 바쳤던 자신의 젊은 시절을 떠올리며 미소 지었다.

"그때는 정말 재미있었지요!"

🌹 수많은 스캔들
인연이 있었지만 이뤄지지 못한 사람

덩리쥔이 연예계에서 인맥이 넓고 좋은 인연이 많았다는 것은 다들 잘 아는 사실이다. 하지만 귀여운 여성 옆에 남자가 나타나기만 하면 곧장 '연애'가 연상되기 쉽다. 열여섯 살에 영화 「고마워요 사장님」을 찍을 때 누군가가 덩리쥔과 남자 주인공 역할의 양양楊洋이 데이트를 한다는 소문을 냈다. 덩리쥔은 그냥 웃고 넘어갔다. 「팬 아가씨」를 찍을 때는 장충張沖과 사귄다는 말이 나왔다. 그때도 덩리쥔은 아무런 반응을 보이지 않았고, 자연히 소문도 사라졌다. 중전타오鍾鎮濤는 사실 덩리쥔에게 정말로 호감이 있었지만, 덩리쥔이 그를 동생으로만 여겼다.

1978년에는 덩리쥔과 '충야오 시대'를 주름잡은 영화배우 친샹린秦祥林이 가깝게 지낸다는 스캔들이 세간을 뜨겁게 달궜다. 덩리쥔이 봄에 유럽 여행을 할 때 이탈리아에서 우연히 여행 중이던 친샹린을 만난 것이 원인이었다. 여러 사람이 함께 여행 중이었지만 두 사람은 나이가 비슷해서 마음이 잘 통했다. 나중에 두 사람은 또 함께 미국을 여행하기도 했다. 그러니 스캔들이 온 세상에 퍼지지 않을 도리가 없었다. 하지만 덩리쥔은 그와 연인 관계가 아니라고 단호하게 부인했다.

같은 해 초가을쯤, 덩리쥔이 TTV에서 〈천언만어, 덩리쥔의 시간千言萬語—鄧麗君時間〉이라는 프로그램을 녹화할 때였다. 친샹린이 꽃다발을 들고 녹화 스튜디오로 덩리쥔을 만나러 왔다. 덩리쥔은 순식간에 얼굴이 빨개졌고 태도도 어색해졌다. 그 자리에 취재차 와 있던 기자는 덩리쥔이 약간 당황했으며 기쁜 와중에도 좀 긴장한 듯했다고 당시 상황을 묘사했다. 그러면서 두 사람 사이에 '무언가'가 있음을 느꼈다고 했다. 그 기자는 기사를 쓸 때 자유롭게 상상력을 발휘했고, 덩리쥔과 친샹린의 사랑이 당장 세상을 떠들썩하게 만들었다.

두 사람의 스캔들은 친샹린이 약혼할 때까지도 계속됐다. 심지어는 많은 잡지에서 덩리쥔의 실연을 동정하기까지 했다. 덩리쥔은 이번에도 웃어버렸다. 어머니에게 소문은 일부러 없애려고 하지 않아도 언젠가는 사라진다면서 신경 쓰지 말라고 했다.

친한秦漢과 덩리쥔의 스캔들은 훨씬 더 황당무계하다. 어느 잡지사에서 덩리쥔을 인터뷰하러 왔다가 옆에 있던 덩리쥔의 어머니에게도 가볍게 질문을 던졌다. 어떤 영화를 좋아하는지, 어떤 스타를 좋아하는지 같은 단순한 질문이었다. 그때는 친한, 친샹린, 린펑자오林鳳嬌, 린칭샤林靑霞 네 명의 영화가 온 타이완을 풍미할 때였다. 이 네 사람을 묶어서 '이진이림二秦二林'이라고 부르기도 했다. 덩리쥔의 어머니는 별 생각 없이 대답했다.

"친한이 멋있더군요. 키도 크고 잘생겼고요. 친한의 영화를 좋아해요."

그런데 그런 잡담이 기사에는 엉뚱하게도 친한이 덩리쥔에게 관심이 많고 종종 덩리쥔의 녹화 현장에 찾아온다. 덩리쥔의 어머니도 친한을 아주 마음에 들어한다는 내용으로 실렸다. 이렇게 그럴듯하게 대서특필된 것을 보고 어머니도 폭소를 터뜨렸다. 그 후 덩리쥔의 어머니는 그 어떤 매체와도 인터뷰하지 않았다. 어머니는 "인터뷰가 무섭다"며 손사래를 쳤다.

덩리쥔 옆에 남자만 눈에 띄면 그 이름이 당장 덩리쥔과 엮여서 언론에 오르내렸다. 그래서 덩리쥔은 아주 조심스럽게 행동할 수밖에 없었다. 심지어 다섯째 동생인 덩창시와 공공장소에 몇 번 나타나자 당장 의심스러운 눈초리를 마주쳐야 했다. 덩리쥔은 그럴 때마다 얼른 "제 동생 덩창시입니다" 하며 바쁘게 소개를 해야 했다.

언젠가는 덩리쥔이 오빠의 딸아이를 안고 놀아주는 모습이 찍혀서 "덩리쥔이 비밀리에 결혼을 했으며 아이도 낳았다"는 기사가 난 적이 있다. 웃지도 울지도 못할 상황에 덩리쥔은 이렇게 이야기했다.

"조카딸이 고모를 닮는 건 당연한 일이죠! 유전학적으로 아주 정상이랍니다. 제 조카는 당연히 저를 닮았겠지요? 그게 제가 아이를 낳았다는 것을 뜻하지는 않아요. 게다가 제가 결혼을 한다면 행복하게 세상에 알리지 뭐하러 비밀로 하겠어요. 그리고 언제 저의 배가 부른 모습을 보신 적이 있나요?"

당시 덩리쥔의 언론 노출 빈도는 아주 높았다. 10개월이나 덩리쥔의 모습이 매체에 나타나지 않는 것은 불가능했으니 이 소문도 그저 딱 하루 신문에 실리고 자연히 사라졌다.

덩리쥔의 어머니는 덩리쥔의 애정관에 대해 이렇게 이야기했다.

"절대로 남의 가정을 깨뜨릴 아이가 아니었어요. 그런 소문이 날 만한 빌미를 주지도 않았지요."

덩리쥔의 친구도 어머니의 이런 말을 증명해준다. 덩리쥔은 원래 자기 자신의 가지고 있는 조건이 매우 좋기 때문에 자존심도 강하다. 그러니 다른 사람의 남편을 빼앗을 생각은 전혀 하지도 않았다는 것이다. 덩리쥔의 일거수일투족은 늘 다른 사람의 주목을 받았기 때문에 덩리쥔의 사교활동은 매우 신중했고, 사실상 거의 없다시피 했다.

청룽과의 인연
"왜 영화배우가 음악상을 주나요?"

할리우드를 풍미한 홍콩 액션스타 청룽成龍이 자서전에서 이렇게 언급했다. 자신이 경솔하고 세심하지 못해 다른 사람의 입장에서 배려하지 못했으며 그로 인해 좋은 사람과 맺어지지 못했다는 것이었다. 그러면서 그는 누가 누구를 저버렸느냐의 문제가 아니라면서, 자신과 덩리쥔의 감정은 이미 아주 성실하고 진정성 있는 우정으로 변화했다고 밝혔다. 덩리쥔이 사망한 뒤, 언론은 청룽을 뒤쫓아 다니며 그의 인터뷰를 얻는 데 열을 올렸다. 하지만 청룽은 단지 가슴 아프게 다음과 같이 말했을 뿐이다.

"덩리쥔은 마음씨가 착한 사람입니다. 바퀴벌레도 못 죽이는 사람이죠. 분명히 천국에 갔을 겁니다."

그러고는 영화 촬영의 바쁜 일정 속에 몰입하며 슬픔을 삭였다.

덩리쥔과 청룽은 홍콩에서 마주치면 인사 정도나 나누는 사이였다. 그때 덩리쥔은 이미 인기 절정의 스타였고, 두 사람은 그다지 접점이 없었다. 시간이 더 흐르고 두 사람의 인기가 점점 더 높아지면서 스케줄도 갈수록 바빠졌다. 그러다보니 만날 기회는 더욱 적어졌다.

1979년, 청룽이 미국에 와서 영화를 찍게 됐다. 그때 덩리쥔은 캘리포니아에서 공부를 하면서 조용하고 한가로운 학생으로 지내고 있었다. 두 사람은 낯선 곳에서 다시 만났고, 거기에는 어디든 쫓아오는 언론도 없었다. 덩리쥔은 훨씬 더 편안한 마음으로 먼저 미국에 온 사람의 예의로 청룽에게 이곳저곳을 안내해주었다. 덩리쥔은 다정하고 착한 사람이라 이국에서 아는 사람을 만나면 늘 친절하게 대접하곤 했다. 젊은 두 사람은 금세 친해졌다. 덩리쥔과 청룽은 많은 점이 비슷했다. 덩리쥔은 어려서부터 학교를 포기하고 노래를 불렀고, 청룽도 아주 어려서부터 무술을 배우며 공부를 할 시간이 없었다. 두 사람 다 가난한 집안에서 태어나 자신의 노력으로 성공했다. 그러니 덩리쥔이 세심하게 그를 챙겨주는 것도 당연했다. 덩리쥔의 어머니도 청룽을 집으로 초대해 고향에서 즐겨 먹는 녹두탕綠豆湯을 대접하기도 했다. 그날 덩리쥔의 집에 초대되어 녹두탕을 맛본 것은 청룽만이 아니라 천쯔창陳自强 등 영화 스태프까지 여러 명이었다. 어머니는 녹두탕을 큰 솥 가득 끓였고, 손님들은 싹 비우고 돌아갔다.

그때 청룽이 찍던 영화는 「배틀 크리크殺手壕」였다. 촬영이 없을 때는 가능한 한 시간을 내어 여기저기 돌아다니면서 일몰을 보거나 사진을 찍고, 혹은 스케이트를 타거나 노래를 부르곤 했다. 조금 더 특별한 곳에 가서 전에 먹어보지 못한 음식을 먹기도 했다. 덩리쥔이 그를 데려갈 때도 있고, 그가 덩리쥔을 데려갈 때도 있었다. 두 사람은 아주 즐거운 시간을 보냈다. 하지만 청룽의 마음속에는 뭐라 말하기 힘든 자존심이 있어서 그게 두 사람 사이를 방해했다. 그는 덩리쥔이 고귀하고 낭만적이라고 생각했고, 자기 자신은 늘 덩리쥔보다 마음을 쓰는 것에서부터 모두 부족하다고 여겼다. 덩리쥔의 순진함과 정성에 자신이 어울리지 않는다는 생각이 자꾸 들었다. 영화를 다 찍은 뒤 청룽은 홍콩으로 돌아갔다. 떨어져 있다 보니 있는 듯 없는 듯했던 감정도 차차 엷어졌다. 그리고 그때의 청룽은 영화 작업에 깊이 몰두해 있었다. 그에게 영화보다 중요한 것은 없었다.

덩리쥔 역시 '인연은 있었지만 이뤄지지 못한' 사랑을 억지로 어찌해보려고 하지 않았다. 불꽃같은 사랑이 아니더라도 좋은 친구로 남을 수 있다는 사실을 잘 알고 있다. 덩리쥔도 학업과 해외에서의 공연으로 바빴고, 두 사람은 거의 연락을 하지 않았다. 덩리쥔이 홍콩에 돌아온 뒤, 한번은 샹그릴라 호텔의 엘리베이터에서 우연히 마주친 적이 있다. 덩리쥔은 아무렇지 않게 미소를 지으며 청룽에게 인사를 건넸다. 두 사람 사이의 우정은 순식간에 더욱 명확해졌고, 두 사람은 옛날처럼 즐겁게 대화를 나눌 수 있는 보통의 친구가 되었다.

그러는 사이에도 재미있는 일화가 하나 있다. 덩리쥔이 홍콩의 어느 음악 시상식에서 최우수 여자 가수상을 수상하게 되었다. 시상식 주최 측은 비밀리에 시상자로 청룽을 초청했다. 시상식이 시작되고서야 상을 주기 위해 나온 사람이 청룽이라는 것을 알게 된 덩리쥔은 상을 받지 않고 무대를 내려가려고 했다. 청룽도 깜짝 놀라서 급히 덩리쥔의 뒤를 따라갔다. 시상식은 텔레비전 생중계 중이었고, 한 명은 달아나고 한 명은 뒤쫓는 형국이 방송되어 시청자들도 넋이 빠졌다. 그때만 해도 두 사람의 스캔들이 많이 이야기되던 때라, 사람들은 자연히 덩리쥔이 청룽을 피하려고 상을 받지 않고 무대를 내려간다고 추측했다.

덩리쥔이 자신의 매니저에게 얘기한 바에 따르면 실제는 그와 달랐다.

"그런 이유로 그가 시상하는 상을 받지 않은 게 아니에요. 그날의 시상식은 음악상이었어요. 미국의 그래미상이나 다른 나라들의 음악상이나 대부분 시상자는 음악계 사람이거든요. 음악계 인사가 시상했다면 당연히 받았을 거예요. 내가 왜 관련도 없는 영화계 인사에게 음악상을 받아야 하죠?"

덩리쥔이 그만큼 그 음악상을 중요하게 생각하고, 음악계의 성대한 시상식이라고 여겼기 때문에 완전히 다른 분야에서 활약하는 사람이 주는 상을 받고 싶지 않았던 것이다. 그것은 가수로서의 자존심이기도 했다.

그 일도 흐지부지 지나가고, 덩리쥔과 청룽은 여전히 우정을 이어갔다. 덩리쥔은 청룽이 좋은 아내와 결혼한 것도 기뻐해주었다. 심지어 덩리쥔은 세상을 떠나기 나흘 전에 청룽에게 전화를 걸기도 했다. 하지만 청룽은 당시 센다이에서 영화 촬영 중이었고, 덩리쥔도 전화를 받은 청룽의 매니저에게 특별한 이야기를 남기지 않았다. 그저 다시 전화하겠다고만 했다. 하지만 그 후로는 전화가 걸려오지 않았다. 덩리쥔이 청룽에게 하려던 말은 무엇이었을까? 평소처럼 단순한 안부였을까? 아니면 뭔가 할 말이 있었을까?

말레이시아 '설탕왕' 2세와 약혼 "노래를 그만두라구요?"

1981년, 미국에서 타이완으로 돌아온 덩리쥔의 기세는 대단했다. 홍콩에서는 다섯 장의 플래티넘 앨범이 나왔고, 타이완의 콘서트도 호평 일색에다 중국에서의 명성도 나날이 높아졌다.

더욱 중요한 것은 당시 덩리쥔이 사랑에 빠진 상태였다는 것이다. 상대는 말레이시아의 '설탕왕'으로 불리는 궈씨 집안의 아들 궈쿵청郭孔丞이었다. 잘생긴 외모에 풍채도 당당한 그는 외국 유학도 다녀온 인재여서 덩리쥔과 다양한 면에서 잘 어울렸다. 당시 샹그릴라 호텔을 맡아 경영하던 궈쿵청은 경영 방식도 뛰어났다. 사업에도 성공하고 인품도 훌륭한 청년이었다. 덩리쥔의 어머니가 가장 마음에 들어한 것은 그가 덩리쥔의 재산이나 유명세를 보고 접근한 게 아니라는 점이다. 두 사람의 연애는 순조롭게 진행되었고, 덩리쥔의 어머니는 딸이 연예계 바깥의 사람과 결혼하는 데 크게 찬성했다. 두 사람은 빠르게 약혼까지 이뤄졌고, 덩리쥔의 손가락에는 다이아몬드 반지가 끼워졌다. 행복한 미소가 얼굴을 떠나지 않았다. 심지어 홍콩 퀸엘리자베스 스타디움에서 의기양양하게 '가요계를 은퇴하는 마지막 콘서트'를 열 계획도 세웠다. 결혼식 날짜도 1982년 3월 17일로 정해졌다.

열애 중인 여성은 언제 어디서나 행복이 겉으로 드러난다. 덩리쥔은 결혼 준비를 하면서 홍콩과 타이완에서 진행할 은퇴 콘서트도 동시에 계획했다. 또한 손가락에 끼워진 다이아몬드 반지도 친구들에게 보여주었고, 친구들도 덩리쥔을 축하하고 부러워했다. 그해는 덩리쥔의 일생에서 가장 행복하고 즐거운 시간이었다. 하지만 행복의 절정에서 굴러떨어지는 아픔 역시 그녀 일생에서 가장 힘든 일이었을 것이다.

궈씨 집안은 동남아시아에서 첫손가락에 꼽히는 명문가였고 집안의 규율이 아주 엄격했다. 명예는 더욱 중요했다. 덩리쥔은 궈쿵청이 결혼 때문에 언론에 시달리고 불편해지는 것을 바라지 않아서 약혼 사실도 크게 알리지 않고 조용히 지냈다. 덩리쥔의 어머니는 궈쿵청을 아주 성의가 있는 사람이었다고 기억한다. 덩리쥔의 아버지가 중풍으로 행동거지가 불편했기 때문에 궈쿵청은 타이완에 와서 덩리쥔의 아버지를 만났다. 그때는 덩리쥔과 이미 깊은 사랑에 빠진 상태였다. 궈쿵청의 아버지도 덩리쥔의 어머니를 초대해 두 번 같이 식사를 했다. 두 집안 모두 좋은 인상을 받았다.

귀쿵청의 어머니는 특히 덩리쿼을 마음에 들어했고, 덩리쿼의 노래도 좋아했다. 덩리쿼에게 값비싼 보석 목걸이를 선물하면서 은퇴 콘서트 때 이 목걸이를 걸라고도 했다.

그러나 얼마 지나지 않아서 귀쿵청의 어머니가 유방암으로 세상을 떠났다. 귀쿵청의 어머니는 100일 안에 결혼식을 치르기를 바랐다. 그렇지 않으면 3년이 지나서 다시 결혼 이야기를 해야 한다고 했다. 하지만 귀씨 집안에서 가장 힘이 강력한 사람은 연세가 많은 귀쿵청의 할머니였다. 할머니는 당시 덩리쿼에게 아주 엄혹한 요구를 했다.

"결혼한다는 사실을 세상에 알리고 당장 모든 공연활동을 중지해야 하며 오로지 남편을 내조하는 아내가 되는 데만 집중하라. 특히 연예계의 모든 관계를 끊어야 한다. 덩리쿼에게 구애하는 남자도 당연히 다시는 만나서는 안 되며 반드시 확실하게 정리해야 한다."

덩리쿼은 사랑을 위해서 모든 조건에 응하려고 했다. 화려한 무대도 버릴 수 있었다. 다만 덩리쿼은 앨범만 출시하는 가수로는 활동할 수 있게 해달라고 요청했다. 그런 최소한의 일마저 포기해야 한다면 덩리쿼이 더 이상 덩리쿼이 아니게 될 터였다.

덩리쿼은 자신의 많은 부분을 포기하고 귀씨 집안의 요구를 받아들이려고 했지만, 그녀의 이런 마음은 이해받지 못했다. 덩리쿼이 이런 갈등 속에서 도움을 필요로 할 때, 귀쿵청마저 나서서 덩리쿼을 지지하지 않았다. 3개월의 기한이 끝나기도 전에, 귀씨 집안에서 약혼을 파기하겠다는 소식을 전했다. 결혼에 대한 꿈으로 들떠 있던 덩리쿼은 심각한 상처를 입었다. 하지만 덩리쿼은 담담하게 상황을 받아들이고 조용히 귀쿵청을 떠났다. 그 후로는 이 결혼에 대해서는 전혀 입 밖에 내지 않았다. 덩리쿼의 어머니는 그녀의 이런 모습에 가슴이 아팠다. 하지만 그 상처는 어머니라도 나눌 수 없는 아픔이었고, 아무리 좋게 달래더라도 해결할 수 없는 슬픔이었다. 덩리쿼의 어머니는 귀쿵청의 어머니가 살아 있었다면 그 결혼이 분명히 잘 진행되었을 거라고 안타까워했다. 덩리쥔의 운명이라고 생각하는 수밖에는 방법이 없었다.

덩리쥔은 그 후 더욱 가수활동에 전념해 일본에서 3연패를 이루는 최고의 전성기를 맞는다. 만약 덩리쥔이 궈씨 집안의 요구대로 일찌감치 연예계를 은퇴했다면 이런 영예로운 기록은 세우지 못했을 것이다.

연애가 끝나면 친구로 남는 것이 덩리쥔의 일관된 습관이었다. 헤어진 뒤 두 사람은 오히려 순수하게 친구로서 사귐을 계속했다. 오랜 시간이 지난 뒤 궈쿵청은 딸을 데리고 홍콩 스탠리의 덩리쥔 자택을 방문한 적도 있다. 밍 언니는 그날을 이렇게 기억하고 있다.

"그때가 1989년일 거예요. 집에 아주 잘 차려입은 낯선 남자분이 찾아왔어요. 보통의 손님과 특별히 다르지는 않았어요. 선물로 옌워[제비집, 중국 요리의 고급 재료] 한 박스를 가지고 왔더군요. 아가씨는 아주 예의 바르게 그분을 거실로 안내했고, 두 사람은 차분하게 마주보고 앉아서 한동안 이런저런 대화를 나눴어요. 아가씨는 계속 미소를 짓고, 어떤 특별한 감정을 보이지도 않았죠. 손님에게도 일반적이지 않은 부분은 발견할 수 없었어요. 두 사람은 아주 오랜 친구처럼 보였고, 아가씨는 손님이 데려온 딸아이가 귀엽고 예쁘다고 칭찬했죠. 손님이 돌아간 뒤에 아가씨가 담담하게 말해주더군요. '그 사람이 바로 궈 선생이야', 그렇게만 말했죠."

재능을 사랑한 덩리쥔
열다섯 살 연하의 연인 스테판

1989년 이후 덩리쥔은 가수생활을 전부 내려놓다시피 했다. 공개적인 공연활동은 거의 없었고 생활도 조심스러웠다. 파리에 집을 사서 정착하면서 샹젤리제 거리 부근의 고색창연한 집을 샀다. 프랑스어를 배우고, 동시에 런던에 가서 성악 수업을 받으며 오페라를 배우는 것도 계속했다. 주말이나 휴일에는 박물관과 미술관을 둘러보는 것이 낙이었다. 그렇게 자신의 예술적인 소양을 더욱 갈고닦았다. 생활은 충실했고, 가끔 짬을 내어 홍콩, 일본 등으로 돌아가 녹음을 했다. 또한 덩리쥔은 음반 제작, 작곡, 작사 등의 일도 적극적으로 배웠다. 덩리쥔의 감정도 점차 안정되어갔다.

긴 머리카락을 말꼬리처럼 질끈 묶은 스테판은 덩리쥔보다 열다섯 살이 어렸다. 그는 프랑스인다운 낭만적인 기질이 있었다. 덩리쥔과 스테판은 프랑스의 어느 스튜디오에서 처음 만났다. 당시 스테판은 덩리쥔이 유명한 가수라는 것도 몰랐다. 단지 이 중국 여성은 분위기가 아주 특별하다고만 생각했다. 두 사람은 일로 처음 만났고, 사진 찍는 일을 하던 스테판과 사진 촬영을 특히 중요하게 여기는 덩리쥔이라 공통 화제도 많았다. 스테판은 덩리쥔이 운치 있는 영상을 남기는 것을 돕고 싶어했다. 두 사람은 촬영에서 의견이 잘 통했고 특별한 감정을 쌓았다.

"그동안 아가씨는 훨씬 더 젊어지고 더 즐거워 보였어요."

밍 언니는 덩리쥔와 스테판의 초기 시절을 기억하고 있다. 그때 덩리쥔은 즐겁게 허밍을 하면서 옷을 이것저것 꺼내서 거울 앞에서 대보며 밍 언니에게 어느 것이 젊어 보이느냐고 물었다. 그러면 밍 언니는 덩리쥔이 스테판과 약속이 있다는 것을 눈치채곤 했다. 덩리쥔이 데이트의 과정을 이야기해준 적은 없지만 나가기 전이나 돌아온 뒤 항상 덩리쥔은 평소보다 즐거워 보였다. 약속이 없는 날도 미소를 띠며 생각에 잠기는 등, 사랑에 빠진 여자의 모습이 완연했다. 그때 밍 언니는 어렵게 되찾은 아가씨의 웃음에 기쁨을 감추지 못했다.

덩리쥔은 재능을 아끼고 사랑하는 사람이었다. 덩리쥔은 중국 문화를 열렬히 사랑하는 젊은이를 잘 키워주려는 마음이 있었다. 교제한 지 얼마 지나지 않아서 덩리쥔은 스테판에게 전문적인 촬영기자재를 풀세트로 선물했다. 비싸고 고급스러운 제품이었다. 두 사람은 또 자주 여행을 가서 사진 촬영을 했다. 사진을 인화하면 서로 촬영 효과에 대해 토론하기도 했다. 사진 속에 담긴 덩리쥔은 늘 찬란하게 웃고 있었다. 밍 언니는 당시 덩리쥔이 순식간에 열몇 살 어려진 것 같았다면서 프랑스 남부의 바닷가에 위치한 농장으로 스테판의 부모를 방문한 적도 있다고 했다. 그들은 즐거운 시간을 보냈고, 덩리쥔은 밍 언니에게 스테판의 부모가 아주 잘 대해주었다고 말했다. 하지만 덩리쥔은 관계를 더 발전시킬 계획이 없었다.

덩리쥔은 매년 음력설에 타이완으로 돌아가 가족과 함께 명절을 보냈다. 1992년 덩리쥔이 타이완에 돌아와 설을 쇨 때 스테판도 동행했다. 그녀는 기자들이 '남자 친구'냐고 묻는 것을 피하려고 언론 매체에 그를 자신의 프랑스 국적 전속 사진작가라고 소개했다. 그러면서 '결혼'은 그녀가 가장 이야기하고 싶지 않은 주제라고 말하며 마흔이 넘어 결혼 적령기도 지났고 사람마다 인생의 목표가 다르기 때문에 모든 것은 인연에 맡긴다고 했다. 더 이상 무엇을 추구하거나 억지로 원하지 않으며 그저 즐겁게 지낼 수 있다면 만족한다고도 했다.

덩리쥔이 타이완으로 돌아와서 군 위문 공연에 참가했을 때, 스테판도 따라가서 덩리쥔 곁에서 가방을 들어주기도 하고, 종종 무대에 올라가서 덩리쥔이나 밴드의 연주자들과 대화하면서 공연 과정 내내 사소한 부분까지 함께 신경을 썼다. 스테판은 조용하고 언론 노출을 극도로 꺼렸다. 덩리쥔이 무대에서 키를 맞추고 리허설을 할 때 그는 옆에서 그런 덩리쥔의 모습을 사진으로 남겼다. 그렇게 덩리쥔을 주시하다가 매번 리허설이 다 끝나면 그때야 다른 곳으로 움직였다.

덩리쥔의 어머니는 딸이 스테판과 함께 집에 와서 식구들과 제야의 저녁 식사를 했던 날을 기억하고 있다. 스테판은 성실해 보였고 말수도 적었다. 수줍음을 탔지만 동작은 우아했다. 유럽 남자는 세심하고 예의가 바르다고 생각했다. 덩리쥔의 어머니는 스테판이 외국인인 것이나 나이가 어린 것은 크게 상관하지 않았다. 덩리쥔이 이미 마흔이 넘었으니 자기 스스로 분별할 능력이 있다고 생각했고, 스테판이 덩리쥔을 잘 돌봐준다면 그걸로 되었다고 느꼈다. 다만 어머니는 스테판이 가장 기본적인 '덩리쥔을 잘 돌봐준다'는 것조차 제대로 해내지 못하리라는 것을 그때는 아직 알지 못했다.

『구주세계일보』의 기자 궈나이슘이 덩리쥔과 스테판의 사랑에 대해 기사를 쓴 적이 있다. 두 사람은 진심으로 서로를 사랑하지만 결혼할 생각은 없다고 했다. 스테판은 젊고 아직 성숙하지 못한 데가 있었다. 한번은 신둔황주점에서 식사를 하고 덩리쥔이 200프랑을 팁으로 놓아뒀다. 그런데 스테판이 다들 보는 앞에서 200프랑을 도로 자기 주머니에 넣고 20프랑을 꺼내 올려놓은 일이 있었다. 언젠가는 덩리쥔이 신둔황주점의 안주인 선원과 함께 지역 사회의 수영장에서 수영을 할 때도 덩리쥔은 미리 후한 팁을 준비했다가 관리인에게 주었지만 이 일도 스테판이 무척 싫어했다고 한다. 그는 덩리쥔이 지나치게 낭비한다고 생각하며 아무렇게나 돈을 쓴다고 여겼다.

또한 덩리쥔의 유명세는 종종 스테판을 못 견디게 만들기도 했다. 그들이 화교가 모이는 곳에 가기만 하면 덩리쥔은 언제나 사람들에게 둘러싸이고 훌륭한 대접을 받았는데, 그러다보면 종종 스테판은 관심에서 멀어지는 경우가 있었다. 선원과 린칭샤가 덩리쥔을 만나러 왔을 때나 함께 식사를 할 때, 그들이 광둥어로 이야기를 나누면 스테판은 대화에 끼지 못해 말수가 줄어들고 지루해했다. 이런 일들은 대개 작은 문제에 불과했고 두 사람의 세계는 여전히 달콤했다. 1994년 판청의 아들이 결혼을 할 때 두 사람이 함께 결혼식 파티에 참석했다. 덩리쥔은 여러 곡을 부르며 축하를 했다. 그런 행복한 모습을 본 사람들은 다들 덩리쥔이 드디어 그녀를 아끼고 사랑해주는 진짜 반려를 만났다고 생각했다. 하지만 결국 그런 기쁜 나날도 구름처럼 흩어져 사라지고 말았다.

✥ 1995년 11월
꽃가마 대신 관을 들다

　프랑스에 오랫동안 살면서 세계 각국을 여행하는 경험을 통해 덩리쥔은 보수적이었던 과거에서 많이 달라지게 되었다. 덩리쥔은 가까운 친구들에게 자신의 생각을 이야기한 적이 있다. 함께 생활하며 돌봐주고 대화하고 함께 시간을 보낼 사람이 있다면, 심지어 직업상의 파트너에서 정신적인 반려자로 발전할 수 있다면 그걸로 되었다는 것이다. 반드시 결혼이라는 방식으로 자신을 구속할 필요가 있느냐고도 했다. 아이를 낳는 것은 더욱 신중하게 생각해야 할 일이었다. 아이를 기르고 교육하려면 좋은 성장 환경을 제공해줄 수 있어야 한다. 그렇지 않고 아이를 잘 가르치지 못한다면 그것은 아이에게 불공정한 일이라고도 생각했다.

　덩리쥔은 아이를 좋아했다. 오빠의 딸들과도 사이가 무척 좋았다. 결혼식장에 하객들이 아이를 데려오면 그 아이와도 즐겁게 장난을 치며 놀았다. 덩리쥔은 자신의 가장 큰 소망이 아이를 낳아 기르는 일이라고 친구에게 언급한 적도 있다. 아이를 곱게 꾸며주고 잘 가르치고 싶다고 했다. 덩리쥔은 친구의 자녀에게 선물을 사주는 것도 좋아했다. 친구의 아이를 양딸로 삼기도 했고, 젊었을 적 고아원에서 입양한 몇 명의 아이에게도 잊지 않고 정기적으로 양육비를 보냈으며 그들의 성장과정에도 관심을 가졌다.

　한편으로 덩리쥔은 자신이 공인이며 사생활이 없다는 점도 아주 잘 알았다. 덩리쥔은 스테판이 자신 때문에 원래 갖고 있던 자유로운 생활을 잃는 것을 바라지 않았다. 바깥에서는 덩리쥔이 스테판을 공개하지 않은 이유가 그의 나이가 덩리쥔보다 어리고 서양문화 속에서 성장했다는 점, 언어가 잘 통하지 않고 생활습관이 다르다는 점 등을 이야기한다. 하지만 가장 큰 이유는 덩리쥔이 더 이상 결혼을 인생의 중심으로 여기지 않았기 때문이었다. 덩리쥔에게는 더 중요한 일, 새롭게 배울 일이 많았고, 그것만으로도 바빴다.

덩리쥔이 줄곧 신임했던 린윈 대사가 그녀를 위해 결혼 기운을 북돋워준 적이 있었다. 그는 덩리쥔의 옷차림과 색깔 등을 바꾸었다. 린윈 대사는 금목수화토의 오행으로 볼 때 덩리쥔의 색채는 붉은색과 흰색 사이, 즉 '곤坤'이라고 하면서 덩리쥔에게 적합한 색은 분홍색이라고 했다. 분홍색은 덩리쥔의 운명의 색이니 자주 그런 색의 옷을 입으면 더욱 쉽게 운명의 상대를 만날 거라고 했다. 그 뒤 덩리쥔의 옷은 대개 맑은 분홍색, 자주색, 복숭아색 등이었다. 이런 색은 그녀가 도화운을 기다리고 있다는 것을 말없이 드러내주는 것이기도 했다. 린윈 대사는 슬퍼하면서 복숭아색이 덩리쥔에게 도화운을 가져다주지 못했고, 오히려 그녀가 자신을 위해 복숭아색의 옷을 지으면서 린윈 대사에게도 자주색 짧은 도포를 만들어주었다고 언급했다.

덩리쥔의 어머니는 항상 딸이 좋은 배우자를 만나기를 바랐고, 그렇게 되리라고 믿었다. 어느 해인가 덩리쥔이 설에 집으로 돌아왔을 때, 어머니는 딸에게 농담을 던졌다.

"나중에 리쥔이 시집가게 되면 너희 네 형제가 꽃가마를 들어주면 되겠다. 얼마나 멋있니!"

형제들도 웃으며 거들었다.

"무슨 문제가 있으면 우리 네 형제가 나설게요! 우리가 있는데 누가 감히 리쥔을 괴롭히겠어요?"

이런 농담들이 아직도 덩리쥔의 어머니의 머릿속에 생생하다고 했다. 하지만 덩리쥔은 더 이상 행복하게 웃으며 꽃가마에 앉을 기회가 없다. 1995년 5월 11일 저녁 덩리쥔의 영구가 타이완에 돌아왔다. 중정 공항의 격납고에서 창안, 창순, 창푸, 창시 네 형제가 관을 메고 천천히 걸음을 뗐다. 형제들은 덩리쥔의 꽃가마가 아니라 관을 들어준 것이다. 이보다 더한 슬픔이 또 있을까.

안녕, 내 사랑

再見，我的愛人

Good bye my love
我的愛人 再見
Good bye my love
從此和你分離
我會永遠永遠
愛你在心裡
希望你不要把我忘記

Good bye my love
내 사랑이여 안녕
Good bye my love
이제부터 당신을 떠납니다
영원히 영원히
마음속으로 당신을 사랑할게요
바라건대 당신이 나를 잊지 않기를

이별은 어려운 것이다. 사랑하는 사람과의 이별은 더욱 어렵다. 어쩌면 그런 어려움을 두려워해서 갑작스러운 죽음으로 세상과 작별 인사도 하지 않고 떠나버렸는지 모른다. 덩리쥔은 헤어짐의 고통과 아쉬움, 미련과 슬픔을 홀로 감당하며 타향에서 떠나갔다.

"〈안녕, 내 사랑再見, 我的愛人〉은 덩리쥔이 특별히 잘 부른 곡이다. 1976년 홍콩에서 녹음할 때, 내가 몇 번이나 감동했는지 모른다."

덩리쥔의 프로듀서였던 덩시췌안이 이렇게 인정했다. 덩리쥔이 녹음한 수백 곡 중에 왜 이 곡이 특별히 인상 깊었을까? 덩리쥔이 깊은 감정을 담아 노래했고 듣는 이의 마음을 쥐락펴락하기 때문이다. 이런 감정의 전염은 상호작용이라 덩리쥔이 듣는 이들에게 가만가만 작별을 노래하면 듣는 사람도 그녀의 안타까운 심정을 그대로 전해 받는다. 하지만 떠나지 않을 수는 없다. 그것이 인생이다!

좋아하는 도시 치앙마이
휴식과 정양을 위한 시간

중국인은 한 사람이 태어난 곳과 사망한 곳이 그의 인생에서 무척 중요하다고 믿는다. 태어난 곳은 고향과 국적을 결정한다. 그 나라의 영토에서 태어나면 피부색, 혈통과 관계없이 그 나라 국적을 갖게 된다. 사망지는 삶의 마지막 종지부를 찍는 곳이다. 중국인은 "부모님이 살아 계실 때는 멀리 다니지 않고, 혹 가게 되면 반드시 가는 곳을 알려야 한다父母在, 不遠遊, 遊必有方"[『논어』에 나오는 구절]는 관념을 갖고 있다. 그러니 타향에서 죽음을 맞이한 것은 더욱 슬프고 괴로운 일이 아닐 수 없다.

많은 사람이 묻는다. 덩리쥔은 자신이 천식을 앓는 것을 잘 알면서도 왜 다른 나라까지 가서 휴가를 보냈는지 이해하기 어렵다고 한다. 타이는 덥고 습한 나라라 천식을 앓는 사람에게 좋은 휴양지도 아니다. 원인은 단순했다. 타이는 아주 자유로울 수 있는 곳이었다. 덩리쥔의 친구가 말한 바에 따르면, 그녀는 치앙마이의 순박한 인심을 무척 좋아했다고 한다. 물질적으로 발달하지 못했기 때문에 아무도 덩리쥔을 알아보지 못했고, 그래서 그곳에서는 자신을 꾸미거나 치장할 필요가 없었다. 치앙마이는 공기도 맑았고, 관광객이 흔히 가는 사원이나 명소 등을 별로 좋아하지 않는 덩리쥔은 오히려 더욱 자유롭게 숲을 거닐거나 시장을 구경할 수 있었다. 가끔은 지프차를 빌려 더 먼 교외지역으로 나가기도 했다. 덩리쥔은 이런 편안한 생활이 자신의 건강에 도움이 된다고 생각했다.

덩리쥔 역시 치앙마이가 노부부가 은퇴 후에 장기적으로 머물기 적합한 지역이라고 생각했다. 타이에서 두 번째로 큰 도시지만 무거운 경제적 스트레스도 없고 과하게 화려하거나 인공적으로 만든 느낌도 없었다. 더욱이 관광산업 때문에 생긴 유흥시설이 없었다. 나무와 꽃들이 무성한 숲은 원시의 풍경을 간직하고 있었다. 높은 빌딩도 별로 없고 소비 지수도 낮았다. 무엇보다 좋았던 점은 타이완과 기후가 비슷하고 과일과 채소가 풍부해서 타이완에서 멀리 벗어나 생활한다는 기분이 거의 들지 않는 것이었다. 덩리쥔은 한동안 편안한 작은 호텔에 묵었다. 투숙객도 대개 일본 혹은 유럽 사람이어서 각자 자신의 생활에 집중할 뿐 괜한 관심을 보이지 않았다. 정말로 자유로웠다.

덩리쥔은 치앙마이에 와서 쿤밍昆明[중국 윈난 성의 성도]에서 나는 비취옥 전문점을 경영하는 양楊 씨 부인을 종종 찾아가 이야기를 나누기도 했다. 양 씨를 찾아갈 때는 대부분 옥을 사기 위해서였다. 덩리쥔은 옥으로 된 액세서리를 자주 착용하면 평안이 찾아온다는 밍리命理 대사가 한 말을 잘 따랐다. 언젠가 양 씨가 훌륭한 사파이어 장신구를 선물하려 했을 때, 덩리쥔은 자신의 운명과 맞지 않는 보석이라 착용할 수 없다고 했다. 양 씨는 덩리쥔이 아주 관대하고 정직한 사람이지만 어떨 때는 아이처럼 천진난만하다고 여겼다.

양 씨는 젊었을 때 타이완 사범대학에서 공부했고 이전에 덩리쥔의 공연을 본 적도 있기 때문에 아직은 어린 소녀였던 덩리쥔에 대한 인상이 깊게 남아 있다고 한다. 10여 년간 팬이었다가 갑자기 덩리쥔의 친구가 되었으니 양 씨가 덩리쥔을 특별히 챙기고 관심을 쏟은 것도 당연했다.

덩리쥔은 옥으로 만든 물건을 좋아했다. 한번은 기상천외한 생각을 해내고는 옥으로 그릇을 만들어 손님을 초대하겠다고 했다. 누굴 초대할 생각이냐고 하자 망설임 없이 이렇게 대답했다.

"청룽 부부와 린칭샤 부부를 초대해야지요!"

덩리쥔은 직접 붓으로 자기 이름을 쓴 뒤 그걸로 식자를 떠서 옥그릇의 바닥에 새겨달라고 당부했다. 그릇 옆면에는 용과 '목숨 수壽' 자를 새기기로 했다. 그릇을 만들 옥은 노갱옥老坑玉이라는 것으로 조각 세공을 더하면 가격이 100만 타이완달러(3600만 원)가 넘는다. 고액이었지만 덩리쥔은 세트로 6개를 주문했다. 하지만 다 만들기도 전에 사망하고 말았다. 가게에서도 차마 그 옥그릇 세트를 판매하지 못하고 줄곧 금고 속에만 넣어두었다. 한번은 일본인 고객이 와서 그릇 세트를 사겠다고 원 가격의 몇 배나 되는 금액을 제시했지만 결국 팔지 않았다. 그들에게 있어서 그 그릇 세트는 덩리쥔이 남긴 유일한 기념품이기 때문이다.

양 씨에게 덩리쥔이 치앙마이에 온 것은 마약 복용이 쉽기 때문이 아닌지 어떤 사람이 물어본 적이 있다. 그녀는 단호하게 반박했다.

"절대 그렇지 않습니다! 덩리쥔은 아주 자기 관리가 철저하고 엄격한 사람이었어요. 누군가 마약을 복용한 사실을 알게 되면 아주 엄하게 야단칠 사람이지요! 그런데 자기가 마약을 복용하다니요? 덩리쥔은 자기 자신을 사랑하는 사람이고 일상생활이 난잡한 사람을 특히 싫어했어요. 덩리쥔은 주변 사람에게 늘 노력하고 발전해야 한다고 말하곤 했는걸요."

한번은 두 사람이 잡담을 하다가 덩리쥔이 무척 슬퍼하면서, 다른 사람은 스타 가수라는 자신의 상황을 부러워하지만 자기 자신은 그런 신분을 좋아하지 않는다고 말한 적이 있다. 아무리 성공해도, 아무리 노력하고 스스로 자존감을 지키며 살아도 다른 사람의 눈에는 그저 노래를 파는 가희에 불과하다고 말하며 덩리쥔은 눈물을 흘렸다. 나중에서야 덩리쥔의 그 이야기가 궈씨 가문에서 파혼당한 일로 인한 상처 때문이라는 것을 알았다고 한다. 몇 년이 지났는데도 그 상처는 완전히 사라지지 않았던 것이다. 그런 열등감은 덩리쥔의 마음속 깊이 남아 있었다.

타이 북부 지역에 대한 관심
중국어를 배우는 아이들을 돕다

덩리쥔은 원난 요리도 좋아했다. 양 씨가 덩리쥔의 대단한 팬이라는 홍洪

선생님을 소개해줄 때도 개점한 지 30년이 되었다는 윈난 요리 전문점 신유반관新友飯館에서 약속을 잡았다. 그 식당은 정통 윈난 요리로 염교, 치즈, 쇠고기 육포를 쓴다. 홍 선생님은 건축 일을 하는데, 만난 지 얼마 되지 않아서 덩리쥔이 치앙마이에 살고 싶다면 그녀에게 1층짜리 별장을 한 채 선물하겠다고 했다. 그 제의에 덩리쥔은 깜짝 놀라 극구 사양했다. 양 씨는 덩리쥔은 절대로 다른 사람의 덕을 보거나 부당하게 이익을 취하는 사람이 아니라고 했다. 덩리쥔은 자신이 무척 인기가 있고 다른 사람이 자기를 좋아해준다는 것을 잘 알면서도 여전히 엄격하게 분수를 지키려고 했으며 과도한 선물은 절대 받지 않았다.

신유반관에는 덩리쥔의 앨범 전체가 소장되어 있다. 덩리쥔 생전에도 그랬고 지금까지도 10여 년간 가게 문을 열면 빠짐없이 덩리쥔의 노래를 틀어둔다. 식당의 사장인 돤잉룽段應龍은 자랑스럽게 말했다.

"어쩔 수가 없지요! 손님이 좋아하는 걸요! 노래를 틀지 않으면 손님이 요청을 해요. 아무리 들어도 질리지 않는다니까요!"

단지 윈난 식당에서뿐만 아니라 타이의 중국 식당 솽룽춘팅雙龍餐廳, 평야쉬안風雅軒, 샤오몐관小麵館을 비롯해 타이 북부의 메이쓰러美斯樂, 만싱데滿星疊, 라오샹탕老象塘 등 여러 마을을 다녀보면 어디서든 매일 덩리쥔의 노래를 틀어두는 것을 알 수 있다. 며칠간의 인터뷰 여행 동안 열몇 곳의 중국 식당에서 식사를 했는데, 어느 한 곳 덩리쥔의 노래를 틀지 않는 곳이 없었다. 그곳에서 덩리쥔의 노래를 듣자니 미묘한 감정이 차올랐다. 식당의 안주인에게 왜 덩리쥔의 노래만 트는지를 물었더니 안주인도 특별한 이유를 말해주지 못했다. 그저 손님이 좋아하니 그런다고만 했다. 외국 관광객조차 콕 집어서 어떤 곡을 틀어달라고 요청한다고 했다. 덩리쥔의 노래는 타이 북부의 삶과 한데 얽혀 융화된 것 같았다.

이런 느낌은 전혀 근거 없는 것이 아니었다. 사실 덩리쥔은 타이 북부 지역에 특별한 감정을 갖고 있었다. 1980년에 타이 북부에 온정을 보내는 운동이 시작된 뒤, 덩리쥔은 열심히 이 지역의 국민당 고군孤軍과 그 2세를 위한 모금에 열정을 쏟았다. 한 팬은 당시 군 복무 중이었는데 덩리쥔이 자선기금 모금을 위해 내놓은 사인한 사진을 경매하려고 10만 타이완달러 [약 360만 원]까지 불렀지만 결국 낙찰받지 못한 적도 있다고 한다. 그는 그 일이 지금까지도 아쉽다고 한다.

덩리쥔이 당시 묵고 있던 임페리얼 매핑 호텔에서 차 한 대를 빌려서 스테판과 함께 타이 북부에 간 적이 있다. 타이 북부 고군 마을의 아이들을 방문하고는 그들이 타이에서도 뿌리를 잊지 않고 중국어를 배우고 쓰려는 노력을 계속하는 것에 큰 감동을 받았다. 돌아온 뒤에는 남동생 창시에게 전화를 걸어 타이 북부에 사는 어린이들을 돕고 싶다는 의견을 비치기도 했다. 그곳은 물질적인 지원이 부족한데도 모두들 조국에 대한 마음을 간직하고 있다면서, 어떤 방식으로든 타이 북부 마을에 실질적인 도움이 되는 기부를 하고 싶다는 것이었다.

이 바람은 어쩌면 덩리쥔이 사망하기 전 마지막으로 바랐던 소망일 것이다. 덩창시는 그 일을 줄곧 기억하고 있다. 덩리쥔이 세상을 떠난 뒤에도 덩리쥔문교기금회에서는 계속해서 타이 북부 마을에 중국어 교육을 지원하는 사업을 해오고 있다. 소리 소문 없이 돈을 기부하기도 하고 도로를 닦아주는 등 덩리쥔의 이루지 못한 바람을 대신 해나간다.

타이 북부 촌락의 사람들은 확실히 부부처럼 보이는 관광객이 자신들에게 관심을 보인 적이 있다고 기억하고 있었다. 남편 쪽은 키가 크고 마른 외국인이고 아내는 아름답고 친화력 좋은 중국인이라고 했다. 그들은 마을에 와서 주민들과 함께 식사를 하고 아이들이 어떻게 공부를 하는지에 대해 여러 가지 질문을 했다. 주민들은 그 여자가 덩리쥔이라는 것을 몰랐다. 그들이 살고 있는 깊은 산골에는 연예계 소식이 들려오기 힘들고, 방송이나 노래를 들을 수 있는 기기도 없었다. 그들은 덩리쥔이 대단한 가수라는 사실은 모른 채 그저 그 부인이 아주 온화했다고만 기억하고 있다.

매핑 호텔에 입점한 작은 국수 가게 주인 부부도 덩리쥔이 아주 친절하고 온화하다고 기억했다. 그녀는 입맛이 좋을 때는 그들 가게에서 쏸유지러우몐蒜油雞肉麵을 단번에 세 그릇이나 먹어치우곤 했다. 관광객이 천장에 서명을 하고 가곤 했는데, 덩리쥔도 재미있어하면서 서명을 남겼다. 1995년 1월 1일 중국어로 '恭喜發財'['돈 많이 버세요'라는 뜻의 신년 인사], 그 옆에 영어로 축복의 말을 적었다. 스테판도 영어로 "이곳의 국수가 치앙마이 최고의 요리다"라고 적었다. 두 사람은 즐겁게 웃으며 서명까지 마친 뒤, 덩리쥔의 앨범 2장을 사들고 돌아와 주인 부부에게 선물했다. 주인 부부는 그제야 매일 자기 가게에 와서 국수를 먹고 간 사람이 그 유명한 덩리쥔이라는 사실을 알게 됐다.

덩리쥔이 세상을 떠난 뒤, 국수 가게 부부는 무척 슬퍼했다. 그들은 천장에서 덩리쥔의 서명이 남아 있는 부분을 뜯어내어 덩리쥔의 녹음테이프와 함께 액자에 넣어 표구했다. 그 액자는 지금도 가게 벽에 걸려 있다. 수많은 관광객이 그 액자를 갖고 싶어했고, 일본 팬 중에는 5만 타이완달러[약 190만 원]라는 높은 가격을 제시한 사람도 있었지만 주인은 절대 팔지 않았다. 오히려 덩리쥔이 사서 선물한 녹음테이프는 특별하다고 생각해서 40~50개 정도 복사해서 주변 친구에게 선물했다고 한다.

🐌 병원으로 이송되던 중 조용히 아무도 모르게 숨을 거두다

치앙마이의 5월은 이미 더울 때다. 덩리쥔과 스테판은 4월 중순에 매핑 호텔에 투숙했다. 공기 중의 건조하고 상쾌한 기운은 천식 환자에게 좋은 편이었다. 그래서 2주 넘게 그곳에서 느긋한 나날을 보냈다. 5월 8일 스테판은 약속이 있어서 오후 4시쯤 호텔을 나섰다. 손에는 비디오테이프가 든 가방을 들고 있었다. 아마도 비디오테이프를 돌려주고 다른 영화를 가져올 생각이었던 것 같다. 그러나 덩리쥔은 동행하지 않았다. 그리고 5시가 가까웠을 때쯤, 로열 스위트룸을 담당하는 호텔 종업원 3명이 덩리쥔이 괴로워하면서 방 밖으로 나오는 것을 발견했다. 숨을 헐떡이며 안색은 창백했고 계속 어머니를 부르고 있었다. 중국어로 도와달라는 말을 했던 것 같다고도 했다. 몇 걸음 움직이다가는 복도에 쓰러졌다.

종업원들은 당시 깜짝 놀랐지만 침착하게 한 명은 방 안에서 가운을 가져와 급히 덩리쥔에게 입혔고 다른 한 명은 테이블스푼을 덩리쥔의 입에 물려주었다. 덩리쥔이 몸부림치다가 혀를 깨물지 않도록 하려는 거였다. 그들은 호텔의 커다란 시트로 덩리쥔을 감싸서 엘리베이터를 통해 아래층으로 내려갔다. 그때 덩리쥔의 손에는 천식 스프레이가 꼭 쥐어져 있었다. 덩리쥔은 경련을 일으키며 눈물과 콧물이 줄줄 흘러내리는 상태였다. 호텔 지배인은 상황이 심각하다는 것을 알아차리고 당장 구급차를 불렀다. 덩리쥔에게 간단하게 마사지를 해주었지만 상황을 별로 나아지지 않았다.

호텔 사람들은 구급차가 늦게 와서 손쓸 시기를 놓칠까봐 몹시 초조했다. 결국 투숙객을 데려오는 미니버스를 이용해 병원으로 바로 이동하기로 결정했다. 그들은 시트로 들것을 만들어 덩리쥔을 버스로 옮겼다. 환자가 여성인 데다 아직 잠옷 차림이라 여자가 그녀를 안아 옮기는 게 적절하다고 생각한 그들은 젊은 여종업원 네 명이 앞에 한 명, 뒤에 세 명 앉아서 무릎 위에 덩리쥔을 눕혔다. 삐차이삿Pichaisat 지배인과 또 다른 지배인은 다른 차를 타고 뒤를 따랐다.

차가 흔들려서 덩리쥔의 머리 부분을 받친 종업원은 자기 팔로 덩리쥔을 가볍게 품에 안은 자세였다. 그래야 덩리쥔의 상태가 더 나빠지는 것을 막을 수 있을 터였다. 덩리쥔은 처음 1~2분간 조그만 목소리로 "엄마, 엄마!" 하고 부르다가 그 후로는 점점 잠에 빠졌다. 얼굴도 편안해졌다. 더 이상 고통을 받는 표정이 아니었고 다른 이상 징후도 없었다. 종업원들도 한숨을 돌렸다. 잠들어서 다행이며 고통이 줄어들 거라고 이야기도 했다. 길이 막혀 차의 속도는 느렸다. 덩리쥔이 조용히 잠든 후 다들 더 이상 가슴을 졸이지 않았다. 하지만 그때 덩리쥔은 이미 그들의 품에서 인생의 마지막 길을 걷고 있었다. 병원에 도착해 의사가 덩리쥔의 동공, 심장박동 등을 살펴본 뒤 생명 반응이 없다고 말하자 덩리쥔을 안고 있던 그 여종업원은 믿을 수 없다고 했다. 매우 놀라서 말도 제대로 하지 못한 채 당장 울음을 터뜨렸다.

매핑 호텔의 지배인 삐차이삿 쁘랏야Pichaisat Pratya는 그 여종업원이 그렇게 슬퍼한 이유를 이렇게 설명했다. 덩리쥔이 묵었던 로열 스위트룸은 매핑 호텔이 특히 자부심을 갖는 호화스러운 룸이었고 담당하는 종업원의 수준도 높았다. 그들은 대학을 졸업하고 영어를 잘했으며 젊고 아름다웠다. 덩리쥔이 머무는 동안 그들이 돌아가며 그녀의 방을 담당했는데 응접실에서 마주칠 때면 간단히 대화도 나눴다고 한다. 덩리쥔은 종업원을 번거롭게 하지도 않았고 가끔 어떤 일을 부탁할 때도 팁을 후하게 주었다. 종업원들은 덩리쥔에게 호감을 갖고 있었다. 1994년 호텔의 크리스마스 파티 때는 덩리쥔도 다른 투숙객과 함께 즐거운 시간을 보냈다. 그리고 덩리쥔을 좋아했던 종업원들은 그녀와 기념사진도 찍었다. 여전히 손가락으로 V 자 모양을 만든 채 사진을 찍은 덩리쥔은 종업원들에게 이 손가락 사인이 세계평화를 상징하는 거라고 말해주었다. 덩리쥔의 친절함, 관대함, 예의 바른 태도와 온화함은 종업원들에게도 깊은 인상을 남겼다.

당시 종업원들은 그 사건 이후 얼마 지나지 않아 매핑 호텔을 그만두었고, 그 이후에 다른 호텔에서 일한 적도 없다고 한다. 그동안 일본의 매체를 비롯해 덩리쥔의 전기를 쓰려는 작가들이 몇 차례나 치앙마이를 찾아와 인터뷰를 했고, 그때마다 그들을 만났다. 네 사람 중 두 명은 프랑스에서 대학원을 다니고, 한 명은 호주로 이민을 갔다. 나머지 한 명은 지금 스튜어디스로 일하고 있다. 그들은 지배인에게 그날의 일을 이야기할 때마다 눈물을 흘렸으며 덩리쥔이 살아날 수 있다면 얼마나 좋겠느냐고 말했다. 그만큼 덩리쥔을 좋아했던 것이다. 지배인이 종업원들의 이야기를 들려줄 때 그의 눈에도 눈물이 고여 있었다.

🐌 매핑 호텔에서 보낸 시간
사람들의 기억 속 덩리쥔

지배인 삐차이삿 역시 덩리쥔을 무척 좋아했다. 덩리쥔은 여권에 적힌 이름의 영문 표기 'Teng Li Yun'으로 호텔에 투숙했다. 당시 그들은 그녀가 유명한 가수 덩리쥔이라는 것을 몰랐다. 일주일이 지나서 야시장의 음반가게 사장이 아시아에서 유명한 가수가 당신네 호텔에 묵는다며 음반에 실린 사진을 보여줬을 때에야 호텔 5층에 묵는 사람이 대단한 스타라는 것을 알게 되었다. 덩리쥔과 스테판이 평소에 호텔을 드나들 때 덩리쥔은 친절하고 다정하게 모든 호텔 직원과 인사를 나눴다. 지배인은 덩리쥔이 아주 활발하고 귀여웠다고 말하면서 절대로 마흔두 살처럼 보이지 않았다고 했다.

지배인이 회상하는 덩리쥔의 생활은 규칙적이었다. 평소에는 호텔에 머물면서 거의 외출을 하지 않았다. 외출이라야 비디오테이프를 빌려서 호텔 방으로 돌아오는 정도였다. 저녁에는 가끔 나가서 산책을 했지만 호텔 근처를 돌아다니는 경우는 거의 없었다. 덩리쥔은 구아바, 바나나, 과일 주스 등과 간단한 샌드위치로 식사를 하곤 했다. 식사량도 매우 적었다. 게다가 방해하지 말아달라고 미리 얘기를 해두었기 때문에 식사 시간이면 방 바깥에 음식을 담은 카트를 놔두고 덩리쥔이 나와서 가져갔다.

1994년 연말, 덩리쥔은 스테판과 함께 매핑 호텔에 머물렀다. 호텔 측이 새해 카운트다운을 함께 하는 신년파티에서 노래를 불러줄 수 있는지 정중하게 요청했을 때 그녀는 흔쾌히 승낙했다. 다만 자신이 이 호텔에 있다는 것을 소문내지 말아달라고 했다. 그날 저녁 덩리쥔은 〈첨밀밀〉을 포함해 동남아시아를 풍미했던 노래 몇 곡을 불렀다. 그 곡들은 타이어로 리메이크되어 타이 가요계에서 히트하기도 했기 때문에 다들 곡조를 알았다. 중국어로 불러서 가사를 이해하지는 못했지만 역시 대단한 감동을 주었다. 다들 덩리쥔의 노래에 빠져들었다. 지배인은 파티 내내 바쁘게 돌아다녀야 했지만 다행히 홀 한쪽 구석에서 덩리쥔의 노래를 들을 수 있었다고 했다. 덩리쥔의 노랫소리는 아시아를 주름잡은 실력파 가수라는 명성이 무색하지 않았다.

그때부터 지배인은 덩리쥔과 점점 더 친해졌다. 덩리쥔은 지배인에게 건강이 좋지 않아 조용히 휴양해야 한다면서, 한가롭게 지내려고 치앙마이에 왔다고 말했다. 언론이 뒤따라오지 않는 곳이라 좋다고도 했다. 특히 덩리쥔은 가사를 쓰는 일에 골몰하고 있다면서 치앙마이는 인심이 좋고 풍경도 아름다우며 호텔 근처 환경도 깨끗해서 가능하면 오래 머물고 싶다고 말했다.

또 한번은 덩리쥔이 응접실 소파에 앉아 있을 때 이런저런 이야기를 나누다가 담담하게 자신의 가수생활에 대해서 이야기한 적이 있다. 몇 살에 처음 노래를 시작했고 언제부터 홍콩, 싱가포르, 말레이시아로 진출했는지, 일본에서 활동할 때 어떻게 인기를 얻었는지 그런 이야기였다. 심지어 자신의 음반 수익 규모와 팬들 사이에서 있었던 재미있는 일화도 들려줬다. 덩리쥔은 유머러스하고 우아한 사람으로, 계략을 꾸미거나 사람을 의심하지 않았다. 상대방의 말을 잘 들어주는 편이어서 지배인이 홍콩에 가보고 싶다는 이야기를 하자 자신의 홍콩 집 주소와 전화번호를 써주면서 홍콩에 오게 되면 자기 집에서 묵으라는 말까지 했다. 덩리쥔은 자신이 직접

스탠리 주변을 안내해주겠다고 했다. 그날 밤이 지배인과 덩리쥔이 마지막으로 길게 이야기를 나눈 날이었다. 지배인은 덩리쥔이 직접 써준 주소, 전화번호가 적힌 쪽지를 아직까지 소중히 간직하고 있었다.

지배인이 보기에 덩리쥔과 스테판은 잘 어울리는 한 쌍이었다. 두 사람은 늘 함께 움직였고 평소에도 다정해 보였다. 손을 꼭 잡고 다니면서 함께 야시장을 구경하거나 간식을 먹으러 다녔다. 물론 두 사람도 다툴 때가 있었다. 사실 스테판은 성격이 급하고 화를 잘 내는 편이라 사소한 일에도 호텔 직원과 옥신각신하거나 큰소리를 칠 때가 있었다. 그러면 잠시 후에 덩리쥔이 나와서 직원에게 사과하고 위로해주곤 했다. 호텔 사람들은 덩리쥔의 체면을 봐서 스테판의 무례를 참아주었다.

어느 날 밤, 스테판이 외출했다가 아주 늦은 시각까지 돌아오지 않은 적이 있었다. 덩리쥔도 정말로 화가 난 모양인지 방문을 잠그고 그를 들여보내지 않았다. 스테판은 문 앞에서 고함을 치다가 급기야 방문을 힘껏 걸어찼다. 이런 일이 한두 번이 아니었다. 하지만 다음 날이 되면 아무 일도 없었던 것처럼 두 사람은 손을 잡고 산책을 나갔다. 그들의 행동을 보면 깊이 사랑하는 연인이 분명했다. 연인 사이에서 사소한 일로 난리를 치는 모습은 호텔에서 일하는 사람에게 굉장히 흔한 광경이었다.

덩리쥔이 사망하던 날, 지배인은 다른 일로 바쁘게 움직이고 있다가 덩리쥔이 발작을 일으킨 것을 보고는 당장 모든 일을 내려놓고 달려왔다. 그와 다른 지배인 한 명이 호텔의 접객용 미니버스를 타고 함께 병원으로 이동했다. 덩리쥔이 병원에 입원하는 모든 수속도 그가 마쳤다. 의사가 덩리쥔을 살펴본 후 이미 생명 반응이 없다고 하자 호텔 사람들은 믿을 수가 없었다. 의사에게 다시 한번 봐달라고 할 정도였다. 덩리쥔이 이송된 치앙마이 람 병원의 원장과 의사들도 이 일을 무척 중요하게 여겼다. 한 시간가량 할 수 있는 모든 조치를 다했다. 지배인 역시 그 과정을 모두 지켜봤다. 결국 덩리쥔의 사망이 선고되고 영안실에 안치될 때까지 계속 자리를 지켰다.

지배인은 줄곧 덩리쥔을 좋아하고 존중했다. 병원 측이 사망을 선고한 뒤 덩리쥔은 잠시 영안실 바깥 대기실에 누워 있었다. 그동안에도 지배인은 덩리쥔이 누워 있는 침대 옆에 서 있었다. 덩리쥔의 얼굴은 흰 천으로 덮였지만 천의 길이가 길지 않아서 그녀의 발은 밖으로 드러나 있었다. 지배인은 그녀의 발을 계속 바라보고 있었다고 했다. 발그레하던 피부색이 두 시간 정도 지났을 뿐인데 벌써 핏기 없는 푸르죽죽한 색으로 변해 있었다. 지배인은 머릿속에 아무 생각도 나지 않았다고 했다.

그는 당시 겨우 스물다섯 살이었다. 어떠한 죽음도 실제로 겪은 적이 없었다. 덩리쥔은 그가 처음으로 오래 곁을 지킨 유해였다. 이상한 것은 전혀 무섭지 않았다는 점이다. 예전에 덩리쥔과 이런저런 이야기를 나눴던 것처럼 담담하고 조용하고 자연스럽고도 평화로웠다고 한다. 그는 지금까지도 덩리쥔이 이 세상에 존재하지 않는다는 것이 잘 믿어지지 않는다고 했다. 사실상 그는 덩리쥔이 생명의 빛을 잃는 과정을 직접 목격한 사람이자 그녀의 마지막 인생길을 지켜본 사람이다. 그러니 그가 오래도록 덩리쥔을 잊지 못하는 것도 당연하다.

🐚 대스타의 죽음
언론 매체의 추모 방송 열기

스테판은 대략 6시에서 6시 30분 사이에 호텔로 돌아왔다. 덩리쥔이 병원으로 이송됐다는 말에 그는 믿을 수 없다는 반응을 보였고, 심지어 심하게 화를 내기도 했다. 호텔 측이 몇 번이나 덩리쥔이 람 병원으로 갔다고 확실하게 이야기하자 그제야 급히 병원으로 달려갔다. 그가 병원에 도착했을 때는 이미 7시가 넘은 시각이었다. 스테판은 슬피 울면서 정신을 차리지 못했다. 그는 의사에게 다시 응급조치를 하라고 난리를 피웠다. 그때는 이미 전 세계의 모든 신문사에 덩리쥔의 사망 소식이 전해진 뒤였다. 이 소식은 중화민국(타이완)의 타이 주재 외교부 대표의 명의로 발표되었다.

당시 덩리쥔이 매핑 호텔에서 병으로 위독한 상태라는 소식이 전해지자 병원의 응급센터와 타이 주재 타이완 외교부 사무소에 상황을 묻는 전화가 끊이지 않았다. 이미 해가 졌는데도 외교관들은 상황을 확인하기 위해 테레사 덩의 이름으로 치앙마이 모든 병원에 전화를 걸어 문의를 했다. 덩리쥔이 사망했다는 루머가 예전에도 서너 차례 돌았던 적이 있기 때문에 외교부에서도 신중하게 상황을 조사하려 한 것이다. 결국 덩리쥔이 본명으로 람 병원에 이송되었다는 것을 확인할 수 있었고, 외교부 사무소 직원 두 명이 병원에 가서 사실을 확인했다. 외교부 직원은 생전의 덩리쥔을 만난 적이 없어서 어쩔 수 없이 덩리쥔의 친구인 홍위칭洪于青 선생과 함께 가서 신원을 확인했다. 그러나 그들은 덩리쥔의 가족도 아닌 데다 스테판이 아무도 덩리쥔의 유체를 건드려서는 안 된다고 못 박은 채 병원을 떠나버려서 병원에서는 유체를 보여주지 않으려 했다. 나중에야 이리저리 인맥을 이용해서 신원 확인을 할 수 있는 권리를 취득해 덩리쥔임을 확신할 수 있었다. 외교부는 신원 확인을 마친 뒤 정식으로 사망 소식을 발표했다.

덩리쥔의 사망이 가져온 움직임은 대단했다. 전 세계 각지의 팬들이 슬픔에 빠진 것은 물론 세계 언론이 이후 한 달 동안 취재 전쟁을 벌였다. 당시 타이완에는 유선방송국이 TTV, CTV, CTS 세 곳뿐이었고 무선방송국은 아직 크게 두각을 드러내지 못한 상황이었다. 거의 동시에 모든 방송국이 약속이라도 한 듯 움직였다. 유선방송국 세 곳은 가능한 모든 인맥을 동원하고 방송설비, 인력 등을 투입해 당일 저녁 바로 덩리쥔이 타이 치앙마이에서 사망했다는 뉴스를 내보냈다. 이틀 뒤인 셋째 날에는 중정 공항에서 덩리쥔의 영구가 귀국하는 장면을 방송했다. 각 방송국마다 최대한으로 취재력과 방송 능력을 발휘했다.

덩리쥔은 데뷔 초기 TTV와 인연이 깊었다. TTV도 덩리쥔의 앨범, 영상, 현장 인터뷰 등의 자료를 다량 보유하고 있어서 덩리쥔 사망 이틀째에 이미 뉴스 끝자락에 10분에 달하는 보도를 내보낼 수 있었다. 그 밖에도 130분짜리 「10억 개의 박수 소리」라는 콘서트 실황을 다시 한번 방송하기도 했다. 11년 전, 데뷔 15주년 기념 콘서트 때의 모습과 일본에서 전문 디자이너가 디자인한 무대와 수없이 바뀌는 의상과 메이크업, 그리고 37곡이나 되는 노래까지 그날의 성황을 다시 확인하면서 덩리쥔을 그리워하는 시간이었다.

CTV는 덩리쥔이 활동 초기 진행을 맡았던 프로그램 「매일일성每日一星」을 방송한 곳이다. 그러나 아쉽게도 당시 자료를 거의 가지고 있지 않았다. 덩리쥔의 과거 자료 중 활용할 만한 영상이 특히 부족한 상황에서 기념 특집 방송이 늦어졌다. CTV의 홍보실 주임 장유민張佑民과 프로그램 매니저 렌진위안連錦源은 급히 30만 타이완달러[약 1000만 원]의 위문금을 덩리쥔의 가족에게 전달하는 한편 위성방송국인 스타채널과 연합해 기념 특집 방송을 제작했다.

CTS의 기동성이 가장 뛰어났다. 곧바로 연대기 방식으로 제작한 3~4시간짜리 특집 방송을 내보냈고, 덩리쥔이 생전에 거주했던 세계 각지의 모습을 다큐멘터리 형식으로 살폈다. 또한 방송국 대표 장자상이 직접 덩리쥔이 수양 오빠로 여겼던 자오닝趙寧을 고문으로 위촉하고 덩리쥔 특집방송의 준비와 프로그램 진행을 맡겼다. 그뿐 아니라 덩리쥔 기념 책자를 집필하라고 하여 자오닝은 원래의 일을 모두 뒤로 미룬 채 가장 완벽하고 소중한 책을 남겨주기 위해 노력했다. 그가 제작한 프로그램에서는 덩리쥔이 어릴 때부터 어떻게 가수로서 노력했는지, 대중음악계에 어떤 공헌을 했는지를 담았다. 이 특별 프로그램은 덩리쥔 사망 후 100일이 되기 전에 방송되었는데, 당시 대단한 반향을 불러일으켰다. 타이완에 와서 취재하던 일본 NHK의 스태프들도 그 프로그램을 보고 대단하다고 칭찬할 정도였다.

🐌 루머에 대한 반박
치앙마이 람 병원의 주치의가 밝히다

이와 같은 덩리쥔 특집 방송의 치열한 전쟁 가운데 언론이 유체가 나온 뉴스 화면을 보도한 것이 비도덕적이라는 문제가 제기됐다. 일반적으로는 죽은 이를 존중하는 입장에서 유체를 가까이에서 촬영하지 않는 것이 관례다. 특히 중국인은 죽은 이의 명예를 매우 중시하는 편이다. 그런데 방송국과 신문 등 언론 매체에서 덩리쥔의 유체를 큰 사진으로 싣거나 방송했다. 심지어는 유체에 나타난 시반까지 보일 정도여서 나중에는 덩리쥔이 에이즈로 사망했다는 낭설까지 나돌았다.

이런 황당무계한 루머에 덩리쥔의 가족은 일절 반응하지 않았다. 나는 타이완 정보국 타이 주재 사무소에서 일하는 친구를 통해 특별히 람 병원 측을 만나 명확한 사실을 들을 수 있었다. 덩리쥔은 유행성 독감이 원인이 된 천식 발병으로 사망했으며 제때 응급 치료를 받지 못한 데다 천식 환자들이 흔히 사용하는 스프레이 약물을 과도하게 사용한 것이 주된 사인이라고 했다. 덩리쥔은 생전에 이 병원에서 두 번 치료를 받은 적이 있다. 당시의 주치의였던 수멧Sumeth은 '鄧麗筠'이라고 본명이 적힌 HN45881번 병력 기록부를 꺼내 와서 우리에게 상세히 설명했다.

덩리쥔은 1994년 12월 30일 병원에 입원해 치료를 받았다. 덩리쥔의 천식은 고질병이었고, 감기로 인한 기관지염을 앓고 있었다. 하루 입원한 뒤 열이 내리자 약을 처방받아 퇴원했다. 당시 주치의는 다음에 또 치앙마이에 와서 휴가를 보낸다면 병원에서 가까운 호텔에 투숙하라고 당부했다.

천식은 언제든지 발작할 수 있으므로 병원에서 가까운 곳에 머물러야 응급 시에 빠르게 대처할 수 있기 때문이다. 덩리쥔은 의사의 말에 따라 매핑 호텔에 투숙했다. 도로 사정이 나쁘지 않을 때면 보통 10분도 걸리지 않는 거리였다.

사망하기 전, 덩리쥔은 병원에 최소 두 번 더 다녀갔다. 병원에 올 때마다 호흡이 순조롭지 못했다. 당시 덩리쥔은 일련의 혈액검사와 소변검사를 받았고 그 결과 덩리쥔이 에이즈 감염이 아니라는 점은 확실했다. 마찬가지로 마약 반응도 없었다. 유체에 나타난 반점은 영안실 냉동고에서 유체를 꺼내 상온에 일정 시간 이상 놔두면 그와 같이 부자연스러운 피부색과 반점의 흔적이 나타난다고 했다. 이런 현상은 매우 자연스러운 일이고 일반 상식이나 다름없는 사실인데 왜 그런 낭설이 떠도는지 이해할 수 없다고도 했다. 수멧은 덩리쥔을 두 번 진료했고 마지막의 응급처치까지 포함해 모든 치료 과정을 돌이켜볼 때 덩리쥔은 절대 마약 복용이나 에이즈 감염을 의심할 여지가 없다고 확언했다. 마약 중독 혹은 에이즈 감염 환자의 경우 외견상으로도 판단이 가능한데 덩리쥔은 전혀 그런 증상이 없었다.

그는 굳은 표정으로 엄숙하게 말했다.

"일반적으로, 경찰의 요구가 있는 경우 외에는 환자의 개인적인 병력 기록을 쉽게 보여주지 않습니다. 하지만 타이완에서 이런 루머가 있다고 하니 저희로서도 곤혹스럽고 가슴이 아픕니다. 이 환자는 예의 바르고 타인을 존중할 줄 아는 분이었습니다. 저도 그런 점에 좋은 인상을 받았고 아직까지 기억하고 있을 정도니까요. 그렇게 좋은 사람이고 선행도 많이 했으니 타이완의 영예라고 할 만한 사람이지요. 외국인인 저희도 덩리쥔을 무척 존경하고 있습니다. 타이완에서는 왜 그렇게 그녀에 대한 헛소문을 떠드는지 도대체 이해할 수 없군요."

그는 잠시 감정이 격해졌으나 곧 마음을 가라앉히고 신중하게 종이 한 장을 내게 건네주었다. 그는 목이 메인 목소리로 말을 이었다.

"관례를 깨고 덩리쥔의 혈액검사 결과 사본을 드리겠습니다. 타이완에 가져가서 공개해도 좋습니다. 정확한 검사 결과입니다. 의혹을 풀어주고 덩리쥔이 절대 에이즈로 사망한 게 아니라는 점을 증명할 수 있을 겁니다."

나는 약간 분노한 듯한 그의 표정을 보고 결과지 사본을 받았다. 눈에 확 들어오는 '음성NEGATIVE'이라는 글자가 내 가슴에 가시처럼 박혔다. 타이완 국민이 그녀를 사랑하지 않거나 소중히 하지 않는 것은 아니다. 다만 타이완 언론이 온갖 억측을 사실처럼 기사화해서 '독점 특종'을 차지하려는 나쁜 습관에 물들어 있는 것이다. 나 역시 언론계에 종사하는 사람으로서 부끄럽기 짝이 없었다. 눈물이 결과지 위로 툭툭 떨어졌다.

수멧은 그날 덩리쥔이 병원에 20분만 빨리 도착했어도 살아날 가능성이 있었다고 했다. 천식이 발작했을 때가 오후 5시 30분 정도였는데 병원으로 오는 길이 퇴근하는 차들로 꽉 막혀서 구급차가 호텔로 빨리 도착하지 못했고, 호텔에서 급히 차로 이동했지만 산소마스크 등 응급처치를 위한 설비가 없었던 점과 호텔 직원들이 인공호흡이나 심폐소생술을 할 줄 몰랐던 점이 문제였다. 제때 응급처치가 되지 않아 덩리쥔의 뇌에 산소가 공급되지 못한 시간이 몹시 길었기 때문에 혹시 목숨을 구했더라도 식물인간이 되었을 가능성이 컸다. 덩리쥔은 병원에 도착했을 때 이미 동공이 확장되고 심장 박동이 멈춘 상태였다. 하지만 병원 측은 전기충격, 심장마사지 및 강심제 주사 등 여러 조치를 취했다. 보통은 30분 정도면 사망 선고를 내리기 마련인데 그들이 거의 1시간 가까이 포기하지 않고 여러 방법을 시도했다고 한다. 병원 측도 모든 노력을 다했던 것이다.

덩리쥔은 사망할 때 손에 천식 환자들이 흔히 쓰는 스프레이형 기관지 확장제를 꽉 쥐고 있었다. 이 점으로 볼 때 의사의 분석대로 기관지 확장제를 과하게 투약한 것이 덩리쥔이 사망에 이른 주요 원인 중 하나일 것이다. 천식은 일상생활 중에도 간헐적으로 발작한다. 의사는 대부분 기관지 확장제를 환자에게 처방하는데, 이 스프레이형 기관지 확장제는 지나치게 많이 분사하면 안 된다. 최대 분사 횟수는 2번으로, 효과가 없더라도 더 이상 분사하는 것은 위험하다. 기관지 확장제의 원리는 심장근육을 수축시켜서 기관을 확장하고 공기를 들이마시게 하는 것이다. 그래서 용량이 초과되면 심장이 멈추기도 한다. 이런 상식은 약을 처방할 때 환자에게 상세히 설명해준다. 하지만 환자는 순간적으로 공기를 들이마시지 못하게 되면 당황하여 약물이 유일한 구명줄이라는 생각에 여러 차례 약을 분사하는 경우가 있다. 이는 심장 기능에 영향을 미쳐 더욱 나쁜 상황을 만든다.

가까운 가족이 있지 않은 상황에서 호텔의 지배인은 어떻게 결정을 해야 할지 알 수가 없었다. 경찰이 병원에 와서 살펴본 결과 범죄는 아니라고 판단했다. 타살이 아니므로 검시할 필요도 없었다. 스테판은 그 후에 병원에 도착했고, 고함을 치며 누구도 덩리쥔을 건드려서는 안 된다며 난리를 피웠다. 동시에 진단서에도 가족이 올 때까지 덩리쥔의 유체에 손대지 말라는 내용을 작성하게 했다. 병원 측도 중국인의 전통에 죽은 이의 시체를 온전히 보전하게 한다는 사상이 있음을 잘 이해했고, 그래서 검시를 하자는 의견을 제시하지 않았다. 덩리쥔의 가족 역시 그녀를 평안하게 보내주기를 바랐고, 그녀의 신체를 더 이상 괴롭히고 싶지 않다고 했다. 수멧은 사망진단서에 '천식'이라고 사인을 기록했다.

2013년 중국에서 이 책이 출간된 시점에서 볼 때 덩리쥔이 사망한 지 이미 18년이 되었다. 타이완에서 벌어지는 기념행사나 언론의 주목도도 점차 가라앉았다. 그러나 타이, 특히 타이 북부 지역에서는 덩리쥔에 대한 그리움이 나날이 커지고 있다. 1996년부터 지금까지 매핑 호텔은 매년 덩리쥔의 기일이면 성대한 기념행사를 연다. 생전에 덩리쥔이 파티에서 노래를 불렀던 1층의 홀이나 투숙객이 없는 빈방에 모여 덩리쥔의 노래를 중국어, 영어, 타이어, 광둥어 같은 여러 나라 말로 함께 부르는 것이다. 이 행사는 덩리쥔을 그리워하는 사람의 마음을 크게 위로해주고 있다. 치앙마이 지역 신문에 이 행사의 소식이 실리기도 하고, 네 번째 행사 때는 텔레비전

에 동시 방영되기도 하는 등 치앙마이 지역의 1년 행사 중 매우 중요하면서도 관례적인 행사로 자리매김하고 있다. 그들은 노래로 덩리쥔을 기념하는 것은 하늘에 있을 그녀를 무엇보다도 기쁘게 하는 방식이라고 믿는다.

〈안녕, 내 사랑〉은 이 기념행사의 마지막을 장식하는 곡이다. 타이의 팬들은 더 이상 "그대 언제 돌아오실까"라는 질문을 던지지 않는다. 그저 마음을 다해 덩리쥔에게 작별 인사를 한다. 안녕히, 안녕히. 그녀를 사랑하는 마음은 여전히 그대로다.

好花不常開

好景不常在

愁堆解笑眉

淚灑相思帶

今宵離別後

何日君再來

喝完了這杯

請進點兒小菜

人生難得幾回醉

不歡更何待

今宵離別後

何日君再來

아름다운 꽃은 영원히 피어 있지 못하고

멋진 경치도 영원히 머물러 있지 못하네

시름이 쌓여 눈가의 웃음도 사라지고

눈물이 그리움을 담고 흐르네

오늘 밤 떠난 뒤에

그대 언제 돌아오실까

이 술잔 비우시고

안주도 좀 드세요

사는 동안 이리 취하는 날도 많지가 않으니

지금 즐기지 않고 무얼 더 기다리나요

오늘 밤 떠난 뒤에

그대 언제 돌아오실까

누군가 〈그대 언제 돌아오실까何日君再來〉는 중국 대중음악사의 영원한 히트곡이라고 말한 바 있다. 확실히 그렇다. 이 곡은 저우쉬안周璇이 불러 히트한 이후 리샹란李香蘭, 징팅靜婷, 쯔웨이紫薇 등 옛날 가수들이 많이 불러서 널리 알려졌다. 그 후 40년이 지나 덩리쥔이 섬세하고 부드러운 느낌으로 새롭게 해석하여 동남아시아는 물론 일본, 타이완과 중국의 모든 지역에서 대단한 성공을 거둔 인기곡이 된다. 반세기 넘게 불리면서도 질리지 않는 곡으로 중국 대중음악계에서 동양의 〈축배의 노래〉[베르디의 오페라 「라 트라비아타」에 나오는 아리아]라고 불리기도 한다. 〈그대 언제 돌아오실까〉는 〈축배의 노래〉처럼 한껏 즐기는 쾌락의 느낌은 없지만 아시아인 특유의 내성적이고 함축적인 정서로 쓰라린 괴로움을 잘 담아냈다. 겉으로 보기에는 활달하게 술을 권하는 것처럼 보이지만 실제로는 술에 취하는 장면 속에 쓸쓸한 헤어짐의 정서가 가득하다. 이런 정서는 덩리쥔처럼 감정을 숨기면서도 한편으로는 충분히 감정을 드러낼 수 있는 목소리로 표현하기 딱 좋았다.

　이 아름다운 노래가 타이완과 중국에서 금지곡이었던 적이 있다. 원인은 중국 공산당이 이 곡을 '퇴폐적인 음악'이라고 여겼던 데 있다. 중국 공산당은 이 곡이 노래를 파는 가기歌妓가 술을 권하는 퇴폐적인 정서를 담는다고 여기는 한편, 그 속에 장제스가 하루라도 빨리 군대를 이끌고 돌아오길 바라는 정치적 호소가 담겼다고 생각했다. 그래서 이 곡에 외설적인 반동 가곡이라는 딱지를 붙였던 것이다. 이 곡의 작곡가인 류쉐안劉雪庵도 이 때문에 중국에서 반동파로 낙인찍혀 홍위병의 투쟁 대상이 되었다.

　그러나 지금 이 곡은 또 다른 의의를 갖고 있다. 덩리쥔의 팬들이 그녀를 그리워하며 외치는 구호가 된 것이다. 덩리쥔은 이미 멀리 떠나 돌아올 수 없기에 이 노래를 부를 때면 더욱 깊은 슬픔과 그리움이 느껴진다. 덩리쥔의 〈그대 언제 돌아오실까〉는 앞서 이 곡을 불렀던 어떤 선배 가수보다도 큰 영향을 미쳤고, 이 노래에 대한 인상을 바꿔놓았다. 이 노래는 덩리쥔의 공연에서 늘 마지막 곡이나 앙코르 곡으로 쓰였고, 〈그대는 최전선에〉와 마찬가지로 깊은 의미를 함축한 곡이 되었다. 특히 덩리쥔의 고별식에서 듣는 이 곡은 그 애처로운 감성 때문에 덩리쥔에 대한 그리움을 멈출 수 없게 했다.

돌아온 덩리쥔
국장으로 치른 장례 천만 명이 애도하다

　1995년 설, 덩리쥔은 타이완에 와서 명절을 보냈다. 당시 독감을 앓고 있어서 거의 외출을 하지 않았다. 그랜드하이엇 호텔은 특별히 덩리쥔을 위해 의사를 호텔 방으로 불러서 진료했다. 덩리쥔의 어머니는 감기가 계속 낫지 않으니 치앙마이에서 휴양을 하는 것도 괜찮겠다고 생각했다. 타이완보다는 기후가 좋을 거라고 여겼던 것이다. 5월 8일 당일에는 가족이 덩리쥔의 아버지 기일을 보낼 준비로 바빴다. 아버지의 유해를 모신 납골당에 가서 제사를 지내려고 준비하느라 바빠서 덩리쥔에게 건강을 조심하라고 당부하는 것을 소홀히 했는데 그것이 어머니에게 평생의 한으로 남았다.

덩리쥔이 치앙마이에서 사망했다는 소식이 타이완에 전해졌을 때 어머니는 전혀 믿지 않았다. 언론에서 또 악의적인 소문을 퍼뜨린 것이기를 얼마나 바랐는지 모른다. 다섯째 창시는 급히 치앙마이로 가는 비자를 발급받아 셋째 형수인 주롄朱蓮과 덩리쥔의 가까운 친구들과 함께 덩리쥔을 데리러 갔다.

사흘 만인 5월 11일 덩리쥔이 복숭아색 옷을 입고 입관 의식을 마쳤다. 관은 영구차에 실려 공항으로 향했다. 그날 하늘은 흐리고 눈물처럼 비를 뿌릴 것 같은 날씨였다. 비행기에 탑승한 후 하늘은 결국 비통함을 참지 못한 듯 세찬 비를 내렸다. 비행기가 치앙마이 공항에서 활주를 시작한 때는 공교롭게도 14시 14분이었다. 중국어 발음으로 이쓰, 이쓰가 되는 그 시간은 마치 "그녀가 떠나네伊逝, 그녀가 떠나네伊逝[중국어 발음으로 '이스'가 된다]라고 말하는 듯했다.

타이항공 636편 비행기는 저녁 6시 15분 해질 무렵에 방콕에서 이륙했다. 활주로에는 석양이 붉게 비쳤고 어지러울 만큼 아름다운 햇빛이 찬란했다. 덩리쥔의 화려하고 눈부신 인생이 그랬듯, 오색찬란한 빛깔을 뽐내던 하늘은 어느새 시커먼 어둠으로 덮이고 반짝이는 별들만 밤하늘에 가득했다. 마치 덩리쥔의 미처 이루지 못한 꿈이 남은 것처럼……. 타오위안 중정 공항의 주임 저우원쥔周文軍은 공항 북단 2번 활주로에서 기다리고 있었다. 섬세하고 아름답게 꾸민 흰 관이 천천히 땅에 내려졌다. 입국증명서는 얇디얇은 사망진단서 한 장, 그리고 두툼한 중화민국(타이완) 여권이었다. 공항 트레일러도 그 자리에 모인 사람들의 무거운 마음을 대변하듯 천천히 관을 싣고 움직였다. 공항의 화물 청사에 꽤 큰 규모의 임시 빈소가 차려졌다. 비행기를 마중하러 나온 사람이 많았지만 아무 소리도 들리지 않았다. 그저 여기저기서 카메라 플래시가 터지는 소리만 간헐적으로 들렸다. 그 소리는 세상의 무상함을 더욱 한스럽게 만드는 듯했다.

하늘도 울고 있는지 가는 빗줄기가 그치지 않고 내렸다. 덩리쥔이 땅에 내려오자 조카 밍펑과 밍웨이, 밍팡, 그리고 자닝家寧이 덩리쥔의 다음 세대를 대표해 영구를 맞이했다. 가족이 옆에 서서 덩리쥔을 맞이하는 동시에 배웅하고 있었다.

고모의 영전에 세 번 절하고 꽃과 과일을 올린 뒤 향을 피웠다. 그렇다. '그대'는 언제 돌아올까? 덩리쥔은 확실히 돌아왔고 이제 영원히 떠나지 않을 것이다. 하지만 우리는 모두 그녀를 잃었다.

가족과 친구들, 그리고 수많은 팬이 일찍부터 공항에 나와 몇 시간을 기다렸다. 덩리쥔의 일본 음반사 토러스의 사장 이가라시는 염주를 들고 합장한 채 서 있었다. 부사장 후나키 미노루와 함께 그들이 가장 사랑했던 가수를 향해 깊숙이 몸을 숙여 세 번 절을 했다. 당시 타이완 신문국의 국장이었던 후쯔창胡自強, 유명출판사 렌허문학의 발행인 장바오친張寶琴, CTS 이사장 저우스빈과 사장인 장자샹이 영전에 향을 피우고 절을 했으며, 그 밖에도 많은 연예계의 대스타가 공항에 와서 애통해했다.

대규모 군 위문 공연이 인연이 되어 덩리쥔과 자주 만났던 장자샹 전 장군은 군인다운 명쾌한 태도로 빠르게 덩리쥔의 장례위원회를 구성했다. CTS는 100만 타이완달러[3600만 원]를 장례비로 쾌척했고 빠른 일처리로 몇 시간 만에 CTS 시청센터 건물에 우아하고 단정하면서도 엄숙한 분위기의 빈소를 설치했다. 옅은 자주색 테이블보가 덮인 2층 규모의 탁자를 놓고 양옆으로 분홍색과 흰색의 넓은 천을 늘어뜨렸다. 깔끔하고 우아한 분위기의 빈소에서 며칠간 이어진 고별식을 문제없이 원만하게 마무리 지었다. 덩리쥔을 애도하러 모인 수많은 사람이 다들 이렇게 아름다운 빈소는 처음이라고 입을 모았다.

덩리쥔의 죽음은 전 세계의 화교를 충격에 빠뜨렸다. 덩리쥔의 짧은 42년 인생의 빛과 열기는 여러 신문과 잡지에서 특집 기사로 보도되었고, '연예계 사상 전무후무한 예인'이라는 영예로운 칭호로 불렸다. 애도의 발길이 끊이지 않고 밤새 빈소를 지키거나 허리를 굽혀 예를 다하는 사람들로 가득했다. 이러한 애도의 물결은 과거 덩리쥔이 전파한 빛과 열기가 다시 되돌아오고 있는 것 같았다. 매일 팬들의 발길이 CTS로 이어졌다. 남녀노소, 직업과 국적의 구분도 없었다. 멀리 진먼, 마주의 섬에서 타이완 본섬까지 온 사람도 있었다.

덩리쥔은 또한 타이완의 군인들, 과거 국민당에서 복무하다가 퇴역 후 타이완에서 거주하는 사람들인 '영민榮民'이 가장 사랑하던 가수였다. 덩리쥔의 죽음에 그들도 뜨거운 눈물을 흘렸다. 그해 여든하나였던 리李 씨 성의 노병이 지팡이를 짚고 융허永和에서 타이베이까지 덩리쥔의 빈소를 찾기도 했다. 그는 방송국 직원의 안내로 덩리쥔의 빈소에 와서 깊이 허리를 숙였다. 이 한 번의 인사를 위해 멀리서 온 것이다. 또 다른 노병은 직접 그린 덩리쥔의 초상화를 가지고 왔다. 초상화 뒷면에는 "당신이 나라를 사랑하기에 나도 당신을 사랑합니다"라고 쓰여 있었다.

덩리쥔의 사망 7일째는 그해의 어머니날이었다.[타이완의 어머니날은 5월 둘째 주 일요일이다.] 불교단체인 자제공덕회慈濟功德會에서는 계속해서 경문을 낭송했고 특별히 〈촛불의 눈물이 떨어질 때當一滴燭淚落下來〉〈안타까운 인연惜緣〉이라는 노래도 불렀다. 덩리쥔을 위해 어머니가 구술하고 큰오빠 창안이 받아 적은 편지를 낭독하기도 했다.

"마침 어머니날이로구나. 네가 곁에 있을 적에는 아침 일찍 내 가슴에 외할머니를 위한 하얀 카네이션을 달아주고 너는 빨간 카네이션을 달았지. 그러고는 미리 준비한 선물을 건네주며 '어머니날 축하해요'라고 말하곤 했어. 곁에 있지 못하는 날이면 아무리 멀리서 바쁠 때라도 반드시 전화를 걸었고. 네가 어디에 있든지 나는 너의 따뜻한 마음을 느낄 수 있단다. 어떤 때는 미리 말하지 않고 갑자기 집에 돌아와서 나를 놀라게 한 일도 있었고……."

원래라면 기대감으로 가득했을 어머니날인데 덩리쥔의 어머니가 그날 유일하게 바란 것은 딸이 꿈에 나타나는 것이었다. 아주 잠시라도 딸을 다시 만날 수 있다면…….

CTS의 덩리쥔 빈소는 열엿새 동안 개방됐다. 매일 수천 명이 빈소를 찾아 묵념하고 꽃을 바쳤다. 시, 그림, 조각품을 영전에 바치는 사람도 많았다. 애도 방식은 각자 달랐지만 슬픔과 눈물은 모두 같았다. 의상 디자이너인 젊은 여성은 며칠간 잠도 자지 않고 직접 만든 복숭아색의 치파오를 가지고 왔다. 열여섯 마리의 나비가 춤추는 모습을 정교하게 수놓은 아름다운 옷이었다. 한 땀 한 땀 슬픔과 그리움을 담아 가장자리 단까지 깔끔하게 천을 둘러 만들었다. 그 디자이너는 그저 덩리쥔의 발인 때, 이 치파오를 태워서 덩리쥔이 가게 될 또 다른 세계에서 입을 수 있도록 해주고 싶다고 했다. 이 세상에서 그랬듯 아름답게 치장하고 노래할 수 있도록 말이다.

장자상과 덩리쥔의 우정이 끈끈한 관계로 이어진 것은 덩리쥔의 열정적인 애국심 때문이다. 일찍이 1988년 8·23사건을 기념하는 군 위문 콘서트에서부터 1993년과 1994년 연속으로 열린 위문 행사까지 덩리쥔은 항상 장자상의 요청에 설득당했고, 즐겁게 군 위문 활동으로 복귀했다. 당시 덩리쥔의 가수활동이란 대개 해외에서 이뤄졌고 그 이후에는 거의 은퇴 상태나 다름없었다. 타이완 국내에서는 특별히 홍보나 공연활동을 할 필요가 없었다. 하지만 덩리쥔은 군인들을 위해 노래를 부르고 싶다는 단순한 마음으로, 어떤 상업적인 이유도 부가적인 대가도 없이, 단지 노래라는 방식으로 국가와 군인을 위해 노력했다.

한 푼의 출연료도 받지 않고 열정적으로 공연에 임하는 것은 물론이고, 사비를 들여 직접 조명과 밴드를 대동하고 적극적으로 리허설에 참여하는 등 위문 공연에 최선을 다했다. 건강이 좋지 않을 때도 공연에 온 힘을 다해 아무도 그런 사실을 눈치채지 못할 정도였다. 이런 마음은 "감탄했다"는 간단한 말로 끝낼 수 없다. 덩리쥔의 노래는 절창이 되었고 그 아름다움은 영원할 것이다. 덩리쥔의 영예는 그녀의 선량한 마음씨와 애국심, 여러 선행과 아름다운 행동으로 자연스럽게 인정받은 것이다.

덩리쥔은 사후에 화하일등華夏一等 포장을 받았다. 여성이 이 포장을 받은 경우도 많지 않은 데다 연예계 종사자가 받은 경우는 더욱 드물다. 국방부도 육해공군 포장을 타이완 국군의 사기를 올려준 영원한 연인에게 바쳤다. 덩리쥔 기념우표도 발행되었고, 더욱 놀라운 것은 영구에 타이완 국기와 국민당기를 덮고 발인을 한 일이다. 방송국에서는 연일 덩리쥔의 장례와 관련해서 상세한 뉴스를 보도하고, 각국에서 애도를 담은 전보가 답지했다. 타이완의 유선방송국 세 곳은 방송부서 직원을 다 동원해 인력과 물질적 자원을 아끼지 않고 투입해서 기나긴 보도 전쟁을 이어갔다. 덩리쥔의 일생에 대한 기념 특집방송을 제작해서 덩리쥔의 찬란하고 풍성했지만 짧았던 생애를 끊임없이 방송했다.

당시 타이완 성 성장이던 쑹추위宋楚瑜는 덩리쥔의 묘에 직접 '쥔위안筠園'이라는 글자를 써주고[쥔筠 자는 덩리쥔의 본명 덩리윈鄧麗筠의 마지막 글자다] 관 위에 손을 얹고 비통한 마음을 토로했다. 장자샹이 깊은 슬픔으로 낭독한 애도사에서 언급한 그대로, 덩리쥔의 재능과 애국적 행동은 그 누구에게도 뒤지지 않으며 덩리쥔의 죽음은 연예계의 손실이자 팬들의 손실일 뿐 아니라 타이완 전체의 손실이었다.

덩리쥔은 중국어 대중음악계에서 국보급 가수이고, 더 나아가 국제적이며 그 누구도 대신할 수 없는 존재였다. 이제는 멈춰버린 노래요, 끊어진 재능, 그야말로 절향絶響이라 하겠다.

이 절향은 세계 여러 곳에 전파되어 줄어들거나 사라지지 않고 영원히 이어질 것이다. 중국 사람들은 과거의 뛰어난 기예, 실전된 비결 등을 '절기絶技'라고 했다. 이 '절絶'이라는 글자에는 절대 대체될 수 없고 무엇에도 비견할 수 없다는 찬사가 담겨 있다. 그러니 덩리쥔의 노래를 '절향'이라고 부르는 것도 전혀 지나치지 않다. 덩리쥔은 연예계의 새로운 장을 열고, 수없이 많은 새로운 기록을 썼다. 그러면서도 그녀는 그토록 겸허하고 친절하며 솔직했다. 나는 일본의 한 언론인을 인터뷰했을 때 그가 이렇게 말했던 것을 기억한다. 좋아하는 가수는 여럿이지만 생각만 해도 그를 가슴 아프게 하는 가수는 덩리쥔이 유일하다고 했다.

나는 지금도 여전히 기억하고 있다. 그 언론인은 그렇게 한마디 한마디 이어가다가 결국 일어서서 깊이 허리를 숙여 인사를 했다. 그 모습이 눈앞에 생생하다. 참지 못한 눈물과 자랑스러움이 소리 없이 흘렀다. 그렇다. 덩리쥔을 사랑하는 사람은 굉장히 많고, 그들은 덩리쥔의 목소리나 가창력만을 사랑하는 것이 아니다. 중국예술사에는 "인품이 그림의 품격과 같다"는 말이 있다. 인품이 좋지 않으면 그림을 아무리 잘 그려도 인정받거나 찬양받지 못했고, 무엇보다도 오랫동안 전해지지 못한다. 마찬가지로 인품이 곧 노래의 품격과 같다. 수많은 인기 가수가 시간의 흐름에 따라 나타났다 사라진다. 시간이 흐르면서 잊힌 사람도 많다. 진정한 품격을 지닌 가수만이 세상 사람의 감탄과 존경의 대상이 된다. 그래야 세월의 도도한 물줄기에서 살아남아 기록되고 시간이 흐를수록 더욱더 세상이 그리워하는 존재가 된다. 덩리쥔이 바로 그런 사람이다. 그런 '절향'이다.

5월 28일 발인 당일까지도 덩리쥔의 팬들은 빈소 바깥에서 밤을 샜다. 휠체어를 탄 사람, 지팡이를 짚은 사람, 어린아이를 안고 온 사람도 있다. 다들 눈물바람으로 덩리쥔의 마지막 길을 전송하러 모였다. 새벽 5시, 자제공덕회 사람들과 장위링 셋째 오빠 창푸의 아내 주롄의 협조 아래 덩리쥔의 몸을 씻기고 수의를 입힌 뒤 불경을 낭송했다. 덩리쥔의 모습은 자연스럽고 편안해 보였다. 머리카락을 땋고 봉선장을 입은 덩리쥔은 평화롭고 순진한 백합꽃 같았다.

덩리쥔은 어렸을 때 세례를 받은 천주교 신자였다. 천주교에는 '모든 성인의 통공'이라는 교리가 있다. 이는 살아 있는 사람이 미사와 제헌으로 죽은 자를 위해 기도하여 그 영혼이 하루빨리 정화되고 천국에 이르러 영원한 복을 누리게 한다는 것이다. 새벽 6시 30분, 신뎬新店 중화성모 성당의 저우周 신부와 완다 로萬大路 장미성모 성당의 성가대가 가족 미사 전에 시신에 수의를 입히고 천으로 감싸는 소렴을 진행했다. 맑은 성가대의 노랫소리가 울리는 가운데 저우 신부가 덩리쥔의 유체를 옮기면서 성수를 뿌렸다. 그동안 자제공덕회 사람들은 한쪽으로 물러서서 낮은 목소리로 독경을 했다. 천주교와 불교 두 가지 종교 의식이 하나로 융합돼 장례를 진행되는 동안 모두 덩리쥔을 위해 한마음으로 기도하는 분위기가 특히 장엄했다.

12명의 위풍당당한 군인이 덩리쥔의 관을 들었고, 어머니가 가족의 부축을 받으며 멀리서 딸의 마지막을 지켜봤다. 백발의 어머니가 검은 머리의 딸을 먼저 보내는 슬픔을 어떻게 말로 다 할 수 있을까? 가족 제사 때는 자제공덕회의 허르성何日生 선생이 셋째 오빠 창푸가 직접 쓴 「제매문祭妹文」을 낭독했고, 덩리쥔이 나라에 공헌하고, 가족에게 물질적인 지원을 해준 것과 정신적인 기쁨을 안겨준 데 대해 감사했다. 또한 덩리쥔은 인생의 대부분을 바쁘게 여기저기를 돌아다니며 살았지만 힘들다거나 쓸쓸하다고 한 적이 없다고 했다. 언제나 부모님께 효도하고 형제와 우애 깊었으며 어린 사람을 아꼈다. 덩리쥔은 노래로 군인과 화교를 위로했고 해협을 넘어 사랑을 전했다. 덩리쥔이 행한 선행은 말로 다 할 수 없다. 이 「제매문」을 들은 사람은 모두 훌쩍이기 시작했다. 눈물이 거기 모인 사람의 마음속에 흘러들어 영원히 끊이지 않을 그리움으로 남았다.

🌿 마지막 안식처 쥔위안에 잠들다

두 시간에 이르는 긴 제사는 덩리쥔이 생전에 직접 작사한 〈성원星願〉이 흘러나오면서 끝이 났다. 밤마다 줄을 섰던 수만 명의 팬이 몰려와 눈물에 젖은 얼굴로 덩리쥔의 마지막 모습을 참배했다. 많은 사람이 묘지를 에워싸고 기다리고 있었다. 12명의 군인이 메고 온 영구가 한 발 한 발 묘지로 이동했다. 조카 네 명이 풍습에 따라 흙을 덮고 덩리쥔을 배웅하기 위해 모여든 수많은 팬이 허리를 숙여 마지막 경의를 표했다. 다들 차마 덩리쥔의 묘 근처를 떠나지 못했다. 저녁이 되어 별이 뜨고 어둠이 내리자 산자락에 전등이 하나하나 밝혀졌다. 덩리쥔은 이제 진정으로 평안한 휴식을 취하게 되었다.

진바오 산金寶山 묘지의 이사장 차오르장曹日章은 덩리쥔이 생전에 사람을 돕는 따뜻한 마음을 가진 사람이었다고 존경을 표한 바 있다. 그는 이런 선한 마음을 가진 사람이 좋은 땅자리에서 영면에 들어야 한다고 생각하고 덩리쥔을 아끼는 마음에서 덩리쥔 가족에게 지금의 덩리쥔 묘지가 위치한 50평 땅을 1타이완달러라는 상징적인 금액만 받고 제공했다.

진바오 산 묘지의 전체 경관은 멀리 태평양 바다가 내다보이고 등 뒤로 여러 산이 펼쳐진다. 조각공원, 넓은 대나무 숲이 있어서 그윽한 분위기를 자아낸다. 덩리쥔의 어머니는 널찍하고 고요한 곳을 골랐다.

"여기가 그애 성격에 잘 맞을 것 같아요."

덩리쥔 가족은 1타이완달러로 땅을 제공하겠다는 이사장의 아름다운 뜻을 받아들이고, 50평의 묘역을 정교하고 세심하게 꾸며 '덩리쥔 기념공원'으로 조성했다. 덩리쥔이 이곳에서 영면을 취하면서 새 울음소리와 함께 즐겁게 지내도록 배려한 것이다. '덩리쥔 기념공원', 즉 쥔위안은 많은 전문가의 도움을 받아 20일이라는 짧은 시간 동안에 묘 주변의 공사를 완성했다. 묘역의 조성은 곳곳에 음악가의 분위기가 가득하다. 하얀 음표로 장식된 적외선 센서 난간이 입구에 설치됐고 묘역 중앙에는 거대한 피아노 건반이 만들어져 있다. 누군가 쥔위안에 들어오면 자동 감지기가 바로 덩리쥔의 노래를 방송한다. 중국어, 영어, 일어, 광둥어, 그리고 타이완 원주민 방언까지 다양한 곡이 다 구비되어 있다. 매일 참배객이 끊이지 않아 덩리쥔의 노래도 하루 종일 진바오 산 묘지에 울려퍼진다.

쥔위안에는 덩리쥔의 동상이 우뚝 서 있다. 프랑스에서 유학한 예술가 샤오창정蕭長正이 수많은 덩리쥔의 사진 중에서 1993년 칭취안강에서 군위문 공연을 할 때의 표정을 골라 동상을 만들었다. 왼쪽에는 셋째 오빠 창푸가 쓴 「제매문」 중 덩리쥔의 짧지만 빛나는 삶과 영예를 함축적으로 담은 내용이 새겨져 있다. 바로 앞에는 검은 대리석으로 조각한 대지의 어머니 조각상이 세워져 있는데, 두 손으로 비석을 껴안고 덩리쥔을 지켜주는 듯한 모습이다.

나는 덩리쥔의 6주기에 참배했고, 그곳에서 덩리쥔과 가까웠던 연예인 링펑凌峰의 아내 허순순賀順順을 인터뷰했다. 그녀는 중국에서 나고 자란 덩리쥔 팬인데 학창 시절 친한 친구들과 매일 덩리쥔의 노래를 몰래 들었다고 한다. 다들 덩리쥔의 이야기를 나누는 것을 좋아했고 덩리쥔이 사망한 뒤 친구들 모두 매우 슬퍼했다고 한다. 또한 타이완에 와서 덩리쥔을 애도할 수 없어서 친구들은 매년 허순순에게 대신 진바오 산 묘지에 가서 추모해달라고 몇 번이나 당부를 했다. 바다 건너 중국의 자신들을 대신해 꽃을 바치고 향을 피워달라는 것이다.

지난 10여 년 동안 나는 택시를 탈 때 습관적으로 운전기사와 간단한 표본조사를 하곤 했다. 놀랍게도 통계 수치를 통해 알아낸 바에 따르면 타이베이, 타오위안, 지룽 근처의 택시 기사는 70퍼센트 이상이 진바오 산으로 가달라는 손님을 태운 적이 있다. 또한 적잖은 경우가 아내와 아이를 데리고 직접 가는 사람이다. 그중에는 일본에서 온 손님이 가장 많았다고 한다. 그들은 대개 중국어를 못 하는데 덩리쥔의 사진이나 CD를 꺼내 보여주면서 손짓발짓으로 그들이 쥔위안에 간다는 것을 알게 된다고 한다.

조각가 주밍朱銘의 '인생의 길人生之路' 연작, 보상장엄寶相莊嚴의 '불상군산佛像群山' 연작은 진바오 산의 모습을 더 아름답고 우아하며 문화적인 분위기로 가득하게 한다. 차오 이사장은 덩리쥔과 같은 많은 공헌을 한 사람이 국제적 수준의 묘지에 잠들어야 한다고 믿으며, 각국 사람들이 이곳에 와서 기념하고 애도할 수 있어야 한다고 생각했다.

신문에 실린 것처럼 그곳의 풍수지리가 나빠서 자손이 없는 덩리쥔에게 주었다는 말이나, 덩리쥔 가족이 밤에 몰래 덩리쥔의 유해를 다른 곳으로 이장하고 묻혀 있는 것은 빈 관일 뿐이라는 말은 언론의 악의적 보도이자 불합리한 억측이다. 덩리쥔 가족도 그런 보도에는 전혀 반응하지 않는다.

18년 동안[2013년 기준] 쥔위안은 확실히 이상적인 묘역이라는 점을 증명했다. 오래지 않아 덩리쥔이 생전에 가장 사랑했던 아버지의 묘를 진바오 산으로 이장해서 덩리쥔과 영원히 함께할 수 있게 했다. 가족의 사랑, 팬의 사랑으로 둘러싸인 쥔위안에서, 영원히 멈추지 않을 노랫소리와 함께 덩리쥔은 더 이상의 여한이 없을 것이다.

🐌 루머와 맞서 싸우기보다 관대한 마음으로 살아가다

덩리쥔은 데뷔 이후 줄곧 사망했다는 터무니없는 루머에 시달렸다. 신문과 잡지에서 마치 진짜처럼 시끄럽게 떠들어댄 것만 네 차례가 넘는다.

1972년 덩리쥔이 싱가포르에서 홍콩까지 팬들과 모임을 가졌을 때, 싱가포르의 연예가십지가 덩리쥔의 돌연사 소식을 전했다. 홍콩 매체는 다들 그 뉴스에 주목했고, 덩리쥔이 홍콩에 돌아와 기자회견을 열었을 때 기자들은 그녀를 둘러싸고 사망 소식에 대해 물었다. 보통 사람은 죽음에 대해 이야기하는 것을 꺼릴 텐데, 젊은 덩리쥔은 유머러스하게 응대했다.

"저주를 받으면 10년간 운이 트인다는데, 저도 곧 큰돈을 벌겠네요!"

얼마 후, 덩리쥔과 어머니는 타이완으로 돌아가서 '저는 부활했습니다'라는 제목의 글을 발표했다. 담담하게 사망 루머에 대한 느낌을 쓴 글이었다.

"저는 이런 뜬소문은 별로 신경 쓰지 않습니다. 그저 제가 올바르게 행동하면 금방 해명된다고 생각합니다. 시시콜콜하게 따질 생각도 없습니다. (…) 루머는 저에게 어떤 피해도 주지 못합니다. 오히려 저는 이런 일을 통해 삶의 여러 문제를 생각하게 됐고, 깨닫게 되었습니다. 마음이 더 편안해졌어요. 오래 만나지 못했던 친구를 만나게 되면 그들이 저에게 깜짝 놀란 얼굴로 묻습니다. '당신이 죽었다고 하던데요!' 그러면 저는 이렇게 대답할 것입니다. '부활했답니다!'라고요."

작은 일이라고 치부하기에는 심각한 일이지만 덩리쥔은 가볍게 언급하며 해결해버렸다. 과연 그 덕분인지 덩리쥔은 점점 더 성공 가도를 달렸다. 홍콩에서 10대 가수, 백화유 자선 모금 여왕에 선정되었을 뿐 아니라 자선활동과 기부를 계속했다. 그것만 보아도 이런 루머가 덩리쥔에게 아무런 피해도 입히지 못했음을 잘 알 수 있다.

1990년 덩리쥔이 자살했다는 소식이 또 한 번 세상을 뒤흔들었다. 혹자는 덩리쥔이 신장병으로 사망했다고도 했다. 루머 때문에 덩리쥔은 다시 홍콩에 모습을 드러냈는데, 예전보다 더 복스러워진 모습으로 그녀의 건강 상태가 아주 양호하다는 것이 여실히 보였다. 1991년에는 또다시 에이즈로 사망했다는 소문이 돌았는데, 누군가가 덩리쥔이 홍콩 리펄스베이 호텔의 명품점에서 쇼핑하는 모습을 목격하면서 저절로 사라졌다. 1992년에도 홍콩 통신사가 다시 한번 덩리쥔이 암살당했다는 기사를 내보낸다. 일본의 신문에서도 그 기사를 그대로 받아서 보도했다. 일본의 베테랑 기자인

히라노 도미코平野차美子가 파리까지 덩리쥔을 쫓아와서 인터뷰를 하며 홍콩과 일본에서 그녀의 사망 소식이 떠들썩하다고 알려주었다. 그때도 덩리쥔은 그저 웃으면서 대답했다.

"맞아요! 벌써 여러 번 죽었는걸요."

이런 근거 없는 사망 소식을 덩리쥔의 어머니도 여러 차례 들었고, 그때마다 덩리쥔이 아무렇지도 않은 목소리로 전화를 걸어 자신은 무사하다는 사실을 알려주었다. 1995년 5월 8일의 그날도 어머니는 예전처럼 덩리쥔이 전화를 걸어 "엄마, 걱정 마세요! 전 무사해요!"라고 말하기를 바랐지만, 전화는 걸려오지 않았다.

덩리쥔이 세상을 떠났다고 해서 그녀를 생각하는 세상 사람의 마음도 사라지는 것은 아니다. 5월 28일 덩리쥔의 장례가 끝난 그날 밤, 타이중臺中의 어느 수녀회에 소속된 루둬모陸多默 수녀가 덩리쥔이 매우 분명하게 자신을 위해 10번의 미사를 올려달라고 부탁하는 꿈을 꿨다. 그 후 천주교 신자들의 반응은 매우 뜨거웠다. 다들 미사를 올리겠다고 나섰다. 큰오빠 창안도 가오슝에서 미사를 올렸고, 그 후에도 많은 신자가 덩리쥔을 위한 미사를 요청했다. 덩리쥔 생전의 선행에 감동한 사람들은 그녀를 위해 무슨 일이든 할 생각이었다. 기도하고 미사를 올리는 행동은 매우 자연스러운 감정에서 우러나는 것이다. 마찬가지로, 기독교 장로회에서도 덩리쥔을 추모하는 예배를 드렸고, 특히 타이 북부 후이모 촌의 예배당에서는 일요일에 마을의 모든 신자와 비신자가 모여 덩리쥔을 위해 기도했다. 신앙을 초월한 사랑의 결집이라고 하겠다.

🐌 마지막 소원, 미발표 유작

과거는 떠올리기 힘들고, 세상사는 예상하기 어려워

시 때문에 고민하지 말아요, 길든 짧든 꿈은 꿈일 뿐

모든 것은 어릴 적의 욕심 때문, 비 맞으며 떠도는 신세

세상 어디에 마음 알아주는 이 있을까, 춤과 노래가 끝나면 구름 되어
날아가리

모든 것은 물처럼 흐르는 정 때문, 괜찮다면 흐릿한 달빛이 되리

어째서 꽃은 말이 없을까, 다정함이 무정함으로 바뀌었나

촛불이 고요히 외로운 잠을 비추고, 사랑이란 고통의 바다에 휩쓸리네

꽃 떨어져도 어쩔 수 없으니, 조용히 강물 따라 흘러가리

往事不堪思 世事難預料

莫將煩惱著詩篇 夢長夢短同是夢

一切都是為了年少的野心 身世浮沈雨打萍

天涯何處有知己 只愁歌舞散化作彩雲飛

一切都是為了如水的柔情 不妨常任月朦朧

為何看花花不語 是否多情換無情

燭火無語照獨眠 愛情苦海任浮沈

無可奈何花落去 唯有長江水默默向東流

덩리쥔이 마지막으로 남긴 원고다.

　누나가 세상을 떠난 후, 창시는 홍콩으로 가서 덩리쥔의 유품을 정리하
다가 덩리쥔의 수첩에서 이 원고를 발견했다. 다른 사람이 작곡하고 작사
한 노래를 1000곡 넘게 부른 덩리쥔은 줄곧 자기 자신의 작품을 부르고
싶다는 꿈이 있었다. 4월 말에는 치앙마이에서 국제전화로 자신이 쓴 곡
을 녹음하고 싶다는 계획을 흥미진진하게 몇 시간씩 이야기하기도 했다.

하지만 심혈을 기울여 쓴 작품을 직접 부르지 못하게 될 줄은 몰랐다. 직접 작곡, 작사를 하는 가수 뤄다유羅大佑도 가슴 아파하면서 이런 이야기를 했다. 덩리쥔이 전화를 걸어 파리에 있을 때 쓴 시가 있는데 곡을 붙일 수 있을지 살펴봐달라고, 가능하다면 뤄다유가 앨범 프로듀서를 맡아주었으면 한다고도 했다. 하지만 덩리쥔의 이런 새로운 계획이 시작되기도 전에 그녀는 멀리 떠나버렸다.

덩리쥔이 마지막으로 쓴 시는 바로 이 시가 아닐까? 덩리쥔이 직접 작사한 곡을 부르고 싶어했다는 것은 다들 알고 있었다. 창시는 가사를 타이완으로 가지고 왔다. 리서우취안李壽全, 퉁안거童安格, 리쯔헝李子恒이 함께 정리하고 곡을 붙여서 27일 새벽에 〈성원星願〉을 발표하고 발인 당일 연주했다. 덩리쥔의 곡으로 그녀를 배웅한 것이다.

덩리쥔이 대중음악계에 한 공헌을 기념하는 차원에서 덩리쥔문교기금회는 덩리쥔의 친구들이 함께 〈성원〉을 부르는 작업을 시작한다. 또한 타이완이든 해외든 어디서나 이 노래를 부르고 싶은 사람이 부를 수 있도록 개방하고 저작권료는 일률적으로 공익활동에 사용하기로 했다. 첫 번째로 기부금을 전달받은 대상은 자동차 사고로 사망한 음반 제작자 양밍황楊明煌이다.

제1회 성원 창작가요제의 반응은 무척 뜨거웠다. 5주년이 되자 후지TV에서 덩리쥔 기념 콘서트를 열면서 덩리쥔의 후계자를 찾는 활동도 벌였다. 특히 각지에 성립된 덩리쥔 팬클럽이 '사랑을 전파하는' 활동에 힘썼다. 평소에 노래를 듣거나 정보를 주고받던 팬들이 이번에는 원래의 모임 목적에서 더 나아가 선행을 하는 방법으로 덩리쥔에 대한 애정과 그리움을 드러내기로 한 것이다. 이렇게 여러 곳에 흩어져 있던 역량은 덩리쥔의 죽음을 계기로 하나로 뭉쳤다. 덩리쥔 국제 팬클럽 타이완 지부는 연이어 홍콩, 일본, 싱가포르, 말레이시아, 유럽, 미국 등지의 팬클럽으로 퍼져나갔다. 서로 연락을 주고받으면서 덩리쥔의 진선미를 전파하고 있다.

덩리쥔이 사망한 지 6년째 되던 해, 팬들이 새 앨범을 구입할 수 있게 됐다. 덩리쥔문교기금회에서 생전에 녹음을 마쳤지만 발표하지 않은 여러 곡을 정리하여 앨범을 출시한 것이다. 미발표곡 중 몇 곡은 1989년 여름 홍콩 침사추이 신리성新歷聲 스튜디오에서 녹음한 것이다. 〈불료정不了情〉 등 오래된 국어 곡이다. 그 밖에 영어 노래인 〈해브 헬프 마이 하트〉는 8월 말에서 9월까지 세 번에 걸쳐 녹음을 완료한 노래였다. 또 다른 몇 곡은 다음 해 5~6월 사이에 파리 녹음실에서 녹음한 〈렛 잇 비 미〉 등이다. 그때 덩리쥔은 레게 창법에 매료되어 있었다. 런던에서 함께 작업한 키보디스트 고프리 웡과 녹음을 했다. 많이 한 것은 아니어서 몇 곡만이 남았다.

창시는 덩리쥔의 파리 유품을 정리하다가 이 곡의 데모테이프를 발견했다. 당시 가족들은 덩리쥔을 잃은 슬픔에 빠져 있어서, 미발표곡만 들으면 가슴이 아팠고 정리해서 발표하려는 생각은 없었다. 2년 후, 덩리쥔의 가족도 점차 슬픔에서 벗어나 천천히 죽음을 받아들이게 되었다. 홍콩의 집도 예전에는 '보존'하려던 생각뿐이었는데 언젠가부터 '정리하고 개방'하는 쪽으로 기울었다. 더 많은 사람이 덩리쥔을 떠올리고 느낄 수 있도록 하자는 뜻이었다. 눈이 보이지 않는 일본인 팬이 홍콩 스탠리의 덩리쥔 집을 다녀간 적이 있다. 손으로 하나하나 더듬어서 살펴봐야 했지만, 그의 얼굴에는 기쁨이 떠나지 않았다. 암을 앓는 팬 한 명도 구급차를 타고 와서 덩리쥔의 집을 둘러본 뒤 평생의 소원을 이뤘다고 말하기도 했다. 이렇듯 사람을 감동시킨 사례가 많았다. 창시는 다시 한번 데모테이프를 들었다. 가까운 것 같으면서도 아주 멀리 떨어져 있는 듯한 감각이 느껴졌다. 마치 창시 자신이 줄곧 품고 있는 그리운 심정 같았다. 창시는 음악인 리서우취안을 찾아가 이 미발표곡의 마스터링 작업을 부탁했다.

녹음의 마스터링 과정에서 리서우취안은 매우 신중했다. 유품을 보물로 만드는 작업이었다. 그만큼 힘든 도전일 것이 분명했다. 옛날 노래를 다시 녹음한 곡은 베이징에서 관현악단을 초청해 반주를 했다. 덩리쥔이 생전에 중국의 음악가들과 협력해보고 싶다던 꿈을 이야기한 적이 있기 때문이다. 서양 곡은 더욱 마음을 써서 처리해 국제적인 스타가 현장에서 연주하도록 했다. 싱가포르 기타리스트, 말레이시아 베이시스트, 호주의 코러스를 기용했다. 음악이 더욱 라이브처럼 느껴지도록 했다.

마지막으로 믹싱 작업도 일본에서 덩리쥔의 앨범에 믹싱을 했던 시게모토茂本를 불렀다. 덩리쥔의 취향에 좀더 가깝게 다가가기 위해서였다. 특히 중요한 것은 덩리쥔의 목소리다. 아무런 편집이나 수정을 하지 않고 원래의 목소리를 그대로 살렸다. 심지어 헤드셋에서 목소리가 울리는 것조차 제거하지 않았다. 단지 녹음할 때 썼던 간단한 미디 반주만 실제 연주로 교체했을 뿐이다.

리서우취안은 어떻게 이 앨범을 마무리할지 오랫동안 고민을 거듭했다.

"기술적인 면은 전혀 문제가 아닙니다. 다만 어떤 태도로 임할 것이냐, 그게 핵심이었습니다."

덩리쥔은 자기 자신에 대해 엄격한 사람이었다. 리서우취안이 맡은 앨범은 '다시 한번'이 불가능한 녹음이었다. 마지막 남겨진 음성을 현장감 있는 라이브 음원으로 바꾸어야 한다. 그 속에서 덩리쥔의 목소리와 웃음이 시공을 넘어 아무리 멀리 있더라도 마음만은 가까이 있는 것처럼 들려야 했다. 그렇게 해서 "잊을 수 없어, 잊을 수 없어, 잊을 수 없어忘不了, 忘不了, 忘不了"[〈불료정〉의 가사 중 일부] 하는 아름답고도 오묘한 여운이 남는 앨범이 완성됐다.

🌿 사랑의 확산
인터넷에서도 여전한 덩리쥔의 영향력

인터넷 시대가 되면서 모든 정보는 온라인 세상에서 번역되기 시작했다. 덩리쥔의 사망 후 18년간[2013년 기준] 새롭게 시작된 이 흐름도 빠지지 않았다. 덩리쥔 팬들은 인터넷에서도 활발히 활동했다. 그들이 덩리쥔의 이름으로 실천한 행사가 적잖다. 특히 자선이나 봉사활동을 실천하는 것은 놀랍다. 덩리쥔의 영혼에 가장 가깝고 또 그녀를 가장 기쁘게 하는 일일 것이다.

싱가포르 팬클럽은 1995년 9월 30일에 결성됐다. 팬클럽 이름은 '영원한 덩리쥔—팬들의 연락거점永恒鄧麗君—歌迷聯絡站'이라고 했다. 회원에는 싱가포르, 말레이시아, 영국, 호주 사람도 있다. 그들은 정기적으로 활동을 개최했다. 덩리쥔의 생일기념회, 회고 여행뿐만 아니라 고아원이나 양로원 방문 등의 공익활동도 있다.

말레이시아의 팬클럽은 1979년 8월에 결성되어 회원들은 덩리쥔의 기일이면 다른 나라의 팬과 함께 치앙마이로 여행을 간다. 매핑 호텔 1502호 방을 둘러보거나 쥔위안에 가서 추모회에 참석한다. 한 화교 팬이 이렇게 말했다.

"저는 매일 공부를 하면서 덩리쥔의 노래를 듣습니다. 그녀의 변함없는 팬입니다. 저는 덩리쥔을 위해 무슨 일이든 하고 싶습니다. 그녀가 하늘에서 행복하기만 바랍니다."

홍콩의 팬클럽은 역사가 가장 길고 지금까지 진행했던 행사도 부지기수다. 모든 수익은 자선활동에 쓰인다. 아주 오래된 팬인 장옌링, 부회장 저우펑추周鳳秋 등 팬클럽의 고문을 맡고 있는 사람의 면면은 더욱 놀랍다. 음악계의 대선배의 천데이陳蝶衣가 바로 그중 한 사람이다. 덩리쥔을 아끼고 사랑하는 일을 평생의 뜻으로 삼은 쭝웨이경宗惟賡도 있다. 오랜 경력의 방송인 처수메이車淑梅도 홍콩 덩리쥔 팬클럽의 고문 중 한 명이다. 홍콩의 동방매력東方魅力 스타넷 홈페이지에는 덩리쥔 페이지가 따로 개설되어 있다.

1995년 덩리쥔은 홍콩 스탠리 집을 개방해 1만 명에 달하는 팬이 참관할 수 있게 했다. 하지만 유지 비용이 만만찮아 덩리쥔 가족은 1년만 개방하고 문을 닫을 계획이었다. 이 소식이 전해지자 홍콩의 연예인 중 중전타오鍾鎭濤, 탄융린譚詠麟[알란 탐] 등이 나서서 덩리쥔의 옛집을 보존해달라고 요청하기도 했다. 덩리쥔을 기념하기 위해 홍콩 팬클럽은「느린 인생길漫步人生路」이라는 덩리쥔의 일생을 담은 뮤지컬을 기획했고, '성원영아심星願縈我心'이라는 이름으로 연 콘서트는 TVB의 연예인이 출연하기도 했다. 그 수익은 전액 홍콩의 보량국에 기부해 고아들을 돕는 데 쓰였다. 덩리쥔 추모 콘서트 등 추모활동이 매년 열리며, 자선 여왕으로 불린 덩리쥔의 사랑을 영원히 지속시키고 있다.

일본에는 팬클럽은 물론 수많은 덩리쥔 관련 홈페이지가 운영되고 있다. 세계 각국에서 만들어진 덩리쥔 홈페이지도 놀랍기 짝이 없다. 리쥔롄망麗君戀網과 타이완 달콤한 사진첩蜜蜜相簿, 일본의 릴리Lily 덩리쥔의 추억, 중국의 홈페이지는 약 4년 동안 전일본유선방송대상 특별 프로그램을 게시했다. 팬들이 홈페이지를 통해 밀접하게 연계하여 거대한 사랑의 네트워크를 구성해 전 세계 각지로 연결한 것이다. 홈페이지 전문가는 이렇게 말하기도 했다.

"개인의 매력이 세계 곳곳에 홈페이지를 만들게 하는 경우는 덩리쥔이 유일합니다. 덩리쥔의 개인 홈페이지 기록은 분포나 범위에서 지금까지 필적할 만한 사람이 없어요."

또 다른 인터넷 전문가는 이렇게 말했다.

"인터넷에서 활동하는 것은 젊은 세대에게나 유행하는 일입니다. 새롭게 등장한 현상이라고 할 수 있지요. 그런데 덩리쥔의 팬들은 이미 쉰이 넘은 사람이 대부분일 겁니다. 컴퓨터와 친하지 않을 게 분명하죠. 그런데 이렇게 많은 젊은이가 여전히 덩리쥔을 알고 있고 인터넷 세상에서 홈페이지를 개설하고 덩리쥔에 대해 의견을 나누는 것은 정말 보기 드문 일이라고 생각합니다."

가장 규모가 크고 사람 수가 많은 것은 당연하게도 중국의 팬일 것이다. 중국의 덩리쥔 팬클럽은 지역별로 분회가 결성되어 있어서 중국의 서른 개 성과 시, 자치구를 총망라할 뿐 아니라 홍콩, 마카오, 타이완, 심지어 해외에도 일곱 곳의 거점을 보유하고 있다. 이들 덩리쥔 팬은 인터넷을 활용해 연계하고 있으며 문자로 덩리쥔에 대한 애정을 드러내고 있다. 중국 정부 관영 뉴스 사이트 중국망에서 '신중국 가장 영향력 있는 문화 인물'을 뽑는 행사가 열렸을 때, 덩리쥔은 850만 표를 얻어 1위를 차지했다. 시대에 영향을 미친 10대 중국 여성을 선정하는 인터넷 투표에서도 덩리쥔은 '명예상'에 선정되어 덩리쥔의 조카 덩융자鄧永佳가 대리 수상하기도 했다.

각지의 덩리쥔 팬은 비정기적으로 모임을 갖고 노래 모임, 친목교류회를 연다. 인터넷에 올라온 덩리쥔에 대한 글도 100만 자가 넘는다. '사랑을 이어가다愛心延續'라는 이름으로 책 기부 및 학생 지원으로 빈곤 지역 초등학교를 돕는 활동을 벌였다. 중국 원촨汶川 지역에 지진이 났을 때 덩리쥔 팬들이 "서로 돕고 사랑을 이어가다守望相助, 延續愛心"라는 구호를 걸고 이재민을 위한 기부금을 모아 적십자회와 쓰촨 성 몐양綿陽 재해지역에 보냈다. 2011년 연말에는 '덩리쥔 음악의 문화 현상 포럼鄧麗君音樂文化現象論壇'이라는 심층적인 토론회를 개최했다. 다음 해 후베이 성의 추톈楚天 음악 라디오 방송국에서 「영원한 덩리쥔」이라는 프로그램을 방송했다. 제작자 린펑林楓은 우한武漢에 있는 덩리쥔 팬클럽 후베이 분회의 회장이었다. 매일 1시간 분량으로 덩리쥔이 새롭게 쓴 대중음악의 전설적 역사를 다루는 프로그램이었다. 이것은 중국 라디오 방송사상 처음 있는 일이다.

2012년 초 베이징에서 특히 유명한 '덩리쥔 테마 음악 레스토랑'에서 팬클럽이 주최하고 베이징원향인국제문화전매공사北京原鄉人國際文化傳播公司가 협찬한 「웃으며 건배笑著擧杯」 콘서트를 관람했다. 덩리쥔의 쉰아홉 생일을 축하하면서 10여 명의 '작은 덩리쥔'이 나와 덩리쥔 모창을 선보였다. 덩리쥔 팬들을 위한 정보 교류 및 행사를 주최하는 군미지가君迷之家[덩리쥔 팬들의 집이라는 뜻] 창립인 왕쑤핑王素萍 회장이 비용을 대고 정성스럽게 준비한 행사였다. 그 뜨거운 열기와 정성에 감동으로 말문이 막혔다. 덩리쥔은 세상을 떠난 것이 아니었다. 이렇게 선명하고 찬란하게 우리 곁에 살아 빛나고 있다.

🎵 사랑의 계승
문교기금회의 활동

1995년 덩리쥔문교기금회 성립 후, 덩리쥔이 실천했던 사랑을 영속시키는 활동을 해오고 있다. 덩리쥔이 해온 활동과 뜨거운 애국심을 추모하고 그녀의 예술적 성취를 기념하기 위한 것이다. 한편으로는 문화 발전을 촉진하고 문화, 교육, 공익 등 다양한 방면의 지원 사업을 벌인다. 중국 문화가 이국의 땅에서도 이어지기를 바랐던 덩리쥔의 유지를 잇기 위해 특히 타이 북부의 아동교육 지원에 힘쓰고 있다.

타이 북구의 난민촌 주변에 중국어 교육을 계속하는 교실이 있다. 날도 밝기 전인 6시 30분, 시간을 다퉈가며 중국어 수업을 진행한다. 그런 다음 8시부터 정식으로 타이어 수업을 한다. 타이어로 수업하는 학교 과정이 다 끝나면 해가 진 뒤다. 그때부터 다시 중국어 수업을 시작해 저녁 8~9시에야 끝난다. 힘들기는 하지만 학습 열기가 높다. 학부모도 열성적으로 이런 수업을 지지하고 아이를 격려한다. 이런 중국어 교육이 이후 아이의 인생에 도움이 된다고 믿기 때문이다.

나는 천주교 카리타스회의 타이 북부 사무소 뤄스싱羅仕興의 협조를 받아 가난하기 짝이 없는 은퇴 교장 선생님을 방문할 수 있었다. 그의 집에는 의자가 하나뿐이었다. 그날 나는 바닥에 앉아서 그가 덩리쥔문교기금회에서 매년 보내주는 생활 및 교육보조금에 대한 감사의 말을 들었다. 그 보조금으로 매년 교실과 책상, 의자, 도서관, 학습교재 등을 구입한다고 했다. 학교 결연을 통해 교실의 조명 설비를 개선했고 학생들의 물 사용 상황도 나아졌다고 했다. 특히 어린 학생이 산길을 걸어 통학하는 어려움을 해결하기 위해 기부금으로 다리를 세우고 길을 닦았다고 했다. 그날의 만남으로부터 벌써 10년이 흘렀다. 그 교장 선생님의 이름은 잊고 말았다. 하지만 그가 어둑어둑한 방에서 깊은 주름이 가득한 얼굴 위로 눈물을 흘리던 모습은 내 마음속에 사라지지 않는 장면으로 남았다.

덩리쥔문교기금회의 지원활동은 다양한 곳에 영향을 미친다. 만탕 촌의 중화中華 중학교는 선생님과 학생이 힘을 합쳐 학교 정문 앞에 벽을 쌓아 문병門屛을 만들었다.[중국 전통 건축 형식 중 건물 안이 보이지 않도록 문 앞에 벽을 쌓아 시야를 가리는 건축물이 있는데 이를 문병이라고 한다.] 거기에 국어 선생님이 직접 쓴 시를 새겼다.

"푸른 대나무와 노란 국화의 아름다움 모습, 흰 구름과 흐르는 강물의 자비로운 마음."

덩리쥔에 대한 감사의 마음을 담은 것이다. 그 학교의 나이 든 선생님 한 분이 유쾌하게 말했다.

"덩리쥔문교기금회가 도로를 닦아주어서 제 손자가 학교에 갈 때 발에 진흙을 묻히지 않고 다닐 수 있다오."

기금회에서는 타이 북부 학생이 타이완에서 유학을 마친 뒤 촌락으로 돌아가 일할 때 적절한 대우를 받을 수 있도록 지원하는 사업도 진행하고

있다. 그래야 타이 북부 아이들의 중국어 교육에 더욱 매진할 것이기 때문이다.

물질적 지원 외에도 덩리쥔문교기금회는 학생의 정신적인 면을 지원하고자 한다. 구기 종목을 익힐 수 있도록 관련 기자재를 보급하거나 학교 수업을 위한 스피커 시스템을 지원하기도 하며, 학생들이 당시와 송사를 쉽게 배울 수 있도록 덩리쥔의 앨범 〈담담유정〉을 보내주기도 했다.

마찬가지로 중국의 산간 오지에도 기금회는 지원 사업을 펼친다. 우리는 쓰촨 성 젠양簡陽 저우자周家 향 와야오거우瓦窯溝 촌의 희망 초등학교를 방문했다. 아이들은 활발하고 잘 웃었으며 낭랑하게 교과서를 낭독했다. 그들은 1시간 이상 걸어서 학교에 와야 하지만 그래도 학교에 오는 것이 즐겁다고 한다. 학교의 책임자는 기금회의 지원금에 무척 감사를 표하며 덩리쥔의 이름이 그들에게는 가수가 아니라 은인이라고 말하기도 했다.

덩리쥔의 전기를 쓰기 시작한 후로, 나는 놀랍게도 기금회가 이윤추구의 관념이 거의 없다는 것을 알게 되었다. 오히려 문화, 교육, 예술 및 자선 활동에 집중하여 몇 년째 '성원창작가요제'를 열거나 정즈政治 대학이 주최하는 대학음악제 금선장金旋獎, 타이완 대학의 민요의 밤 활동 등 여러 대학에서 열리는 음악제, 경연대회 등을 지원하며 음악에 재능 있는 수많은 젊은이를 발굴하고 있다.

놀랍게도 기금회의 이런 지원 사업은 외부에 알려지지 않고 조용히 진행된다. 국군 가족을 위한 보조기금회, 양밍 대학 의료봉사대에 기부금을 보내거나 산간 지역의 의료봉사에 참여하고, 화상 환자, 구순구개열(입술갈림증) 환자, 정신장애 아동 지원, 영민榮民 가정, 양로원, 천주교의 치매노인 기금회 및 중증장애 아동 보호시설 등 많은 곳에 지원을 계속하고 있다. 기금회의 사랑의 실천은 바다도 건너갔다. 지진 재해를 입은 중국 원촨汶川 지역, 일본 후쿠시마 지역에도 100만 타이완달러[3600만 원]를 보내 위로의 마음을 전했다. 이런 지원 사업은 사진, 상패, 기념비, 감사 깃발로 되돌아와 덩리쥔의 유지를 완성하는 흔적으로 남았다.

천식으로 덩리쥔을 잃은 가족은 어린이를 위한 천식 예방 홍보 영상물 '삼불오시三不五時 천식 예방'도 제작했다. 덩리쥔 국제 팬클럽의 타이완 지부에서도 자원봉사 형식으로 '천식 예방 수첩'을 제작해 무료 배포했다. 이처럼 '사랑을 전파하는 일'은 덩리쥔을 아끼는 사람들이라면 누구나 공통으로 갖는 바람이다.

덩리쥔은 생전에도, 죽음 이후에도 사랑을 전하고 있다. 노래로, 행동으로, 사랑을 우리 곁에 이끌어온다. 유행은 지나가고 시대는 바뀌지만 사랑만은 영원히 사라지지 않는다. 이것이 바로 덩리쥔의 삶을 한마디로 정의하는 말이다. 사랑을 전파하라! 마음으로 전하고, 노래로 전하라!

덩리쥔은 언제 돌아올 것인가? 어쩌면 그런 질문은 필요 없을지 모른다. 왜냐하면 덩리쥔은 우리 곁에서 멀리 떠난 적이 없기 때문이다. 덩리쥔은 우리 곁에 항상 함께하고 있다.

사랑은 설명이 필요 없다

시간이 어찌나 소리 없이 빠른지 항상 놀랍고 또 무정하게 느껴진다. 눈 깜빡할 사이에 덩리쥔이 세상을 떠난 지도 18년이 되었다. 올해는 덩리쥔 이 살아 있었다면 예순이 되는 해다. 8은 덩리쥔이 좋아했던 숫자다. 60은 중국이 특히 중요하게 여기는 1갑자를 채우는 숫자다. 그러니 이때를 틈타 여러분에게 덩리쥔을 더욱 깊이 이해하고 그리워할 수 있도록 할 수 있다 는 것이 얼마나 의미 있는지 모른다.

쥔위안은 늘 그렇듯 조용하고 편안하다. 깨끗한 땅속에 국장으로 영면에 든 꽃 같은 영혼이 잠들어 있다. 늘 그렇듯 우리가 사랑하고 추모하며 존 중하는 사람이다. 아무도 그녀에게 질문할 수도, 그녀를 이해할 수도 없다. 이제는 그녀의 생애가 얼마나 헛되지 않은지, 그리고 보람 있는지를 대답해 줄 사람도 없다. 그러나 그녀의 짧은 생애는 분명히 가치 있고 의미 있다.

덩리쥔의 전기를 쓰겠다고 요청에 응한 것은 그녀의 화려하고 눈부신 삶, 세계 각국을 돌아다니며 거둔 놀라운 성취, 일일이 다 말할 수 없을 만큼 크고 많은 영예와 유명세, 환영의 박수 소리를 기록하기 위해서가 아니다. 오히려 수많은 단체와 사람이 덩리쥔이라는 이름으로 선행을 하고 어려운 사람을 돕고 위로하는 모습, 종교와 국가를 초월해 올바르고 선한 행동으로 덩리쥔이라는 사람을 기념하는 모습, 그렇게 떠나간 덩리쥔의 영혼을 위로하고 그녀의 유지를 이어가는 아름다운 뜻을 기록하기 위해서다. 덩리쥔의 호소력은 이미 한 명의 예인이 이룰 수 있는 경지를 넘어섰다. 테레사라는 영어 이름을 사용한 덩리쥔은 노벨 평화상을 받은 테레사 수녀처럼 가슴에는 큰 사랑을 품고 사소한 일에서부터 사랑을 실천한 사람이다. 덩리쥔이 생전에 실천한 수많은 일은 그 진정한 사랑 때문에 감동받지 않을 수 없다. 이처럼 고귀한 사랑이기에 그녀의 죽음은 이후 시간이 지날수록 큰 힘을 발휘하며 더욱더 아름답게 빛날 수 있는지 모른다.

왜 덩리쥔은 이토록 큰 영향력을 가졌을까? 생전에도 사후에도 많은 사람이 그녀를 위해 사랑을 전파하고 있다.

왜 덩리쥔의 팬클럽은 세계 각지에 만들어질 수 있었고 그녀의 사랑을 세상과 함께 나눌 수 있을까?

왜 생명이 있는 곳, 고통이 있는 곳, 사랑이 필요한 곳에는 반드시 덩리쥔이 있을까?

왜 덩리쥔의 노래를 리메이크하고, 모방하는 사람들이 중국, 동남아시아 등에서 여전히 큰 인기를 얻을까?

왜 새로운 세대가 주재하는 소비의 시대에도 덩리쥔의 음반은 여전히 높은 판매고를 유지할까?

왜 전 세계 어디든 중국인이 있는 곳이라면 덩리쥔의 노래를 들을 수 있을까?

왜 타이완에서 성대한 공익활동이 있을 때마다 여전히 덩리쥔의 이름이 포함되는 것일까?

왜 군대에서 공연이나 행사가 있을 때면 꼭 덩리쥔의 대표곡을 부르는 것일까?

왜, 왜, 왜? 수많은 의문이 떠올랐지만 답이 없었다. 아니, 답이 필요하지 않았다. 우리는 단지 그녀가 우리 곁을 떠난 적이 없다는 것만 알면 된다. 덩리쥔의 노래, 덩리쥔의 사랑은 그녀가 하늘나라에 갔다고 해서 사라지거나 잊히지 않는다!

집은 줄곧 덩리쥔이 의지하던 곳이었다. 피곤하고 지칠 때 덩리쥔은 집으로 돌아와 쉬었다. 그리고 지금 덩리쥔은 조용히 사랑하는 땅에 묻혔다. 생전의 덩리쥔은 사생활을 지키기 위해 외국으로 떠돌았다. 지금 그녀는 편안하게 자신이 태어난 나라에서 긴 잠에 빠졌다. 그녀의 묘에는 사계절 장미가 끊이지 않고 피고 언제나 자신이 부른 대표곡이 흘러나온다.

그러나 이런 방식으로 집에 돌아온 것은 참으로 가슴 아픈 일이 아닐 수 없다. 쥔위안에 와서 덩리쥔의 묘를 참배하는 사람은 누구나 눈물을 흘리며 탄식하곤 한다. 그들은 가볍게 덩리쥔의 노래를 더불어 부르면서 그녀의 목소리와 미소를 다시금 떠올린다. 멀리서 가져온 축복과 사랑을 전한다. 사랑은, 항상 설명이 필요 없는 것이다.

사랑은 설명이 필요 없다. 팬들이 덩리쥔을 사랑하듯, 이유가 없다. 중국에서, 일본에서, 홍콩에서, 타이에서, 싱가포르·말레이시아·유럽·미국에서 비행기를 타고 찾아와 덩리쥔의 묘 앞에 향을 피우고 허리 숙여 인사를 한다. 이런 마음은 스타를 뒤쫓는 팬의 맹목적 열정이라고 치부해버릴 수 없다. 분홍색 장미를 한 송이 한 송이 잘라 덩리쥔의 이름으로 배열한 팬이 있다. 가시에 손가락을 찔려도 후 하고 입김 한번 불고 다시 씩 웃으며 말했다.

"이 정도 아픈 건 별거 아니에요! 진짜 아픈 곳은 여기거든요!"

그녀는 피가 나는 손으로 자기 가슴께를 가리켰다. 코끝이 찡했다. 누군들 그렇지 않겠는가?

덩리쥔이 최전방에서 근무하는 병사들을 걱정하고 안타까워했던 마음도 그랬다. 건강이 좋지 않은데도 몇 시간씩 노래를 부르고 함께 즐거운 무대를 꾸몄다. 그들과 이런저런 이야기를 허심탄회하게 나누기도 했다. 병사들과 똑같이 위장복을 입고 햇살 아래서 행군을 했다. 덩리쥔은 그때도 이미 병을 앓고 있었다. 하지만 누구도 그런 사실을 알아차리지 못했다. 누구에게도 하소연하지 않았다. 그저 미소 지으며, 친절하게 농담을 던지고 장난을 치면서 노래를 불렀다. 사랑이 아니라면 이렇게 힘들게 군 위문 활동에 애쓸 수 있었을까? 덩리쥔의 인기나 명성은 더 이상 노래를 홍보하거나 인지도를 높이기 위한 활동을 할 필요가 없었다. 하지만 덩리쥔은 진심으로 집을 떠나 군대에 와 있는 병사들에게 위로가 되어주고 싶었다. 이역시 설명이 필요 없는 사랑이다. 쌍방으로 통하는 사랑이다.

덩리쥔이 중국 민족에 대한 사랑을 입 밖에 내어 말한 적은 없지만, 노래를 통해 표현해왔다. 그녀가 화교가 모인 곳에서 〈매화梅花〉〈아리산의 노래阿里山之歌〉〈사해가 모두 중국인四海都是中國人〉 같은 곡을 부르면 눈물을 흘리며 감동하지 않은 적이 없었다. 무대 위도 아래도 하나가 되어 뜨거운 박수가 우레처럼 울렸다. 덩리쥔은 일본에서도 치파오를 입고 공연의 하이라이트 부분에 중국어 노래를 불렀다. 일본 사람이 그 노래를 알아듣지 못하더라도, 덩리쥔은 자신이 중국 사람이라는 것을 알려주고 싶었다. 덩리쥔은 나라에 대한 사랑을 숨기지 않았다.

덩리쥔의 어머니 기억 속 덩리쥔은 노인이나 아이가 버스에 타면 얼른 자리를 양보하고 가난하고 병든 사람을 보면 눈물을 흘리는 사람이다. 가난한 학생에게는 장학금을 주고 텔레비전에서 독거노인 뉴스를 보면 곧바로 기부금을 보내 위로했다. 타이 북부의 난민촌이 얼마나 힘든지 알게 된 뒤 필요한 지원을 했고, 허난 성 상추商丘에서 집안이 가난해 아버지의 장례도 치르지 못한다는 이야기를 듣고 전혀 알지 못하는 바다 건너 중국에 사는 사람에게 돈을 보내주기도 했다. 심지어 유기된 동물을 보고서도 가슴 아파했다. 덩리쥔은 상금을 받으면 꼭 기부를 했다. 이와 같은 사례를 들자면 끝이 없다. 덩리쥔이 도운 사람은 대부분 알지 못하는 낯선 이들이었다. 그렇지만 덩리쥔은 아낌없이 그들을 도왔고, 자신의 그런 행동을 알리지도 않았다. 가족만 이런 따뜻한 일을 알 뿐이다.

이 책을 쓸 때, 나는 절대로 덩리쥔을 신격화하지 않겠다고 다짐했다. 덩리쥔이 얼마나 특별한지를 쓰기보다 그녀가 삶에서 자신의 역할을 어떻게 수행했는가를 묘사하려고 했다. 덩리쥔은 딸로서 효도하고 학생으로서 열심히 공부하며 가수로서 군 위문 활동에 노력했다. 국민으로서는 나라의 위상을 높이는 데 공헌했다. 한 사람이 자신의 일생에서 얼마나 많은 역할을 맡고 또 그 역할을 얼마나 잘 해낼 수 있을까? 덩리쥔은 그저 자신의 역할을 하나하나 잘 해냈을 뿐이다. 물론 말하기는 쉽지만 사실 무척 어려운 일이다.

덩리쥔의 노력은 젊은이를 격려하는 데 그치지 않는다. 정신적으로도 많은 사람에게 영향을 미친다. 2001년 내가 2년 하고도 5개월에 걸친 인터뷰 과정에서 인터뷰를 하면 할수록 당황한 점은, 단 한마디도 부정적인 평가를 듣지 못했다는 것이다. 2011년 수차례 중국을 방문해서는 더욱더 덩리쥔의 무한한 영향력을 절감했다. 어떤 사람은 덩리쥔이 자기 인생을 바꿔놓았다고 말한다. 누군가는 덩리쥔을 인생의 모델로 삼고 노력한다고 했다. 덩리쥔의 노래를 들으며 마음을 다잡고, 덩리쥔을 노래 덕분에 다시 살아야겠다는 의지를 갖게 됐다는 젊은 여성도 있었다. 덩리쥔의 노래, 덩리쥔이라는 사람은 이처럼 많은 이에게 긍정적인 영향을 미쳤다. 그래서 나는 무엇보다 덩리쥔의 정신적인 면에 집중하게 됐다. 덩리쥔이 이뤄낸 가수로서의 성취, 아름다운 외모와 훌륭한 연예인으로서의 영향력 외에, 덩리쥔이 평생 느끼고 바랐던 것, 노력하고 깨달은 것을 알고 싶었다. 그것이야말로 덩리쥔을 기념하는 진정한 의미라고 생각하게 됐다.

덩리쥔은 평범한 삶을 갈망했다. 평범한 사람처럼 자신만의 사적인 공간을 갖고 싶어했다. 유명세는 그녀를 지치게 했고 근거 없는 소문에 시달렸다. 기자회견에서 눈물을 보이던 때도 있었지만 점차 루머에 무관심해지고 신경도 쓰지 않게 되었다. 그렇게 되기까지 덩리쥔이 겪은 풍파, 웃음과 울음이 얼마였을까? 덩리쥔은 화려하고 눈부신 삶을 떠나 극도로 단순한 삶, 그저 아무도 방해하지 않는 고요함만을 원하게 되었다. 어쩌면 우리는 우리의 평범함에 무엇보다도 감사해야 할지 모른다.

덩리쥔에 대한 루머가 아무리 나돌았어도, 수십억 중국인이 그녀에 대해 갖고 있는 긍정적인 이미지에는 전혀 영향을 미치지 못했다. 대스타로서의 평가도 전혀 흔들리지 않았다. 일본인이 말한 것처럼, 덩리쥔은 존경받을 만한 사람이다. 국제적으로도 인정받고 있다. 중앙아메리카에서 우표 발행으로 유명한 국가 그레나다가 16장이 한 세트인 덩리쥔 우표를 발행한 적도 있다.

덩리쥔은 타이완 유명 소설가 바이셴융의 대표작 『적선기』 도입부에 인용된 쑤만수의 시 "세상의 꽃들은 무척 급히 진다. 봄이 끝나기도 전에 꽃이 다 사라지네. 분명히 신선이 잠시 세상에 내려왔다 돌아간 것이니, 아름다운 얼굴을 기억하며 슬퍼할 필요가 없네"를 떠올리게 한다.

어쩌면 덩리쥔은 정말로 하늘에서 내려온 선녀가 아니었을까? 인간 세상에 와서 즐겁게 사랑하며 노닐다가 하늘로 돌아간 것이다. 덩리쥔의 어머니는 그녀가 은혜를 갚으러 온 신령한 새라고 생각한다. 덩리쥔이 어쩌다 인간 세상에 내려온 선녀든 아니든, 그녀의 인생은 이미 그렇게 지나갔다. 사라지지 않은 것은 그녀의 정신이자 사랑의 마음이다. 덩리쥔이 중국에 가서 콘서트를 하고 싶어했던 바람은 이뤄지지 않았다. 그러나 덩리쥔의 노래는 중국 전체에 울려 퍼지고 있다. 이번 생의 노래는 이제 끝나버렸지만, 이 사랑은 절대로 멈추지 않을 것이다.

이 책은 한 가수의 굴곡진 삶을 서술하는 책이 아니다. 오히려 사랑할 줄 알았던 사람의 정신과 감정을 기록한 책이다. 우리는 덩리쥔의 노래 속에서 사랑하고 괴로워하고 살아가며 슬픔과 기쁨을 누린다. 어떤 사랑은 설명할 필요가 없다. 그저 사랑 속에 잠겨서 느끼면 된다. 그것이 또한 행복이 아닐까.

장제姜捷

2001년 청명날(4월 5일) 초고 탈고

2012년 12월 완고 탈고

덩리쥔 연보

1953년 1월 29일 타이완 윈린 바오중 향 톈샹 촌에서 출생.

1959년 (6세) 11월 타이베이 루저우로 이사. 루저우초등학교 입학.

1960년 (7세) 학교 무대에서 노래를 부르다. 생애 첫 무대.

1962년 (8세) 93밴드의 리청칭에게 황매희 곡을 배우다.

1962년 (9세) 93밴드를 따라 군 위문 활동을 다니다.

1963년 (10세) 8월 31일 영화 삽입곡 경연대회에서 〈방영대〉로 역대 최연소 1위를 하다.

1964년 (11세) 타이베이 웅변대회에서 1위를 하다.

1965년 (12세) 진링 여자중학교 입학.

1966년 (13세) 〈채홍릉〉으로 진마 음반사 노래 경연대회 1위를 하다.

1967년 (14세) 진링 여자중학교 휴학. 9월 위저우 음반사와 계약하고 첫 앨범 〈덩리쥔의 노래 – 봉양화기鄧麗君之歌 – 鳳陽花鼓〉 발매.

1968년 (15세) '군성회'로 생애 첫 텔레비전 프로그램 출연. 이해까지 데뷔 2년도 되기 전에 음반 11장을 발매하고 '덩리쥔 가창 스타일'을 유행시키다.

1969년 (16세) 첫 주연 영화 「고마워요 사장님」 촬영. 10월 작곡가 쭤훙위안의 추천으로 타이완의 최초의 드라마 주제곡인 〈반짝반짝〉을 불러 히트시킴. 12월 27일 백화유 자선바자회 참가.

1970년 (17세) 1월 홍콩에서 백화유 자선기금 여왕으로 선정. 10월 영화 「팬 아가씨」 촬영.

1971년 (18세) 2월 1년간의 동남아시아 순회공연 시작. 홍콩, 싱가포르, 말레이시아, 태국, 베트남 등에서 공연.

1972년 (19세) 2월 두 번째로 백화유 자선기금 여왕으로 선정. 6월 최초의 팬클럽 '청려지우회' 결성. 12월 홍콩 10대가수 선정.

1973년 (20세) 9월 26일 홍콩 10대가수상 중 금낙타장 수상. 이해에 〈천언만어〉 〈바다의 소리〉 등이 아시아 전역에서 히트함. 11월 일본 폴리도르 음반사와 계약.

1974년 (21세) 3월 일본에서 첫 싱글 〈오늘 밤일까 내일일까〉 발매. 4월 진먼 섬에서 첫 번째 군 위문 공연. 6월 일본에서 두 번째 싱글 〈공항〉 발매. 10월 17일 제7회 신주쿠 가요제에서 동상 수상. 11월 19일 일본 레코드대상 신인상 수상.

1975년 (22세) 홍콩에서 〈섬나라 사랑 노래〉 제1집 발매. 9월 말레이시아 순회공연.

1976년 (23세) 3월 홍콩 리 시어터에서 첫 번째 개인 콘서트. 같은 달, 홍콩에서 덩리쥔 팬클럽 정식으로 재결성. 6월 일본어 싱글 〈밤의 페리보트〉 발매, 음반 차트 20위 진입.

1977년 (24세) 7월 일본에서 첫 개인 콘서트. 〈섬나라 사랑 노래〉 제3집과 〈사사소우絲絲小雨〉 홍콩 골든레코드상 수상. 리 시어터에서 두 번째 홍콩 개인 콘서트.

1978년 (25세) 2월 말레이시아와 싱가포르 순회공연. 7월 일본 가와사키에서 대형 개인 콘서트. 콘서트 수익을 기부하여 타이베이 경찰 라디오방송국 '설중송탄' 프로그램에서 수상. 9월 홍콩 리 시어터에서 세 번째 개인 콘서트.

1979년 (26세) 2월 '여권 스캔들' 발생. 이후 미국으로 건너가 캘리포니아대학에서 생물학, 수학, 일본어 연수. 4월 미국 샌프란시스코, 로스앤젤레스, 캐나다 밴쿠버에서 북미 순회공연. 동시에 홍콩에서 3장의 앨범이 플래티넘레코드 수상. 이해부터 〈그대 언제 돌아오실까〉를 비롯한 덩리쥔의 노래가 중국 대륙에서 신드롬을 일으키기 시작하다.

1980년 (27세) 3월 26일 타이완 금종장 우수가수상 수상. 7월 20일 뉴욕 링컨센터에서 공연. 10월 타이완으로 돌아와 진먼 섬에서 군 위문 공연. 국부기념관에서 자선 콘서트를 열고 수익을 전액 기부. 10월 홍콩 리 시어터에서 네 번째 개인 콘서트. 12월 홍콩에서 첫 번째 광둥어 앨범 〈함께 할 수 없어요〉 발매.

1981년 (28세) 2~3월 타이베이, 타이중, 가오슝 등에서 공연. 4월 홍콩 리 시어터에서 다섯 번째 개인 콘서트. 8월 진먼 섬에서 '그대는 최전선에' 군 위문 순회공연을 한 달간 진행. 8월 홍콩 골든레코드 시상식에서 5장의 앨범이 플래티넘레코드 수상. 홍콩 음반 판매 기록 갱신.

1982년 (29세) 1월 8일~11일 홍콩 퀸엘리자베스 스타디움에서 개인 콘서트, 4일간 다섯 차례 공연 전석 매진. 말레이시아 기업가 궈쿵청과 약혼했으나 결국 파혼. 5월 〈담담유정〉 음반 작업을 시작, 싱가포르에서 사진 촬영. 12월 홍콩에서 '환락만동화' 자선 공연 참여.

1983년 (30세) 당시와 송사에 곡을 붙인 명반 〈담담유정〉 발표. 5월 홍콩 폴리그램 통계, 1975년 이후 홍콩에서 덩리쥔의 음반 판매량이 500만 장 돌파. 당시 중국어권 대중음악계의 신기록 수립. 6월 홍콩에서 두 번째 광둥어 앨범 〈느린 인생길〉 발매. 12월 홍콩체육관에서 15주년 기념 순회 콘서트 시작. 이 콘서트로 홍콩체육관 최초 6회 공연 및 6회 전석 매진, 관객 수 10만 명, 한 콘서트 최대수익 등 새로운 기록을 수립. 이어 아시아 순회 콘서트를 이어가다.

1984년 (31세) 1월 15주년 아시아 순회 콘서트 일환으로 타이베이 시립체육관에서 '10억 개의 박수소리' 콘서트 개최. 영국에 가서 성악을 공부. 2월 일본에서 앨범 〈속죄〉 발매, 총 판매량 150만 장 이상. 3월 타이완에서 제10회 10대 걸출한 여성 청년상 수상. 연말 일본유선방송, 전일본유선방송대상 석권.

1985년 (32세) 일본에서 싱글 〈애인〉 발매, 14주간 음반 차트 1위 및 방송횟수 최다기록 갱신, 총 판매량 150만 장 이상. 2년 연속 일본유선방송, 전일본유선방송대상 석권. 12월 15일 도쿄 NHK홀에서 대형 개인 콘서트 'One and Only' 개최. 12월 31일 제36회 홍백가합전에 최초로 출전.

1986년 (33세) 일본에서 싱글 〈세월의 흐름에 몸을 맡겨요〉 발매. 3년 연속 일본유선방송, 전일본유선방송대상 석권. 이는 일본 연예계 사상 처음이자 마지막 기록이다. 이 곡으로 12월 일본 레코드대상에서 금상 수상. 『타임』 '세계 7대 여가수' '세계 10대 인기 여성 가수'에 선정. 12월 31일 두 번째로 제37회 홍백가합전 출전.

1987년 (34세) 자선 목적의 공연 외에 공공장소에 거의 나타나지 않으며 은퇴와 비슷한 상태가 된다. 홍콩에서 〈나는 당신만 생각해요〉 음반 발매, 음반 중 세 곡을 직접 작사. 6월 일본에서 싱글 〈이별의 예감〉 발매, 일본유선대상 중 유선음악상 수상.

1988년 (35세) 홍콩 스탠리에 집을 구입하고 정착. 4월 작사가 선즈 별세, 타이완으로 돌아가 추모식 참여. 8월 타이완에서 '823 기념 공연' 출연. 12월 8일 〈이별의 예감〉이 제21회 전일본유선방송대상 우수가수상 수상.

1989년 (36세) 5월 홍콩 해피밸리 경마장에서 열린 '민주가성헌중화' 음악회 참여. 6월 4일 톈안먼 사태에 큰 충격을 받다. 7월 일본어 싱글 〈홍콩〉 발매. 11월 일본 TBS 방송에서 '일본 데뷔 15주년 특집 프로그램' 방송.

1990년 (37세) 공연활동이 크게 줄어들고 프랑스 파리를 중심으로 생활. 5월 9일 아버지 덩수 병으로 별세.

1991년 (38세) 2월 〈슬픔과 함께 춤추다悲しみと踊らせて〉 발매. 3월 진먼 섬에서 군 위문 공연. 12월 31일에 세 번째로 제42회 홍백가합전 출전.

1992년 (39세) 2월 CTS 방송과 인터뷰. 8월 일본 히로시마 평화음악제에서 공연. 12월 마지막 표준 중국어 앨범 〈잊지 못할 덩리쥔難忘的鄧麗君〉 발매.

1993년 (40세) 3월 타이중 칭취안강 군 기지에서 '영원한 연인' 군 위문 공연. 5월 마지막 일본어 싱글 〈당신과 함께 살아가고파あなたと共に生きてゆく〉 발매. 12월 제26회 일본유선대상 시상식 참석.

1994년 (41세) 6월 가오슝 펑산에서 '영원한 황푸' 군 위문공연, 타이완에서 공개적으로 공연한 마지막 콘서트. 10월 22일 일본 센다이에서 행사 참석, 일본에서의 마지막 무대. 11월 홍콩에서 마지막 텔레비전 방송인 aTV 프로그램에 출연.

1995년 (42세) 2월 타이완으로 돌아와 설 명절을 쇠었다. 『민성보』 기자와 생전의 마지막 비공식 인터뷰. 5월 8일 타이 치앙마이에서 천식 발작으로 별세. 5월 28일 타이완 진바오 산 묘지 '쥔위안'에서 영면.

　〈첨밀밀〉은 아마도 한국인이 가장 잘 아는 중국 노래가 아닐까? 중국
노래를 전혀 모르는 사람도 한 번쯤 〈첨밀밀〉을 들어본 적이 있을 것이다.
노래 제목은 모르더라도 "톈미미~"로 시작하는 감미로운 선율을 들으면
누구나 "아, 그 노래!"라며 무릎을 친다. 그 노래를 부른 덩리쥔은 20여 년
전에 세상을 떠났지만 지금도 여전히 중국어권 최고의 가수다.

　1970~1980년대, 덩리쥔은 자신이 태어나고 자란 타이완은 물론, 홍콩
과 화교들이 많이 사는 동남아시아, 타이완과 정치적으로 대립하며 민간
교류조차 없던 중국에서도 절정의 인기를 누렸다. 막 개혁 개방이 시작되
던 중국에서 "낮에는 덩샤오핑이, 밤에는 덩리쥔이 지배한다"는 우스갯소
리가 나올 정도였다. 더욱 놀라운 사실은 당시 중국에서 덩리쥔의 노래가
금지곡이었다는 것, 덩리쥔은 1995년 사망할 때까지 평생 중국 땅을 밟아
보지 못했다는 것이다. 덩리쥔은 일본 가요계에도 진출했다. 그저 '진출'만
한 것이 아니라 전성기에는 싱글 앨범의 판매고가 200만 장에 이를 정도

로 성공을 거뒀다.

하지만 한국에는 덩리쥔이 많이 알려지지 않았다. 한국 사람들이 덩리쥔이라는 가수를 인식한 것은 리밍黎明과 장만위張曼玉 주연의 로맨스 영화 「첨밀밀」(1996, 한국에는 1997년에 개봉)을 통해서다. 제목마저 덩리쥔의 히트곡에서 따온 이 영화에는 덩리쥔의 노래가 여러 곡 삽입되었다. 덩리쥔의 노래는 두 주인공의 엇갈리는 인연, 그럼에도 불구하고 놓을 수 없었던 사랑을 드러내는 매개체이자 상징물로서 관객의 가슴을 적신다.

중국어를 조금이라도 배운 적이 있다면 덩리쥔이라는 이름을 모를 수 없다. 덩리쥔의 대표곡인 〈첨밀밀〉은 초급 중국어 교재에서 반드시 배우고 넘어가는 노래다. 가사가 쉽고 따라 부르기도 좋은 데다 다들 한 번쯤 들어본 적 있는 유명한 곡이기 때문이다. 나 역시 대학을 다닐 때 중국어 노래로 공연을 하는 동아리 활동을 하며 제일 먼저 배운 노래가 바로 〈첨밀밀〉〈야래향〉〈달빛이 내 마음을 대신해요〉 같은 덩리쥔의 노래였다. 학교 축제 무대에서 공연을 했기 때문인지, 나는 지금도 이 노래의 가사를 다 외우고 있다.

대학에서 중국어를 전공하기도 했고 중국어 가요에 관심도 많은 편이라 스스로 덩리쥔의 노래도, 덩리쥔이라는 가수도 잘 안다고 생각했다. 하지만 이 책을 번역하면서 내가 덩리쥔을 얼마나 모르고 있었는지, 얼마나 단편적으로 바라보고 있었는지 알게 되었다. 돌이켜 생각해보면 내가 알던 덩리쥔은 언론매체가 세상에 보여준 모습일 뿐이었다. 실제 덩리쥔의 아주 작은 부분이거나 심지어 제멋대로 각색하고 왜곡한 내용이었던 것이다.

나는 이 책을 통해 비로소 훌륭한 가수이자 최고 스타인 덩리쥔 외에 또 다른 모습의 덩리쥔, 진실한 덩리쥔을 만날 수 있었다. 덩리쥔은 자신의 직업에 책임감과 존경심을 가졌던 사람, 힘든 상황 속에서도 꿋꿋이 노력했던 사람, 가족과 친구들을 사랑하고 어려운 사람을 돕기 위해 애썼던 마음 따뜻한 사람이었다.

덩리쥔은 여섯 살에 처음 정식 무대에 섰다. 군인이었던 아버지의 친구가 조직한 군부대 위문 공연단을 따라가서 노래를 불렀다. 정식 무대라고는 해도 어린아이의 노래에 출연료를 주지는 않았다. 하지만 덩리쥔은 나름대로 준비를 하고 무대에 올랐고, 박수가 나오지 않으면 무대에서 내려오지 않았다. 여섯 살 아이에게 박수는 자신의 공연이 잘 끝났다는 신호였던 모양이다. 이 이야기는 꼬마 여자애의 귀여운 일화일 뿐이지만, 그 후로도 평생 덩리쥔은 '노래하는 일'을 소중히 여기고 항상 책임감 있게 임했다. 단번에 녹음을 마칠 수 있도록 철저히 준비를 했고, 늘 최상의 컨디션으로 무대에 서기 위해 노력했다. 이 책 곳곳에도 덩리쥔이 무대 아래서 보이지 않게 노력했던 모습이 담겨 있다.

덩리쥔의 집안은 무척 가난했다. 그래서 십대 초반부터 학교생활과 무대 가수생활을 병행하며 돈을 벌었다. 중학생이 밤마다 라이브하우스를 돌아다니며 노래를 부르는 것을 학교에서 달갑게 생각할 리 없었고, 결국 학교를 그만두어야 했다. 하지만 덩리쥔은 독학으로 영어와 문학 등을 계속 공부했고, 나중에는 미국에서 대학을 다니기도 했다. 덩리쥔은 외국어 공부를 특히 좋아해서 영어, 일본어, 프랑스어 등 다양한 언어를 할 줄 알았다.

저자는 이 책을 쓰면서 몰랐던 덩리쥔의 모습을 발견하고 감동을 받은 적이 여러 번이었다고 한다. 저자가 특히 계속해서 언급하는 사실은 덩리쥔이 어려운 사람을 돕는 데 힘을 아끼지 않았다는 점이다. 출연료 없이 수많은 자선모금 행사에 참석했고, 동남아시아 오지 마을에 모여 사는 중국인 후손들을 위해 급수탑을 만들라며 큰돈을 흔쾌히 내놓기도 했다. 그곳에서는 아직도 덩리쥔을 온 마을의 은인으로 기억한다.

우리는 덩리쥔이 어떤 노래를 불렀는지, 얼마나 인기가 많았는지만 생각하고 그가 중국어권 가요계 최고의 스타가 되기까지 한 노력이나 어떤 길을 걸어왔는지는 알려 하지 않았다. 언론은 덩리쥔의 사생활에만 관심을 가졌고 그의 선행이나 진심에는 흥미가 없었다. 세상에 알려진 모습이 아니라 진실한 한 인간으로서 덩리췬을 만나고 싶다면, 이 책이 최고의 길잡이가 되어줄 것이다.

2017년 여름의 문턱에서
강초아

화보로 보는 덩리쥔의 생애

가족이 한자리에 모일 수 있다는 것이 가장 큰 행복이다.(1956년 촬영)

한 살 때. 목마를 타고 찍은 기념사진.

'야터우'(계집애)는 인복이 좋아서 누구든 보기만 하면 귀여워했다.

덩리쥔은 늘 곱게 입고 주변의 사랑을 받았다.

처음으로 공개적인 자리에서 노래를 부른
날, 어린 덩리쥔은 전혀 겁내지 않았다.

덩리쥔의 노래는 어릴 때부터 유명해서 이런저런 자리에 초청받곤 했다.

1964년 덩리쥔의 아버지 생신날. 꼬마 덩리쥔이 즐겁게 웃으며 아버지 옆에 붙어 앉아 있다.

100일이 되었을 때의 강보에 싸인 사진.

1965년 설 명절을 보낼 때 찍은 가족사진. 가족은 덩리쥔에게 삶의 원동력이었다.

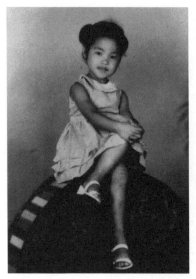

혼자 사진관에 가서 찍은 사진.

세 살 때 우위핑吳玉萍과 함께.

발레를 배울 때의 기념사진.

남동생과 함께 루저우 초등학교에 다닐 때. 덩리
쥔은 늘 아버지 일을 도왔다.

집 근처의 화교대학 예비반 학생과 함께 노래하는 덩리쥔. 몇 번 듣기만 하면 바로 노래를 따라 불렀다.

진링 여자중학교에 다닐 때의
학생증 사진.

친구들과 함께 숙제를 하며.

황매희 노래 대회에서 우승했을 때. 어려서부터 노래에 대한 재능이 남달랐다.

집에 있을 때에야 비로소 진정한 휴식과 자유를 느낄 수 있다.

덩리쥔은 반 친구들과 사이가 좋았다.

셋째 오빠(왼쪽), 다섯째 남동생(오른쪽)과 함께 찍은 사진. 오빠와 동생 모두 덩리쥔을 아끼고 사랑했으며, 늘 그녀에게 감탄했다.

1979년 4월, 덩시췌안(오른쪽)과 함께 미국에서 녹음할 때.

젊고 활기 넘치는 이미지는 덩리쥔의 데
뷔 초기 이미지다.

라이브하우스에서 소속 가수로 노래를 시작하면서 덩리쥔은
무대화장에도 점점 신경 쓰게 됐다.

노래를 불러 번 돈으로 베이터우에 온 가족
이 편안하게 살 수 있는 첫 번째 집을 샀다.

둥팡東方 라이브하우스에서 공연할 때의 모습. 양산박 역으로 분장했다.

열여섯 살의 덩리쥔은 학업과 가수 생활을 병행하기 힘들었다. 하지만 용감하게 자신의 미래를 선택했다.

1968년, 밤의 파리夜巴黎, 치중톈 라이브하우스에서 공연하는 모습.

덩리쥔의 어머니는 어린 딸을 보호하려고 여러 차례 오해를 받기도 했다.

노래가 뛰어나면 연기도 하게 된다. 덩리쥔은 첫 번째 영화 「고마워요 사장님」을 찍었다.

'초콜릿 자매'로 활동하던 시기의 덩리쥔. 늘씬한 몸매의 미인이 될 모습이 엿보인다.

영화 「팬 아가씨」의 한 장면.

태풍 엘시 수재민을 돕기 위해 가오슝 다신 백화점에서 열린
백화유 자선바자회에 참여한 덩리쥔.

리칭칭은 여섯 살 난 덩리쥔을 데리고
외부 섬으로 군 위문 공연을 다녔다.

백화유 자선바자회 공연에서.

설날 온 가족이 모이는 것은 덩리쥔에게 가장 중요한 일이었다.

백화유 자선의 밤 행사에서 왕관을 쓴 모습.

백화유 자선기금의 여왕으로 행사에 참
석하기 위해 홍콩에 갔을 때.

타이에 가서 「팬 아가씨」를 홍보하는 모습.

보이시한 스타일을 시도하여 새로운 매력을 드러냈다.

덩리쥔은 늘씬한 다리를 부각시키는 미니스커트를 즐겨 입었다.

바닥까지 끌리는 긴 드레스는 덩리쥔의 매력을 가장 잘 드러내준다.

덩리쥔은 음악에 대한 이해력이 뛰어났고, 여러
선생님으로부터 조언을 구했다.

싱가포르 국립극장에서 자선 공연을 하던 날,
감동에 가득 찬 모습.

베트남 전통 의상 아오자이를 입고 동물원에서.

베트남 해남海南 병원에서 환자에게 영양제를 전달하는 모습.

베트남 복덕福德 학교를 방문해 학생들과 함께.

홍콩에 온 지 얼마 지나지 않아 덩리쥔은 금세 광
둥어를 배워 무대에서 관객들과 소통할 수 있을 정
도가 됐다.

덩리쥔은 운전을 배운 뒤 무척 즐거워했다.

홍콩 여학생들은 덩리쥔의 청아하고 순진한 모습을
특히 좋아했다.

1971년 「군성회」 프로그램 단체 사진.

세레이(왼쪽 첫 번째)와 함께.

대기실에서 공연을 기다리며.

덩리쥔과 청룽이 미국에 있을 때, 청룽은 자주 친구들과 덩리쥔의 집에 초대받았다.

싱가포르 창이 국제공항에서 지적장애 아동과 만나다.

덩리쥔은 얼굴의 작은 점 하나도 없애지 않으려 했다. 그녀는 얼굴의 단점이
내면의 아름다움을 오히려 돋보이게 한다고 생각했다.

막 데뷔했을 때 덩리쥔은 발랄한 단발머리였다.

몇 년 후, 머리카락을 기르면서 점차 여성스러운 매
력이 더해졌다.

1970년대 덩리쥔은 위저우 음반사와 계약한 뒤 점차 인기를 얻었다.

덩리쥔의 따뜻한 마음이 타이 북부 국민당 부대 촌락 후이모 촌에 첫 번째 상수도를 만들었다.

덩리쥔은 후이모 촌을 마음에 담고 있었다.

스탠리에 위치한 별장. 주변 경치가 수려하고 그윽하다.

스탠리 별장의 내부 모습. 가구 배치와 인테리어는 모두 덩리쥔이 직접 했다.

베트남 팔달八達 호텔 자선 파티에서 노래하는 모습.

홍콩 카리타스센터의 자선 공연.

보량국 근처의 고아원을 방문한 날.

친절하게 자신의 음반에 사인을 해주는 모습.

홍콩 국제공업출품전소회가 선정한
'올해의 자선모금 여왕'으로 뽑혔다.

리펄스베이는 덩리쥔의 홍콩 거주지가 될 뻔했다.

덩리쥔이 '카이성 종합예술단'으로 참가했을 때의 모습.

공연 당시 목동으로 분장한 모습.

코즈웨이베이의 라이브하우스와 계약하고 소속 가수로 공연했
다. 무대 경험이 풍부한 덩리쥔은 관객 응대에도 능숙했다.

청려지우회가 결성된 뒤, 덩리쥔도 모임에 참
석했다.

덩리쥔과 홍콩은 아주 인연이 깊었다.

싱가포르에서 열린 10대 가수의 밤 공연에서.

덩리쥔은 자신도 모르는 사이에 일본 음반사의 주목을 받고 있었다.

홍콩에서 10대 가수상을 받았을 때.

스탠리 옛집에 설치된 덩리쥔의 작은 위패. 밍
언니는 여전히 덩리쥔을 위해 향을 피운다.

개인적으로 사람들과 사귈 때 덩리쥔은 스타 의식이 거
의 없었다.

스테판이 욕실 타일 위에 프랑스어로 쓴 사
랑의 밀어.

홍콩체육관에서 열린 15주년 기념 콘서트. 덩리쥔 가수
인생의 절정기였다.

학력이 높지 않지만 덩리쥔은 공부에 대한 열의가 대단했다. 1984년에는 영국으로 유학을 가기도 했다.

분홍색 계열로 꾸며진 스탠리 옛집의 낭만적인 침실.

두후이둥(아두)은 덩리쥔에게 〈설지련〉이라는 가사를 써줬지만, 녹음하기도 전에 덩리쥔이 세상을 떠났다.

〈공항〉 음반은 발매된 후 날개 돋친 듯 팔렸다.

1974년 제16회 일본레코드대상 신인상.

신주쿠가요제에서 동상을 받았다.

신주쿠가요제에서 〈공항〉을 부르는 모습.

1974년 일본에서 음반 발매.

일본 집에서 한가로운 시간을 보내는 덩리쥔.
점점 일본 생활에 익숙해졌다.

1974年 攝於東京淺草仲見世街・模仿假面超人裝

아사쿠사(淺草)에서 즐거운 시간을 보내는 덩리쥔. 활발하고 귀여운 모습이다.

시무라 켄이 진행하는 프로그램 「8시다, 전원집합!」에 출연한 모습.

인기를 얻은 뒤 덩리쥔은 일본 미쓰코시三越 백화점에서 사인회를 열었다.

아타미 클럽에서 노래하는 것은 일본에서 가수로 활동하려면 반드시 거쳐야 하는 과정이었다. 사진은 덩리쥔이 도쿄 긴자에서 공연하는 모습이다.

일본 사람들은 특히 덩리쥔의 치파오 차림을 좋아했다.

일본 극장 공연 모습.

도쿄 신교 시민회관에서 공연하는 모습.

여권 사건 이후 도쿄 기자회견에서 상황을 설
명하는 모습.

일본에서 스케이트를 타다 다리를 다쳤고, 이를 본 덩리
쥔의 어머니는 무척 걱정을 한 나머지 기절할 뻔했다.

덩리쥔은 자전거를 잘 탔다. 경륜 세계선수권대회 우승자도 놀랄 정도였다.

1984년 일본유선대상을 받았다.

도쿄 신교 시민회관 공연 모습.

덩리쥔이 세운 3연패 기록은 아직도 깨지지 않았다.

붉은색 시폰 소재의 당나라 미녀 차림으로
홍백가합전에 나와 〈애인〉을 불렀다.

덩리쥔은 일본에 가장 아름다운 목소리, 아름다운 이미지를 남
겼다. 왼쪽 사진은 일본극장에서의 공연 모습이다.

뉴욕 링컨센터의 콘서트는 수많은 화교를 감동시켰다.

덩리쥔은 콘서트에서 플루트 연주를 하곤 했다.

'테레사 덩 쇼Teresa Teng Show'라고 적힌 시저스 팰리스 호텔의 거대한 간판.

그날 덩리쥔의 공연은 유례없는 성공을 거뒀고, 외국인도 깜짝 놀랐다.

〈용의 후손〉 한 곡으로 무대 위와 아래가 모두 감동의 눈물바다가 되었다.

덩리쥔은 로스앤젤레스에서 콘서트를 여는 한편, 학업을 시작하며 편안하고 자유로운 한때를 보낸다.

콘서트에서의 무대 의상이나 스타일은 모두 덩리쥔의 생각이었다.

로스앤젤레스의 집에서 찍은 일상 사진. 덩리쥔이 무척 즐겁고 편안해 보인다.

미국에서 보낸 시간은 여전히 바빴다. 덩시취 미국 콘서트를 위해 노래와 춤을 연습하는 모습.
안과 함께 새 노래도 녹음했다.

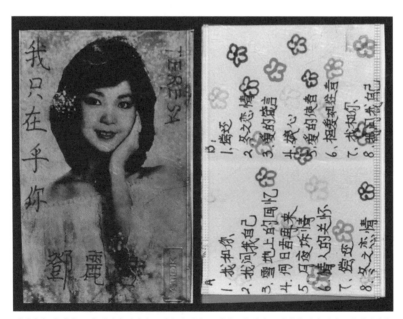

덩리쥔의 팬 천자陳佳가 카피한 덩리쥔 노래 녹음테이프. 테이프의 앞뒤 표지까지 직접 정성스레 만들었다.

덩리쥔 신드롬이 중국을 석권하다.

덩리쥔의 진지한 태도에 외국인들도 그녀를 다시 봤다.

1983년 '10억 개의 박수 소리' 콘서트 장면. 칼 슈뢰더가 직접 주관한 공연이었다.

상하이 칭푸 지역 푸서우위안 내부에 설치된 쥔펑위안君風園 구역. 덩리쥔의 백옥 조각상과 아름다운 음악소리가 함께 있는 공간이다.

리둔은 덩리쥔이 자신에게 미친 영향을 이야기하면서 눈물을 흘렸다.

덩리쥔의 노래는 팬들의 마음속에 이미 무엇보다도 중요한 힘으로 자리매김했다.

로스앤젤레스의 집 앞 잔디밭에서. 조심스럽게 따스한 햇빛을 쬐고 있다.

로스앤젤레스의 집 근처에서.

어머니도 함께 미국에 가서 덩리쥔을 돌봤다.

딩리쥔과 다섯째 동생인 창시가 함께 해외에서 공부하며
행복한 시간을 보냈다.

셋째 오빠 창푸와 미국에서 함께 지낼 때. 여동생과 긴 시
간을 함께 보낼 기회가 많지 않았기 때문에 두 사람은 이
시간을 무척 소중히 생각했다.

덩리쥔은 미국에 막 도착했을 때 한동안 친구
인 주샤오윈의 집에 머물렀다.

1982년 싱가포르에서 〈담담유정〉 앨범 사진
을 찍을 때.

〈담담유정〉은 고전시가에 곡을 붙여 만든 음반으로 대단한 반향을 불러일으켰다.

특별히 싱가포르에 가서 〈담담유정〉 사진을 찍었다.

좋은 가사, 좋은 곡으로 철저하게 문학과 음악의
아름다움을 드러냈다.

고전 시가에 맞춰 다양한
모습을 선보였다.

친근하고 달콤한 목소리로 덩리쥔은 노년, 중년, 청년까지 세대를 넘어 사랑받았다.

덩리쥔은 한 시대를 대표하는 '노래의 여왕'으로
불릴 만하다.

최전방에는 덩리쥔이 그토록 염려했던 군인들이 여
전한데, 지금 덩리쥔은 어디에 있는가?

덩리쥔은 항상 나라를 위해 최선을 다했다.

덩리쥔은 육해공군 병사의 '영원한 연인'이었다.

구닝터우 전역지 앞에서. 덩리쥔은 군인들이 건설한
진먼 섬 시설을 보며 그들의 노력에 감동했다.

저우위 장군은 덩리쥔의 수양아버지로, 사이가 아주 좋았다.

93밴드를 따라 이곳저곳 다니면서 군 위문 공연을 하여 무대 매너를 자연스럽게 익혔다.

1963년 우추에서 위문 공연을 할 때. 귀여운 꼬마 여자아이의 노래에 다들 감동을 받았다.

1991년 덩리쥔이 마산에서 중국을 향해 방송을 했다.

덩리쥔의 진심 어린 방송은 주변 병사들을 크게 감동시켰다.

덩리쥔이 친절하게 최전방 병사에게 안부를 묻고 있다.(리지안李吉安 사진 제공)

병사들과 함께 햇빛 아래서 새벽 달리기를 하는 덩리쥔.

한 달에 달하는 긴 군 위문 활동에서 덩리쥔과 국군 형제가 한마음으로 뭉쳤다.

해군복을 입은 덩리쥔.

위장복을 입고 탱크를 탄 덩리쥔.

직접 비행기를 몰지는 못했지만 남자 못잖은
기개를 뽐냈다.

복숭앗빛 봉선장을 입고 즐겁게 V 자를 만드는 덩리쥔.

평산의 육군 사관학교 학생을 위해 공연한 일은
덩리쥔에게 남다른 의미가 있다.

단 한 번의 음악회로 중국인의 마음을 하나로 모으다.

톈안먼 사태가 벌어진 후, 덩리쥔은 슬픔에 잠긴 나날을 보냈다.

민주화 운동을 하는 베이징 학생들을 위해 노래하다.

어머니, 셋째 올케와 함께 홍콩에서.

1981년 진먼에서 열린 〈그대는 최전선에─달빛파티〉 활동에 앞서 셋째 오빠와 함께.

덩리쥔은 출연료에 개의치 않고 아무리 바빠도 군 위문 활동에 꼭 참여했다.

공군 비행복을 입은 덩리쥔이 멋진 모습을
뽐내고 있다.

장난스럽게 총을 들고 귀여운 포즈를 취했다.

잠수부 복장을 한 덩리쥔.

육군 병사들이 노래를 부르며 덩리쥔을 환영했다. 옥수수 밭에서 포복 전진하며 병사들의 어려움을 체험했다.

1994년 〈영원한 황푸〉 공연에서 병사들에게 경례를 하는 덩리쥔.

당시 신문국장인 쑹추위의 표창을 받다.

'10대 걸출한 여성 청년상' 수상식에서. 덩리쥔은 오른쪽 첫 번째다.

수많은 스타가 운집한 경천청 공연.

수많은 중국 사람이 어려서부터 몰래 덩리쥔의 노래를 들으며 자랐다. 1984년 귀순한 왕쉐런王學仁(왼쪽), 쑨톈친(오른쪽)과 찍은 사진.

히노키 미노루 사장은 덩리쥔의 마음 씀씀이에 마음 아파했다.

국부기념관에서의 자선 공연. 입장 수익은 전액 자강애국기금에 기부했다.

덩리쥔이 즐겁게 V 자 손 모양을 만들어
보였다.

거의 연예계를 은퇴한 상태였지만 국군 형제는 잊지 않았다.

콘서트는 팡팡팡, 후과의 사회로 진행됐다.

덩리쥔이 진먼 섬의 전방에서 위문 활동을 하는 사진.(리지안 사진 제공)

파리 센 강변에서.

멀리 프랑스에서도 덩리쥔은 새로운 음악 작품을 준비하고 있었다.

자선 공연 전. 당시 행정원장인 쑨윈쉬안과 함께.

덩리쥔의 프랑스 자택에서.

프랑스에서 보낸 시간은 간단하고 충실했다.

프랑스의 톈안먼 사태 3주년 기념회에서.

프랑스에서의 덩리쥔은 미간에 늘 옅은 애수가 드리워
져 있었다.

파리는 덩리쥔의 예술적 시야를 넓혀주었다.

덩리쥔은 친구를 진심으로 대하며 돕는 일을 기꺼워했다. 그렇기에 친구들은 여전히 덩리쥔을 무척 그리
워하고 있다.

칸에서 덩리쥔은 대담하게 '해방'을 맛보았다.

친샹린과 나이가 비슷해 금방 친해졌다. 두 사람은 친구들과 로마를 여행했다.

덩리쥔은 자신의 사랑에 책임질 줄 알았고 또 내려놓을 줄도 알았다.

덩리쥔은 사랑 노래를 잘 소화했지만 그녀의 연애는 매우 고통스러웠다.

덩리쥔은 사랑을 갈망했고 아이를 좋아했으며 무엇보다도 자신을 알아줄 사람이 나타나기를 기대했다.

덩리쥔은 중전타오를 그저 친동생처럼 생각했다.

스테판이 찍은 사진 속 덩리쥔은 아름답고 운치 있다.

덩리쥔은 두 조카를 무척 사랑했다.

덩리쥔은 타이 치앙마이를 휴양지로 선택했다.

치앙마이에서 덩리쥔은 화장을 하거나 화려하게 꾸미지 않고 편안하게 외출하곤 했다.

덩리쥔은 치앙마이의 나무와 화려한 꽃이 품고 있는 원시적인 풍경을 좋아했다.

코사무이 섬 해변에서.

지금까지도 타이의 수많은 식당에서는 여전히 덩리쥔의 노래를 틀어준다.

치앙마이의 음반 가게 주인은 대스타를 직접 만났다는 것에 무척 기뻐했다.

덩리쥔이 세상을 떠나기 전 타이베이로 돌아와 설을 쇠었을 때. 이때는 갑작스런 죽음을 전혀 예상하지
못했다.

V 자 손가락 사인은 덩리쥔이 좋아하는 사진 포즈 중 하나가 되었다.

TTV의 특집 프로그램 중에서.

1970년 TTV의 「매일일성」 방송 장면.

1982년 TTV의 프로그램 「울금향鬱金香」에 출연했을 때. 덩리쥔은 자신의 구상이나 기호에 따라 다양한 스타일을 선보였다.

한 시대를 풍미한 최고의 가수의 죽음에 안타까운 한탄을 금할 수 없다.

공개된 빈소의 모습. 아름다운 꽃이 덩리쥔의 영정을 둘러싸고 있다.

매일 수천 명의 사람이 덩리쥔을 애도하기 위해 빈소를 찾았다.

많은 사람이 장례에 참석했다. 심지어 밤을 새며 빈소를 지킨 사람도 있었다.

1967년 위저우宇宙 음반사 시절 촬영한 사진.　　1970년 영화 「고마워요 사장님」의 가오슝 첫 상영
　　　　　　　　　　　　　　　　　　　　　회에 참석했을 때.

헤어지기 아쉬워 천 리를 배웅하더라도 언젠가는
헤어져야 한다.

덩리쥔의 팬은 세대를 넘어 노년, 중년, 청년까지 아우른다. 여든 살의 고령인 쑹쉐다오宋學導 씨도 덩리쥔의 팬이고 하이룽海榕은 덩리쥔 홈페이지 관리자 중 가장 나이가 어린 사람이다.

균원은 덩리쥔이 영면에 든 장소다. 뒤로 산이 든든하게 버티고 선 그윽하고 조용한 지역이다.

덩리쥔의 팬들이 묘를 방문했다. 묘역 주변이 아름답게 조성되어 있다.

덩리쥔이 쓴 〈성원〉 원고.

덩리쥔 팬이 30년간 수집한 진귀한 자료.

덩리쥔문교기금회 이사장인 덩창푸가 쓰촨 산간 지역 아이들을 만났다. 기금회는 희망 초등학교를 위한 지원 사업을 펼치고 있다.

기금회가 타이 북부 마을에 통학로를 닦았다.

기금회는 타이 북부의 학생에게 통학용 차량을 지원하기도 했다.

딩리쥔의 사랑의 정신은 오늘날에도 여전히 이어져 그녀를 사랑하는 사람들의 마음속에 살아 있다.

몇 년의 어려움 끝에 베이터우에 새 집을 마련해 온 가족이 편안히 살 수 있게 되었다.

1970년 홍콩에서 무대에 올랐을 때.

1969년 싱가포르 공연 후 부모님과 함께.

1971년 공연하러 베트남에 갔을 때 겸 사겸사 관광을 하며 어머니와 함께 찍은 사진.

1970년 홍콩에서 공연할 때 타오리姚莉가 덩리쥔을 만나러 왔다. 왼쪽은 우징셴吳靜嫻.

1977년 새해에 일본 도쿄의 신교 시민회관에서 콘서트를 열었다.

1973년, 어머니와 덩리쥔이 마음 놓고 일본 폴리도르와 계약할 수 있도록 후나키 미노루가 덩리쥔과 어머니를 일본으로 초청해 환경을 둘러볼 수 있도록 배려했다. 사진은 오사카와 교토에서 찍은 것이다.

싱글 〈공항〉으로 1974년 제16회 레코드대상 신인상을 받았다.

1972년 홍콩 백화유 자선 여왕 대관식에서.

일본 방송을 녹화할 때 가부키 분장을 한 덩리쥔.

일본 활동 중에도 덩리쥔은 홍콩에서 계속 음 반을 발표했다. 1978년에는 리 시어터에서 콘 서트도 열었다.

오키나와 여행.

1978년 가와사키 산업문화회관의 공연은 대단한 성황을 이뤘다.

1985년 도쿄 NHK홀에서 열린 첫 번째 개인 콘서트는 티켓이 사흘 만에 전부 매진되고 5000엔인 표가
암표상에서 3만 엔까지 값이 치솟았다. 덩리쥔의 인기가 절정에 달했다.

1978년 이미 대단한 인기를 얻은 덩리쥔은 가능한 한 시간을 내어 설은 꼭 가족과 보냈다.

1978년 로마 여행에서.

1979년 여권 사건이 벌어진 뒤 덩리쥔은 미국에서 공연을 하며 마음을 달랬다.

라스베이거스, 로스앤젤레스 외에 밴쿠버에서도 공연을 했다.

니카라과 폭포 앞에서.

등려군

1990년 이후 덩리쥔은 점점 연예
활동을 줄였다.

파리 센 강변의 느긋한 한때.

프랑스에서 단순하고 편안한 삶을
즐겼다.

프랑스에서 스테판을 만나다. 두 사람은 사진 촬영에 관심이 많았다.

등려군

초판 인쇄	2017년 7월 7일
초판 발행	2017년 7월 14일

지은이	장제
옮긴이	강초아
펴낸이	강성민
편집장	이은혜
편집	박은아 곽우정 김지수
편집보조	임채원
마케팅	이연실 이숙재 정현민
홍보	김희숙 김상만 이천희
독자모니터링	황치영

펴낸곳	(주)글항아리	출판등록 2009년 1월 19일 제406-2009-000002호
주소	10881 경기도 파주시 회동길 210
전자우편	bookpot@hanmail.net
전화번호	031-955-8891(마케팅) 031-955-1936(편집부)
팩스	031-955-2557

ISBN	978-89-6735-433-6 03910

글항아리는 (주)문학동네의 계열사입니다.

이 도서의 국립중앙도서관 출판시도서목록(CIP)은 서지정보유통지원시스템 홈페이지
(http://seoji.nl.go.kr)와 국가자료공동목록시스템(http://www.nl.go.kr/kolisnet)에
서 이용하실 수 있습니다. (CIP제어번호 : CIP2017015502)